# 歷代名家隸書字典

浙江古籍出版社
一九九九年九月

# 序

陳振濂

《歷代名家隸書字典》是浙江古籍出版社策劃出版的篆、隸、楷、行、草書五體字典中的一部。作爲一部隸書字典，它以字體、書體作爲單綫來展開，試圖給『隸書』以一個單獨的分類立場。這與我們在學習書法、編輯大學書法教材時所採取的立場十分吻合。五體書法，是中國傳統書法藝術中最根本、也是最基礎的内容之一，以它爲綫索深入探討，可以取得許多材料本屬古老但觀念却很新穎的學術角度上的意外收獲。而更重要的是它對于初學或入門者有一目瞭然之效。它可以清晰地告訴讀者：中國書法史上的書體部份内容是多么豐富多采；由它出發，又可以伸延到書風、書派、書法家的個性……

隸書是五體書中最難以定位、因此也是最難把握的一種書體。在書法史上，『隸變』是一個最關鍵的歷史轉捩點。隸書的出現，標誌着中國的漢字從『古文字』階段演變爲『今文字』的階段。自隸書以後，草、楷、行各書體絡繹而出，纔匯成了一部璀燦瑰麗的書法史。也正是因爲隸書的出現，漢字（書法）也纔從文字的神祇膜拜的氛圍中挣脱出來，再也不復甲骨文、青銅器銘文直到秦篆的那種『非實用』性質，而大踏步地走向實用、走向社會、走向庶民，從而使書法真正與時代、歷史、文化相呼吸，休戚與共。

但關于隸書，其實我們了解得還很少，比如隸書的得名問題，是徒隸之書還是胥吏之書？比如隸書與八分書的關係，迄今也還難有定論。又比如隸書的起源問題，有指它爲起于漢，又有指它是出于秦，還有指它是出于戰國，雖然都有出土文物爲證，但不先爲隸書作出界定，這些起源之説也還可以是游移不定的。此外，隸書在自漢訖唐的相當長的時期内是指楷書，如人稱王羲之『善隸書』，即是指他善楷書而已。至于從傳世古迹來看，則在一個隸書世界中更是豐富多采、瑰麗多姿，從竹木簡、碑版、刻石、摩崖書、石闕銘到縑帛書，材料使用上多種多樣，又風格上還有中原、西北與吴楚、東南之區别……即使是縱觀書法史，隸書也有前後兩個高峰而並非是簡單的一以貫之，即戰國秦漢時期和清中葉以後，這兩座高峰的形成使一部隸書史呈現出『馬鞍形』狀態，其中又包含了許多值得我們深入思索的學術課題。從戰國樊帛書、戰國竹木簡隸書直到秦隸、西漢馬王堆類帛書再到漢代的近七百種隸書碑刻，三國時期的隸楷結合書風、唐代隸書碑，一躍而至清代鄧石如、伊秉綬、趙之謙……一部隸書史，可以説的内容真是很多很多。

本書精選了歷代書法名碑名帖和名家法書中的優秀範字，從戰國、秦漢開始，下及清代諸家，一編在手，幾乎就是以每個文字爲脉絡的、可分解的一部形象的『隸書書法史』。在編撰《大學書法教材集成》各分册時，我曾經爲每個單體書法教學分册，比如隸書臨摹教程分册設定過三個統一的章節體例：一是《隸書書體論》，集中于它的名實之辨；二是《隸書書體史》，集中討論隸書史的流變；三是《隸書技法解析》，主要闡述如何掌握它的筆法技巧。但以整篇作品來作解析，很難如願。現在有這樣一部《歷代名家隸書字典》將每個字形都展示出時代、歷史、書家的特別規定性，連綴起來是一部『史』；而單獨分析每個字形又涉及技法，正可説是彌補了這個缺憾。僅就這一點而言，這部隸書單體字典就有了特殊的價值。

本字典編輯思路清晰，在編排上以每個漢字爲單列字頭，以收一覽之效。按書法史時序排列，又不失其歷史嬗遞轉换的軌迹。由于所選皆爲名家法書，當然具有相當的經典性；而檢索的方便簡易，也可説是編著的一大特點，既適用于廣大書法愛好者欣賞，又適宜作爲單字字帖範本臨習。而對于研究家、創作家，則是提供了一個龐大的古典資料庫。而在字典規模上則控制在中等層次，自然也有降低定價以求最大限度地普及通行的意圖在，這是顧念大衆的極好用意，我深表贊成。説它是價廉物美，恐怕并非僅僅是誇飾之辭。故樂爲之綴數語于書前，是爲序。

一九九九年五月于中國美術學院

| 部首 | 頁 |
|---|---|
| **一畫** | |
| 一 | 一 |
| 丨 | 六 |
| 丶 | 六 |
| 丿 | 七 |
| 乙 | 八 |
| 亅 | 一〇 |
| **二畫** | |
| 二 | 一一 |
| 亠 | 一二 |
| 人（亻） | 一四 |
| 儿 | 三七 |
| 入 | 四一 |
| 八 | 四二 |
| 冂 | 四六 |
| 冖 | 四六 |
| 冫 | 四七 |
| 几 | 四八 |
| 凵 | 四九 |
| 刀（刂） | 五〇 |
| 力 | 五七 |
| 勹 | 六一 |
| 匕 | 六一 |
| 匚 | 六三 |
| 厂 | 六四 |
| 卩（㔾） | 六六 |
| 十 | 六八 |
| 卜 | 七二 |
| 厶 | 七三 |
| 又 | 七四 |
| **三畫** | |
| 口 | 七六 |
| 囗 | 九六 |
| 尸 | 一〇〇 |
| 己 | 一〇三 |
| 弓 | 一〇四 |
| 戈 | 一〇八 |
| 广 | 一〇八 |
| 宀 | 一一四 |
| 山 | 一二六 |
| 屮 | 一三二 |
| 巾 | 一三三 |
| 廾 | 一三六 |
| 尢 | 一三七 |
| 子 | 一三七 |
| 寸 | 一四二 |
| 小 | 一四五 |
| 大 | 一四六 |
| 女 | 一五〇 |
| 土 | 一五七 |
| 士 | 一六六 |
| 干 | 一六八 |
| 工 | 一七〇 |
| 彑 | 一七一 |
| 幺 | 一七一 |
| 夕 | 一七二 |
| 夂 | 一七四 |
| 彳 | 一七四 |
| 彡 | 一八一 |
| 巛（川） | 一八三 |
| **四畫** | |
| 手（扌） | 一八四 |
| 毛 | 一九六 |
| 心（忄） | 一九七 |
| （⺗） | |
| 爪（爫） | 二一八 |
| 牙 | 二一九 |
| 爿 | 二一九 |
| 片 | 二二〇 |
| 斤 | 二二〇 |
| 户 | 二二一 |
| 歹 | 二二三 |
| 方 | 二二五 |
| 无 | 二二七 |
| 氏 | 二二八 |
| 比 | 二二八 |
| 气 | 二二九 |
| 日 | 二二九 |
| 曰 | 二四〇 |
| 月 | 二四三 |
| 毋 | 二四六 |
| 父 | 二四七 |
| 爻 | 二四七 |
| 文 | 二四七 |
| 欠 | 二四八 |
| 攴（攵） | 二五一 |
| 戈 | 二五八 |
| 火（灬） | 二六一 |
| 水（氵） | 二六九 |
| 木 | 二九八 |
| 斗 | 三一八 |
| 牛 | 三一八 |
| 犬（犭） | 三二一 |
| 止 | 三二五 |
| **五畫** | |
| 禸 | 三二八 |
| 皮 | 三二八 |
| 疋 | 三二九 |
| 癶 | 三二九 |
| 穴 | 三三〇 |
| 疒 | 三三二 |
| 立 | 三三四 |
| 玄 | 三三六 |
| 玉（王） | 三三七 |
| 石 | 三四二 |
| 白 | 三四四 |
| 瓦 | 三四七 |
| 矛 | 三四七 |
| 矢 | 三四八 |
| 生 | 三四九 |
| 示（礻） | 三五〇 |
| 禾 | 三五八 |
| 田 | 三六五 |
| 用 | 三七〇 |
| 甘 | 三七〇 |
| 目 | 三七一 |
| 皿 | 三七七 |
| **六畫** | |
| 肉（月） | 三八〇 |
| 血 | 三八五 |
| 而 | 三八五 |
| 耳 | 三八六 |
| 自 | 三九〇 |
| 舌 | 三九一 |
| 色 | 三九二 |
| 老 | 三九二 |
| 虍 | 三九四 |
| 羊（⺶） | 三九七 |
| 虫 | 四〇〇 |
| 羽 | 四〇二 |
| 竹（⺮） | 四〇五 |
| 艸（艹） | 四一二 |
| 舟 | 四三〇 |
| 衣（衤） | 四三一 |
| 糸（糹） | 四三四 |
| 米 | 四五一 |
| 耒 | 四五三 |
| 臼 | 四五四 |

缶 四五七
网（罒） 四五七
西 四五九
行 四六〇
舛 四六三
艮 四六三
聿 四六四
臣 四六五
至 四六六

**七畫**

豕 四六八
豸 四六八
貝 四六九
角 四七八
采 四七九
身 四八〇
足（⻊） 四八一
走 四八四
辵（辶） 四八六
言 五〇二
見 五二一
車 五二四
辛 五二八
辰 五三〇
酉 五三一
里 五三四
邑（右阝） 五三六
谷 五四〇
豆 五四一
赤 五四一
金（釒） 五四二
門 五四八

**八畫**

雨 五五二
隶 五五六
長 五五六
阜（左阝） 五五七
隹 五六五
青 五六八
非 五六九

**九畫**

面 五七〇
首 五七〇
頁 五七〇
革 五七五
韋 五七六
音 五七六
香 五七七
風 五七七
飛 五七八
食 五七八
骨 五八一

**十畫**

髟 五八二
鬯 五八三
鬲 五八三
鬼 五八三
馬 五八四
高 五八八
鬥 五八九

**十一畫以上**

魚 五八九
鳥 五九一
鹿 五九二
麥 五九三
鹵 五九四
黃 五九四
黑 五九四
黍 五九六
鼠 五九六
鼎 五九六
鼓 五九六
鼻 五九七
齊 五九七
齒 五九七
龍 五九八
龜 五九八
龠 五九八

**一畫**


一部

一 一
丁 一
七 一
万 一
丈 一
三 一
上 二
下 二
不 三
与 四
丑 四
且 四
丕 四
世 四
丘 五
丙 五
丞 五
並 五

丨部

中 六

丶部

丸 六
丹 六
主 七

丿部

乃 七
乂 七
久 七
之 八
乎 八
乘 八

乙部

乙 八
九 九
乞 九
也 九
乳 九
乾 一〇
亂 一〇

亅部

予 一〇
事 一〇


**二畫**


二部

二 一一
于 一一
云 一一
五 一二
井 一二
亞 一二

亠部

亡 一二
亢 一三
交 一三
亥 一三
亦 一三
亨 一三
享 一三
京 一四
亭 一四
亮 一四

人部

人 一四
什 一五
仁 一五
仇 一五
今 一六
介 一六
仍 一六
仕 一六
他 一六
付 一七
仙 一七
仞 一七
代 一七
令 一七
以 一八
仰 一九
仲 一九
任 一九
企 二〇
伊 二〇
伍 二〇
伏 二〇
伐 二〇
伎 二一
但 二一
休 二一
伯 二一
佑 二二
何 二二
余 二二
位 二二
佐 二三
低 二三
住 二三
佛 二四
作 二四
佳 二四
佰 二四
來 二五
侈 二五
例 二五
侍 二五
伸 二六
供 二六
依 二六
伴 二六
似 二六
使 二七
侯 二七
侵 二七
便 二八
俗 二八
保 二八
兪 二八
信 二八
係 二九
俠 二九
俎 二九
修 二九
俱 二九
倫 三〇
俾 三〇
倉 三〇
倍 三〇
倒 三〇
假 三一
偃 三一
偏 三一
倚 三一
候 三一
停 三一
側 三二
倦 三二
偶 三二
傍 三二
備 三二
催 三三
傲 三三
傅 三三
傳 三三
傷 三四
債 三四
傾 三四
億 三四
僉 三五
僕 三五
像 三五
偽 三五
僚 三五
僧 三五
儉 三六
儒 三六
儀 三六
價 三六
俯 三六
優 三七
儁 三七
儌 三七

儿部

允 三七
元 三七
兄 三八
充 三八
兇 三八
先 三八
兆 三九
光 三九
克 三九
免 四〇
兒 四〇
兔 四〇
兖 四〇
兜 四〇
兢 四〇

入部

入 四一
内 四一
全 四一
兩 四一

八部

八 四二
公 四二
六 四二
兮 四三
共 四三
兵 四三
其 四四
具 四四
典 四五
兼 四五
冀 四五

冂部

册 四六
再 四六
冕 四六

冖部

冠 四六
冥 四六
家 四七

冫部

冬 四七
冰 四七
冲 四七
治 四七
冷 四七
清 四八
凌 四八
凍 四八
凝 四八

几部

几 四八
凡 四八
凰 四九

凵部

出 四九
函 四九

刀部

刀 五〇
刃 五〇
分 五〇
切 五〇
刊 五〇
列 五一
刪 五一
初 五一
別 五二
判 五二
利 五二
刑 五三
到 五三
制 五三
剎 五四
刺 五四
刻 五四
則 五四
削 五五
前 五五
剔 五五
剛 五五
剝 五五
副 五六
割 五六
創 五六
剖 五六
劃 五六
劇 五六
劉 五七
劍 五七

力部

力 五七
功 五七
加 五八
助 五八
劭 五八
勇 五八
勃 五八
勉 五九
動 五九
勒 五九
務 五九
勝 五九
勞 五九
勤 六〇
勢 六〇
勛 六〇
勵 六〇
勳 六〇
勸 六一

勹部

勺 六一
勿 六一
匈 六一

匕部

化 六一
北 六二

匚部

匠 六二
匡 六二
區 六三
匹 六三
巨 六三
匪 六三
匱 六三
匣 六四
匿 六四
匯 六四

厂部
厄 六四
厓 六四
厚 六四
原 六五
厥 六六
厲 六六
卩部
卯 六六
印 六六
危 六七
卷 六七
卵 六七
却 六七
即 六七
卿 六八
十部
十 六八
千 六九
升 六九
午 七〇
廿 七〇
卅 七〇
半 七〇
世 七〇
卒 七〇
卓 七一
協 七一
南 七一
博 七二
卜部
卜 七二
下 七二
占 七三
卦 七三
厶部
去 七三
参 七三
又部
又 七四
及 七四
友 七四
反 七四
叔 七五
取 七五
受 七五
叛 七五
叜 七六
叡 七六
叢 七六
三畫
口部
口 七六
古 七六
句 七七
叩 七七
只 七七
召 七七
可 七七
司 七八
号 七八
各 七八
合 七八
吉 七九
同 七九
名 七九
后 八〇
吏 八〇
台 八一
史 八一
右 八一
吐 八二
向 八二
君 八二
吞 八三
吟 八三
否 八三
含 八三
呈 八三
吳 八四
吾 八四
告 八四
吕 八四
吹 八五
吸 八五
周 八五
味 八五
呵 八六
呼 八六
命 八六
和 八六
啟 八七
咸 八七
咨 八七
哉 八七
哀 八八
品 八八
咷 八八
咳 八八
唐 八八
員 八九
哭 八九
哲 八九
喆 八九
哺 八九
售 八九
唯 九〇
唱 九〇
商 九〇
問 九〇
喧 九一
喻 九一
啼 九一
喈 九一
善 九一
喋 九二
喜 九二
憙 九二
喟 九二
喬 九三
喫 九三
單 九三
喪 九三
嗇 九三
鳴 九四
嗟 九四
嗣 九四
嘉 九四
嘆 九五
嘖 九五
嘯 九五
器 九五
噬 九五
嚮 九六
嚴 九六
囊 九六
囑 九六
囗部
四 九六
囚 九七
回 九七
因 九七
困 九八
固 九八
圈 九八
圃 九八
國 九八
圍 九九
園 九九
圓 九九
圖 九九
尸部
尸 一〇〇
尹 一〇〇
尺 一〇〇
尼 一〇〇
局 一〇〇
尾 一〇〇
居 一〇一
屈 一〇一
屋 一〇一
屏 一〇一
展 一〇二
屠 一〇二
屢 一〇二
層 一〇二
履 一〇二
屧 一〇三
屬 一〇三
己部
己 一〇三
已 一〇三
巳 一〇四
巴 一〇四
巷 一〇四
巽 一〇四
弓部
弓 一〇四
弔 一〇四
引 一〇五
弗 一〇五
弘 一〇五
弟 一〇五
弦 一〇六
弩 一〇六
弭 一〇六
弱 一〇六
張 一〇六
强 一〇七
弼 一〇七
彈 一〇七
彊 一〇七
彌 一〇八
戈部
式 一〇八
弒 一〇八
广部
序 一〇八
底 一〇八
庚 一〇九
府 一〇九
度 一〇九
座 一一〇
庭 一一〇
庫 一一〇
庵 一一〇
庶 一一〇
康 一一〇
庸 一一一
庾 一一一
廉 一一一
廊 一一一
廓 一一一
廎 一一二
廟 一一二
厨 一一二
廱 一一二
廢 一一二
廣 一一二
龐 一一三
廧 一一三
廩 一一三
廬 一一三
宀部
它 一一四
宅 一一四
宇 一一四
守 一一四
安 一一五
宋 一一五
完 一一五
宏 一一六
宗 一一六
官 一一六
宙 一一七
定 一一七
宜 一一七
宛 一一八
宣 一一八
室 一一八
客 一一九
宮 一一九
宦 一一九
宰 一一九
害 一一九
宵 一二〇
宴 一二〇
家 一二〇
容 一二〇
宿 一二一
寂 一二一
寄 一二一
寅 一二一
密 一二二
富 一二二
寇 一二二
寐 一二二
寓 一二二
寒 一二三
寞 一二三
察 一二三
寡 一二三
寤 一二四
寢 一二四
寥 一二四
實 一二四
寘 一二四
寧 一二五
審 一二五
寫 一二五
寬 一二五
寰 一二六
寵 一二六
寶 一二六
寥 一二六
山部
山 一二六
岐 一二七
岑 一二七
岋 一二七
岡 一二七
岫 一二八
岱 一二八
岳 一二八
岸 一二八
峨 一二八
峪 一二八
峰 一二九
峻 一二九
峽 一二九

豈 一二九
崇 一二九
崐 一三〇
崔 一三〇
崖 一三〇
崛 一三〇
崩 一三〇
嵇 一三〇
嵋 一三一
崿 一三一
嵯 一三一
嵩 一三一
嵬 一三一
嶺 一三一
嶽 一三二
嶷 一三二
巍 一三二
巔 一三二
巖 一三二

屮部

屯 一三二

巾部

巾 一三三
市 一三三
布 一三三
希 一三三
帖 一三三
帆 一三三
帛 一三四
帝 一三四
帥 一三四
師 一三四
陣 一三四
席 一三五
帳 一三五
帶 一三五
常 一三五
帷 一三六
幃 一三六
幕 一三六
幣 一三六

廾部

廿 一三六
弁 一三六
弊 一三七

尢部

尤 一三七
就 一三七

子部

子 一三七
孔 一三八
字 一三八
存 一三九
孚 一三九
孝 一三九
孟 一四〇
季 一四〇
孤 一四一
孫 一四一
孰 一四一
孳 一四一
學 一四一

寸部

寸 一四二
寺 一四二
封 一四二
射 一四二
將 一四三
專 一四三
尉 一四三
尊 一四四
尋 一四四
對 一四四
導 一四四

小部

小 一四五
少 一四五
尚 一四五

大部

大 一四六
太 一四六
天 一四六
夫 一四七
夭 一四七
央 一四七
失 一四八
夷 一四八
夾 一四八
奄 一四八
奉 一四八
奇 一四九
奎 一四九
奔 一四九
奕 一四九
奏 一四九
契 一四九
奚 一五〇
奢 一五〇
奧 一五〇
奪 一五〇
奮 一五〇

女部

女 一五〇
奴 一五一
好 一五一
如 一五一
妃 一五二
妄 一五二
妒 一五二
妙 一五二
妨 一五二
妥 一五三
妣 一五三
妻 一五三
始 一五三
妾 一五三
姑 一五四
姊 一五四
姓 一五四
委 一五四
姚 一五四
姦 一五五
姸 一五五
姬 一五五
嫻 一五五
姿 一五五
威 一五五
娛 一五六
娥 一五六
婁 一五六
婢 一五六
婦 一五六
嬰 一五七

土部

土 一五七
在 一五七
圭 一五八
地 一五八
圩 一五八
均 一五八
坐 一五八
垂 一五九
坤 一五九
垓 一五九
垢 一五九
垣 一五九
垤 一六〇
埃 一六〇
城 一六〇
域 一六〇
執 一六〇
場 一六一
基 一六一
堂 一六一
堅 一六二
堆 一六二
堪 一六二
堯 一六二
報 一六二
塗 一六三
塞 一六三
塵 一六三
墓 一六三
墜 一六四
增 一六四
墨 一六四
墳 一六四
壁 一六四
壚 一六四
壂 一六五
壇 一六五
墻 一六五
壑 一六五
壓 一六五
壘 一六五
壞 一六六

士部

士 一六六
壬 一六六
壯 一六六
壺 一六七
壹 一六七
壻 一六七
壽 一六七

干部

干 一六八
平 一六八
年 一六八
幸 一六九
并 一六九
幹 一七〇

工部

工 一七〇
左 一七〇
巧 一七〇
巨 一七〇
巫 一七一

彑部

彝 一七一

幺部

幼 一七一
幽 一七一
幾 一七二

夕部

夕 一七二
外 一七二
夙 一七二
多 一七二
夜 一七三
夢 一七三
夏 一七三

廴部

延 一七四
廷 一七四
建 一七四

彳部

役 一七四
彼 一七五
往 一七五
征 一七五
待 一七五
律 一七五
後 一七六
徐 一七六
徑 一七六
徒 一七七
得 一七七
徙 一七七
從 一七八
御 一七八
徘 一七八
徧 一七八
復 一七八
循 一七九
微 一七九
徵 一八〇
德 一八〇
徹 一八一
徽 一八一
徼 一八一

彡部

形 一八一
彥 一八一
彩 一八一
彫 一八二
彬 一八二
彭 一八二
彰 一八二
影 一八二

巛部

川 一八三
州 一八三
巡 一八三
巢 一八三

**四畫**

手部

手 一八四
才 一八四
扶 一八四
承 一八四
把 一八五
抑 一八五
抒 一八五
投 一八五
抗 一八五
折 一八五
抱 一八六
披 一八六
拂 一八六
抽 一八六
拒 一八六
拓 一八六
拔 一八七
拙 一八七
拖 一八七
招 一八七
拜 一八七
拱 一八八
拾 一八八
指 一八八
按 一八八
挾 一八八
挈 一八八
振 一八九
挹 一八九
挺 一八九
捕 一八九
捨 一八九
授 一八九
掃 一九〇

掌 一九〇
掖 一九〇
接 一九〇
推 一九一
掩 一九一
揞 一九一
掬 一九一
揆 一九一
提 一九一
揖 一九二
揚 一九二
換 一九二
握 一九二
揭 一九二
揮 一九二
援 一九三
掾 一九三
擊 一九三
損 一九三
搖 一九三
摧 一九四
摩 一九四
撫 一九四
撮 一九四
播 一九四
推 一九四
據 一九五
撰 一九五
擇 一九五

擢 一九五
擅 一九五
操 一九五
擾 一九六
擬 一九六
攘 一九六
攝 一九六
攬 一九六

毛部

毛 一九六

心部

心 一九七
必 一九七
切 一九七
忌 一九八
忍 一九八
志 一九八
忘 一九八
忝 一九九
忠 一九九
快 一九九
念 一九九
忽 一九九
怒 二〇〇
怕 二〇〇
怖 二〇〇
怙 二〇〇
思 二〇〇
急 二〇一

怡 二〇一
性 二〇一
怨 二〇一
怪 二〇一
恂 二〇二
恃 二〇二
恒 二〇二
恐 二〇二
恕 二〇二
恥 二〇三
恢 二〇三
恤 二〇三
恨 二〇三
恩 二〇三
恬 二〇四
恪 二〇四
恭 二〇四
悅 二〇四
悔 二〇五
悝 二〇五
悟 二〇五
悠 二〇五
患 二〇五
悚 二〇五
悳 二〇六
悲 二〇六
悵 二〇六
悼 二〇六
情 二〇六

惑 二〇六
惕 二〇七
惜 二〇七
惟 二〇七
惠 二〇八
惡 二〇八
悴 二〇八
悳 二〇八
想 二〇九
惶 二〇九
悚 二〇九
惻 二〇九
愁 二〇九
愈 二〇九
愍 二一〇
意 二一〇
愘 二一〇
愚 二一〇
感 二一〇
慎 二一一
慘 二一一
慝 二一一
慢 二一一
慧 二一一
慕 二一二
慨 二一二
愷 二一二
慄 二一二
慈 二一二

態 二一二
憂 二一三
憧 二一三
慮 二一三
慰 二一三
憀 二一三
憂 二一四
慶 二一四
慊 二一四
憔 二一四
憐 二一五
憚 二一五
憲 二一五
應 二一五
憤 二一六
懲 二一六
懃 二一六
懷 二一六
懿 二一七
懸 二一七
懼 二一七
愳 二一七
懿 二一七

爪部

爪 二一八
爭 二一八
爰 二一八
為 二一八
爵 二一九

牙部

牙 二一九

爿部

牀 二一九

片部

片 二二〇
牋 二二〇
牒 二二〇
牖 二二〇

斤部

斤 二二〇
斬 二二〇
斯 二二一
新 二二一
斷 二二一

戶部

戶 二二一
戾 二二二
房 二二二
所 二二二
扁 二二三
扇 二二三
扆 二二三
扈 二二三

歹部

死 二二三
歿 二二四
歾 二二四
殆 二二四

殊 二二四
殖 二二四
殘 二二四

方部

方 二二五
於 二二五
施 二二六
斿 二二六
旁 二二六
旅 二二六
旂 二二六
旋 二二六
旌 二二七
族 二二七
旗 二二七

无部

无 二二七
既 二二七

氏部

氏 二二八
民 二二八

比部

比 二二八
毖 二二九
毗 二二九

气部

气 二二九
氣 二二九

日部

日 二二九
旦 二三〇
早 二三〇
旬 二三〇
旨 二三〇
旭 二三一
旱 二三一
昆 二三一
昂 二三一
昌 二三一
明 二三二
昏 二三二
易 二三二
昔 二三三
星 二三三
皆 二三三
映 二三三
春 二三四
昨 二三四
昧 二三四
昭 二三四
是 二三四
時 二三五
晉 二三五
晏 二三六
晚 二三六
晝 二三六
晦 二三六
晨 二三六

晤 二三六
景 二三七
晶 二三七
晴 二三七
智 二三七
暗 二三七
暇 二三八
暑 二三八
暉 二三八
暖 二三八
暠 二三八
暮 二三八
暴 二三九
暫 二三九
曉 二三九
暨 二三九
暹 二三九
曜 二三九
曠 二四〇
曦 二四〇

曰部

曰 二四〇
曲 二四〇
更 二四〇
曷 二四一
書 二四一
曹 二四一
㝵 二四二
曾 二四二

最 二四二
會 二四二

月部

月 二四三
有 二四四
朋 二四四
服 二四四
朐 二四五
朔 二四五
朕 二四五
望 二四五
朗 二四六
朝 二四六
期 二四六

毋部

母 二四六
每 二四七

父部

父 二四七

爻部

爽 二四七
爾 二四七

文部

文 二四七
斌 二四八
斑 二四八

欠部

次 二四八
欣 二四九

欲 二四九
欷 二四九
欽 二四九
欺 二四九
歆 二四九
歌 二五〇
歍 二五〇
歐 二五〇
歎 二五〇
歙 二五〇
歔 二五一
歟 二五一
歡 二五一

支部

支 二五一
收 二五一
攸 二五一
改 二五二
攻 二五二
放 二五二
政 二五二
故 二五二
效 二五三
敍 二五三
教 二五三
敏 二五四
救 二五四
敕 二五四
敗 二五四

敢 二五四
敞 二五五
散 二五五
敦 二五五
敬 二五五
敷 二五六
數 二五六
整 二五六
斂 二五六
斃 二五六
殷 二五七
殺 二五七
墼 二五七
毀 二五七
毅 二五七

戈部

戈 二五八
戊 二五八
戌 二五八
戎 二五八
成 二五八
我 二五九
戒 二五九
或 二五九
戚 二六〇
戟 二六〇
戢 二六〇
截 二六〇
戰 二六〇

戲 二六〇

火部

火 二六一
災 二六一
炅 二六一
炎 二六一
烙 二六一
炳 二六一
烏 二六二
烝 二六二
焉 二六二
爐 二六二
烈 二六二
焚 二六三
無 二六三
然 二六三
焙 二六四
煌 二六四
煇 二六四
煎 二六四
煮 二六四
煒 二六四
熙 二六五
煙 二六五
煨 二六五
煩 二六五
熊 二六五
熒 二六五
熟 二六六

焚 二六六
熱 二六六
麃 二六六
熹 二六六
熾 二六七
燀 二六七
燒 二六七
燈 二六七
燎 二六七
燔 二六七
燕 二六八
營 二六八
燭 二六八
燿 二六八
爛 二六九

水部

水 二六九
永 二六九
汁 二七〇
求 二七〇
汙 二七〇
汝 二七〇
江 二七一
池 二七一
汪 二七一
汲 二七一
汶 二七一
沃 二七二
汾 二七二

沅 二七二
沈 二七二
決 二七二
沐 二七二
沒 二七三
沙 二七三
沚 二七三
沛 二七三
沫 二七三
沮 二七三
沱 二七四
河 二七四
沸 二七四
油 二七四
沽 二七五
治 二七五
沾 二七五
泄 二七五
泉 二七六
泊 二七六
泌 二七六
泐 二七六
法 二七六
泥 二七七
注 二七七
泯 二七七
泗 二七七
泛 二七七
泠 二七八

波 二七八
泣 二七八
泰 二七八
洎 二七九
洗 二七九
洙 二七九
洛 二七九
洞 二七九
津 二七九
浙 二八〇
洪 二八〇
浚 二八〇
涖 二八〇
洲 二八〇
洽 二八〇
派 二八一
浩 二八一
洿 二八一
流 二八一
浪 二八二
浮 二八二
浴 二八二
海 二八二
浸 二八三
浹 二八三
涂 二八三
涇 二八三
消 二八三
涅 二八四

涉 二八四
涌 二八四
涒 二八四
涕 二八四
涯 二八四
淑 二八五
淚 二八五
淩 二八五
涼 二八五
淡 二八五
淫 二八五
深 二八六
淳 二八六
淵 二八六
淮 二八六
清 二八七
淹 二八七
淺 二八七
渙 二八八
渚 二八八
減 二八八
渠 二八八
渡 二八八
渥 二八八
測 二八九
渭 二八九
游 二八九
渾 二八九
湖 二八九

湘 二九〇
湛 二九〇
湯 二九〇
源 二九〇
温 二九〇
溜 二九一
溺 二九一
溝 二九一
滅 二九一
滋 二九一
滌 二九一
滄 二九二
溪 二九二
滯 二九二
滿 二九二
漁 二九二
漂 二九三
漆 二九三
漠 二九三
漢 二九三
漏 二九四
漸 二九四
潔 二九四
潘 二九四
澗 二九四
潛 二九五
潤 二九五
潯 二九五
澂 二九五

澄 二九五
澆 二九六
澍 二九六
澤 二九六
澮 二九六
濁 二九六
濃 二九七
濕 二九七
濟 二九七
濡 二九七
濤 二九七
濯 二九八
瀆 二九八
濫 二九八
灌 二九八
灑 二九八

木部

木 二九八
末 二九九
未 二九九
本 二九九
札 三〇〇
朱 三〇〇
朽 三〇〇
杅 三〇〇
李 三〇〇
材 三〇一
杓 三〇一
東 三〇一

杖 三〇一
杜 三〇一
東 三〇二
杳 三〇二
析 三〇二
杷 三〇三
果 三〇三
松 三〇三
枉 三〇三
枕 三〇三
林 三〇三
枚 三〇四
枝 三〇四
杯 三〇四
枇 三〇四
柔 三〇五
柙 三〇五
柜 三〇五
相 三〇五
柏 三〇六
柤 三〇六
染 三〇六
柯 三〇六
柱 三〇七
柰 三〇七
桂 三〇七
根 三〇七
校 三〇七
格 三〇八

桀 三〇八
桃 三〇八
案 三〇八
桐 三〇八
桑 三〇八
桓 三〇九
桔 三〇九
柳 三〇九
梁 三〇九
梅 三〇九
桷 三一〇
條 三一〇
核 三一〇
梧 三一〇
棄 三一〇
械 三一〇
棹 三一一
棲 三一一
棠 三一一
榜 三一一
椒 三一一
植 三一一
椽 三一二
楊 三一二
楨 三一二
業 三一二
極 三一三
楚 三一三
楹 三一三
構 三一四
槐 三一四
榮 三一四
槀 三一四
槍 三一四
樂 三一四
樓 三一五
樊 三一五
標 三一五
樞 三一五
模 三一六
樸 三一六
樹 三一六
橐 三一六
橋 三一六
櫛 三一七
權 三一七
横 三一七
機 三一七
檀 三一七
檄 三一七

斗部

斗 三一八
斜 三一八
斡 三一八

牛部

牛 三一八
牟 三一九
牧 三一九
物 三一九
牲 三二〇
特 三二〇
犂 三二〇
犢 三二〇
犧 三二一

犬部

犬 三二一
犯 三二一
狐 三二一
狄 三二一
狂 三二一
猗 三二二
狗 三二二
猛 三二二
猜 三二二
猶 三二二
狩 三二三
猷 三二三
狼 三二三
猾 三二三
狹 三二三
獨 三二三
獫 三二四
獲 三二四
獵 三二四
獸 三二五
獻 三二五

止部

止 三二五
正 三二五
此 三二六
步 三二六
武 三二六
歲 三二七
歷 三二七
歸 三二八

**五畫**

禸部

禹 三二八

皮部

皮 三二八

疋部

疏 三二九
疑 三二九

癶部

癸 三二九
登 三二九
發 三三〇

穴部

穴 三三〇
究 三三〇
穸 三三〇
穹 三三〇
空 三三一
窗 三三一
窮 三三一
窺 三三二
竊 三三二
竈 三三二

疒部

疲 三三二
疾 三三三
病 三三三
痒 三三三
痕 三三三
痛 三三三
瘦 三三三
瘳 三三四
癘 三三四
疵 三三四

立部

立 三三四
[illegible] 三三五
竝 三三五
竟 三三五
章 三三五
童 三三五
竭 三三六
端 三三六
競 三三六

玄部

玄 三三六
率 三三七

玉部

玉 三三七
王 三三七
玊 三三八
玕 三三八
玩 三三八
珍 三三八
珠 三三八
班 三三八
珮 三三九
珪 三三九
現 三三九
琅 三三九
理 三三九
琦 三四〇
琴 三四〇
瑟 三四〇
瑋 三四〇
瑕 三四〇
瑛 三四〇
瑶 三四一
瑾 三四一
瑞 三四一
璉 三四一
璜 三四一
璣 三四一
璧 三四二
環 三四二
璿 三四二
瓊 三四二
瓛 三四二

石部

石 三四二
砥 三四三
破 三四三
研 三四三
碑 三四四
碣 三四四
碧 三四四
碩 三四四
磬 三四四

白部

白 三四四
百 三四五
的 三四五
皆 三四六
皇 三四六
皐 三四六
皖 三四七
皤 三四七

瓦部

瓦 三四七
甄 三四七
甌 三四七

矛部

矜 三四七

矢部

矢 三四八
矣 三四八
知 三四八
矩 三四八
矧 三四九
短 三四九
矯 三四九
矱 三四九

生部

生 三四九
產 三五〇

示部

示 三五〇
社 三五〇
祀 三五一
礿 三五一
祁 三五一
祈 三五一
祉 三五二
祇 三五二
祚 三五二
祐 三五二
祖 三五二
祕 三五三
祜 三五三
祝 三五三
神 三五三
祠 三五四
祥 三五四
祭 三五四
祺 三五五
祿 三五五
禁 三五五
禍 三五六
福 三五六
禊 三五六
禋 三五六
禮 三五七
禱 三五七
禳 三五八

禾部

禾 三五八
秀 三五八
和 三五八
秉 三五八
租 三五九
秋 三五九
科 三五九
秩 三五九
秦 三六〇
移 三六〇
稅 三六一
程 三六一
稟 三六一
稍 三六一
種 三六一
稱 三六二
稷 三六二
稻 三六二
稿 三六二
稽 三六三
穀 三六三
稼 三六三
穆 三六三
積 三六四
穡 三六四
穢 三六四
穰 三六四

田部

田 三六五
由 三六五
甲 三六五
男 三六五
畀 三六六
界 三六六
畏 三六六
畔 三六六
畝 三六七
畢 三六七
略 三六七
畫 三六七
畮 三六七
留 三六八
畋 三六八
異 三六八
當 三六九
畹 三六九
畿 三六九
疆 三六九
疇 三六九

用部

用 三七〇
甫 三七〇
甯 三七〇

甘部

甘 三七〇
甚 三七一
甞 三七一

目部

目 三七一
盲 三七一
直 三七二
盾 三七二
省 三七二
眉 三七二
眇 三七三
看 三七三
眎 三七三
真 三七三
眠 三七三
眩 三七四
眸 三七四
眺 三七四
眼 三七四
眷 三七四
衆 三七四
睡 三七五
督 三七五
睽 三七五
睆 三七六
睹 三七六
睦 三七六
睱 三七六
瞑 三七六
瞻 三七六
矚 三七七

皿部

益 三七七
盈 三七七
盖 三七七
盛 三七八
盗 三七八
盟 三七八
監 三七八
盡 三七九
盤 三七九
盧 三七九
盬 三七九

**六畫**

肉部

肉 三八〇
育 三八〇
肌 三八〇
股 三八〇
肥 三八〇
肩 三八〇
胄 三八一
背 三八一
胃 三八一
肯 三八一
胖 三八一
胡 三八二
胙 三八二
肱 三八二
能 三八二
腸 三八三
膏 三八三
膚 三八三
脱 三八三
膠 三八三
膳 三八三
膺 三八四
臂 三八四
臈 三八四
脯 三八四
臚 三八四
腹 三八四

血部

血 三八五
䘏 三八五

而部

而 三八五

耳部

耳 三八六
耶 三八六
耿 三八七
耽 三八七
聆 三八七
聊 三八七
聖 三八七
聘 三八八
聚 三八八
聞 三八八
聯 三八九
聰 三八九
聲 三八九
聶 三八九
職 三九〇
聽 三九〇

自部

自 三九〇
臯 三九一

舌部

舌 三九一
舍 三九一
舒 三九二

色部

色 三九二

老部

老 三九二
考 三九三
者 三九三
耆 三九四

虍部

虎 三九四
虐 三九四
虔 三九四
處 三九五
虚 三九五
虜 三九六
虞 三九六
號 三九六
號 三九六
虧 三九七

羊部

羊 三九七
羌 三九七
美 三九七
羔 三九八
羞 三九八
羑 三九八
群 三九八
義 三九九
羲 四〇〇
羸 四〇〇

虫部

虫 四〇〇
蚤 四〇〇
䖟 四〇〇
蛟 四〇一
虵 四〇一
蛭 四〇一
蜀 四〇一
融 四〇一
蠢 四〇一

羽部

羽 四〇二
翁 四〇二
翊 四〇二
習 四〇二
翔 四〇三
翕 四〇三
翟 四〇三
翠 四〇三
翦 四〇三
翰 四〇四
翳 四〇四
翺 四〇四
翻 四〇四
翼 四〇四
耀 四〇五

竹部

竹 四〇五
笑 四〇五
笙 四〇五
筆 四〇六
等 四〇六
筍 四〇六
筒 四〇六
答 四〇七
策 四〇七
筠 四〇七
筵 四〇七
符 四〇八
箇 四〇八
算 四〇八
管 四〇八
箭 四〇八
箱 四〇九
箸 四〇九
節 四〇九
篁 四一〇
範 四一〇
篆 四一〇
篇 四一〇
築 四一〇
篤 四一〇
籍 四一一
篡 四一一
簡 四一一
簪 四一一
籠 四一一
簾 四一二
簿 四一二
籩 四一二
籌 四一二

艸部

艸 四一二
艾 四一二
芷 四一三
芝 四一三
芥 四一三
芬 四一三
芟 四一三
苍 四一三
芳 四一四
苑 四一四
苔 四一四
苗 四一四
苛 四一四
苞 四一五
苟 四一五
若 四一五
苦 四一五
英 四一六
苻 四一六
茂 四一六
范 四一六
茅 四一七
苐 四一七
荔 四一七
茲 四一七
茹 四一七
荀 四一七
荆 四一八
草 四一八
荒 四一八
荷 四一八
荼 四一八
莊 四一九
莖 四一九
莢 四一九
莫 四一九
莽 四二〇
菅 四二〇
菜 四二〇
菲 四二〇
華 四二〇
萬 四二一
落 四二一
葉 四二一
著 四二二
董 四二二
葴 四二三
萃 四二三
葬 四二三
蒙 四二三
蒸 四二三
蒼 四二四
蒿 四二四
蓄 四二四
蓋 四二四
萊 四二四
蓬 四二五
萌 四二五
蓼 四二五
蔑 四二五
蔡 四二五
蔭 四二五
蔽 四二六
蕩 四二六
蕃 四二六
蕊 四二六
蕳 四二六
蕙 四二七
薄 四二七
薦 四二七
薩 四二七
蕭 四二七
薪 四二八
薑 四二八
薛 四二八
薜 四二八
薰 四二八
藉 四二九
藍 四二九
藏 四二九
藝 四二九
藥 四二九
藩 四二九
蘇 四三〇
蘭 四三〇
蘜 四三〇

舟部

舟 四三〇
船 四三一

衣部

衣 四三一
表 四三一
衰 四三二
裏 四三二

裔 四三二
衰 四三二
補 四三二
被 四三三
裝 四三三
裳 四三三
裒 四三三
褐 四三三
襄 四三三
褻 四三三
襟 四三四

糸部

系 四三四
糾 四三四
紀 四三四
約 四三五
紅 四三五
紈 四三五
紉 四三五
絞 四三六
納 四三六
紐 四三六
純 四三六
紗 四三六
紘 四三七
紙 四三七
級 四三七
紛 四三七
素 四三七
紡 四三八
索 四三八
紫 四三八
累 四三八
紱 四三八
細 四三九
紹 四三九
紳 四三九
絀 四三九
終 四三九
組 四四〇
紵 四四〇
結 四四〇
絶 四四〇
絫 四四一
給 四四一
絮 四四一
統 四四二
絲 四四二
絳 四四二
綏 四四二
經 四四二
綜 四四三
緑 四四三
綢 四四三
綬 四四三
維 四四四
綱 四四四
綴 四四四
綵 四四四
綺 四四四
綽 四四五
緄 四四五
網 四四五
緜 四四五
緒 四四五
綫 四四五
緝 四四六
編 四四六
緣 四四六
緬 四四六
練 四四六
緯 四四六
縞 四四七
縣 四四七
縛 四四七
縉 四四七
縱 四四八
縻 四四八
總 四四八
績 四四八
繁 四四九
繆 四四九
繇 四四九
繈 四四九
織 四四九
繕 四四九
繩 四五〇
繡 四五〇
繪 四五〇
纏 四五〇
繫 四五〇
繼 四五〇
續 四五一
纓 四五一
纘 四五一

米部

米 四五一
粉 四五二
粟 四五二
粲 四五二
粱 四五二
精 四五二
粹 四五三
糟 四五三
糧 四五三

耒部

耒 四五三
耕 四五四

臼部

臾 四五四
舅 四五四
與 四五四
興 四五五
舉 四五五
奮 四五六

缶部

缺 四五七
罍 四五七

网部

罔 四五七
罪 四五七
置 四五七
罰 四五八
署 四五八
罷 四五八
羅 四五八
羈 四五九

西部

西 四五九
要 四五九
覆 四六〇
覈 四六〇

行部

行 四六〇
衍 四六一
術 四六一
衕 四六一
街 四六一
衙 四六二
衛 四六二
衡 四六二
衢 四六二

舛部

舝 四六三
舞 四六三

良部

良 四六三
艱 四六三

聿部

聿 四六四
肅 四六四
肆 四六四
肇 四六四

臣部

臣 四六五
臥 四六五
臧 四六五
臨 四六五

至部

至 四六六
致 四六七
臺 四六七
臻 四六七

**七畫**

豕部

豕 四六八
象 四六八
豪 四六八
豫 四六八

豸部

豹 四六八
貌 四六九

貝部

貞 四六九
負 四六九
財 四七〇
貢 四七〇
貤 四七〇
貧 四七〇
貪 四七〇
貨 四七一
責 四七一
貳 四七一
貫 四七一
貲 四七一
貴 四七一
貶 四七二
買 四七二
費 四七二
賀 四七三
貽 四七三
賁 四七三
資 四七三
賈 四七三
賊 四七四
賓 四七四
賜 四七四
賞 四七五
賢 四七五
賣 四七五
賤 四七六
賦 四七六
質 四七六
賭 四七七
賴 四七七
賻 四七七
購 四七七
贈 四七七
贊 四七七
贛 四七八
贏 四七八

角部

角 四七八
觚 四七八
解 四七八
觴 四七九
觸 四七九

釆部

采 四七九
釋 四八〇

身部

身 四八〇
躬 四八〇
射 四八一

足部

足 四八一
趾 四八二
跋 四八二
距 四八二
跪 四八二
路 四八二
踏 四八三
踊 四八三
踵 四八三
踐 四八三
蹈 四八三
躍 四八四
蹤 四八四
蹇 四八四

走部

走 四八四
起 四八四
超 四八五
越 四八五
趙 四八五
趣 四八六
趍 四八六

辵部

迄 四八六
近 四八六
迎 四八六
返 四八七
迫 四八七
迦 四八七
迭 四八七
述 四八七
迷 四八八
追 四八八
迹 四八八
退 四八八
送 四八九
逃 四八九
逆 四八九
迴 四八九
逋 四八九
逐 四九〇
逍 四九〇
途 四九〇
通 四九〇
逞 四九一
逝 四九一
速 四九一
造 四九一
逡 四九二
逢 四九二
連 四九二
迸 四九二
逮 四九三
進 四九三
逸 四九三
逴 四九三
逾 四九四
逼 四九四
遁 四九四
運 四九四
遇 四九四
遊 四九四
過 四九五
遏 四九五
遐 四九五

遑 四九五
遒 四九五
道 四九六
達 四九六
遂 四九七
遍 四九七
違 四九七
遥 四九八
遜 四九八
遠 四九八
遣 四九八
適 四九九
遭 四九九
遵 四九九
遷 四九九
選 五〇〇
遲 五〇〇
遹 五〇〇
遺 五〇〇
遼 五〇一
邃 五〇一
避 五〇一
邁 五〇一
還 五〇一
邇 五〇二
邈 五〇二
邊 五〇二
言部
言 五〇二
計 五〇三
訊 五〇三
討 五〇三
訓 五〇四
訖 五〇四
記 五〇四
訟 五〇四
訪 五〇四
設 五〇五
許 五〇五
訢 五〇五
詐 五〇五
訶 五〇五
詺 五〇五
詔 五〇六
詞 五〇六
許 五〇六
詠 五〇六
詢 五〇六
詣 五〇六
誕 五〇七
詩 五〇七
詫 五〇七
詰 五〇七
試 五〇八
該 五〇八
詳 五〇八
誅 五〇八
誄 五〇八
誘 五〇八
誣 五〇九
誥 五〇九
誦 五〇九
説 五〇九
誨 五〇九
語 五一〇
誠 五一〇
誡 五一〇
誧 五一〇
誰 五一一
課 五一一
調 五一一
談 五一一
請 五一一
諏 五一二
諒 五一二
論 五一二
諮 五一二
諫 五一二
諧 五一三
諱 五一三
諳 五一三
諶 五一三
諷 五一四
諸 五一四
諺 五一四
諾 五一四
謁 五一五
謂 五一五
謀 五一五
謙 五一六
講 五一六
謚 五一六
謇 五一六
諦 五一六
謝 五一六
謡 五一七
謬 五一七
謨 五一七
謳 五一七
謹 五一七
證 五一八
譔 五一八
譏 五一八
誚 五一八
識 五一八
譚 五一九
警 五一九
譯 五一九
議 五一九
譽 五二〇
護 五二〇
讀 五二〇
變 五二〇
讓 五二〇
讖 五二〇
讚 五二一
讙 五二一
讜 五二一
見部
見 五二一
規 五二二
視 五二二
親 五二二
覲 五二三
覺 五二三
覽 五二三
覿 五二三
觀 五二三
車部
車 五二四
軌 五二四
軍 五二四
軒 五二五
軫 五二五
較 五二五
軻 五二五
載 五二六
輒 五二六
輔 五二六
輦 五二七
輕 五二七
輩 五二七
輪 五二七
輯 五二七
輶 五二七
輸 五二八
輿 五二八
轅 五二八
轉 五二八
轂 五二八
辛部
辛 五二八
辟 五二九
辨 五二九
辯 五二九
辭 五二九
辰部
辰 五三〇
辱 五三〇
農 五三〇
酉部
酉 五三一
酌 五三一
配 五三一
酒 五三二
酤 五三二
酪 五三二
酷 五三二
酬 五三三
醇 五三三
醉 五三三
醒 五三三
醪 五三三
醫 五三三
醢 五三四
醴 五三四
里部
里 五三四
重 五三五
野 五三五
量 五三五
邑部
邑 五三六
邦 五三六
那 五三六
邵 五三六
郊 五三六
郎 五三七
郡 五三七
郎 五三七
部 五三八
郭 五三八
郵 五三八
都 五三八
鄉 五三九
鄭 五三九
鄧 五三九
鄙 五四〇
鄲 五四〇
鄰 五四〇
谷部
谷 五四〇
谿 五四〇
豆部
豆 五四一
豈 五四一
豐 五四一
豎 五四一
赤部
赤 五四一
赦 五四二
赫 五四二
金部
金 五四二
釣 五四三
鈞 五四三
鉅 五四三
鉤 五四三
鉏 五四三
銀 五四三
銅 五四四
銘 五四四
銜 五四四
録 五四四
錢 五四四
錦 五四五
錫 五四五
錯 五四五
鍾 五四五
鏡 五四六
鎮 五四六
鎖 五四六
鏌 五四六
鐙 五四六
鑄 五四七
鐫 五四七
鐸 五四七
鑽 五四七
鑒 五四七
鑠 五四七
鑿 五四八
門部
門 五四八
閉 五四八
開 五四九
閏 五四九
閑 五四九
間 五五〇
閔 五五〇
閣 五五〇
閤 五五〇
閨 五五〇
閬 五五〇
闔 五五一
閭 五五一
闉 五五一
闋 五五一
闕 五五一
關 五五二
八畫
雨部
雨 五五二
雪 五五二
雲 五五二
零 五五三
雷 五五三
電 五五三
霄 五五三
震 五五四
霓 五五四
霜 五五四
霏 五五四
霞 五五四
霣 五五四
霧 五五五
露 五五五
霸 五五五
霽 五五五
靈 五五五
隶部
隸 五五六
長部
長 五五六
阜部
阜 五五七
阮 五五七
阻 五五七
阿 五五七
陋 五五八
附 五五八

降 五五八
陛 五五八
陟 五五九
院 五五九
陣 五五九
除 五五九
陪 五六〇
陰 五六〇
陳 五六〇
陵 五六〇
陶 五六一
陸 五六一
陽 五六一
隃 五六二
隆 五六二
隋 五六二
階 五六三
隔 五六三
隕 五六三
際 五六三
障 五六三
隧 五六三
隨 五六四
險 五六四
隱 五六四
隴 五六四
隹部
隹 五六五
雀 五六五

隻 五六五
雀 五六五
雄 五六五
雅 五六六
雉 五六六
雍 五六六
集 五六六
雒 五六七
雖 五六七
雙 五六七
雜 五六七
雞 五六八
離 五六八
難 五六八
青部
青 五六八
靖 五六九
静 五六九
非部
非 五六九
靡 五七〇
**九畫**
面部
面 五七〇
首部
首 五七〇
頁部
頁 五七一
順 五七一

須 五七一
頌 五七一
頏 五七二
頑 五七二
頓 五七二
頗 五七二
領 五七二
頡 五七二
額 五七三
頭 五七三
頻 五七三
潁 五七三
顔 五七三
顓 五七四
願 五七四
顙 五七四
顛 五七四
類 五七四
顧 五七五
顯 五七五
革部
革 五七五
鞠 五七五
鞫 五七六
韋部
韓 五七六
音部
音 五七六
韻 五七七

響 五七七
香部
香 五七七
馨 五七七
風部
風 五七七
颯 五七八
飄 五七八
飛部
飛 五七八
食部
食 五七八
飫 五七九
飲 五七九
飯 五七九
飾 五七九
飽 五八〇
養 五八〇
餘 五八〇
館 五八一
餧 五八一
饑 五八一
饗 五八一
骨部
骨 五八一
骸 五八一
體 五八二
髓 五八二
**十畫**

髟部
髦 五八二
髮 五八二
髴 五八二
鬯部
鬱 五八三
鬲部
鬲 五八三
鬼部
魂 五八三
魁 五八三
魄 五八三
魏 五八四
馬部
馬 五八四
馮 五八四
馳 五八五
駐 五八五
駒 五八五
駕 五八五
駝 五八五
駱 五八六
駭 五八六
駮 五八六
騎 五八六
騁 五八六
騶 五八七
騷 五八七
騰 五八七

驅 五八七
驚 五八七
驗 五八七
驛 五八八
驤 五八八
驢 五八八
高部
高 五八八
門部
鬭 五八九
**十一畫以上**
魚部
魚 五八九
魯 五八九
魴 五八九
鮑 五九〇
鮮 五九〇
鯉 五九〇
鰥 五九〇
鱗 五九〇
鳥部
鳥 五九一
鳩 五九一
鳳 五九一
鴻 五九一
鳴 五九一
鵠 五九一
鴈 五九二
鵰 五九二

鶴 五九二
鶯 五九二
鷗 五九二
鹿部
鹿 五九二
麇 五九三
麗 五九三
麟 五九三
麥部
麥 五九三
鹵部
鹹 五九四
黄部
黄 五九四
黑部
黑 五九四
黔 五九五
默 五九五
黜 五九五
點 五九五
黨 五九五
墨 五九六
黍部
黍 五九六
黎 五九六
鼠部
鼠 五九六
鼎部
鼎 五九六

鼓部
鼓 五九六
鼻部
鼻 五九七
齊部
齊 五九七
齋 五九七
齒部
齒 五九七
齔 五九七
齡 五九八
龍部
龍 五九八
龜部
龜 五九八
龠部
龢 五九八

一部

| 一 | 丁 | 七 | 万 | 丈 | 三 |
|---|---|---|---|---|---|
| 马王堆帛书 | 睡虎地秦简 | 睡虎地秦简 | 砖文 | 马王堆帛书 | 睡虎地秦简 |
| 楼兰残纸 | 居延汉简 | 马王堆帛书 | 金文 | 马王堆帛书 | 马王堆帛书 |
| 居延汉简 | 鲜于璜碑 | 居延汉简 | 泰山金刚经 | 居延汉简 | 武威医简 |
| 孔宙碑 | 赵孟頫 | 鲜于璜碑 | 钱大昕 | 居延汉简 | 居延汉简 |
| 韩仁铭 | 王澍 | 史晨碑 | | 武威医简 | 鲁峻碑 |
| 郑簠 | 邓石如 | 曹全碑 | | 钱圧 | 景君碑 |
| 邓石如 | 陈鸿寿 | 金农 | | | 西狭颂 |
| 金农 | | 伊秉绶 | | | |
| 吴熙载 | | 石门颂 | | | |
| 伊秉绶 | | 赵之谦 | | | |
| 何绍基 | | | | | |
| 赵之谦 | | | | | |

上

下

封龙山颂
史晨碑
张迁碑
尹宙碑
礼器碑
金农
邓石如
何绍基
伊秉绶
吴熙载
陈鸿寿
赵之谦
睡虎地秦简
马王堆帛书
楼兰残纸
武威医简
居延汉简
石门颂
鲜于璜碑
礼器碑
张迁碑
景君碑
韩仁铭
衡方碑
曹全碑
夏承碑
史晨碑
鲁峻碑
张景碑
乙瑛碑
邓石如
金农
伊秉绶
何绍基
陈鸿寿
睡虎地秦简
马王堆帛书
武威医简
居延汉简
石门颂

# 不

一部

黄易

伊秉绶

吴熙载

何绍基

陈鸿寿

来楚生

景君碑

史晨碑

曹全碑

张迁碑

张景碑

华山碑

邓石如

金农

孔宙碑

西狭颂

鲜于璜碑

鲁峻碑

衡方碑

尹宙碑

夏承碑

睡虎地秦简

马王堆帛书

楼兰残纸

居延汉简

武威医简

封龙山颂

礼器碑

郙阁颂

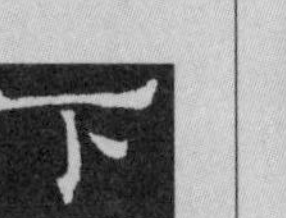

华山庙碑

邓石如

金农

伊秉绶

何绍基

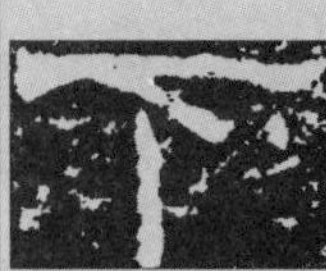

西狭颂

史晨碑

礼器碑

鲜于璜碑

景君碑

尹宙碑

乙瑛碑

三

世　丕　且　丑　与

尹宙碑

张迁碑

史晨碑

曹全碑

景君碑

礼器碑

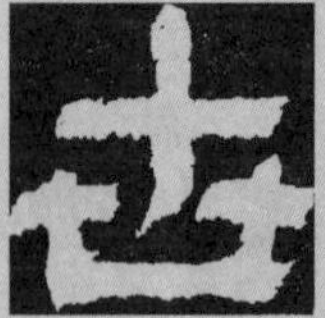
金农

马王堆帛书

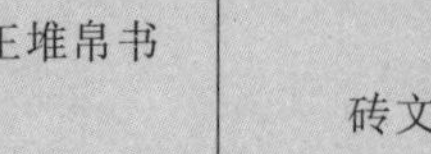

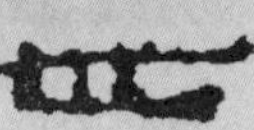
武威医简

居延汉简

楼兰残纸

鲜于璜碑

西狭颂

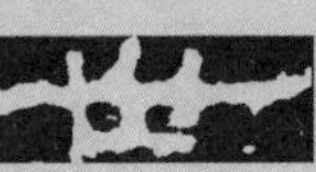
孔宙碑

石门颂

砖文

熹平石经

吴熙载

睡虎地秦简

马王堆帛书

居延汉简

楼兰残纸

曹全碑

张迁碑

金农

伊秉绶

睡虎地秦简

居延汉简

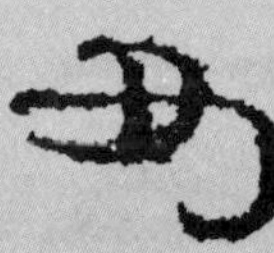
居延汉简

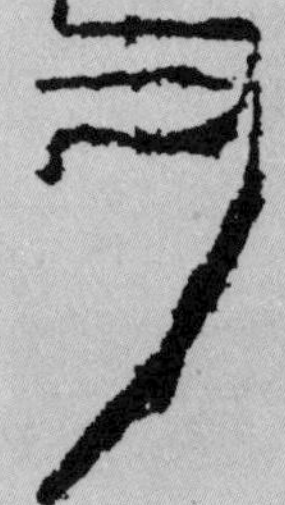
居延汉简

居延汉简

楼兰残纸

邓石如

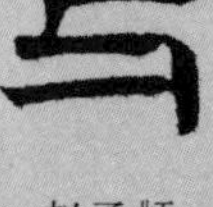
赵孟頫

金农

金农

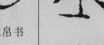

并　丞　丙　丘

一部

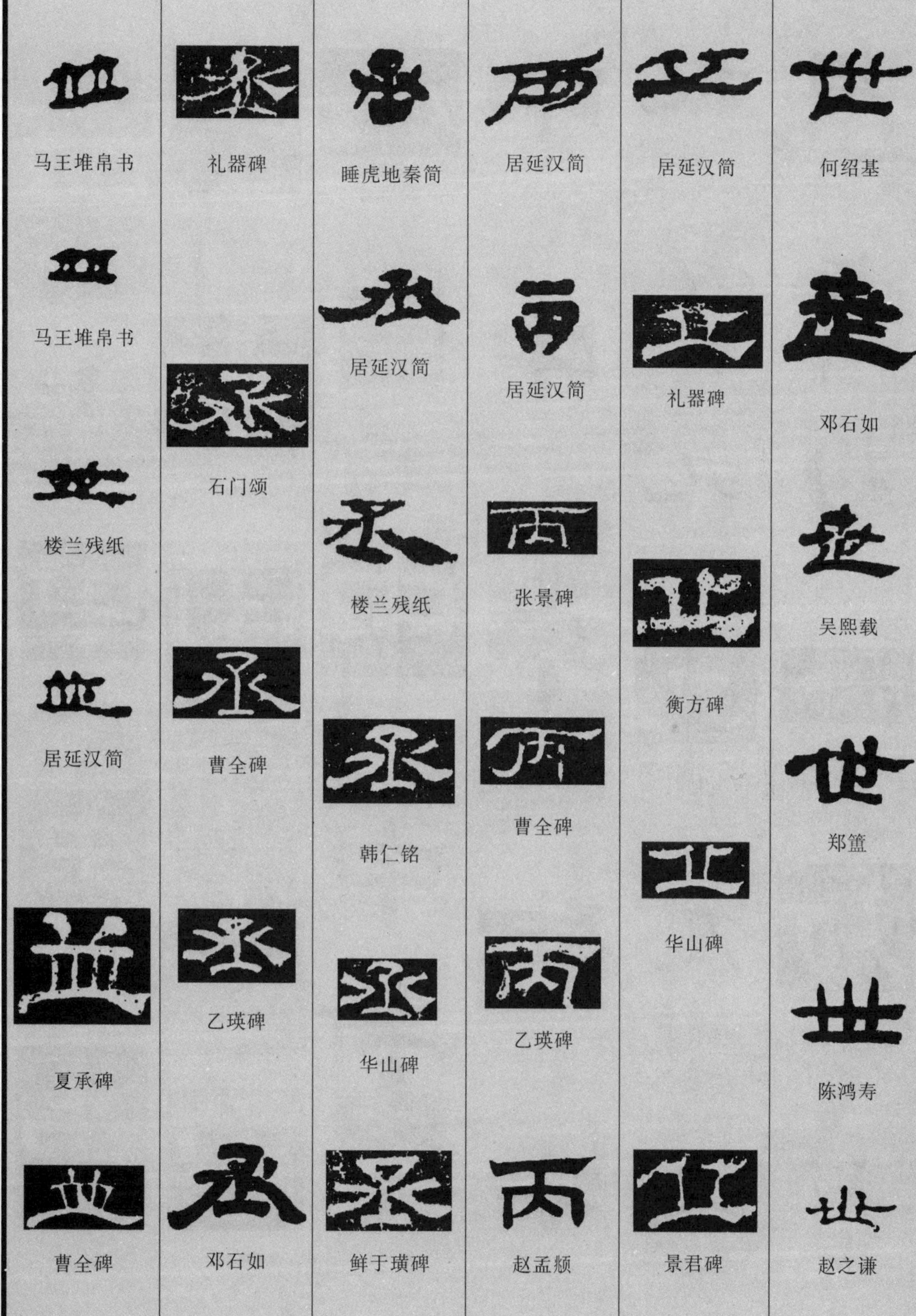

| | | | | | |
|---|---|---|---|---|---|
| 马王堆帛书 | 礼器碑 | 睡虎地秦简 | 居延汉简 | 居延汉简 | 何绍基 |
| 马王堆帛书 | 石门颂 | 居延汉简 | 居延汉简 | 礼器碑 | 邓石如 |
| 楼兰残纸 | 曹全碑 | 楼兰残纸 | 张景碑 | 衡方碑 | 吴熙载 |
| 居延汉简 | 乙瑛碑 | 韩仁铭 | 曹全碑 | 华山碑 | 郑簠 |
| 夏承碑 | 邓石如 | 华山碑 | 乙瑛碑 | 景君碑 | 陈鸿寿 |
| 曹全碑 | | 鲜于璜碑 | 赵孟頫 | | 赵之谦 |

## 丹

睡虎地秦简

马王堆帛书

武威医简

礼器碑

韩择木

吴湖帆

## 丸

武威医简

武威医简

赵孟頫

文征明

黄葆戊

王个簃

## 中

金农

何绍基

赵之谦

来楚生

吴熙载

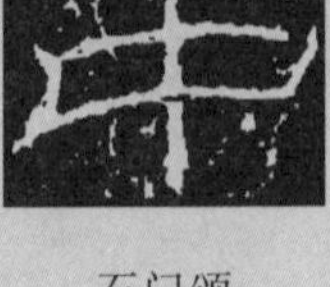

石门颂

礼器碑

西狭颂

陈鸿寿

邓石如

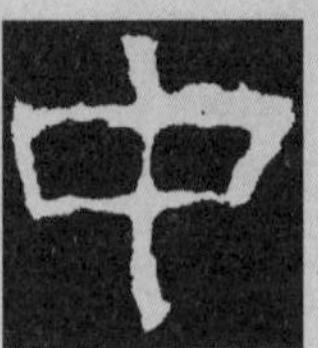

华山碑

张迁碑

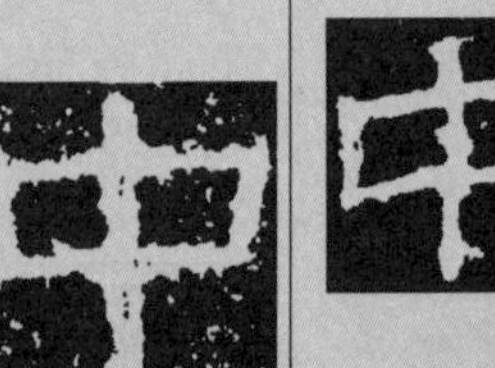

衡方碑

曹全碑

鲜于璜碑

马王堆帛书

武威医简

居延汉简

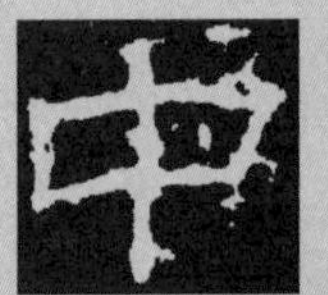

景君碑

鲁峻碑

夏承碑

丶部 丿部

| 久 | 乂 | 乃 | | 主 | |
|---|---|---|---|---|---|
| 睡虎地秦简 | 赵孟頫 | 西狭颂 | 睡虎地秦简 | 广武将军碑 | 马王堆帛书 |
| 马王堆帛书 | 王澍 | 景君碑 | 马王堆帛书 | 赵孟頫 | 景君碑 |
| 居延汉简 | 黄葆戊 | 礼器碑 | 居延汉简 | 陈鸿寿 | 华山碑 |
| 景君碑 | | 史晨碑 | 武威医简 | 金农 | 孔宙碑 |
| 金农 | | 邓石如 | 孔宙碑 | 钱厓 | 曹全碑 |
| 何绍基 | | 金农 | 鲁峻碑 | | |
| | | 何绍基 | 鲜于璜碑 | | |

## 乙

睡虎地秦简

居延汉简

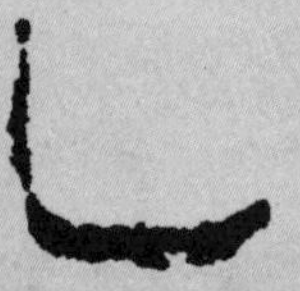
居延汉简

居延汉简

韩仁铭

乙瑛碑

邓石如

## 乘

景君碑

封龙山颂

晋写经残卷

邓石如

来楚生

## 乎

马王堆帛书

武威医简

孔宙碑

鲜于璜碑

邓石如

金农

## 之

华山碑

景君碑

邓石如

金农

伊秉绶

何绍基

吴熙载

曹全碑

石门颂

衡方碑

史晨碑

礼器碑

西狭颂

孔宙碑

睡虎地秦简

马王堆帛书

楼兰残纸

居延汉简

武威医简

张迁碑

鲜于璜碑

乳　　也　　乞　　九

睡虎地秦简

马王堆帛书

武威医简

银雀山汉简

韩仁铭

曹全碑

尹宙碑

鲜于璜碑

邓石如

金农

何绍基

睡虎地秦简

马王堆帛书

马王堆帛书

居延汉简

武威医简

张迁碑

史晨碑

楼兰残纸

居延汉简

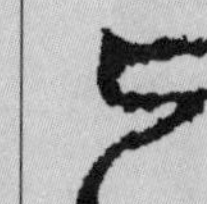
居延汉简

张景碑

乙瑛碑

礼器碑

张景碑

金农

何绍基

吴熙载

陈鸿寿

马王堆帛书

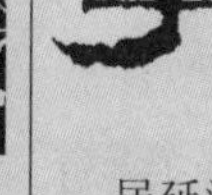
居延汉简

张迁碑

封龙山颂

尹宙碑

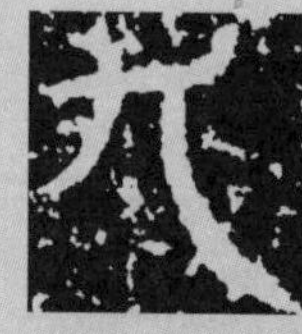
景君碑

衡方碑

## 事

鲜于璜碑

曹全碑

乙瑛碑

西狭颂

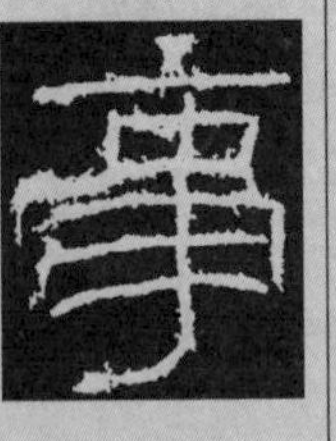
石门颂

马王堆帛书

居延汉简

楼兰残纸

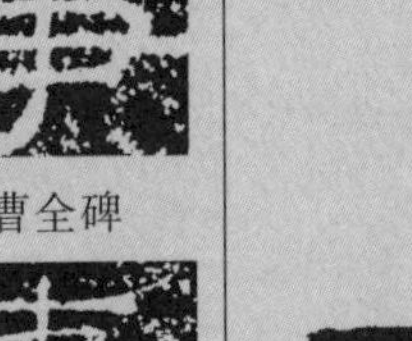
张迁碑

曹全碑

礼器碑

## 予

马王堆帛书

伊立勋

居延汉简

俞樾

## 亂

马王堆帛书

马王堆帛书

礼器碑

曹全碑

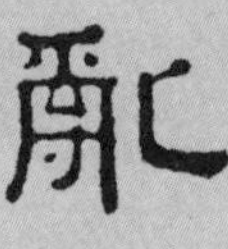
桂馥

吴熙载

俞樾

## 乾

乙瑛碑

礼器碑

邓石如

武威医简

石门颂

张迁碑

史晨碑

熹平石经

曹全碑

鲜于璜碑

云　　于　　二

丿部　二部

睡虎地秦简　马王堆帛书　居延汉简　鲜于璜碑　张迁碑　邓石如　金农　何绍基

华山碑　邓石如　金农　伊秉绶　何绍基

睡虎地秦简　马王堆帛书　居延汉简　曹全碑　鲜于璜碑　张迁碑　尹宙碑

华山庙碑　景君碑　衡方碑　邓石如　金农　何绍基　陈鸿寿

马王堆帛书　楼兰残纸　居延汉简　张迁碑　曹全碑　礼器碑　礼器碑　史晨碑

邓石如　伊秉绶　金农　何绍基　陈鸿寿

曹全碑

礼器碑

邓石如

金农

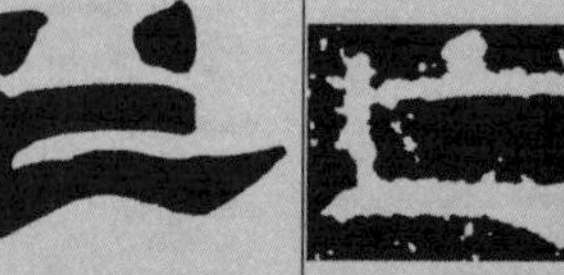
赵之谦

陈鸿寿

睡虎地秦简

马王堆帛书

居延汉简

武威医简

华山碑

景君碑

封龙山颂

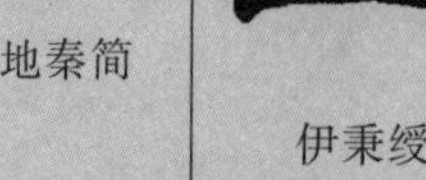
伊秉绶

何绍基

马王堆帛书

居延汉简

史晨碑

华山碑

广武将军碑

陈鸿寿

石门颂

张迁碑

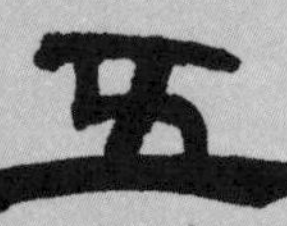
邓石如

何绍基

赵之谦

陈鸿寿

睡虎地秦简

马王堆帛书

武威医简

鲜于璜碑

礼器碑

张景碑

华山碑

西狭颂

## 亢

华山碑

熹平石经

郑簠

金农

黄易

黄葆戉

## 交

马王堆帛书

武威医简

尹宙碑

邓石如

吴熙载

何绍基

陈鸿寿

## 亥

居延汉简

睡虎地秦简

曹全碑

华山庙碑

吴熙载

何绍基

俞樾

## 亦

睡虎地秦简

马王堆帛书

武威医简

华山碑

邓石如

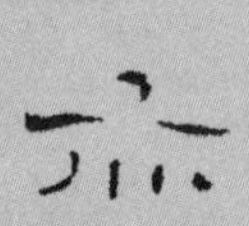
郑簠

吴熙载

何绍基

## 亨

郑簠

金农

## 享

张迁碑

礼器碑

史晨碑

华山碑

邓石如

何绍基

陈鸿寿

## 京

韩仁铭

鲁峻碑

尹宙碑

礼器碑

张迁碑

广武将军碑

吴熙载

金农

何绍基

陈鸿寿

黄葆戊

## 亭

楼兰残纸

居延汉简

华山碑

曹全碑

伊秉绶

金农

## 亮

景君碑

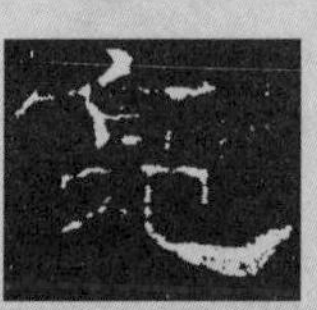
礼器碑

封龙山颂

何绍基

金农

吴熙载

## 人

睡虎地秦简

马王堆帛书

居延汉简

武威医简

鲜于璜碑

曹全碑

衡方碑

张迁碑

西狭颂

华山碑

孔宙碑

夏承碑

景君碑

伊秉绶

邓石如

郑簠

金农

陈鸿寿

何绍基

丁敬

陈鸿寿

# 什

睡虎地秦简

马王堆帛书

居延汉简

张景碑

# 仁

睡虎地秦简

马王堆帛书

马王堆帛书

居延汉简

韩仁铭

石门颂

张迁碑

礼器碑

夏承碑

鲜于璜碑

衡方碑

尹宙碑

景君碑

曹全碑

黄易

邓石如

伊秉绶

何绍基

金农

陈鸿寿

赵之谦

徐三庚

# 仇

马王堆帛书

马王堆帛书

史晨碑

何绍基

他　仕　仍　介　今



## 他

楼兰残纸

居延汉简

张景碑

泰山金刚经

石涛

邓石如

陈鸿寿

何绍基

## 仕

尹宙碑

衡方碑

景君碑

孔宙碑

邓石如

何绍基

陈鸿寿

## 仍

曹全碑

曹全碑

邓石如

黄易

郑簠

吴熙载

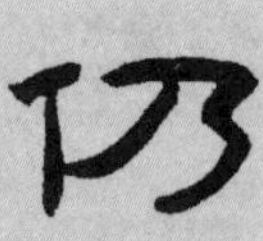
陈鸿寿

吴昌硕

## 介

睡虎地秦简

马王堆帛书

华山碑

金农

邓石如

伊秉绶

吴熙载

赵之谦

## 今

邓石如

金农

何绍基

郑簠

吴昌硕

来楚生

马王堆帛书

居延汉简

居延汉简

西狭颂

石门颂

晋写经残卷

## 令

睡虎地秦简

马王堆帛书

楼兰残纸

武威医简

居延汉简

## 代

史晨碑

张迁碑

郑簠

邓石如

金农

何绍基

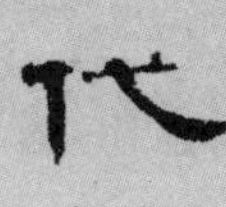
伊秉绶

睡虎地秦简

居延汉简

武威医简

武威医简

礼器碑

华山碑

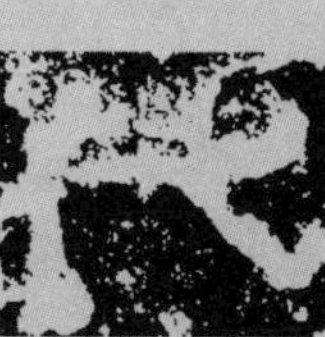
广武将军碑

## 仞

马王堆帛书

郭泰碑

## 仙

尹宙碑

华山碑

金农

金农

邓石如

伊秉绶

陈鸿寿

## 付

马王堆帛书

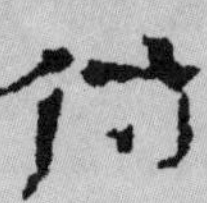
楼兰残纸

居延汉简

武威医简

泰山金刚经

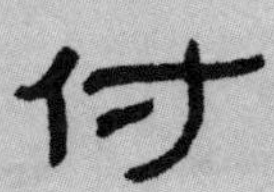
马公愚

# 以

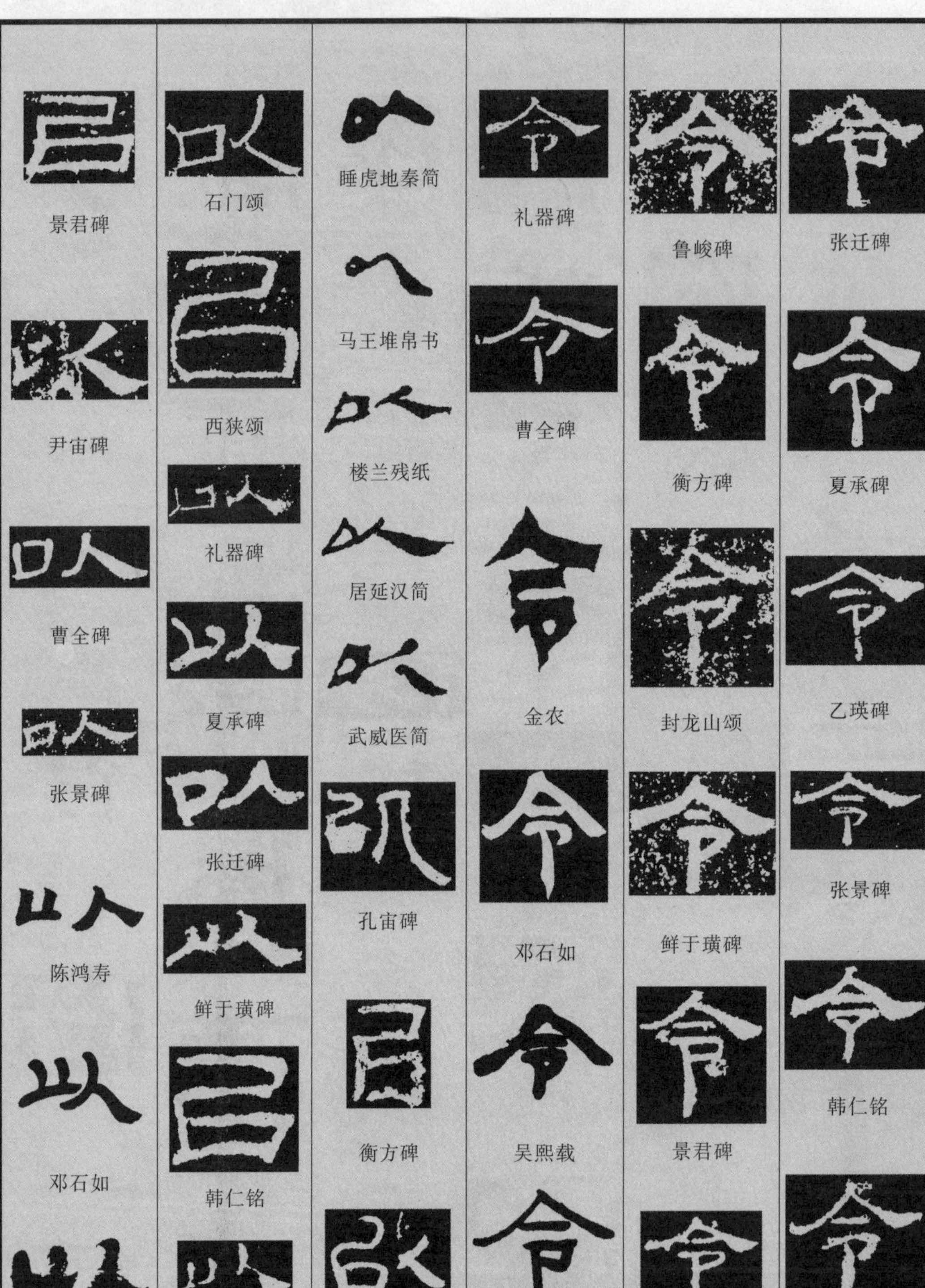

景君碑
尹宙碑
曹全碑
张景碑
陈鸿寿
邓石如
金农
石门颂
西狭颂
礼器碑
夏承碑
张迁碑
鲜于璜碑
韩仁铭
史晨碑
睡虎地秦简
马王堆帛书
楼兰残纸
居延汉简
武威医简
孔宙碑
衡方碑
泰山金刚经
礼器碑
曹全碑
金农
邓石如
吴熙载
陈鸿寿
鲁峻碑
衡方碑
封龙山颂
鲜于璜碑
景君碑
史晨碑
张迁碑
夏承碑
乙瑛碑
张景碑
韩仁铭
西狭颂

任　仲　仰

睡虎地秦简　马王堆帛书　居延汉简　礼器碑　夏承碑　衡方碑　曹全碑
何绍基　吴熙载　伊秉绶　徐三庚
鲜于璜碑　西狭颂　夏承碑　石门颂　鲁峻碑　邓石如　金农
楼兰残纸　武威医简　衡方碑　张迁碑　礼器碑　史晨碑　华山碑
居延汉简　史晨碑　礼器碑　赵孟頫　邓石如　何绍基　王禔
桂馥　何绍基　伊秉绶　黄易　杨岘　来楚生　黄葆戊

# 伐　　伏　　伍　　伊　　企



## 伐

睡虎地秦简

马王堆帛书

武威医简

衡方碑

曹全碑

赵孟頫

文征明

## 伏

马王堆帛书

居延汉简

楼兰残纸

史晨碑

景君碑

金农

吴熙载

何绍基

## 伍

睡虎地秦简

马王堆帛书

张景碑

武威医简

来楚生

## 伊

衡方碑

邓石如

金农

何绍基

吴熙载

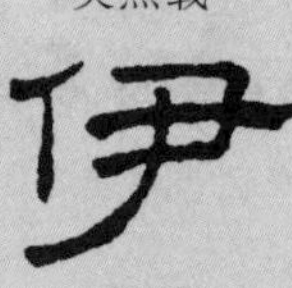
王澍

伊秉绶

赵之谦

## 企

马王堆帛书

马王堆帛书

曹全碑

邓石如

## 任

景君碑

赵孟頫

陈鸿寿

金农

王澍

黄葆戊

## 伯

张迁碑

礼器碑

尹宙碑

鲜于璜碑

邓石如

吴熙载

何绍基

桂馥

马王堆帛书

居延汉简

乙瑛碑

石门颂

西狭颂

景君碑

衡方碑

## 休

曹全碑

邓石如

何绍基

黄易

郑簠

陈鸿寿

赵之谦

马王堆帛书

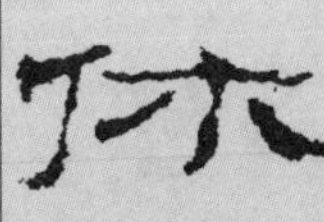
楼兰残纸

武威医简

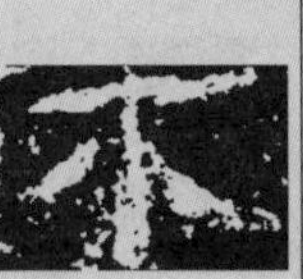
封龙山颂

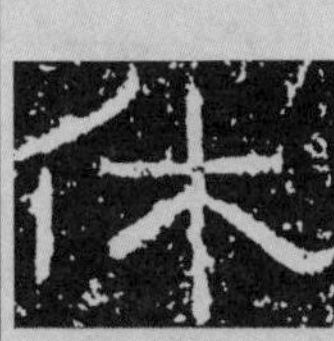
石门颂

张迁碑

鲁峻碑

## 但

武威医简

华山碑

泰山金刚经

邓石如

金农

何绍基

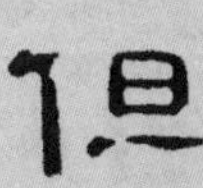
高翔

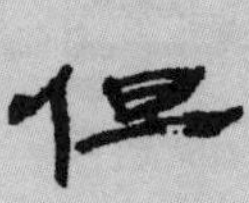
来楚生

## 伎

礼器碑

何绍基

钱松

伊立勋

位 余 何 佑

马王堆帛书

武威医简

居延汉简

夏承碑

石门颂

景君碑

尹宙碑

金农

石门颂

邓石如

俞樾

何绍基

吴昌硕

来楚生

金农

赵之谦

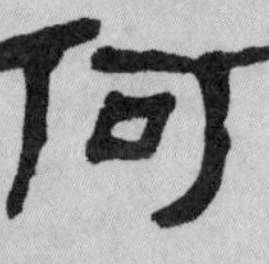
何绍基

伊立勋

石涛

黄葆戉

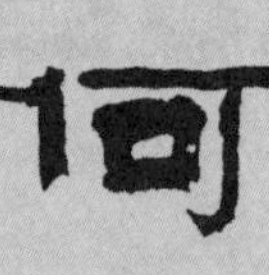
来楚生

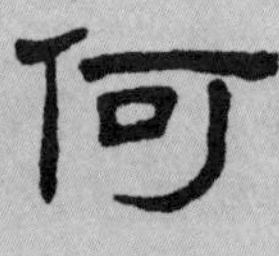
王澍

鲜于璜碑

景君碑

鲁峻碑

金农

郑簠

邓石如

马王堆帛书

楼兰残纸

居延汉简

武威医简

广武将军碑

泰山金刚经

华山碑

何绍基

吴大澂

人部

人部

住　低　佐

泰山金刚经

鲁峻碑

伊秉绶

金农

吴熙载

陈豫钟

石涛

景君碑

吴熙载

陈鸿寿

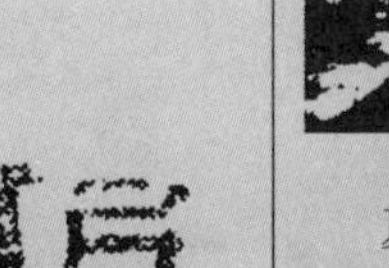
桂馥

杨沂孙

来楚生

鲁峻碑

景君碑

华山碑

夏承碑

何绍基

陈鸿寿

黄易

睡虎地秦简

马王堆帛书

居延汉简

武威医简

石门颂

广武将军碑

礼器碑

金农

赵之谦

赵之琛

黄葆戊

曹全碑

华山碑

衡方碑

张迁碑

鲁峻碑

何绍基

伊秉绶

## 佰

睡虎地秦简

银雀山简牍

景君碑

## 佳

居延汉简

赵孟頫

文征明

金农

郑簠

王澍

陈鸿寿

黄葆戉

## 作

礼器碑

鲜于璜碑

邓石如

金农

吴熙载

伊秉绶

郑簠

何绍基

乙瑛碑

衡方碑

史晨碑

张景碑

邓石如

封龙山颂

石门颂

睡虎地秦简

马王堆帛书

楼兰残纸

居延汉简

武威医简

尹宙碑

景君碑

## 佛

晋写经残卷

泰山金刚经

邓石如

邓石如

吴大澂

赵之谦

人部

侍　例　侈　來

**侍**

马王堆帛书

武威医简

鲁峻碑

礼器碑

赵孟頫

黄葆戊

王澍

**例**

吴大澂

杨岘

陈鸿寿

吴隐

伊立勋

俞樾

吴湖帆

**侈**

赵孟頫

王澍

黄葆戊

**來**

何绍基

陈鸿寿

郑簠

伊秉绶

金农

来楚生

西狭颂

韩仁铭

张迁碑

礼器碑

乙瑛碑

泰山金刚经

邓石如

睡虎地秦简

马王堆帛书

楼兰残纸

居延汉简

伊秉绶

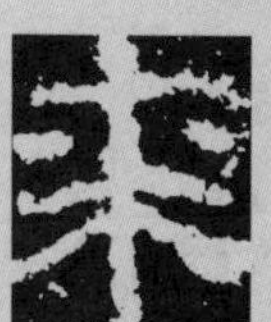
衡方碑

史晨碑

似　伴　依　供　伸

| 似 | 伴 | 依 | 依 | 供 | 伸 |
| --- | --- | --- | --- | --- | --- |
| 马王堆帛书 | 邓石如 | 陈鸿寿 | 马王堆帛书 | 曹全碑 | 银雀山简牍 |
| 赵孟頫 | 陈鸿寿 | 杨岘 | 居延汉简 | 邓石如 | 孟孝琚碑 |
| 邓石如 | 来楚生 | 伊立勋 | 鲜于璜碑 | 吴熙载 | 开通褒斜道刻石 |
| 郑簠 | | 赵之谦 | 史晨碑 | 金农 | |
| 吴熙载 | | 来楚生 | 华山庙碑 | 伊秉绶 | |
| 徐三庚 | | | 邓石如 | 何绍基 | |
| 俞樾 | | | 何绍基 | | |
| 来楚生 | | | | | |

# 侵

马王堆帛书

居延汉简

武威医简

尹宙碑

史晨碑

郑簠

何绍基

# 侯

邓石如

黄易

赵之谦

金农

广武将军碑

华山碑

鲁峻碑

孔宙碑

尹宙碑

桂馥

何绍基

睡虎地秦简

马王堆帛书

居延汉简

武威医简

礼器碑

曹全碑

乙瑛碑

# 使

曹全碑

华山碑

金农

陈鸿寿

邓石如

赵之谦

何绍基

睡虎地秦简

马王堆帛书

楼兰残纸

居延汉简

武威医简

莱子侯刻石

鲜于璜碑

信 俞 保 俗 便

邓石如

金农

陈鸿寿

赵之谦

伊立勋

俞樾

郑簠

王澍

马王堆帛书

居延汉简

武威医简

鲁峻碑

华山碑

礼器碑

景君碑

马王堆帛书

居延汉简

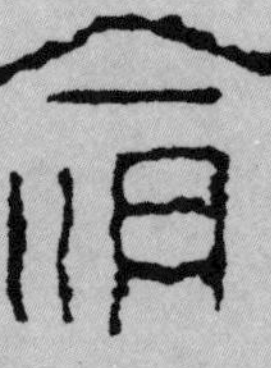
砖文

邓石如

赵之谦

俞樾

马王堆帛书

武威医简

衡方碑

邓石如

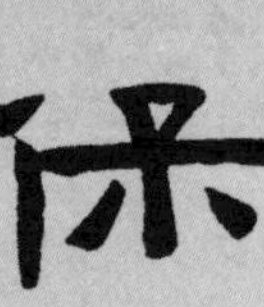
陈鸿寿

何绍基

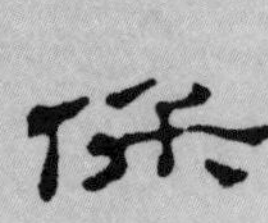
赵之谦

睡虎地秦简

马王堆帛书

张迁碑

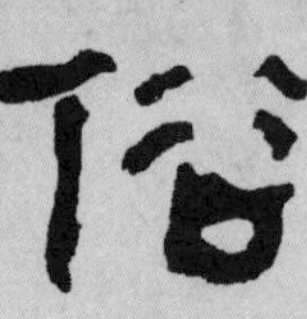
何绍基

翁方纲

金农

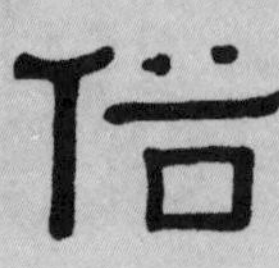
黄葆戉

睡虎地秦简

马王堆帛书

武威医简

居延汉简

邓石如

金农

何绍基

## 俱

马王堆帛书

马王堆帛书

郑簠

邓石如

吴熙载

钱松

黄葆戊

## 修

衡方碑

华山碑

金农

陈鸿寿

何绍基

吴熙载

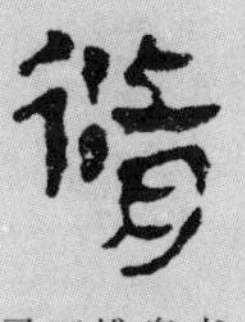
马王堆帛书

居延汉简

礼器碑

鲜于璜碑

史晨碑

封龙山颂

## 组

睡虎地秦简

武威医简

熹平石经

邓石如

徐三庚

## 侠

马王堆帛书

居延汉简

武威医简

赵孟頫

王澍

黄葆戊

王禔

## 係

居延汉简

张迁碑

俞樾

来楚生

何绍基

俞樾

吴昌硕

## 倫

赵孟頫

文征明

邓石如

何震

郑簠

黄葆戉

## 俾

史晨碑

华山庙碑

西狭颂

邓石如

何绍基

郑簠

## 倉

睡虎地秦简

马王堆帛书

居延汉简

武威医简

鲜于璜碑

景君碑

西狭颂

史晨碑

邓石如

何绍基

陈鸿寿

## 倍

马王堆帛书

礼器碑

邓石如

赵之谦

钱松

何绍基

## 倒

景君碑

邓石如

邓石如

杨沂孙

## 停

华山庙碑

文征明

俞樾

## 候

居延汉简

马王堆帛书

楼兰残纸

武威医简

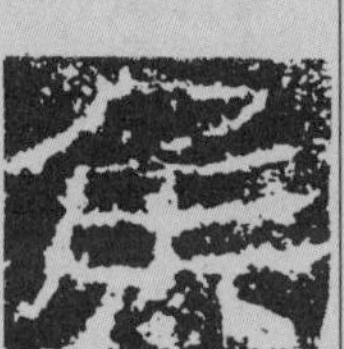
莱子侯刻石

邓石如

陈鸿寿

## 倚

马王堆帛书

马王堆帛书

武威医简

邓石如

邓石如

## 偏

马王堆帛书

石门颂

泰山金刚经

吴熙载

何绍基

## 偃

楼兰残纸

居延汉简

礼器碑

金农

## 假

马王堆帛书

居延汉简

鲜于璜碑

景君碑

华山碑

邓石如

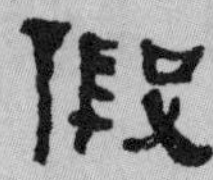
何绍基

陈鸿寿

備　傍　偶　倦　側

乙瑛碑

史晨碑

景君碑

邓石如

陈鸿寿

钱松

吴熙载

伊立勋

睡虎地秦简

马王堆帛书

楼兰残纸

武威医简

居延汉简

西狭颂

礼器碑

赵孟頫

金农

王澍

来楚生

居延汉简

武威医简

邓石如

伊秉绶

袁博碑

韩择木

文征明

吴熙载

何绍基

来楚生

鲜于璜碑

景君碑

杨沂孙

杨岘

傳 傳 傲 傕

何绍基

夏承碑

马王堆帛书

睡虎地秦简

邓石如

赵孟頫

陈鸿寿

张景碑

居延汉简

马王堆帛书

文征明

尹宙碑

华山碑

楼兰残纸

居延汉简

邓石如

郑簠

孔宙碑

武威医简

王澍

吴熙载

伊立勋

礼器碑

史晨碑

黄易

吴熙载

尹宙碑

鲁峻碑

礼器碑

杨岘

黄葆戊

億 傾 債 傷

华山庙碑

吴熙载

何绍基

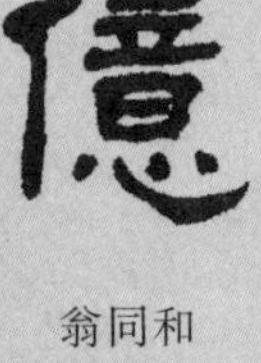
翁同和

郑孝胥

史晨碑

礼器碑

张迁碑

石门颂

鲜于璜碑

西狭颂

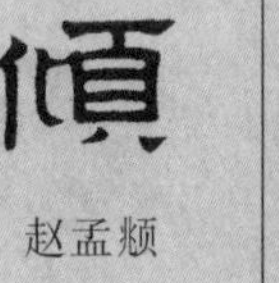
赵孟頫

文征明

金农

邓石如

邓石如

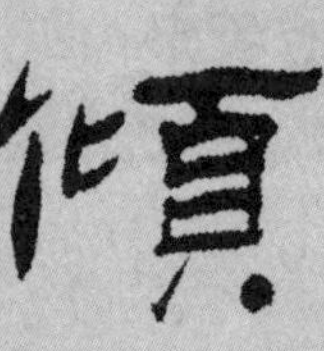
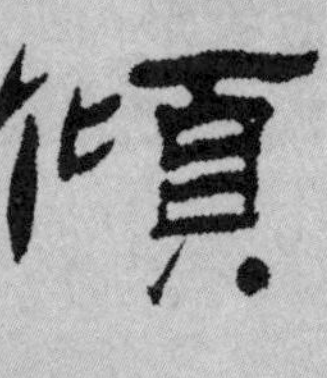
杨岘

莫友芝

张迁碑

丁敬

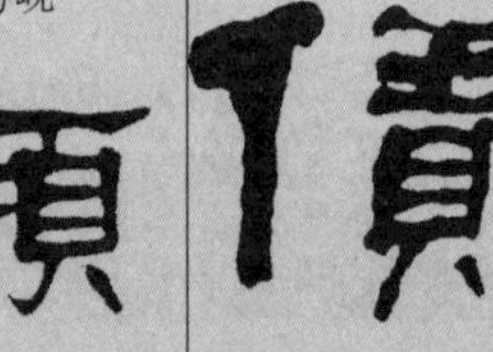

何绍基

赵孟頫

邓石如

金农

何绍基

罗振玉

杨沂孙

赵之谦

睡虎地秦简

马王堆帛书

居延汉简

楼兰残纸

武威医简

夏承碑

景君碑

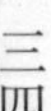

人部

僧

金农

桂馥

伊秉绶

邓石如

杨岘

何绍基

僚

曹全碑

曹全碑

郑簠

何绍基

何绍基

罗振玉

黄葆戊

偽

景君碑

杨沂孙

吴大澂

像

睡虎地秦简

马王堆帛书

景君碑

何绍基

伊秉绶

赵之谦

杨沂孙

僕

睡虎地秦简

金农

伊立勋

邓石如

邓石如

何震

僉

马王堆帛书

张迁碑

郑簠

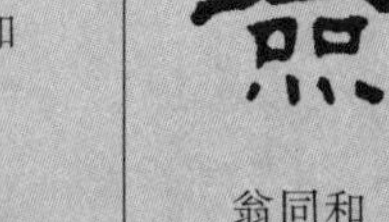
翁同和

何绍基

## 俯

夏承碑

史晨碑

文征明

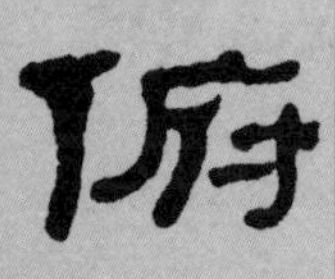
何绍基

伊秉绶

## 價

桂馥

俞樾

徐三庚

## 儀

邓石如

礼器碑

郑簠

邓石如

何绍基

伊秉绶

吴熙载

楼兰残纸

武威医简

西狭颂

孔宙碑

张迁碑

鲜于璜碑

## 儒

武威医简

曹全碑

郑簠

黄易

伊秉绶

钱泳

桂馥

## 儉

尹宙碑

鲜于璜碑

礼器碑

金农

邓石如

陈鸿寿

何绍基

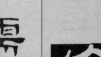

元 允 儌 儁 優

史晨碑
曹全碑
景君碑
乙瑛碑
张迁碑
华山庙碑
礼器碑
马王堆帛书
楼兰残纸
居延汉简
武威医简
封龙山颂
鲜于璜碑
衡方碑
马王堆帛书
景君碑
夏承碑
衡方碑
何绍基
吴熙载
赵之谦
武威医简
西狭颂
何绍基
曹全碑
广武将军碑
丁佛言
尹宙碑
郑簠
邓石如
翁同和
何绍基
钱泳

先　兇　充　兄



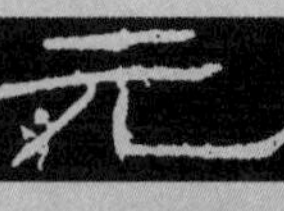
韩择木

金农

邓石如

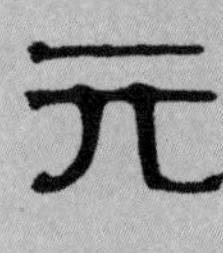
伊秉绶

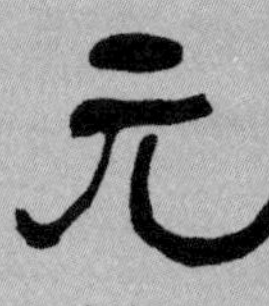
何绍基

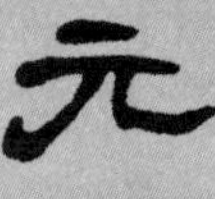
赵之谦

俞樾

来楚生

## 兄

马王堆帛书

楼兰残纸

武威医简

衡方碑

金农

邓石如

黄易

## 充

马王堆帛书

武威医简

石门颂

赵孟頫

何绍基

金农

## 兇

睡虎地秦简

马王堆帛书

楼兰残纸

夏承碑

文征明

邓石如

## 先

睡虎地秦简

武威医简

马王堆帛书

楼兰残纸

夏承碑

衡方碑

史晨碑

乙瑛碑

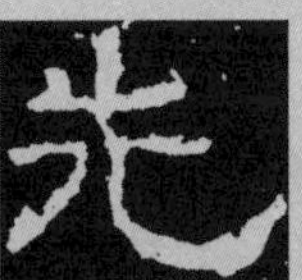
张迁碑

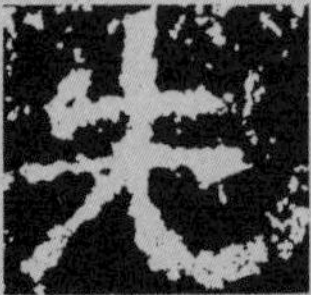
景君碑

鲜于璜碑

邓石如

伊秉绶

克　　　　光　　兆

鲜于璜碑

华山庙碑

何绍基

钱泳

邓石如

黄易

居延汉简

张迁碑

西狭颂

史晨碑

华山碑

尹宙碑

鲜于璜碑

金农

邓石如

郑簠

王澍

赵之谦

俞樾

封龙山颂

尹宙碑

曹全碑

礼器碑

华山碑

礼器碑

张迁碑

华山庙碑

何绍基

金农

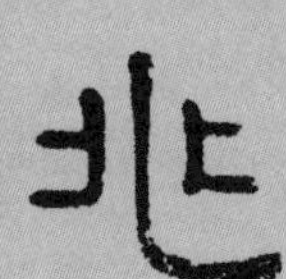

黄葆戊

陈鸿寿

赵之琛

何绍基

伊立勋

吴熙载

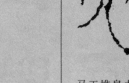

## 兢

邓石如

邓石如

陈鸿寿

## 兜

居延汉简

## 兖

居延汉简

夏承碑

礼器碑

曹全碑

华山庙碑

## 兔

马王堆帛书

马王堆帛书

邓石如

## 兒

赵孟頫

王澍

黄葆戊

钱厓

## 免

睡虎地秦简

睡虎地秦简

马王堆帛书

马王堆帛书

鲜于璜碑

# 入

睡虎地秦简

马王堆帛书

武威医简

居延汉简

徐三庚

泰山金刚经

邓石如

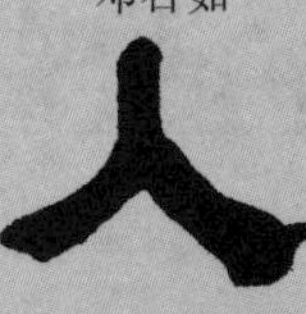
汪士慎

伊秉绶

陈鸿寿

杨岘

何绍基

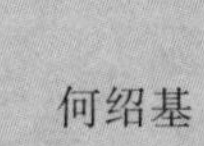
赵之谦

俞樾

伊立勋

来楚生

# 内

睡虎地秦简

马王堆帛书

居延汉简

武威医简

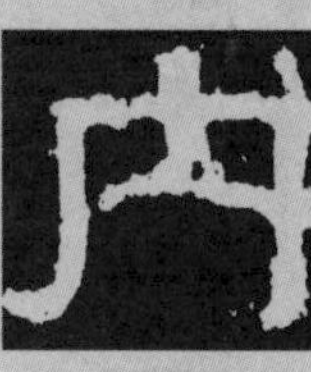
张迁碑

鲁峻碑

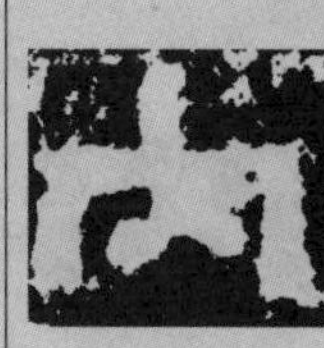
鲜于璜碑

封龙山颂

赵孟頫

邓石如

邓石如

何绍基

何绍基

吴熙载

# 全

马王堆帛书

裴岑碑

曹全碑

张迁碑

邓石如

何绍基

陈鸿寿

# 兩

睡虎地秦简

马王堆帛书

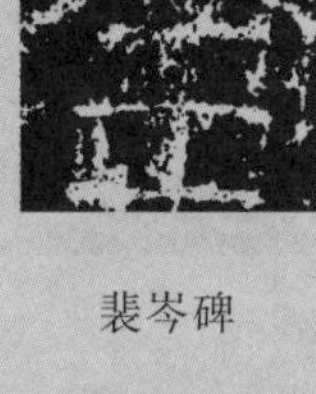
马王堆帛书

居延汉简

居延汉简

赵孟頫

邓石如

## 八

睡虎地秦简

居延汉简

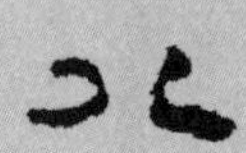
武威医简

砖文

乙瑛碑

裴岑碑

史晨碑

礼器碑

鲜于璜碑

张迁碑

张景碑

华山碑

邓石如

何绍基

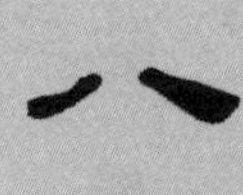
金农

陈鸿寿

来楚生

## 公

睡虎地秦简

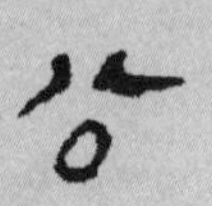
马王堆帛书

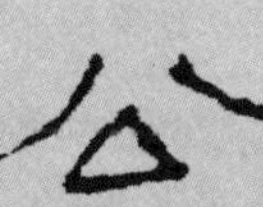
楼兰残纸

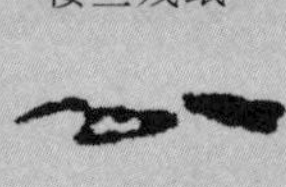
居延汉简

武威医简

张迁碑

景君碑

礼器碑

鲜于璜碑

石门颂

孔宙碑

夏承碑

衡方碑

尹宙碑

史晨碑

华山庙碑

伊秉绶

郑簠

邓石如

何绍基

金农

吴熙载

钱松

赵之谦

## 六

睡虎地秦简

马王堆帛书

楼兰残纸

居延汉简

武威医简

尹宙碑

西狭颂

# 兵 共 兮

## 兵

睡虎地秦简

马王堆帛书

居延汉简

楼兰残纸

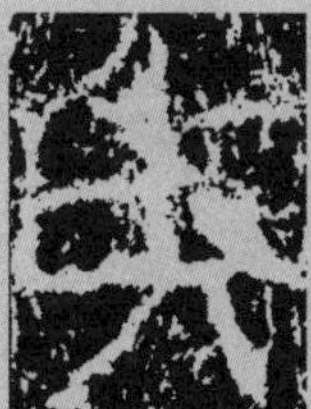
裴岑碑

衡方碑

## 共

邓石如

邓石如

桂馥

何绍基

桂馥

俞樾

吴湖帆

来楚生

睡虎地秦简

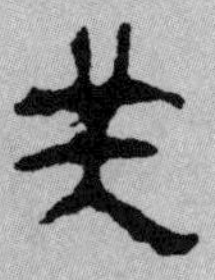
马王堆帛书

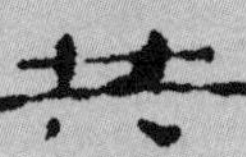
居延汉简

武威医简

张迁碑

曹全碑

华山碑

## 兮

楼兰残纸

鲜于璜碑

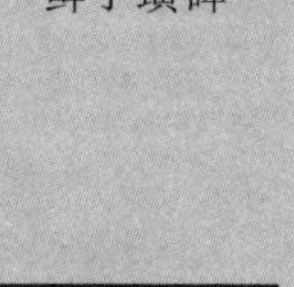

景君碑

杨沂孙

杨岘

华山庙碑

翁方纲

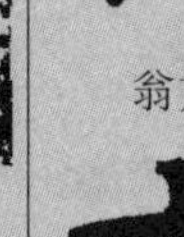

邓石如

黄易

何绍基

杨守敬

吴熙载

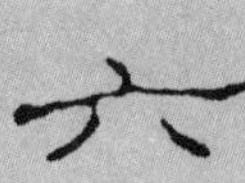
赵之谦

孔宙碑

景君碑

夏承碑

曹全碑

张迁碑

华山碑

鲜于璜碑

高翔

赵孟頫

郑簠

邓石如

陈鸿寿

吴大澂

何绍基

翁同和

曹全碑

# 其

马王堆帛书

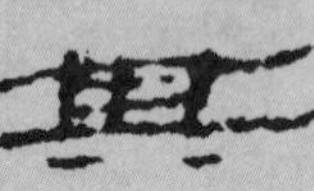
楼兰残纸

居延汉简

武威医简

夏承碑

韩仁铭

曹全碑

西狭颂

封龙山颂

景君碑

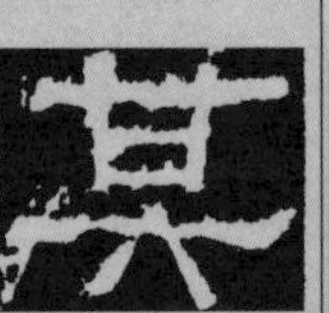
张迁碑

石门颂

尹宙碑

鲜于璜碑

礼器碑

衡方碑

孔宙碑

乙瑛碑

泰山金刚经

金农

金农

邓石如

伊秉绶

何绍基

伊立勋

郑燮

# 具

睡虎地秦简

马王堆帛书

楼兰残纸

居延汉简

武威医简

赵孟頫

文征明

王澍

# 冀　兼　典

八部

冀

楼兰残纸

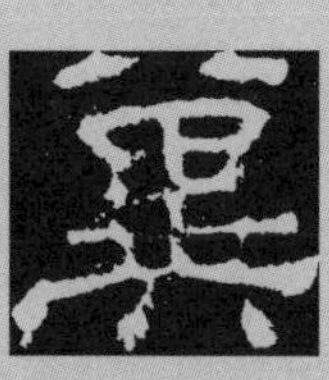

夏承碑

礼器碑

鲜于璜碑

曹全碑

邓石如

何绍基

兼

金农

邓石如

伊秉绶

杨岘

何绍基

陈鸿寿

翁同和

吴隐

夏承碑

孔宙碑

尹宙碑

衡方碑

华山碑

黄易

典

尹宙碑

景君碑

华山庙碑

郑簠

金农

邓石如

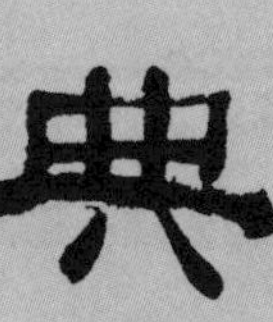

何绍基

吴熙载

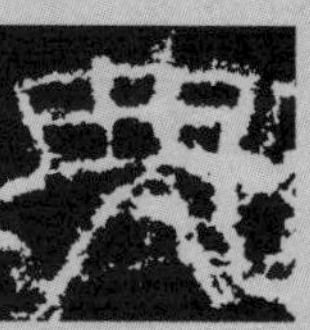

封龙山颂

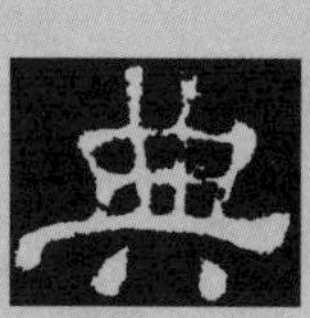

夏承碑

韩仁铭

鲜于璜碑

曹全碑

乙瑛碑

郑簠

邓石如

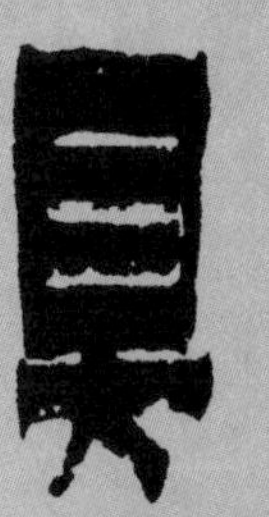

金农

杨岘

何绍基

冥

马王堆帛书

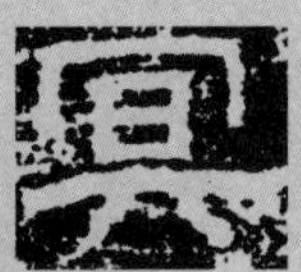
熹平石经

文征明

赵之谦

何绍基

莫友芝

冠

邓石如

何绍基

杨沂孙

俞樾

吴大澂

马王堆帛书

武威医简

居延汉简

西狭颂

景君碑

乙瑛碑

赵孟頫

冕

华山庙碑

翁同和

丁佛言

再

睡虎地秦简

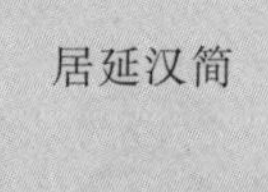
居延汉简

居延汉简

居延汉简

景君碑

赵孟頫

册

马王堆帛书

马王堆帛书

砖文

砖文

伊秉绶

冖部 冫部

冷 治 冲 冰 冬 家

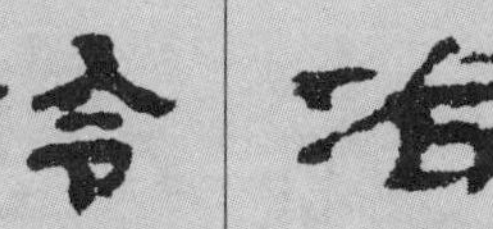

金农

邓石如

睡虎地秦简

马王堆帛书

武威医简

武威医简

伊秉绶

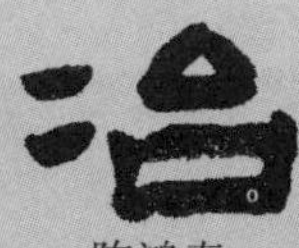

陈鸿寿

邓石如

伊立勋

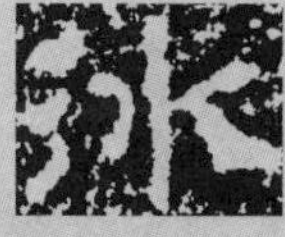

景君碑

金农

邓石如

朱彝尊

伊秉绶

伊立勋

徐三庚

吴熙载

睡虎地秦简

马王堆帛书

武威医简

石门颂

华山庙碑

赵孟頫

何绍基

睡虎地秦简

砖文

砖文

华山庙碑

何绍基

吴昌硕

凡　几　凝　涷　凌　清



## 凡

睡虎地秦简

马王堆帛书

居延汉简

楼兰残纸

武威医简

鲁峻碑

史晨碑

## 几

睡虎地秦简

马王堆帛书

武威医简

史晨碑

邓石如

杨岘

钱松

## 凝

俞樾

## 涷

何绍基

## 凌

砖文

文征明

## 清

赵孟頫

文征明

黄葆戊

函　　　　　　　　出　　凰

居延汉简

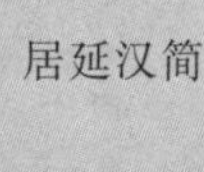

居延汉简

楼兰残纸

奚冈

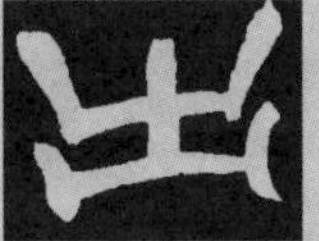

邓石如

邓石如

邓石如

伊秉绶

何绍基

何绍基

尹宙碑

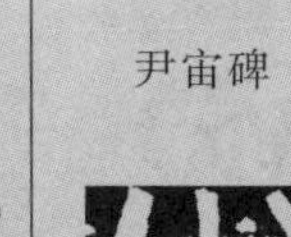

张迁碑

石门颂

鲜于璜碑

礼器碑

史晨碑

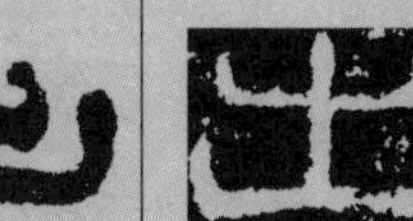

邓石如

睡虎地秦简

马王堆帛书

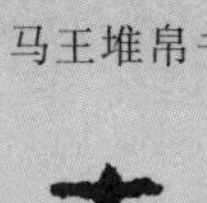

居延汉简

楼兰残纸

武威医简

曹全碑

乙瑛碑

西狭颂

吴叡

冯登府

景君碑

邓石如

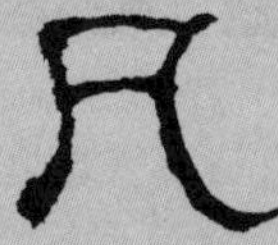

何绍基

杨岘

俞樾

杨沂孙

刀部

## 刀

马王堆帛书

马王堆帛书

居延汉简

武威医简

武威医简

## 刃

睡虎地秦简

睡虎地秦简

睡虎地秦简

马王堆帛书

银雀山简牍

## 分

睡虎地秦简

马王堆帛书

楼兰残纸

武威医简

居延汉简

尹宙碑

张迁碑

石门颂

景君碑

曹全碑

华山庙碑

金农

吴熙载

何绍基

伊立勋

## 切

武威医简

泰山金刚经

赵孟頫

文征明

郑簠

郑簠

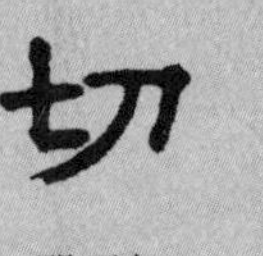
邓石如

吴隐

## 刊

曹全碑

孔宙碑

鲜于璜碑

封龙山颂

张迁碑

景君碑

史晨碑

# 初　删　列

赵孟頫

郑簠

黄易

桂馥

吴熙载

金农

王禔

衡方碑

礼器碑

华山碑

广武将军碑

张迁碑

广武将军碑

史晨碑

何绍基

吴大澂

郑簠

尹宙碑

何绍基

丁敬

杨岘

莫友芝

杨沂孙

赵之谦

吴大澂

王澍

楼兰残纸

武威医简

居延汉简

曹全碑

夏承碑

景君碑

张景碑

吴熙载

赵之谦

何绍基

何绍基

黄易

桂馥

# 利　　判　　别

刀部

桂馥

邓石如

何绍基

何绍基

何绍基

杨沂孙

杨岘

俞樾

韩择木

郑簠

赵之谦

杨守敬

朱彝尊

马王堆帛书

银雀山简牍

史晨碑

张迁碑

乙瑛碑

石门颂

尹宙碑

华山庙碑

阮元

赵之谦

封龙山颂

华山庙碑

邓石如

何绍基

赵之谦

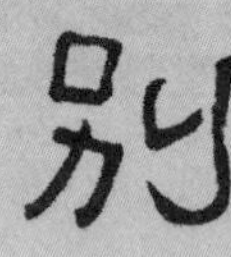

俞樾

伊立勋

睡虎地秦简

马王堆帛书

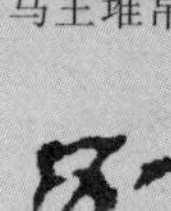

楼兰残纸

居延汉简

武威医简

曹全碑

鲜于璜碑

张迁碑

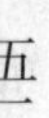

## 制

郑簠

武威医简

何绍基

杨岘

邓石如

杨岘

杨沂孙

钱松

马王堆帛书

武威医简

韩仁铭

华山碑

史晨碑

景君碑

韩仁铭

## 到

韩仁铭

郑簠

伊秉绶

金农

来楚生

王禔

睡虎地秦简

史晨碑

华山碑

鲜于璜碑

乙瑛碑

## 刑

郑簠

郑簠

邓石如

阮元

陈鸿寿

吴熙载

俞樾

睡虎地秦简

马王堆帛书

楼兰残纸

居延汉简

武威医简

韩仁铭

赵孟頫

則　　刻　刺　剎

西狭颂

礼器碑

吴熙载

金农

来楚生

马公愚

睡虎地秦简

马王堆帛书

居延汉简

鲁峻碑

鲜于璜碑

乙瑛碑

石门颂

何绍基

邓石如

何绍基

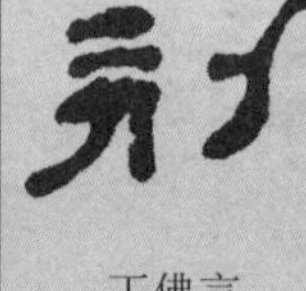
丁佛言

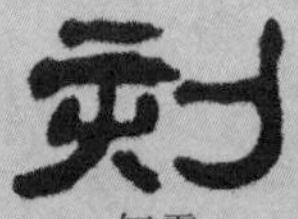
何震

睡虎地秦简

楼兰残纸

西狭颂

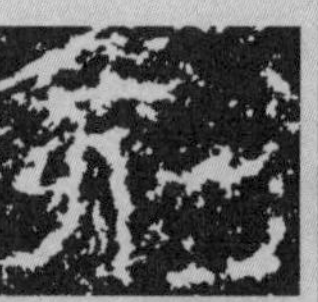
封龙山颂

华山碑

华山庙碑

何绍基

武威医简

石门颂

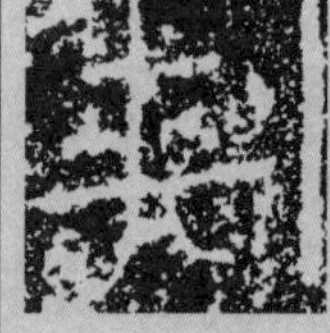
广武将军碑

韩择木

童大年

| 剥 | 剛 | 剔 | 前 | 前 | 削 |
|---|---|---|---|---|---|
|  衡方碑 |  马王堆帛书 |  张表碑 |  礼器碑 |  马王堆帛书 | 睡虎地秦简 |
|  景君碑 | 景君碑 | 何绍基 |  曹全碑 |  武威医简 | 马王堆帛书 |
| 邓石如 | 邓石如 | 吴隐 | 衡方碑 |  楼兰残纸 |  居延汉简 |
| 杨沂孙 | 伊秉绶 | | 乙瑛碑 |  居延汉简 | 武威医简 |
| 何绍基 | 赵之谦 | | 伊秉绶 |  石门颂 |  华山庙碑 |
| 翁同和 | 杨沂孙 | | 金农 | 夏承碑 | 郑簠 |
| | 赵之谦 | | 何绍基 |  韩仁铭 | 杨岘 |

刀部

## 劇

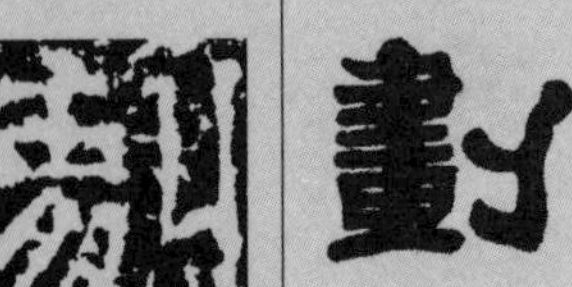

景君碑

礼器碑

郑簠

吴熙载

何绍基

杨岘

王禔

## 劃

邓石如

## 剖

西狭颂

何绍基

何绍基

桂馥

赵之谦

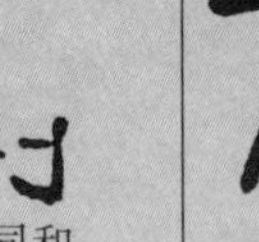

翁同和

## 創

楼兰残纸

武威医简

西狭颂

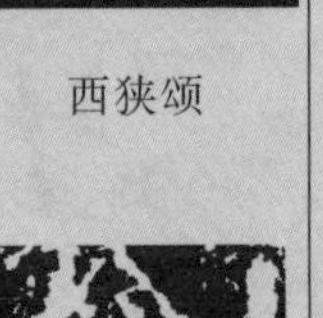

郙阁颂

华山庙碑

何绍基

## 割

睡虎地秦简

马王堆帛书

景君碑

邓石如

杨沂孙

## 副

居延汉简

史晨碑

曹全碑

郑簠

何绍基

吴大澂

俞樾

俞樾

刀部　力部

## 功

尹宙碑

鲜于璜碑

曹全碑

张迁碑

衡方碑

何绍基

邓石如

马王堆帛书

居延汉简

夏承碑

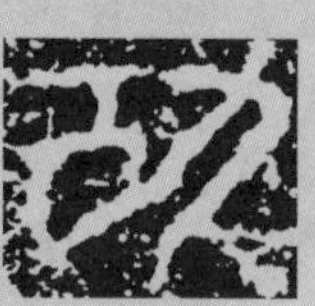
景君碑

张景碑

石门颂

孔宙碑

鲜于璜碑

## 力

赵孟頫

何绍基

邓石如

何震

睡虎地秦简

马王堆帛书

楼兰残纸

居延汉简

史晨碑

尹宙碑

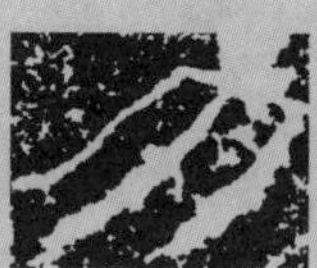
景君碑

## 劍

武威医简

马王堆帛书

武威医简

居延汉简

邓石如

桂馥

杨岘

赵之谦

## 劉

居延汉简

史晨碑

礼器碑

邓石如

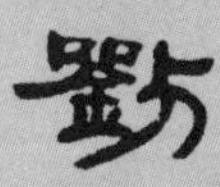
何绍基

金农

加

马王堆帛书

楼兰残纸

砖文

武威医简

武威医简

史晨碑

乙瑛碑

礼器碑

华山碑

邓石如

郑簠

赵之谦

何绍基

陈鸿寿

马公愚

助

马王堆帛书

居延汉简

鲁峻碑

邓石如

黄葆戉

劭

赵孟頫

文征明

王澍

黄葆戉

勇

马王堆帛书

居延汉简

邓石如

吴大澂

勃

居延汉简

鲁峻碑

赵之谦

黄葆戉

力部

## 勞

张景碑

熹平石经

赵孟頫

赵之谦

黄葆戊

## 勝

景君碑

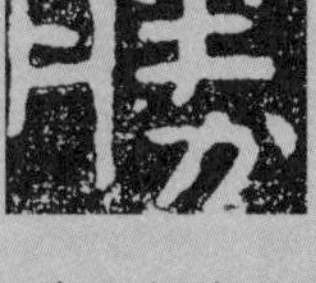
泰山金刚经

韩择木

何绍基

吴熙载

## 務

衡方碑

张迁碑

张景碑

赵孟頫

王澍

陈鸿寿

王禔

## 勒

曹全碑

鲜于璜碑

夏承碑

张景碑

华山碑

金农

## 動

马王堆帛书

曹全碑

西狭颂

夏承碑

邓石如

赵之谦

陈鸿寿

## 勉

睡虎地秦简

马王堆帛书

楼兰残纸

赵孟頫

文征明

邓石如

金农

何绍基

## 勤

马王堆帛书

夏承碑

石门颂

鲜于璜碑

张迁碑

金农

金农

莫友芝

邓石如

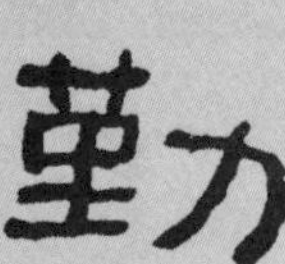
何绍基

何绍基

伊立勋

## 勢

马王堆帛书

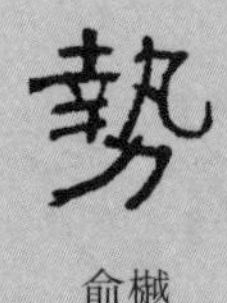
金农

杨岘

俞樾

何震

赵之谦

来楚生

## 勛

尹宙碑

张迁碑

张迁碑

何绍基

郑簠

黄葆戊

## 勵

邓石如

俞樾

## 勳

石门颂

韩仁铭

封龙山颂

孔宙碑

曹全碑

鲜于璜碑

化　匈　勿　勺　勸

力部　勹部　匕部

## 化

马王堆帛书

封龙山颂

西狭颂

鲜于璜碑

衡方碑

张迁碑

史晨碑

## 匈

楼兰残纸

校官碑

## 勿

睡虎地秦简

马王堆帛书

楼兰残纸

武威医简

居延汉简

赵孟頫

文征明

郑簠

邓石如

## 勺

马王堆帛书

马王堆帛书

武威医简

武威医简

## 勸

马王堆帛书

马王堆帛书

文征明

邓石如

俞樾

伊立勋

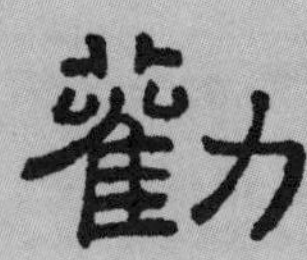
王澍

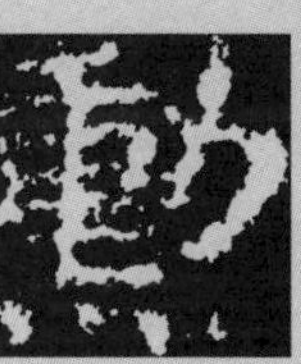
衡方碑

景君碑

金农

伊秉绶

何绍基

## 匡

马王堆帛书

居延汉简

石门颂

夏承碑

赵孟頫

何绍基

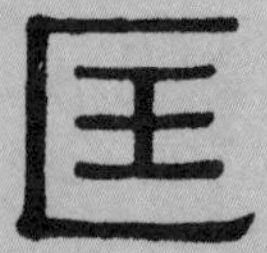

黄葆戉

## 匠

马王堆帛书

马王堆帛书

马王堆帛书

张景碑

## 北

郑簠

吴熙载

何绍基

何绍基

杨岘

俞樾

翁同和

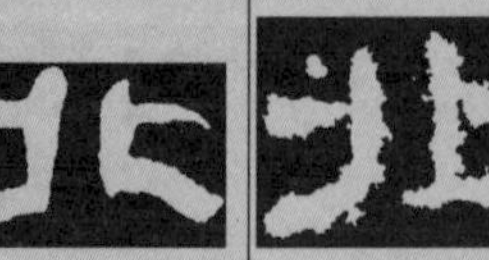

来楚生

石门颂

泰山金刚经

张迁碑

景君碑

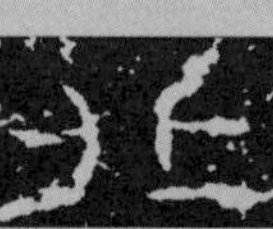

曹全碑

礼器碑

史晨碑

邓石如

睡虎地秦简

马王堆帛书

居延汉简

武威医简

衡方碑

衡方碑

封龙山颂

郑簠

郑簠

吴熙载

邓石如

伊秉绶

何绍基

杨沂孙

吴昌硕

匚部

匱 匪 巨 匹 區

石门颂

鲜于璜碑

何绍基

何绍基

钱泳

武威医简

石门颂

邓石如

吴熙载

石门颂

俞樾

赵之谦

马王堆帛书

马王堆帛书

张迁碑

张迁碑

华山庙碑

赵孟頫

睡虎地秦简

睡虎地秦简

居延汉简

居延汉简

居延汉简

史晨碑

何绍基

俞樾

陈鸿寿

赵之谦

高翔

马王堆帛书

居延汉简

张迁碑

邓石如

何绍基

巴慰祖

厚　厓　厄　滙　匿　匣

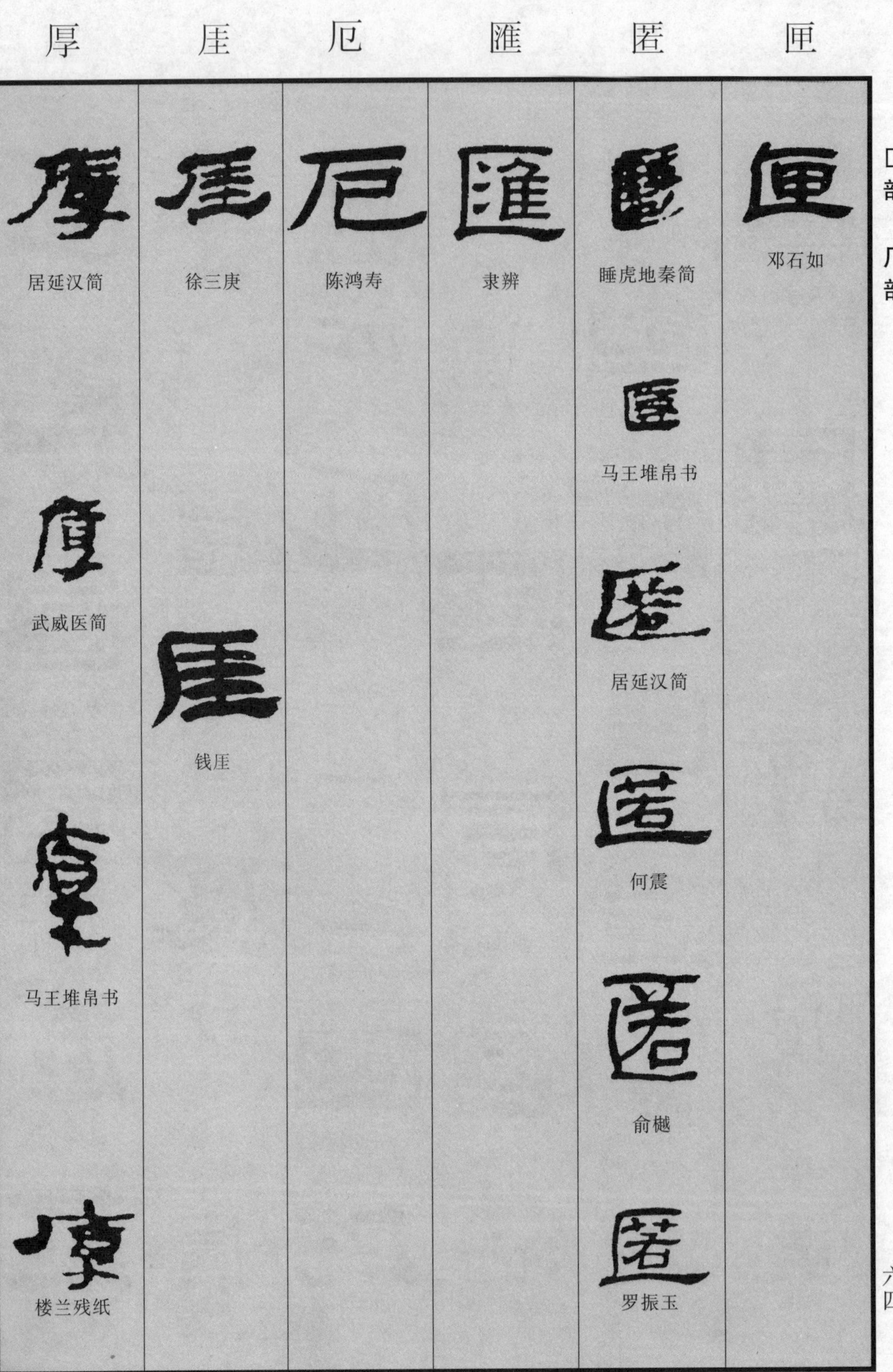

居延汉简
武威医简
马王堆帛书
楼兰残纸
徐三庚
钱厓
陈鸿寿
隶辨
睡虎地秦简
马王堆帛书
居延汉简
何震
俞樾
罗振玉
邓石如

厥　原

赵孟頫

伊立勋

何绍基

钱松

杨沂孙

赵之谦

王澍

马王堆帛书

武威医简

张迁碑

石门颂

石门颂

景君碑

礼器碑

郑簠

黄易

金农

何绍基

伊立勋

吴熙载

王禔

睡虎地秦简

马王堆帛书

石门颂

鲜于璜碑

张迁碑

礼器碑

华山碑

何绍基

陈鸿寿

吴熙载

楼兰残纸

华山庙碑

礼器碑

邓石如

印 卯 厲 厭

## 印

张景碑

赵孟頫

邓石如

吴大澂

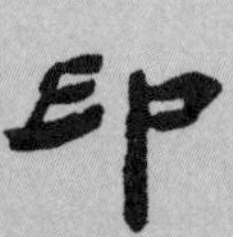
杨岘

吴昌硕

睡虎地秦简

马王堆帛书

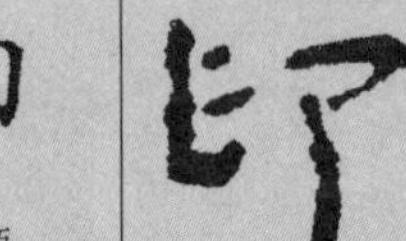
居延汉简

居延汉简

楼兰残纸

楼兰残纸

夏承碑

## 卯

睡虎地秦简

楼兰残纸

居延汉简

史晨碑

尹宙碑

何绍基

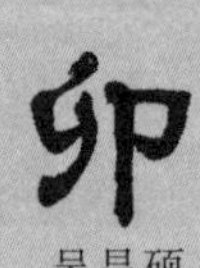
吴昌硕

## 厲

何绍基

伊秉绶

伊立勋

马王堆帛书

尹宙碑

韩仁铭

熹平石经

金农

吴熙载

## 厭

赵孟頫

钱沣

王澍

黄葆戊

厂部 卩部

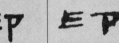

卩部

## 即

睡虎地秦简

马王堆帛书

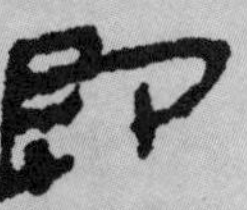
楼兰残纸

居延汉简

武威医简

石门颂

史晨碑

## 却

马王堆帛书

居延汉简

居延汉简

邓石如

汪士慎

何绍基

来楚生

## 卵

泰山金刚经

## 卷

金农

赵之谦

汪士慎

## 危

金农

何绍基

来楚生

马王堆帛书

马王堆帛书

居延汉简

西狭颂

景君碑

石门颂

邓石如

十　卿

曹全碑

华山碑

尹宙碑

张迁碑

张景碑

史晨碑

景君碑

乙瑛碑

睡虎地秦简

马王堆帛书

居延汉简

楼兰残纸

韩仁铭

西狭颂

马王堆帛书

金农

邓石如

何绍基

伊立勋

黄士陵

赵之谦

马王堆帛书

楼兰残纸

居延汉简

武威医简

景君碑

张迁碑

鲁峻碑

史晨碑

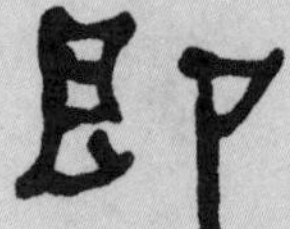
何绍基

邓石如

伊秉绶

赵之谦

杨岘

尹宙碑

衡方碑

乙瑛碑

鲜于璜碑

泰山金刚经

赵孟頫

金农

升 千



金农

武威医简

居延汉简

礼器碑

曹全碑

鲜于璜碑

石门颂

何绍基

伊秉绶

杨岘

王澍

汪士慎

来楚生

吴湖帆

西狭颂

邓石如

金农

陈鸿寿

吴熙载

何绍基

郑簠

睡虎地秦简

武威医简

居延汉简

史晨碑

张迁碑

礼器碑

广武将军碑

何绍基

黄易

邓石如

吴熙载

陈鸿寿

马公愚

卒　卌　半　丗　廿　午



**卒**

睡虎地秦简

马王堆帛书

居延汉简

武威医简

鲁峻碑

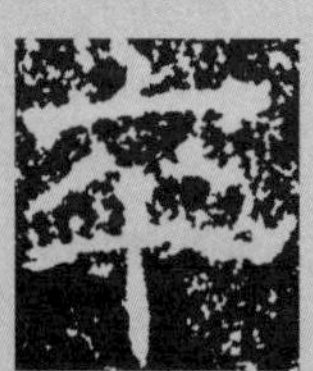
尹宙碑

**卌**

睡虎地秦简

居延汉简

居延汉简

居延汉简

武威医简

**半**

睡虎地秦简

睡虎地秦简

马王堆帛书

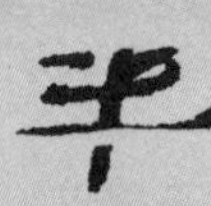
居延汉简

邓石如

郑簠

**丗**

睡虎地秦简

高翔

黄葆戊

**廿**

睡虎地秦简

武威医简

韩仁铭

张景碑

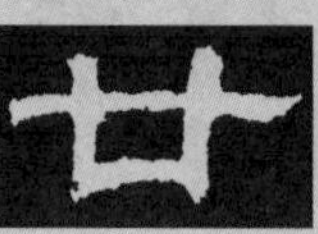
乙瑛碑

华山碑

鲜于璜碑

黄易

**午**

睡虎地秦简

居延汉简

居延汉简

陈鸿寿

何绍基

南　協　卓



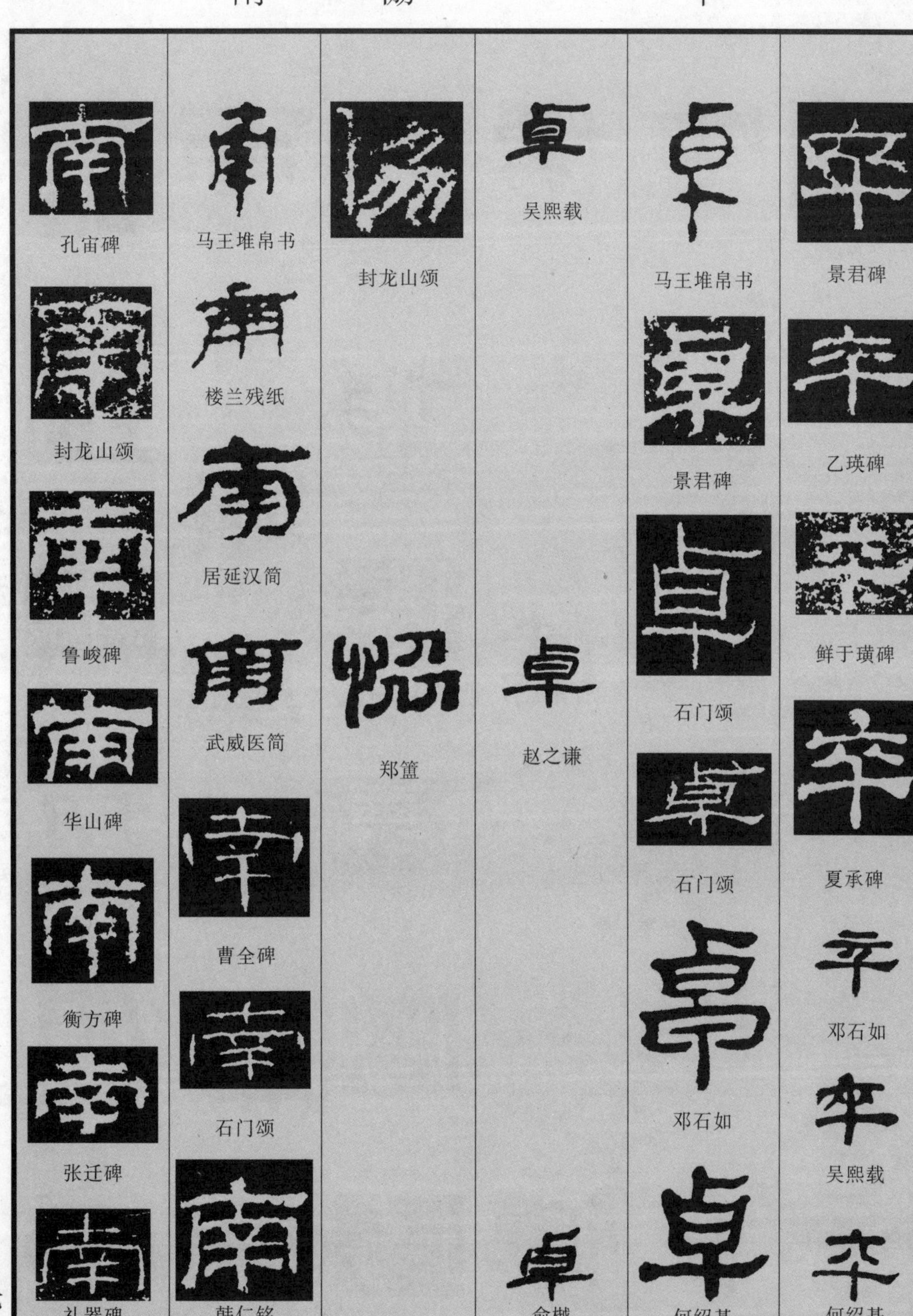
孔宙碑
封龙山颂
鲁峻碑
华山碑
衡方碑
张迁碑
礼器碑
马王堆帛书
楼兰残纸
居延汉简
武威医简
曹全碑
石门颂
韩仁铭
封龙山颂
郑簠
吴熙载
赵之谦
俞樾
马王堆帛书
景君碑
石门颂
石门颂
邓石如
何绍基
景君碑
乙瑛碑
鲜于璜碑
夏承碑
邓石如
吴熙载
何绍基

卞 卜 博

史晨碑

泰山金刚经

邓石如

伊秉绶

何绍基

金农

郑簠

汪士慎

赵之谦

陈鸿寿

杨岘

王澍

来楚生

马王堆帛书

居延汉简

鲁峻碑

封龙山颂

西狭颂

礼器碑

何绍基

陈鸿寿

黄易

睡虎地秦简

马王堆帛书

居延汉简

邓石如

罗振玉

钱厓

乙瑛碑

## 占

睡虎地秦简

武威医简

赵之谦

## 卦

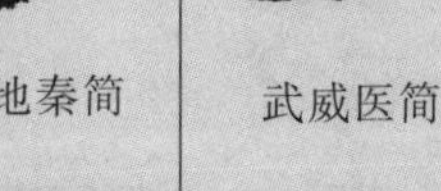
武威医简

礼器碑

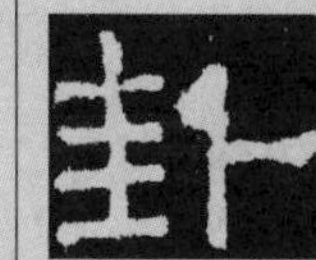
熹平石经

吴昌硕

## 去

睡虎地秦简

马王堆帛书

居延汉简

楼兰残纸

景君碑

鲜于璜碑

乙瑛碑

石涛

金农

邓石如

汪士慎

何绍基

吴大澂

王禔

来楚生

## 參

马王堆帛书

武威医简

衡方碑

景君碑

曹全碑

史晨碑

郑簠

邓石如

伊秉绶

何绍基

杨沂孙

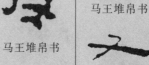

# 又

睡虎地秦简

马王堆帛书

居延汉简

武威医简

史晨碑

郑簠

金农

金农

赵之谦

# 及

睡虎地秦简

马王堆帛书

武威医简

居延汉简

孔宙碑

曹全碑

尹宙碑

泰山金刚经

郑簠

陈鸿寿

赵之谦

伊立勋

汪士慎

何绍基

俞樾

# 友

马王堆帛书

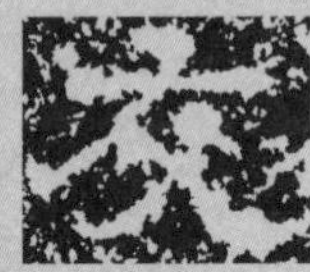
尹宙碑

鲜于璜碑

张迁碑

邓石如

杨岘

何绍基

# 反

马王堆帛书

居延汉简

楼兰残纸

武威医简

曹全碑

孔宙碑

史晨碑

华山庙碑

熹平石经

邓石如

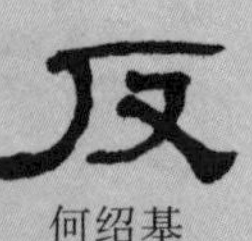
何绍基

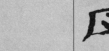

## 叛

赵之谦

文征明

陈鸿寿

## 受

史晨碑

夏承碑

衡方碑

张迁碑

鲜于璜碑

邓石如

何绍基

马王堆帛书

居延汉简

楼兰残纸

武威医简

景君碑

石门颂

## 取

睡虎地秦简

泰山金刚经

鲜于璜碑

陈鸿寿

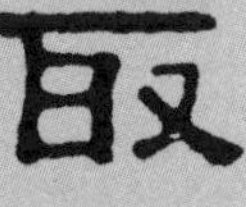
桂馥

金农

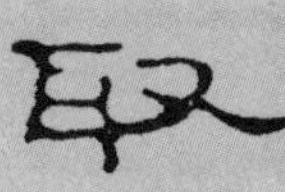

赵之谦

## 叔

金农

陈鸿寿

桂馥

钱松

王禔

睡虎地秦简

武威医简

张迁碑

曹全碑

鲁峻碑

礼器碑

礼器碑

邓石如

古 口 叢 叡 叜



## 叜

高翔

丁敬

郑簠

何绍基

## 叡

鲁峻碑

赵之谦

## 叢

桂馥

吴熙载

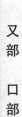

钱泳

钱厓

## 口

睡虎地秦简

马王堆帛书

居延汉简

赵孟頫

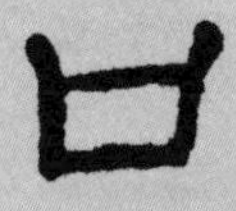
王澍

邓石如

黄葆戉

## 古

鲜于璜碑

乙瑛碑

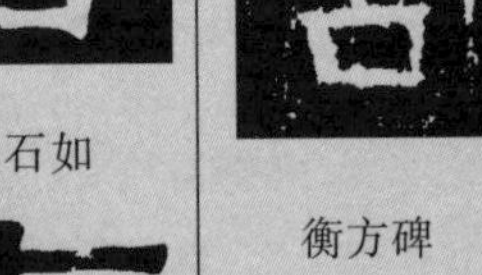
邓石如

伊秉绶

陈鸿寿

何绍基

金农

赵之谦

睡虎地秦简

马王堆帛书

衡方碑

华山碑

礼器碑

史晨碑

西狭颂

可　召　只　叩　句

## 可

石门颂

邓石如

伊秉绶

何绍基

陈鸿寿

赵之谦

桂馥

金农

睡虎地秦简

马王堆帛书

居延汉简

楼兰残纸

张迁碑

鲜于璜碑

乙瑛碑

西狭颂

## 召

马王堆帛书

武威医简

楼兰残纸

鲁峻碑

邓石如

陈鸿寿

金农

## 只

汪士慎

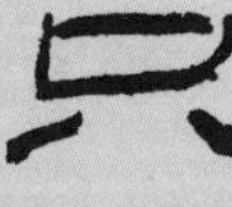
来楚生

王禔

钱压

## 叩

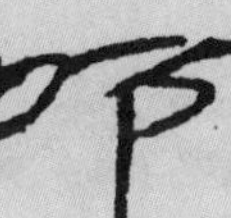
楼兰残纸

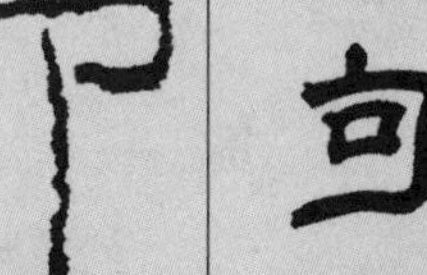
居延汉简

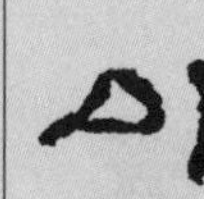
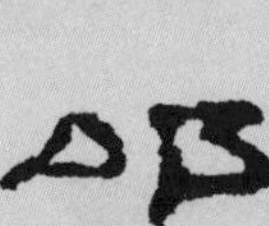
居延汉简

乙瑛碑

俞樾

## 句

泰山金刚经

邓石如

金农

何绍基

吴熙载

徐三庚

何绍基

## 合

睡虎地秦简

马王堆帛书

楼兰残纸

居延汉简

武威医简

泰山金刚经

石门颂

礼器碑

## 各

邓石如

陈鸿寿

桂馥

何绍基

赵之谦

睡虎地秦简

马王堆帛书

楼兰残纸

居延汉简

武威医简

张迁碑

曹全碑

史晨碑

乙瑛碑

## 号

晋写经残卷

晋写经残卷

王澍

## 司

尹宙碑

石门颂

鲁峻碑

史晨碑

鲜于璜碑

金农

何绍基

睡虎地秦简

马王堆帛书

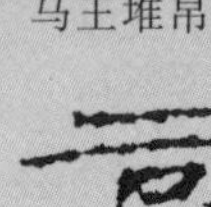
居延汉简

武威医简

韩仁铭

曹全碑

景君碑

乙瑛碑

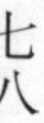

名　　同　　吉

睡虎地秦简

马王堆帛书

楼兰残纸

居延汉简

尹宙碑

石门颂

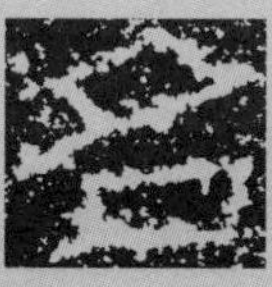
封龙山颂

鲜于璜碑

广武将军碑

邓石如

桂馥

何绍基

郑簠

金农

陈鸿寿

睡虎地秦简

马王堆帛书

楼兰残纸

居延汉简

武威医简

曹全碑

张迁碑

夏承碑

鲁峻碑

熹平石经

邓石如

伊秉绶

吴熙载

伊立勋

睡虎地秦简

马王堆帛书

居延汉简

楼兰残纸

尹宙碑

华山碑

曹全碑

张景碑

曹全碑

华山碑

熹平石经

赵孟頫

邓石如

何绍基

来楚生

伊秉绶

金农

何绍基

陈鸿寿

封龙山颂

孔宙碑

鲜于璜碑

史晨碑

曹全碑

张景碑

王铎

睡虎地秦简

居延汉简

景君碑

韩仁铭

乙瑛碑

张迁碑

马王堆帛书

武威医简

西狭颂

曹全碑

景君碑

邓石如

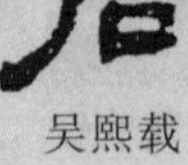
吴熙载

郑簠

郑簠

何绍基

邓石如

金农

陈鸿寿

赵之谦

衡方碑

景君碑

孔宙碑

礼器碑

曹全碑

乙瑛碑

华山庙碑

右　史　台

鲜于璜碑

郙阁颂

张景碑

华山庙碑

邓石如

伊秉绶

何绍基

来楚生

睡虎地秦简

马王堆帛书

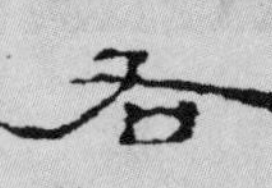
楼兰残纸

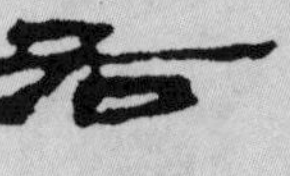
居延汉简

武威医简

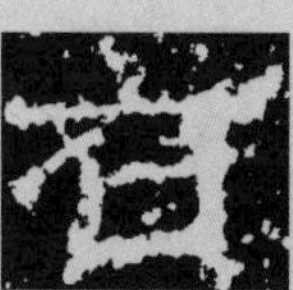
夏承碑

史晨碑

曹全碑

礼器碑

何绍基

王澍

吴熙载

赵之谦

伊立勋

马公愚

乙瑛碑

史晨碑

曹全碑

华山庙碑

赵孟頫

邓石如

伊秉绶

郑簠

睡虎地秦简

居延汉简

武威医简

封龙山颂

尹宙碑

鲜于璜碑

礼器碑

马王堆帛书

鲜于璜碑

景君碑

郑簠

杨沂孙

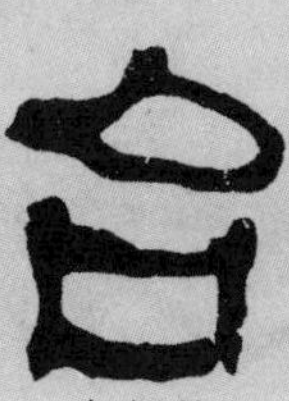
何绍基

何绍基

伊秉绶

俞樾

郑簠

高翔

黄易

来楚生

衡方碑

鲁峻碑

张景碑

礼器碑

张迁碑

熹平石经

邓石如

金农

西狭颂

夏承碑

孔宙碑

韩仁铭

石门颂

乙瑛碑

华山碑

马王堆帛书

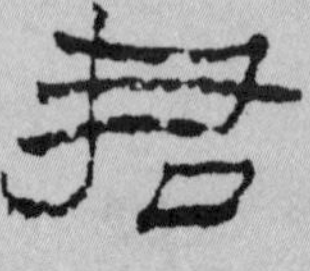

楼兰残纸

居延汉简

武威医简

鲜于璜碑

史晨碑

尹宙碑

曹全碑

马王堆帛书

景君碑

邓石如

汪士慎

郑簠

来楚生

楼兰残纸

封龙山颂

礼器碑

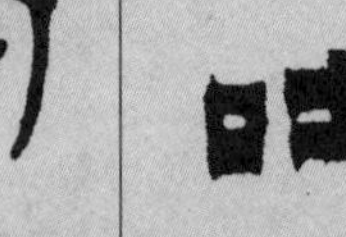

金农

何绍基

赵之谦

口部

## 呈

衡方碑

伊立勋

## 含

何绍基

郑簠

夏承碑

衡方碑

鲜于璜碑

尹宙碑

封龙山颂

华山庙碑

## 否

邓石如

来楚生

## 吟

居延汉简

邓石如

丁敬

汪士慎

伊秉绶

何绍基

来楚生

## 吞

居延汉简

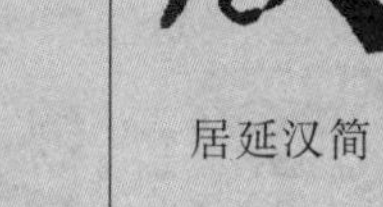

居延汉简

武威医简

何轼

吕　告　吾　吴

睡虎地秦简

居延汉简

武威医简

礼器碑

景君碑

邓石如

赵之谦

何绍基

睡虎地秦简

马王堆帛书

武威医简

张景碑

曹全碑

夏承碑

邓石如

何绍基

郑簠

陈鸿寿

吴熙载

何绍基

赵之谦

马王堆帛书

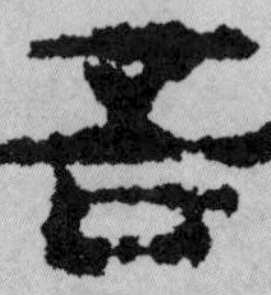
武威医简

尹宙碑

张迁碑

邓石如

金农

桂馥

吴大澂

伊立勋

赵之谦

来楚生

马王堆帛书

武威医简

居延汉简

鲁峻碑

何绍基

郑簠

桂馥

吴熙载

味

马王堆帛书

泰山金刚经

金农

邓石如

吴熙载

郑簠

周

何绍基

陈鸿寿

郑簠

王澍

鲁峻碑

曹全碑

赵孟頫

邓石如

马王堆帛书

礼器碑

张景碑

华山碑

史晨碑

吸

何绍基

汪士慎

吹

史晨碑

赵孟頫

桂馥

邓石如

吴熙载

何绍基

## 和

马王堆帛书

武威医简

曹全碑

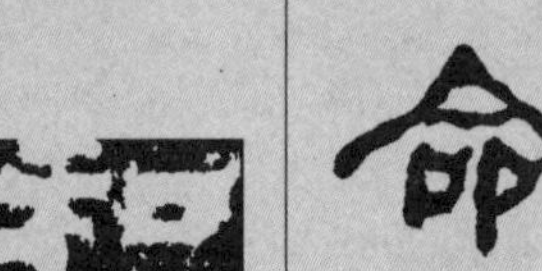
鲜于璜碑

华山碑

## 命

华山碑

史晨碑

邓石如

陈鸿寿

郑簠

何绍基

金农

吴熙载

石门颂

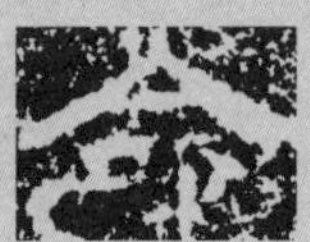
鲁峻碑

曹全碑

张迁碑

景君碑

睡虎地秦简

马王堆帛书

居延汉简

武威医简

鲜于璜碑

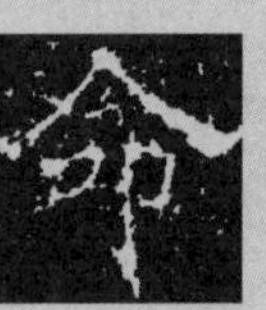
尹宙碑

韩仁铭

## 呼

居延汉简

楼兰残纸

夏承碑

裴岑碑

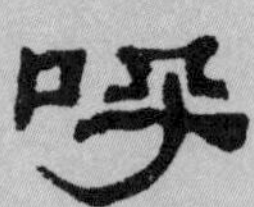
何绍基

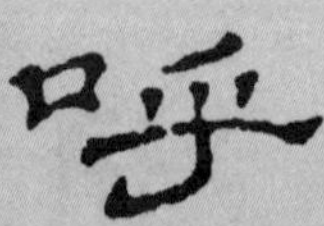
石涛

## 呵

马王堆帛书

马王堆帛书

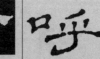

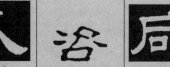

哉　咨　咸　啟

夏承碑

西狭颂

泰山金刚经

曹全碑

韩择木

武威医简

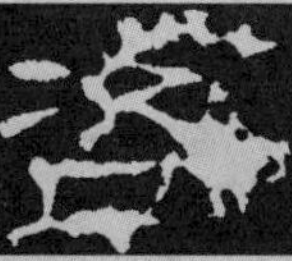
华山庙

鲜于璜碑

邓石如

何绍基

赵之谦

吴熙载

赵之谦

何绍基

杨岘

伊立勋

睡虎地秦简

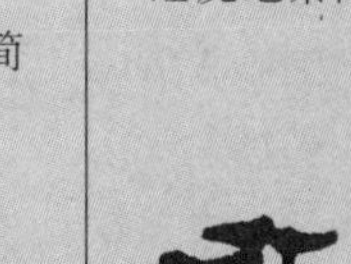
居延汉简

史晨碑

曹全碑

石门颂

邓石如

陈鸿寿

睡虎地秦简

马王堆帛书

华山庙碑

赵孟頫

吴熙载

俞樾

伊立勋

石门颂

广武将军碑

金农

俞樾

郑簠

王澍

来楚生

唐　　咳　　咷　　品　　哀

居延汉简

礼器碑

华山碑

乙瑛碑

陈鸿寿

金农

来楚生

马王堆帛书

夏承碑

夏承碑

居延汉简

封龙山颂

华山碑

邓石如

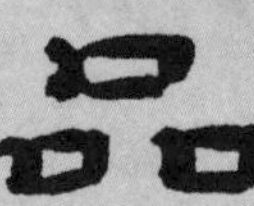

郑簠

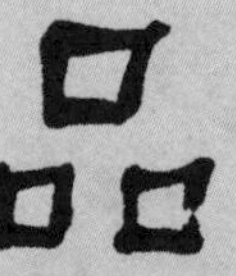

何绍基

陈鸿寿

汪士慎

马王堆帛书

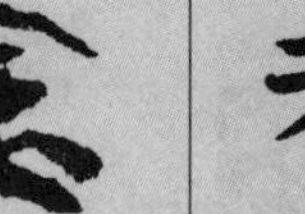

赵孟頫

鲜于璜碑

郑簠

景君碑

王澍

韩择木

俞樾

何绍基

黄葆戊

| 售 | 哺 | 喆 | 哲 | 哭 | 員 |
|---|---|---|---|---|---|
| 金农 | 何绍基 | 张迁碑 | 景君碑 | 马王堆帛书 | 马王堆帛书 |
| | 吴熙载 | 何绍基 | 李隆基 | 武威医简 | 居延汉简 |
| | | 邓石如 | 何绍基 | 鲜于璜碑 | 赵孟頫 |
| | | 邓石如 | 吴熙载 | 徐三庚 | 陈鸿寿 |
| | | 伊立勋 | 杨沂孙 | | 何绍基 |
| | | | 吴隐 | | |

## 問

睡虎地秦简

马王堆帛书

武威医简

张迁碑

夏承碑

乙瑛碑

封龙山颂

## 商

华山碑

俞樾

邓石如

赵之谦

杨沂孙

何绍基

马王堆帛书

居延汉简

景君碑

石门颂

曹全碑

鲁峻碑

孔宙碑

## 唱

赵孟頫

文征明

吴湖帆

来楚生

## 唯

金农

何绍基

黄易

吴隐

来楚生

睡虎地秦简

马王堆帛书

武威医简

居延汉简

张迁碑

泰山金刚经

邓石如

善 喈 啼 喻 喧

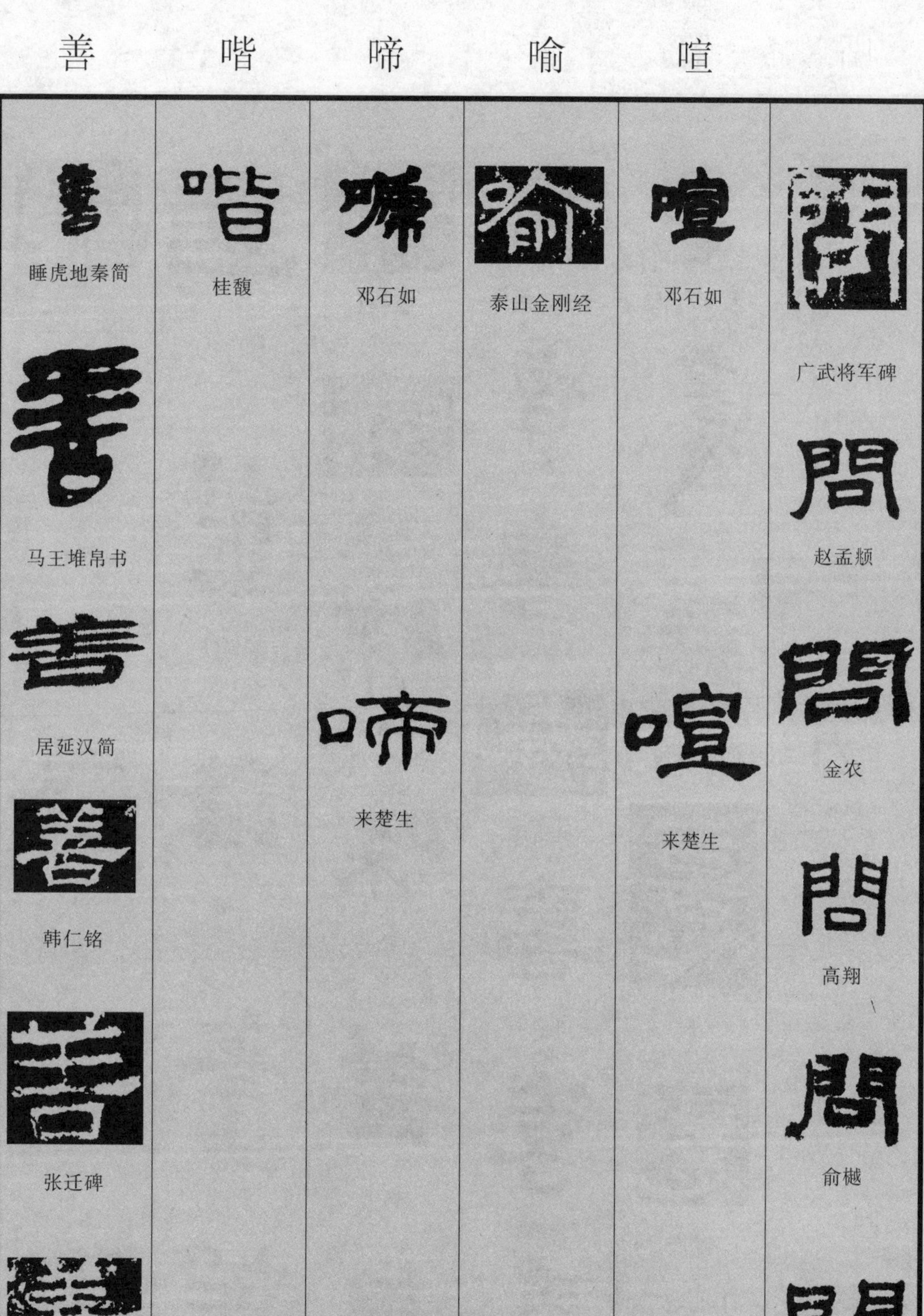

睡虎地秦简
马王堆帛书
居延汉简
韩仁铭
张迁碑
鲜于璜碑
桂馥
邓石如
来楚生
泰山金刚经
邓石如
来楚生
广武将军碑
赵孟頫
金农
高翔
俞樾
来楚生

喟　噫　喜　喋

吴叡

杨岘

睡虎地秦简

楼兰残纸

居延汉简

曹全碑

韩仁铭

何绍基

睡虎地秦简

砖文

居延汉简

孔宙碑

邓石如

何绍基

郑簠

张迁碑

张迁碑

何绍基

何绍基

金农

来楚生

陈鸿寿

郑板桥

金农

吴熙载

马公愚

夏承碑

桂馥

何绍基

口部

## 喬

丁敬

邓石如

金农

杨岘

## 喫

赵之谦

## 單

马王堆帛书

楼兰残纸

鲜于璜碑

衡方碑

广武将军碑

何绍基

## 喪

睡虎地秦简

马王堆帛书

韩仁铭

曹全碑

鲜于璜碑

衡方碑

鲁峻碑

熹平石经

邓石如

吴熙载

伊立勋

## 嗇

睡虎地秦简

马王堆帛书

居延汉简

张迁碑

鲜于璜碑

何绍基

马公愚

嘉　嗣　嗟　嗚

邓石如

何绍基

陈鸿寿

郑簠

王澍

伊立勋

景君碑

尹宙碑

石门颂

封龙山颂

史晨碑

伊秉绶

居延汉简

武威医简

鲜于璜碑

华山碑

曹全碑

西狭颂

鲁峻碑

武威医简

鲜于璜碑

曹全碑

赵孟頫

文征明

王澍

曹全碑

熹平石经

李隆基

马王堆帛书

武威医简

夏承碑

金农

邓石如

口部

嘆

西狭颂

石门颂

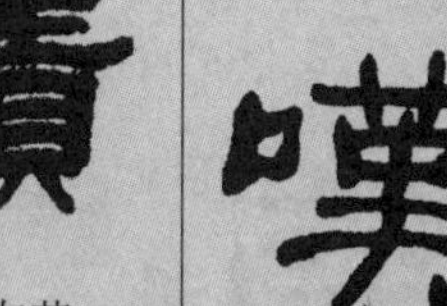
何绍基

郑簠

吴熙载

嘖

王舍人碑

莫友芝

嘯

韩择木

赵孟頫

文征明

黄葆戊

来楚生

器

睡虎地秦简

马王堆帛书

楼兰残纸

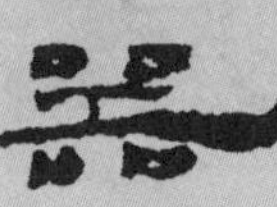
居延汉简

武威医简

夏承碑

礼器碑

张迁碑

乙瑛碑

金农

邓石如

伊秉绶

何绍基

赵之谦

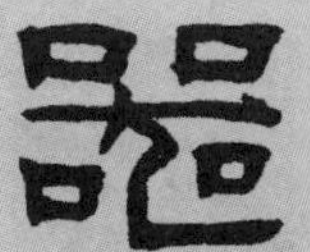
陈鸿寿

嗟

熹平石经

吴熙载

四 嘱 囊 嚴 嚮

口部

口部

## 四

睡虎地秦简

马王堆帛书

居延汉简

楼兰残纸

武威医简

韩仁铭

鲜于璜碑

张景碑

乙瑛碑

## 嘱

泰山金刚经

## 囊

赵之谦

文征明

阮元

王澍

黄葆戊

## 嚴

乙瑛碑

晋写经残卷

伊秉绶

金农

陈鸿寿

何绍基

吴熙载

马王堆帛书

居延汉简

武威医简

西狭颂

鲁峻碑

张景碑

## 嚮

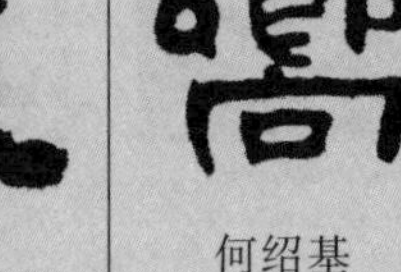

何绍基

因　回　囚

邓石如

伊秉绶

何绍基

俞樾

赵之谦

马王堆帛书

楼兰残纸

居延汉简

西狭颂

尹宙碑

衡方碑

史晨碑

马王堆帛书

楼兰残纸

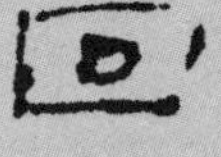
居延汉简

景君碑

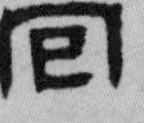
邓石如

王澍

杨沂孙

来楚生

吴湖帆

睡虎地秦简

楼兰残纸

居延汉简

张迁碑

何绍基

泰山金刚经

邓石如

何绍基

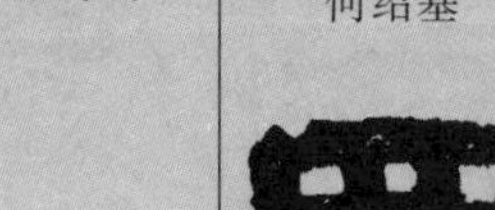
金农

伊秉绶

郑簠

桂馥

吴熙载

赵之谦

史晨碑

鲁峻碑

封龙山颂

夏承碑

张迁碑

华山碑

景君碑

礼器碑

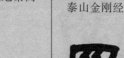

## 困

马王堆帛书

居延汉简

尹宙碑

西狭颂

景君碑

陈鸿寿

何绍基

王澍

## 固

马王堆帛书

西狭颂

伊秉绶

郑簠

邓石如

陈鸿寿

何绍基

吴熙载

## 圈

来楚生

## 圃

吴叡

邓石如

## 國

莱子侯刻石

马王堆帛书

武威医简

西狭颂

楼兰残纸

封龙山颂

韩仁铭

张迁碑

衡方碑

鲜于璜碑

华山碑

史晨碑

礼器碑

华山庙碑

曹全碑

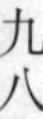

圖　　圓　　園　　圍

口部

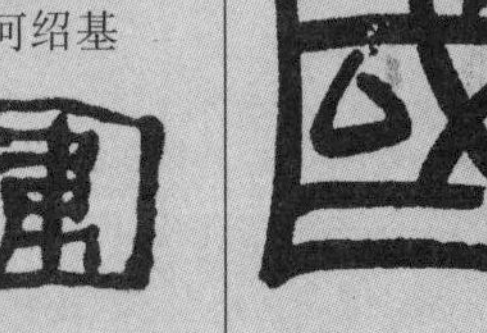

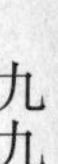

何绍基
伊秉绶
石涛
陈鸿寿
吴熙载
来楚生

马王堆帛书
景君碑
礼器碑
西狭颂
华山庙碑
赵孟頫
邓石如

文征明
邓石如
何绍基
杨守敬
黄葆戉

马王堆帛书
居延汉简
景君碑
邓石如
金农
陈鸿寿
来楚生

睡虎地秦简
马王堆帛书
石门颂
邓石如
陈鸿寿
何绍基
何绍基
吴昌硕

广武将军碑
陈鸿寿
金农
邓石如
何绍基
伊秉绶
吴熙载

尾　局　尼　尺　尹　尸

尸部

尸

马王堆帛书

居延汉简

武威医简

熹平石经

尹

马王堆帛书

华山碑

尹宙碑

韩仁铭

赵孟頫

何绍基

黄葆戊

尺

睡虎地秦简

马王堆帛书

居延汉简

武威医简

楼兰残纸

张景碑

邓石如

郑簠

吴熙载

尼

衡方碑

鲁峻碑

史晨碑

何绍基

翁同和

局

吴叡

陈鸿寿

俞樾

尾

石门颂

邓石如

桂馥

何绍基

奚冈

何绍基

尸部

屏　屋　屈　居

景君碑

史晨碑

金农

邓石如

何绍基

杨岘

杨沂孙

金农

徐三庚

黄易

何绍基

马王堆帛书

居延汉简

史晨碑

曹全碑

张景碑

邓石如

郑簠

睡虎地秦简

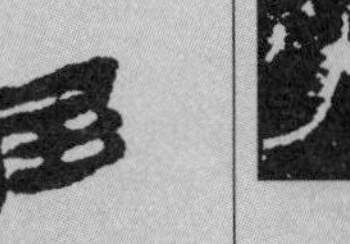
马王堆帛书

夏承碑

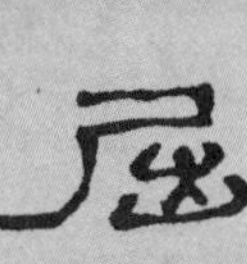
郑簠

金农

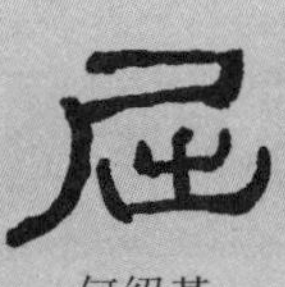
何绍基

曹全碑

礼器碑

邓石如

金农

吴熙载

何绍基

赵之谦

睡虎地秦简

马王堆帛书

居延汉简

楼兰残纸

武威医简

史晨碑

尹宙碑

履　層　屢　屠　展

**履**

赵孟頫

伊秉绶

何绍基

黄易

吴熙载

**履**

睡虎地秦简

夏承碑

衡方碑

尹宙碑

石门颂

华山庙碑

**層**

吴熙载

来楚生

**屢**

武威医简

鲜于璜碑

西狭颂

邓石如

何绍基

陈鸿寿

赵之谦

**屠**

居延汉简

广武将军碑

**展**

居延汉简

楼兰残纸

华山碑

礼器碑

金农

邓石如

黄易

何绍基

| 已 | 已 | 己 | 屬 | 屬 | 屧 |
|---|---|---|---|---|---|
|  睡虎地秦简 |  景君碑 | 睡虎地秦简 |  鲜于璜碑 | 居延汉简 |  金农 |
|  马王堆帛书 |  尹宙碑 |  马王堆帛书 |  郑簠 | 楼兰残纸 | |
|  张迁碑 |  张迁碑 |  楼兰残纸 |  金农 | 武威医简 | |
|  鲜于璜碑 |  邓石如 |  居延汉简 |  邓石如 | 石门颂 | |
|  夏承碑 |  郑簠 |  鲜于璜碑 |  伊秉绶 | 西狭颂 | |
|  乙瑛碑 |  伊秉绶 |  曹全碑 |  吴熙载 | 曹全碑 | |
|  桂馥 |  何绍基 |  史晨碑 |  何绍基 | | |
|  伊立勋 | |  夏承碑 | | | |

## 巳

马王堆帛书

居延汉简

衡方碑

何绍基

金农

陈鸿寿

来楚生

## 巴

开通褒斜道刻石

何绍基

## 巷

曹全碑

## 巽

马王堆帛书

熹平石经

封龙山颂

## 弓

马王堆帛书

居延汉简

武威医简

礼器碑

邓石如

何绍基

## 弔

武威医简

衡方碑

翁方纲

郑簠

何绍基

## 弟

居延汉简

武威医简

史晨碑

礼器碑

夏承碑

张迁碑

曹全碑

## 弘

邓石如

何绍基

伊秉绶

黄易

俞樾

马王堆帛书

居延汉简

华山碑

鲁峻碑

石门颂

鲜于璜碑

金农

## 弗

邓石如

何绍基

伊秉绶

王澍

赵之谦

吴大澂

睡虎地秦简

马王堆帛书

武威医简

熹平石经

鲁峻碑

石门颂

景君碑

## 引

熹平石经

赵孟頫

陈鸿寿

王澍

何绍基

赵之谦

吴湖帆

張 弱 弭 弩 弦

马王堆帛书

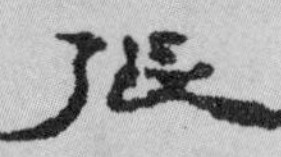
居延汉简

楼兰残纸

武威医简

张迁碑

张景碑

礼器碑

曹全碑

马王堆帛书

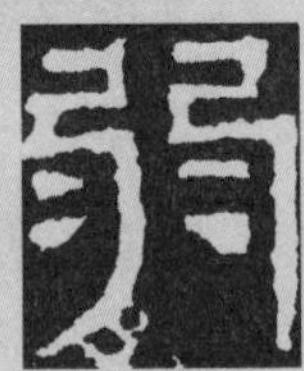
景君碑

西狭颂

广武将军碑

邓石如

何绍基

居延汉简

居延汉简

熹平石经

睡虎地秦简

马王堆帛书

居延汉简

居延汉简

居延汉简

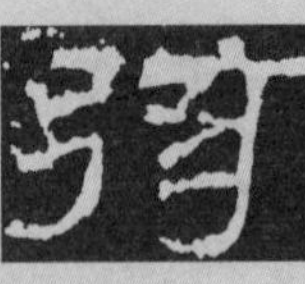
张迁碑

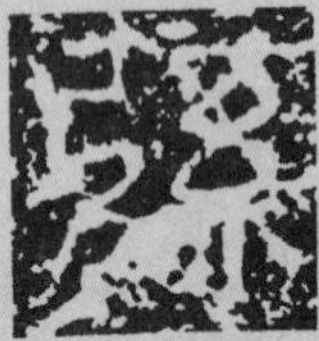
景君碑

赵孟頫

伊秉绶

王澍

何绍基

杨沂孙

来楚生

景君碑

邓石如

郑簠

金农

伊秉绶

何绍基

陈鸿寿

疆

居延汉简

武威医简

石门颂

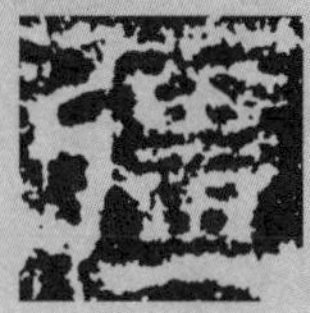
鲜于璜碑

张迁碑

邓石如

吴熙载

何绍基

彈

马王堆帛书

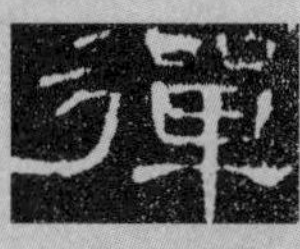
曹全碑

鲜于璜碑

夏承碑

华山庙碑

何绍基

来楚生

弼

张迁碑

华山庙碑

何绍基

翁同和

钱厓

强

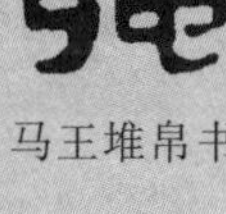
马王堆帛书

西狭颂

景君碑

鲁峻碑

何绍基

陈鸿寿

何绍基

伊秉绶

吴熙载

鲁峻碑

封龙山颂

景君碑

华山碑

邓石如

高凤翰

底　序　弑　式　彌

## 底

高凤翰

邓石如

何绍基

## 序

马王堆帛书

武威医简

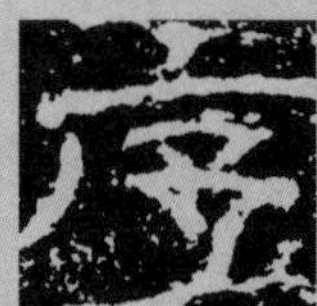
石门颂

何绍基

赵之谦

伊立勋

## 弑

曹全碑

赵孟頫

## 式

马王堆帛书

史晨碑

孔宙碑

华山庙碑

邓石如

何绍基

吴熙载

## 彌

熹平石经

何绍基

黄易

伊秉绶

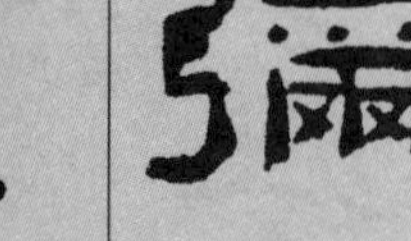
郑簠

吴熙载

马王堆帛书

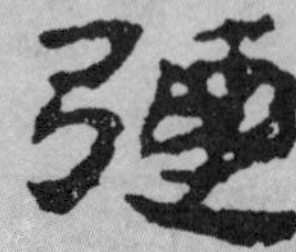
居延汉简

石门颂

孔宙碑

景君碑

乙瑛碑

史晨碑

## 庚

居延汉简

熹平石经

李隆基

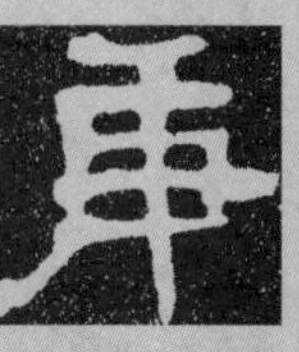
邓石如

金农

吴昌硕

## 府

睡虎地秦简

居延汉简

楼兰残纸

武威医简

景君碑

张景碑

衡方碑

张迁碑

乙瑛碑

石门颂

夏承碑

西狭颂

史晨碑

华山碑

鲜于璜碑

孔宙碑

赵之谦

陈鸿寿

何绍基

金农

## 度

睡虎地秦简

马王堆帛书

楼兰残纸

武威医简

史晨碑

石门颂

泰山金刚经

景君碑

广武将军碑

金农

邓石如

伊秉绶

吴熙载

何绍基

赵之谦

康　庶　庵　庫　庭　座

**康**

居延汉简

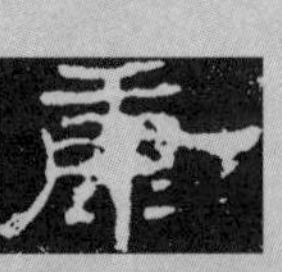
孔宙碑

华山碑

衡方碑

鲜于璜碑

金农

邓石如

**庶**

睡虎地秦简

马王堆帛书

史晨碑

曹全碑

夏承碑

石门颂

邓石如

何绍基

**庵**

鲜于璜碑

伊秉绶

俞樾

**庫**

马王堆帛书

居延汉简

**庭**

武威医简

居延汉简

曹全碑

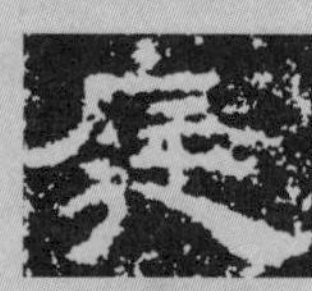
鲜于璜碑

西狭颂

邓石如

伊秉绶

何绍基

**座**

熹平石经

金农

桂馥

石涛

邓石如

何绍基

广部

廓 廊 廉 庾 庸

曹全碑

华山庙碑

曹全碑

华山庙碑

赵孟頫

文征明

王澍

邓石如

邓石如

何绍基

陈鸿寿

桂馥

赵之谦

鲜于璜碑

乙瑛碑

曹全碑

孔宙碑

鲁峻碑

赵孟頫

文征明

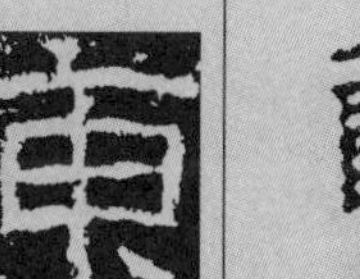
西狭颂

何绍基

马王堆帛书

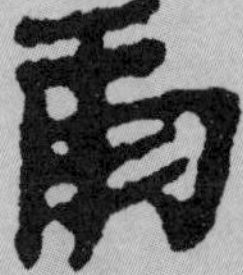
居延汉简

武威医简

韩择木

黄易

桂馥

何绍基

广部

## 廣

睡虎地秦简

马王堆帛书

居延汉简

楼兰残纸

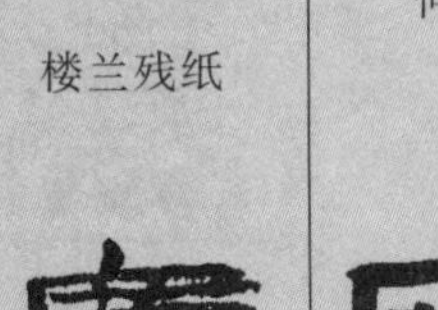
武威医简

景君碑

## 廢

马王堆帛书

居延汉简

石门颂

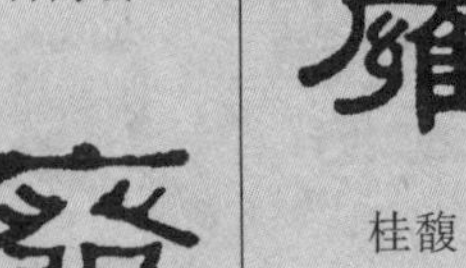

何绍基

陈鸿寿

吴熙载

## 廱

史晨碑

桂馥

邓散木

## 廚

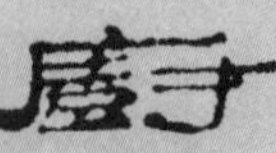
居延汉简

何绍基

## 廟

马王堆帛书

乙瑛碑

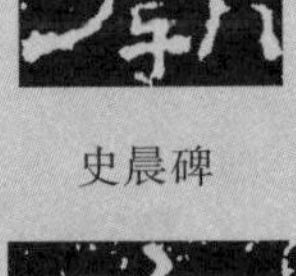
史晨碑

礼器碑

邓石如

王澍

吴熙载

何绍基

## 廎

石门颂

何绍基

# 廬　廩　廧　龐

楼兰残纸

居延汉简

武威医简

鲜于璜碑

史晨碑

礼器碑

金农

马王堆帛书

居延汉简

何绍基

曹全碑

史晨碑

陈鸿寿

何绍基

王澍

来楚生

伊秉绶

何绍基

吴熙载

陈鸿寿

李瑞清

张迁碑

衡方碑

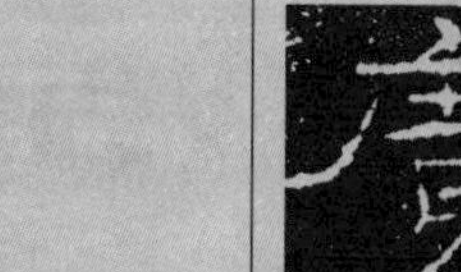

礼器碑

曹全碑

西狭颂

广武将军碑

# 守 宇 宅 它

西狭颂

衡方碑

鲜于璜碑

乙瑛碑

夏承碑

尹宙碑

张迁碑

睡虎地秦简

马王堆帛书

居延汉简

武威医简

石门颂

史晨碑

曹全碑

华山碑

马王堆帛书

礼器碑

华山碑

鲜于璜碑

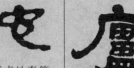

金农

邓石如

何绍基

楼兰残纸

居延汉简

史晨碑

乙瑛碑

礼器碑

金农

邓石如

何绍基

睡虎地秦简

马王堆帛书

居延汉简

熹平石经

何绍基

邓石如

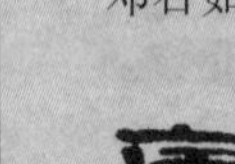
金农

俞樾

何绍基

伊秉绶

马公愚

宀部

## 完

马王堆帛书

居延汉简

楼兰残纸

曹全碑

史晨碑

何绍基

## 宋

马王堆帛书

楼兰残纸

居延汉简

礼器碑

桂馥

邓石如

何绍基

## 安

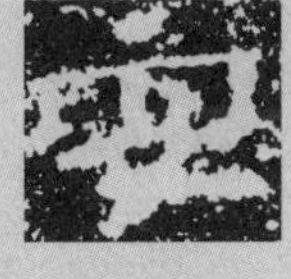
广武将军碑

邓石如

伊秉绶

金农

郑簠

何绍基

陈鸿寿

华山碑

石门颂

曹全碑

衡方碑

鲜于璜碑

张迁碑

礼器碑

睡虎地秦简

马王堆帛书

楼兰残纸

居延汉简

武威医简

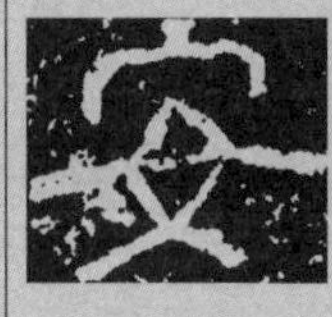

西狭颂

史晨碑

鲁峻碑

景君碑

金农

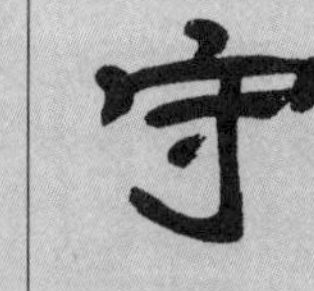
邓石如

伊秉绶

吴熙载

何绍基

宀部

## 宏

王舍人碑

吴熙载

钱泳

## 宗

马王堆帛书

居延汉简

武威医简

曹全碑

张迁碑

鲜于璜碑

鲁峻碑

乙瑛碑

礼器碑

华山碑

景君碑

金农

邓石如

伊秉绶

吴熙载

何绍基

陈鸿寿

桂馥

## 官

睡虎地秦简

马王堆帛书

楼兰残纸

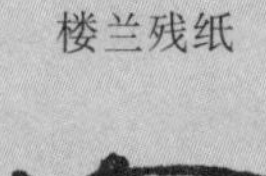
居延汉简

武威医简

西狭颂

夏承碑

鲜于璜碑

石门颂

礼器碑

史晨碑

尹宙碑

景君碑

宜　　定　宙

宀部

曹全碑

伊秉绶

陈鸿寿

郑簠

金农

邓石如

吴熙载

礼器碑

尹宙碑

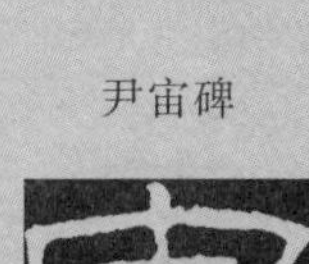

孔宙碑

赵孟頫

文征明

邓石如

王澍

睡虎地秦简

马王堆帛书

居延汉简

礼器碑

张迁碑

史晨碑

曹全碑

石门颂

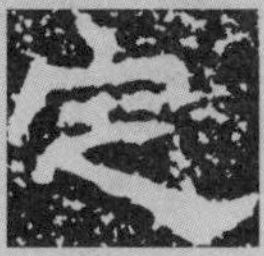

鲜于璜碑

广武将军碑

伊秉绶

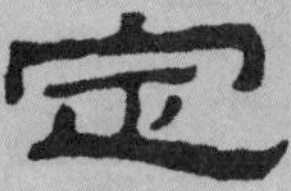

金农

邓石如

吴熙载

桂馥

何绍基

陈鸿寿

马王堆帛书

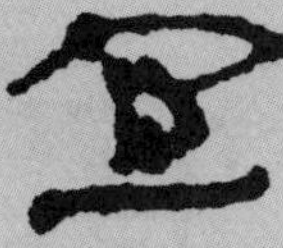

居延汉简

武威医简

尹宙碑

景君碑

鲜于璜碑

封龙山颂

# 室　　宣　　宛

金农

陈鸿寿

邓石如

伊秉绶

何绍基

来楚生

睡虎地秦简

马王堆帛书

居延汉简

夏承碑

曹全碑

鲜于璜碑

衡方碑

礼器碑

衡方碑

金农

邓石如

何绍基

陈鸿寿

伊秉绶

居延汉简

石门颂

尹宙碑

张迁碑

华山碑

景君碑

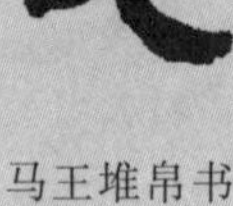
马王堆帛书

楼兰残纸

礼器碑

张景碑

伊秉绶

陈鸿寿

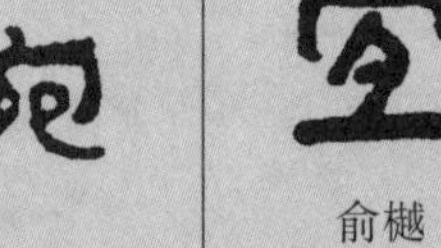
俞樾

吴熙载

何绍基

徐三庚

邓石如

## 客

睡虎地秦简

马王堆帛书

居延汉简

郑簠

邓石如

吴熙载

来楚生

## 宫

睡虎地秦简

马王堆帛书

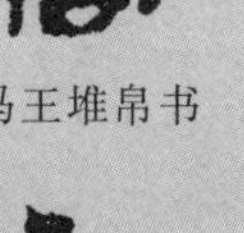

居延汉简

衡方碑

礼器碑

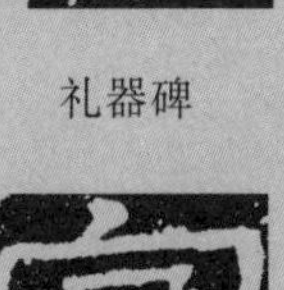

华山碑

金农

邓石如

桂馥

何绍基

王澍

吴湖帆

## 宦

金农

陈鸿寿

## 宰

马王堆帛书

武威医简

尹宙碑

鲜于璜碑

乙瑛碑

曹全碑

何绍基

## 害

马王堆帛书

西狭颂

史晨碑

曹全碑

邓石如

何绍基

## 宵

马王堆帛书

武威医简

景君碑

熹平石经

邓石如

杨沂孙

## 宴

熹平石经

金农

## 家

睡虎地秦简

马王堆帛书

楼兰残纸

居延汉简

武威医简

张迁碑

张景碑

曹全碑

乙瑛碑

鲜于璜碑

衡方碑

尹宙碑

史晨碑

礼器碑

邓石如

陈鸿寿

金农

伊秉绶

何绍基

桂馥

来楚生

## 容

马王堆帛书

西狭颂

韩择木

赵孟頫

黄易

何绍基

## 寅

乙瑛碑

衡方碑

何绍基

赵之谦

楼兰残纸

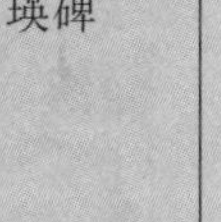

居延汉简

武威医简

曹全碑

封龙山颂

西狭颂

## 寄

睡虎地秦简

居延汉简

武威医简

邓石如

伊秉绶

吴大澂

## 寂

石涛

邓石如

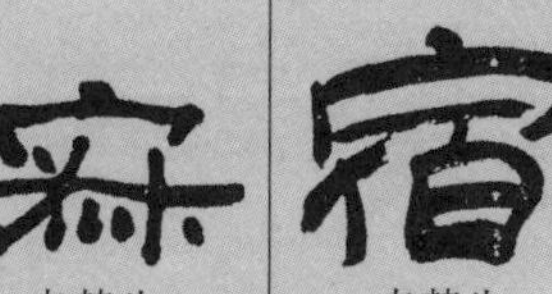
来楚生

## 宿

华山庙碑

伊秉绶

何绍基

吴熙载

来楚生

马王堆帛书

居延汉简

武威医简

鲜于璜碑

景君碑

张迁碑

寓

李隆基

赵孟頫

文征明

邓石如

俞樾

吴熙载

杨岘

寐

赵孟頫

邓石如

王澍

寇

马王堆帛书

居延汉简

鲜于璜碑

熹平石经

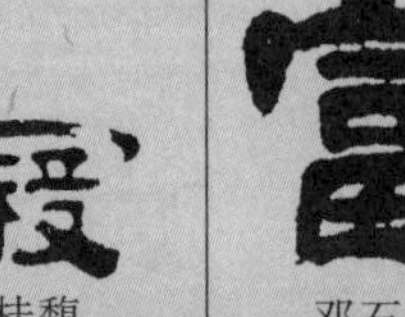

桂馥

富

陈鸿寿

赵之谦

邓石如

马王堆帛书

居延汉简

封龙山颂

尹宙碑

赵孟頫

金农

何绍基

密

武威医简

华山碑

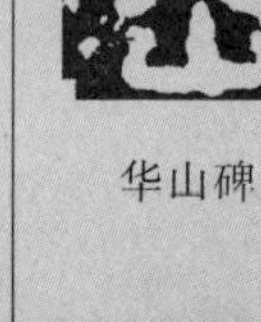

赵孟頫

郑簠

邓石如

陈鸿寿

吴熙载

邓石如
王澍
何绍基
杨沂孙
睡虎地秦简
马王堆帛书
武威医简
景君碑
西狭颂
曹全碑
赵孟頫
马王堆帛书
居延汉简
华山碑
石门颂
夏承碑
何绍基
陈鸿寿
石涛
何绍基
石涛
陈鸿寿
吴熙载
王禔
来楚生
马王堆帛书
楼兰残纸
居延汉简
石门颂
邓石如
郑簠

寘　實　寥　寢　寤

陈鸿寿

封龙山颂

景君碑

泰山金刚经

金农

邓石如

吴熙载

睡虎地秦简

马王堆帛书

楼兰残纸

居延汉简

武威医简

尹宙碑

鲜于璜碑

华山庙碑

赵孟頫

王澍

尹宙碑

史晨碑

郑簠

何绍基

翁同和

景君碑

吴大澂



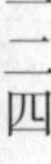

寬　寫　審　寧

居延汉简

楼兰残纸

衡方碑

鲜于璜碑

张迁碑

陈鸿寿

何绍基

居延汉简

武威医简

石门颂

张景碑

韩仁铭

何绍基

胡小石

睡虎地秦简

马王堆帛书

张景碑

西狭颂

王澍

何绍基

邓石如

何绍基

吴熙载

陈鸿寿

伊秉绶

石门颂

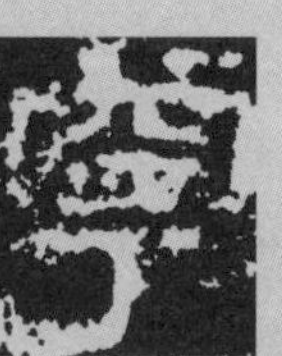
衡方碑

史晨碑

景君碑

泰山金刚经

马王堆帛书

楼兰残纸

居延汉简

曹全碑

西狭颂

夏承碑

## 寰

邓石如

## 寵

夏承碑

韩择木

赵孟頫

王澍

何绍基

来楚生

## 寶

张迁碑

夏承碑

礼器碑

石门颂

景君碑

泰山金刚经

邓石如

何绍基

伊秉绶

吴熙载

俞樾

## 㝱

来楚生

## 山

睡虎地秦简

马王堆帛书

居延汉简

武威医简

西狭颂

夏承碑

封龙山颂

鲁峻碑

# 岡　岋　岑　岐

曹全碑

赵孟頫

王澍

吴叡

居延汉简

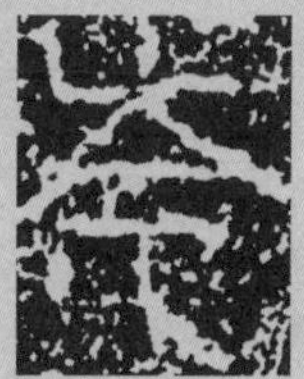
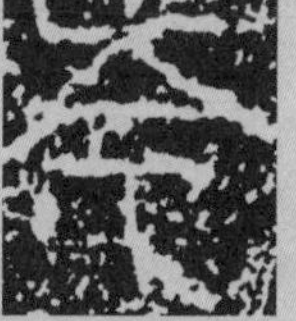
裴岑碑

张迁碑

曹全碑

广武将军碑

邓石如

石涛

何绍基

郑簠

邓石如

陈鸿寿

伊秉绶

何绍基

赵之谦

吴湖帆

来楚生

华山碑

鲜于璜碑

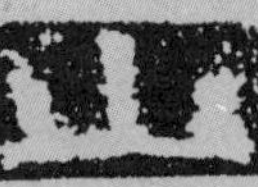
张迁碑

礼器碑

广武将军碑

曹全碑

广武将军碑

金农

## 峪

俞樾

## 峨

衡方碑

封龙山颂

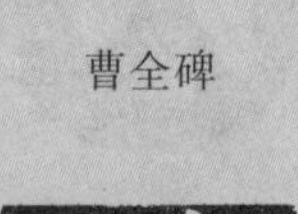
曹全碑

华山庙碑

邓石如

伊秉绶

何绍基

## 岸

曹全碑

邓石如

来楚生

## 岳

封龙山颂

鲁峻碑

韩择木

邓石如

来楚生

## 岱

华山碑

赵孟頫

金农

黄易

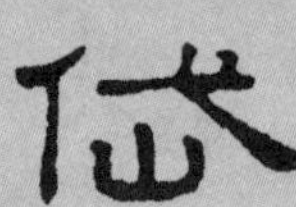
王澍

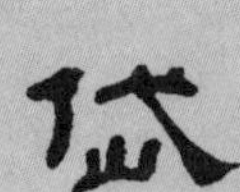
何绍基

杨岘

## 岫

华山庙碑

赵孟頫

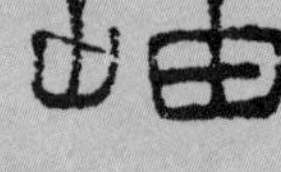
王澍

邓石如

崇　岂　峡　峻　峰

**崇**

乙瑛碑

广武将军碑

邓石如

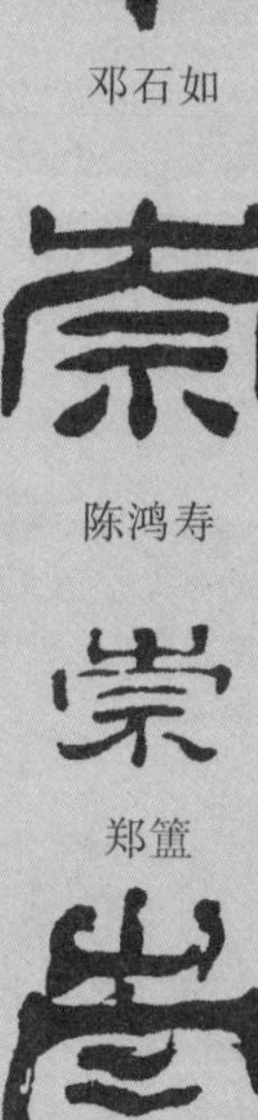
陈鸿寿

郑簠

何绍基

吴熙载

楼兰残纸

鲜于璜碑

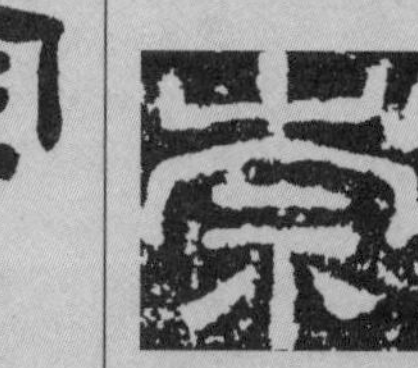
张迁碑

西狭颂

礼器碑

华山碑

**岂**

马王堆帛书

景君碑

郑簠

邓石如

金农

陈鸿寿

来楚生

**峡**

邓石如

泰山金刚经

**峻**

华山碑

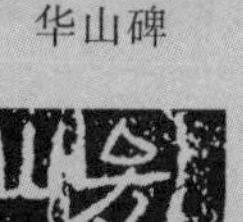
石门颂

封龙山颂

西狭颂

金农

邓石如

吴熙载

何绍基

**峰**

华山庙碑

桂馥

邓石如

马公愚

嵇　崩　崛　崖　崔　崐

赵孟頫　华山庙碑　来楚生　西狭颂　熹平石经　王澍
王澍　孔宙碑　何绍基
来楚生　何绍基　何绍基

嶺　嵬　嵩　嵯　崿　嵋



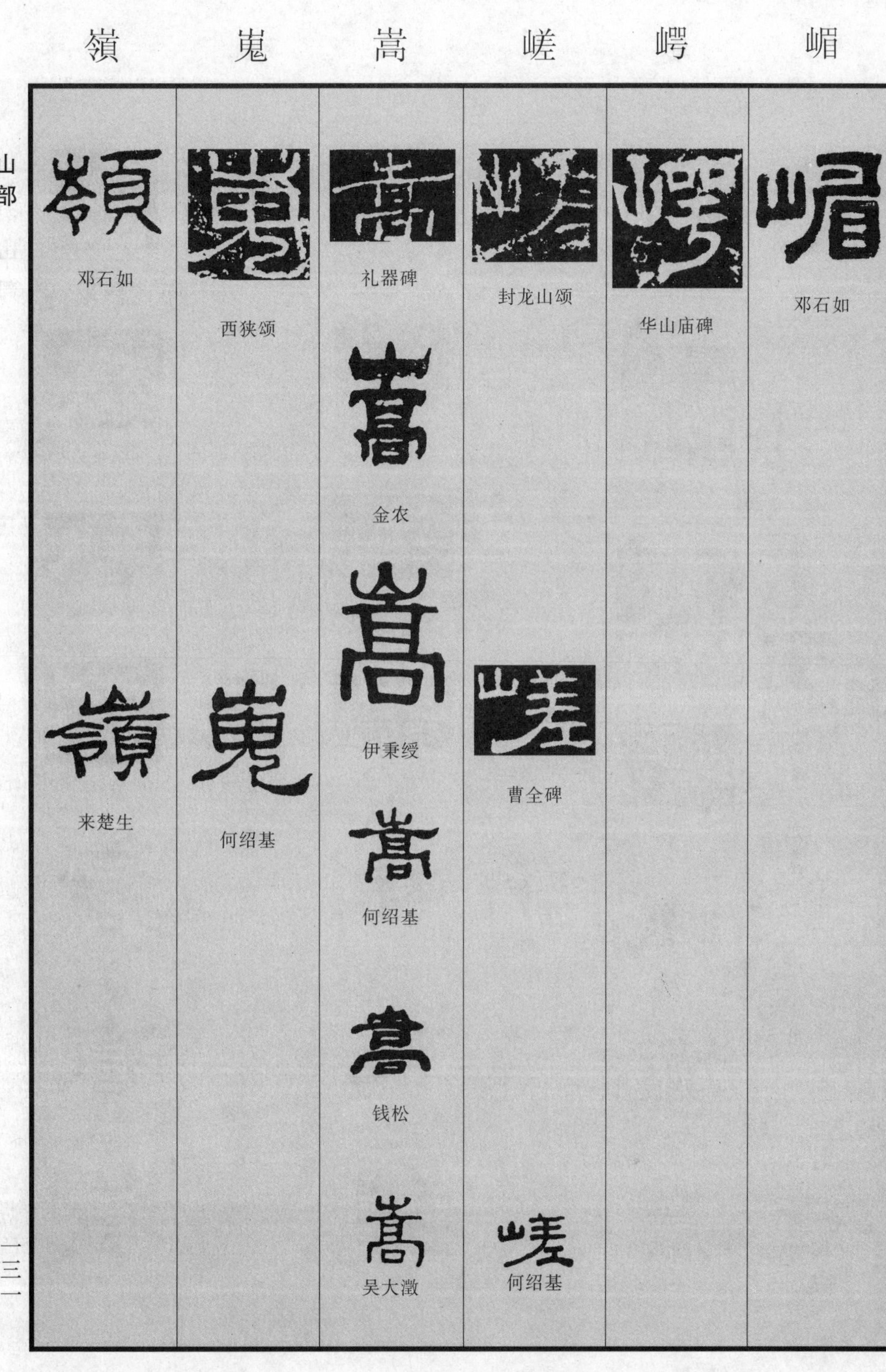
邓石如
西狭颂
礼器碑
封龙山颂
华山庙碑
邓石如
金农
伊秉绶
曹全碑
来楚生
何绍基
何绍基
钱松
吴大澂
何绍基

## 屯

马王堆帛书

鲁峻碑

金农

## 巖

华山碑

鲁峻碑

曹全碑

金农

吴熙载

郑簠

吴昌硕

## 巔

石门颂

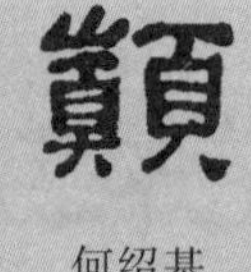
何绍基

## 巍

乙瑛碑

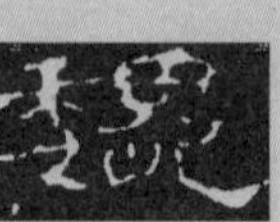
史晨碑

礼器碑

石门颂

伊秉绶

桂馥

何绍基

## 嶷

赵之谦

翁同和

## 嶽

衡方碑

华山碑

曹全碑

金农

伊秉绶

黄易

何绍基

巾　市　布　希　帖　帆

## 巾

马王堆帛书

楼兰残纸

武威医简

衡方碑

张迁碑

赵孟頫

何绍基

王澍

## 市

睡虎地秦简

马王堆帛书

武威医简

居延汉简

张迁碑

史晨碑

曹全碑

何绍基

## 布

睡虎地秦简

马王堆帛书

武威医简

居延汉简

景君碑

曹全碑

金农

何绍基

## 希

马王堆帛书

泰山金刚经

邓石如

伊秉绶

陈鸿寿

吴熙载

金农

## 帖

赵孟頫

邓石如

## 帆

邓石如

陎　師　帥　帝　帛

曹全碑

桂馥

鲁峻碑

孔宙碑

景君碑

鲜于璜碑

赵之谦

郑簠

邓石如

赵孟頫

鲜于璜碑

史晨碑

华山碑

桂馥

金农

邓石如

何绍基

赵之谦

马王堆帛书

居延汉简

武威医简

衡方碑

景君碑

石门颂

张迁碑

居延汉简

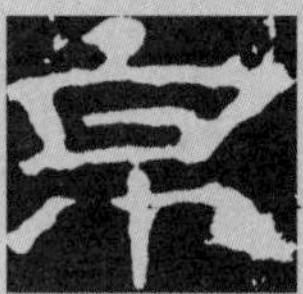
华山碑

广武将军碑

黄易

# 常 帶 帳 席

泰山金刚经

郑簠

陈鸿寿

邓石如

赵之谦

何绍基

封龙山颂

尹宙碑

石门颂

鲜于璜碑

乙瑛碑

张迁碑

马王堆帛马

居延汉简

武威医简

曹全碑

衡方碑

西狭颂

马王堆帛马

武威医简

居延汉简

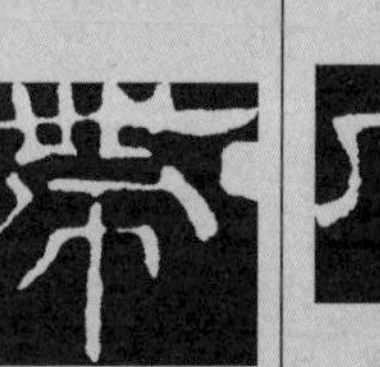
韩择木

桂馥

何绍基

来楚生

赵孟頫

文征明

王澍

睡虎地秦简

马王堆帛书

武威医简

夏承碑

鲜于璜碑

赵孟頫

王澍

## 帷

张迁碑

韩择木

文征明

赵孟頫

王澍

伊秉绶

何绍基

## 幃

吴叡

邓石如

## 幕

武威医简

张迁碑

伊秉绶

陈鸿寿

郑簠

何绍基

俞樾

## 幣

马王堆帛书

居延汉简

武威医简

孔宙碑

何绍基

## 廿

睡虎地秦简

马王堆帛书

居延汉简

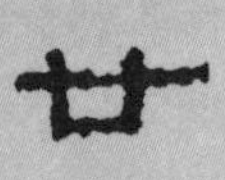
武威医简

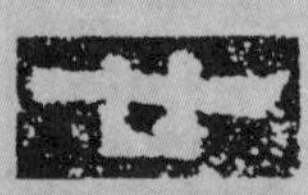
鲜于璜碑

华山碑

韩仁铭

鲁峻碑

## 弁

赵孟頫

文征明

陈鸿寿

王澍

## 弊

赵孟頫

文征明

王澍

黄葆戉

## 尤

马王堆帛书

居延汉简

衡方碑

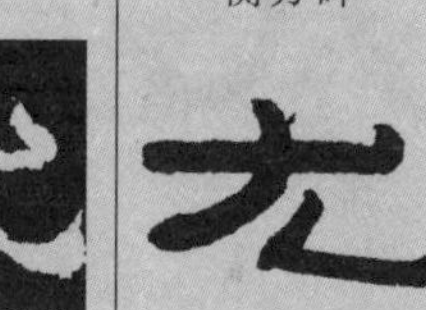
陈鸿寿

邓石如

郑簠

俞樾

## 就

居延汉简

武威医简

景君碑

夏承碑

衡方碑

西狭颂

张迁碑

华山碑

曹全碑

金农

何绍基

桂馥

来楚生

## 子

睡虎地秦简

马王堆帛书

楼兰残纸

居延汉简

武威医简

莱子侯刻石

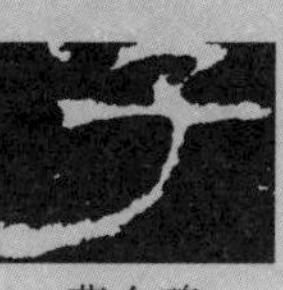
曹全碑

夏承碑

韩仁铭

尹宙碑

鲜于璜碑

张迁碑

史晨碑

乙瑛碑

# 字

华山碑

夏承碑

尹宙碑

石门颂

乙瑛碑

西狭颂

# 孔

赵孟頫

文征明

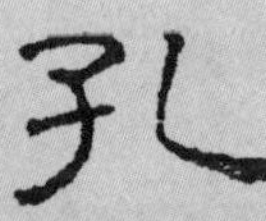
王澍

何绍基

石门颂

吴熙载

钱松

马王堆帛书

曹全碑

史晨碑

乙瑛碑

礼器碑

张迁碑

孔宙碑

衡方碑

广武将军碑

黄易

桂馥

吴熙载

来楚生

泰山金刚经

金农

伊秉绶

邓石如

陈鸿寿

郑簠

何绍基

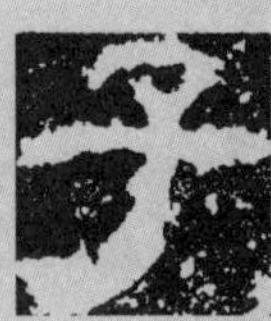
衡方碑

鲁峻碑

石门颂

张景碑

礼器碑

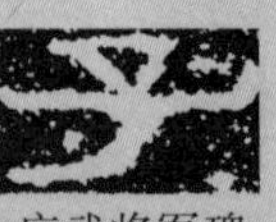
广武将军碑

孝　乎　存

马王堆帛书

楼兰残纸

居延汉简

武威医简

夏承碑

孔宙碑

衡方碑

熹平石经

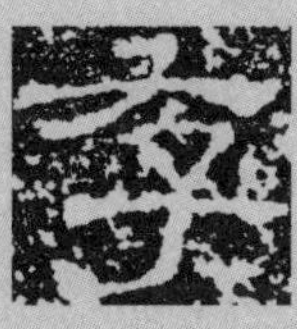
景君碑

金农

伊秉绶

邓石如

郑簠

桂馥

何绍基

睡虎地秦简

马王堆帛书

楼兰残纸

张迁碑

曹全碑

礼器碑

华山碑

金农

邓石如

伊秉绶

吴熙载

何绍基

吴昌硕

张迁碑

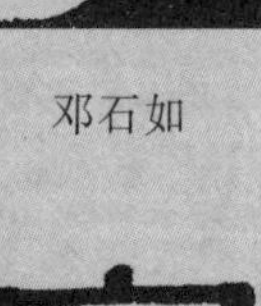
礼器碑

曹全碑

礼器碑

韩择木

赵孟頫

季　孟

鲜于璜碑

张迁碑

景君碑

礼器碑

曹全碑

邓石如

伊秉绶

金农

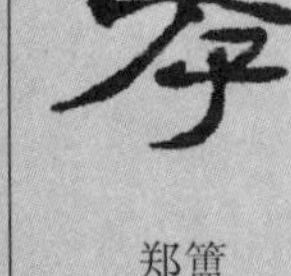
郑簠

何绍基

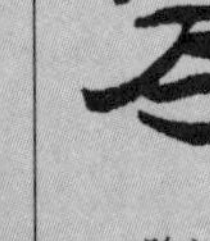
陈鸿寿

赵之谦

马王堆帛书

居延汉简

景君碑

张迁碑

礼器碑

石门颂

赵孟頫

文征明

伊秉绶

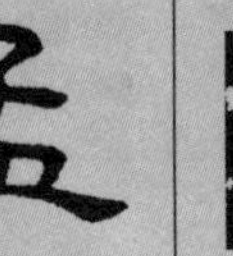
王澍

邓石如

何绍基

封龙山颂

乙瑛碑

曹全碑

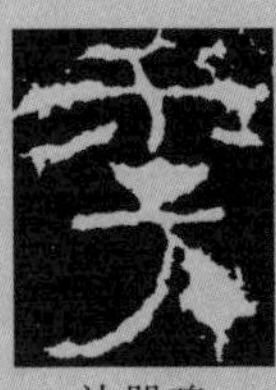
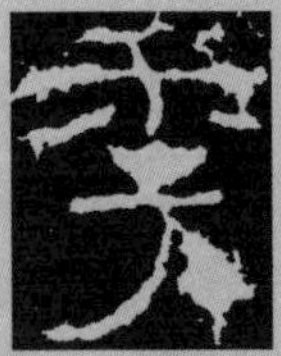
礼器碑

孔宙碑

景君碑

韩择木

赵之谦

學

马王堆帛书

景君碑

礼器碑

曹全碑

金农

吴熙载

孶

曹全碑

孰

马王堆帛书

武威医简

鲜于璜碑

赵孟頫

吴熙载

何绍基

王澍

孫

鲜于璜碑

张景碑

莱子侯刻石

华山碑

邓石如

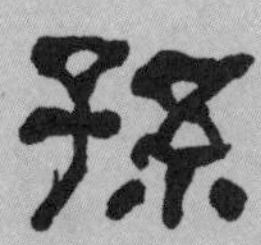
何绍基

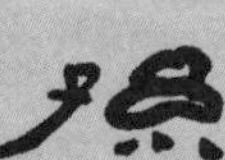
陈鸿寿

金农

马王堆帛书

居延汉简

武威医简

景君碑

夏承碑

张迁碑

尹宙碑

孤

睡虎地秦简

马王堆帛书

夏承碑

邓石如

金农

伊秉绶

王澍

来楚生

射　封　寺　寸

學

邓石如

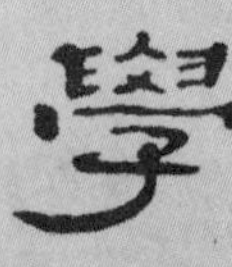
郑簠

桂馥

陈鸿寿

黄易

何绍基

赵之谦

寸

睡虎地秦简

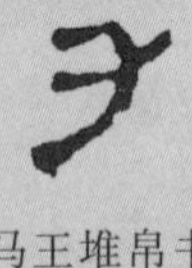
马王堆帛书

居延汉简

武威医简

赵孟頫

吴昌硕

寺

马王堆帛书

居延汉简

武威医简

曹全碑

史晨碑

郑簠

邓石如

何绍基

封

睡虎地秦简

马王堆帛书

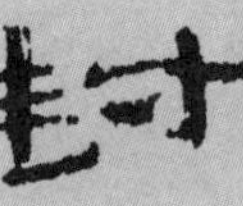
居延汉简

武威医简

曹全碑

莱子侯刻石

封龙山颂

赵孟頫

邓石如

陈鸿寿

伊秉绶

桂馥

吴熙载

赵之谦

吴大澂

射

马王堆帛书

居延简牍

武威简牍

封龙山碑

鲜于璜碑

赵孟頫

金农

# 將

睡虎地秦简

马王堆帛书

居延汉简

武威医简

礼器碑

衡方碑

夏承碑

孔宙碑

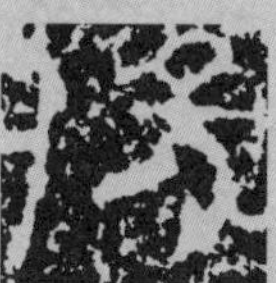

景君碑

广武将军碑

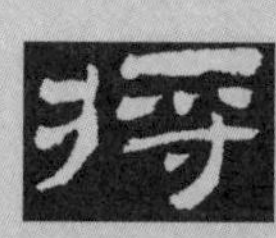
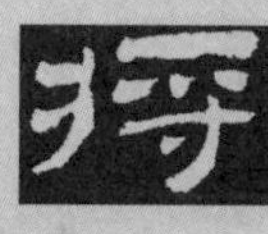
金农

郑簠

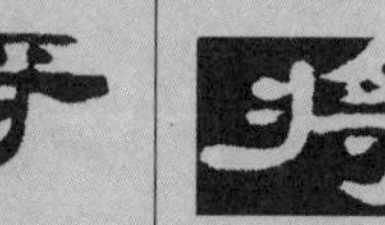
邓石如

伊秉绶

陈鸿寿

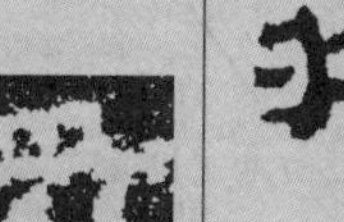
王澍

吴熙载

何绍基

李瑞清

来楚生

吴湖帆

# 專

李隆基

韩择木

邓石如

杨岘

# 尉

睡虎地秦简

居延汉简

马王堆帛书

楼兰残纸

武威医简

石门颂

孔宙碑

鲜于璜碑

韩仁铭

礼器碑

曹全碑

史晨碑

华山碑

广武将军碑

導 對 尋 尊

史晨碑

衡方碑

广武将军碑

文征明

桂馥

何绍基

马王堆帛书

武威医简

居延汉简

张迁碑

西狭颂

邓石如

伊秉绶

何绍基

夏承碑

封龙山颂

赵孟頫

王澍

何绍基

吴熙载

来楚生

礼器碑

邓石如

伊秉绶

王澍

黄易

吴熙载

石门颂

衡方碑

史晨碑

泰山金刚经

华山碑

马王堆帛书

楼兰残纸

武威医简

居延汉简

孔宙碑

# 小

睡虎地秦简

马王堆帛书

楼兰残纸

居延汉简

武威医简

鲁峻碑

鲜于璜碑

张迁碑

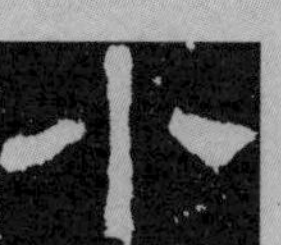
史晨碑

张景碑

广武将军碑

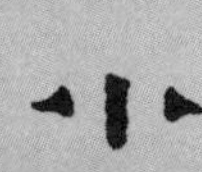
伊秉绶

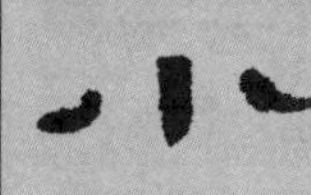
郑簠

金农

邓石如

何绍基

陈鸿寿

# 少

睡虎地秦简

马王堆帛书

居延汉简

楼兰残纸

武威医简

衡方碑

礼器碑

鲁峻碑

张迁碑

曹全碑

乙瑛碑

邓石如

金农

何绍基

伊秉绶

陈鸿寿

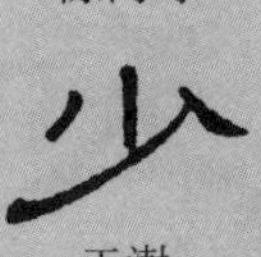
王澍

# 尚

睡虎地秦简

马王堆帛书

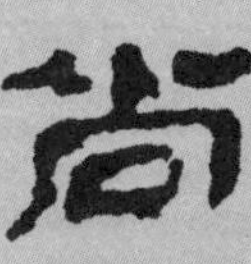
居延汉简

张迁碑

史晨碑

曹全碑

夏承碑

泰山金刚经

郑簠

金农

邓石如

伊秉绶

何绍基

黄易

## 大

睡虎地秦简

马王堆帛书

楼兰残纸

居延汉简

武威医简

封龙山颂

尹宙碑

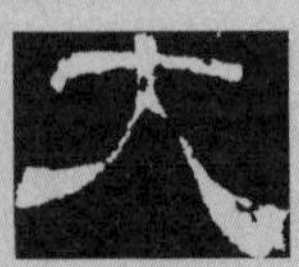
夏承碑

景君碑

石门颂

鲜于璜碑

曹全碑

史晨碑

礼器碑

西狭颂

乙瑛碑

华山碑

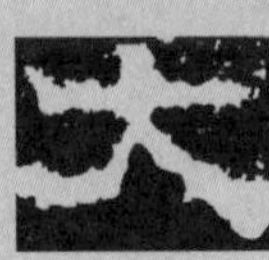
衡方碑

广武将军碑

赵孟頫

金农

邓石如

何绍基

伊秉绶

俞樾

石涛

桂馥

郑簠

汪士慎

赵之谦

## 太

衡方碑

西狭颂

鲁峻碑

伊秉绶

陈鸿寿

俞樾

何绍基

## 天

马王堆帛书

居延汉简

楼兰残纸

武威医简

封龙山颂

莱子侯刻石

张迁碑

史晨碑

石门颂

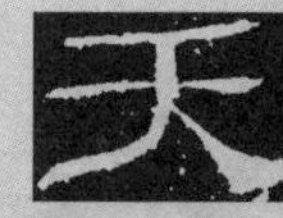
礼器碑

衡方碑

华山碑

华山庙碑

西狭颂

邓石如

伊秉绶

黄易

何绍基

金农

陈鸿寿

吴熙载

睡虎地秦简

马王堆帛书

居延汉简

乙瑛碑

衡方碑

鲜于璜碑

张迁碑

石门颂

曹全碑

景君碑

邓石如

陈鸿寿

赵之谦

何绍基

来楚生

夏承碑

马王堆帛书

居延汉简

邓石如

何绍基

奉　奄　夾　夷　失

石门颂

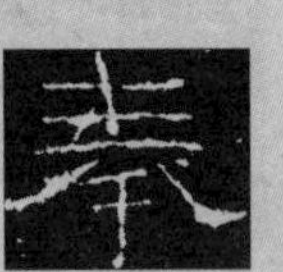
礼器碑

郑簠

桂馥

伊秉绶

何绍基

陈鸿寿

马王堆帛书

居延汉简

史晨碑

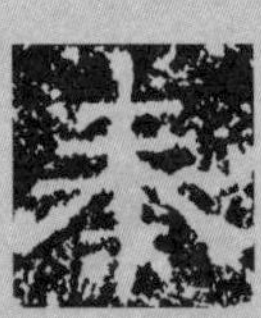
尹宙碑

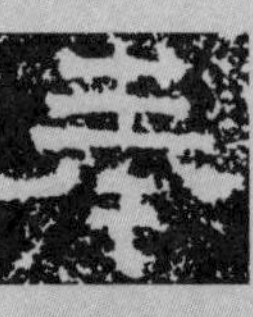
鲜于璜碑

张迁碑

华山碑

景君碑

赵孟頫

黄易

王澍

杨岘

伊立勋

曹全碑

邓石如

吴熙载

黄易

马王堆帛书

居延汉简

曹全碑

衡方碑

张迁碑

石门颂

何绍基

马王堆帛书

居延汉简

武威医简

景君碑

衡方碑

金农

胡小石

契 奏 奕 奔 奎 奇

## 契

韩择木

邓石如

何绍基

俞樾

## 奏

居延汉简

武威医简

曹全碑

乙瑛碑

石门颂

陈鸿寿

何绍基

## 奕

尹宙碑

李隆基

邓石如

## 奔

睡虎地秦简

居延汉简

景君碑

郑簠

郑板桥

## 奎

史晨碑

何绍基

## 奇

睡虎地秦简

马王堆帛书

居延汉简

武威医简

金农

邓石如

来楚生

女　奮　奪　奧　奢　奚

睡虎地秦简

马王堆帛书

武威医简

居延汉简

曹全碑

华山碑

邓石如

泰山金刚经

马王堆帛书

杨岘

俞樾

马王堆帛书

景君碑

汪士慎

杨沂孙

杨岘

钱松

吴隐

礼器碑

邓石如

吴熙载

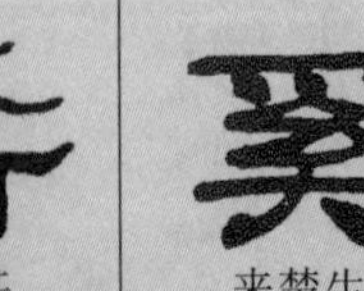
何绍基

马王堆帛书

居延汉简

曹全碑

张迁碑

何绍基

来楚生

女部

如　　好　　奴

韩仁铭

鲁峻碑

夏承碑

景君碑

泰山金刚经

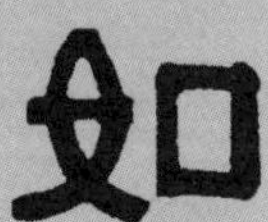
伊秉绶

金农

睡虎地秦简

居延汉简

武威医简

乙瑛碑

张迁碑

礼器碑

西狭颂

曹全碑

鲜于璜碑

郑簠

金农

邓石如

伊秉绶

王澍

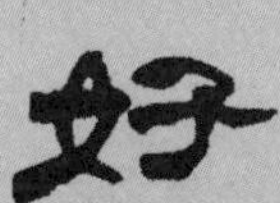
赵之谦

何绍基

来楚生

马王堆帛书

居延汉简

曹全碑

景君碑

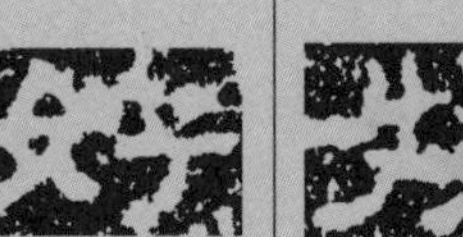
鲜于璜碑

陈鸿寿

睡虎地秦简

马王堆帛书

楼兰残纸

居延汉简

广武将军碑

王禔

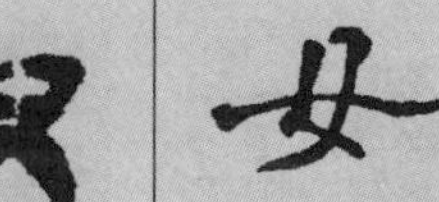
郑簠

金农

陈鸿寿

赵之谦

来楚生

妨　　妙　　妒　　妄　　妃

## 妨

居延汉简

金农

徐三庚

## 妙

鲁峻碑

赵孟頫

邓石如

金农

桂馥

俞樾

## 妒

马王堆帛书

吴叡

何绍基

## 妄

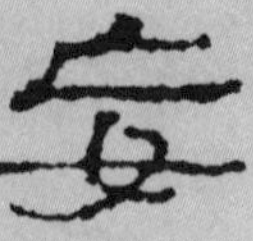
武威医简

泰山金刚经

邓石如

金农

吴熙载

## 妃

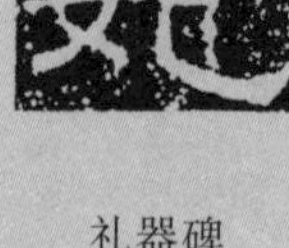
礼器碑

钱松

何绍基

吴熙载

## 如

郑簠

邓石如

吴熙载

何绍基

陈鸿寿

徐三庚

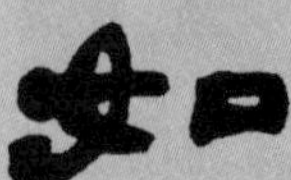
赵之谦

来楚生

妾　始　妻　妣　妥

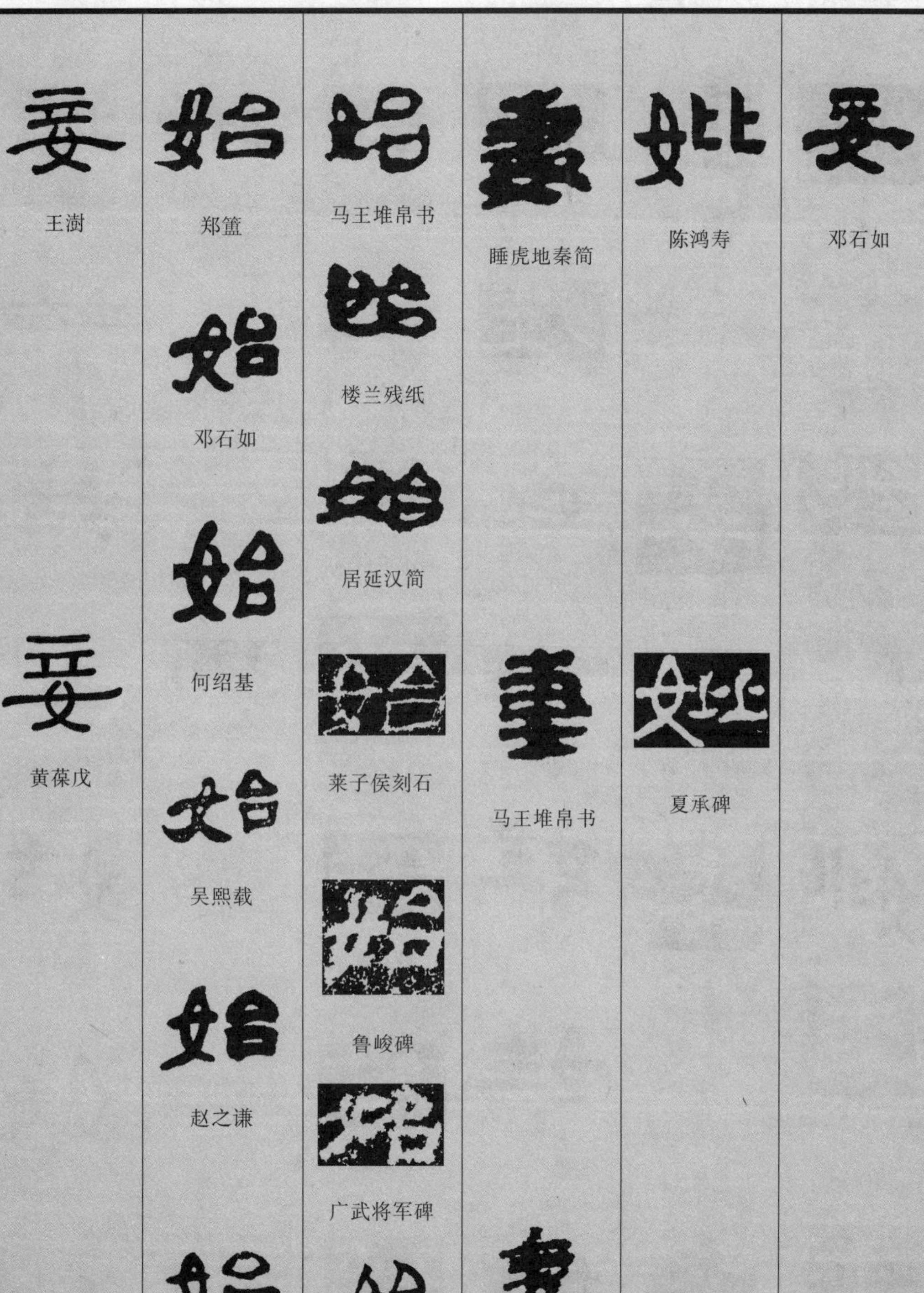
王澍
黄葆戉
郑簠
邓石如
何绍基
吴熙载
赵之谦
俞樾
马王堆帛书
楼兰残纸
居延汉简
莱子侯刻石
鲁峻碑
广武将军碑
赵孟頫
睡虎地秦简
马王堆帛书
居延汉简
陈鸿寿
夏承碑
邓石如

## 姚

景君碑

曹全碑

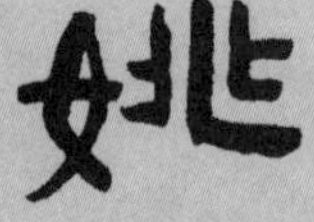
陈鸿寿

何绍基

## 委

居延汉简

景君碑

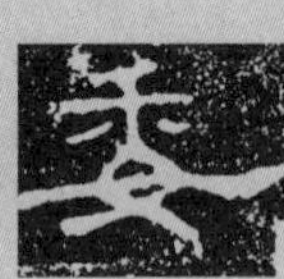
孔宙碑

赵孟頫

## 姓

史晨碑

礼器碑

郑簠

金农

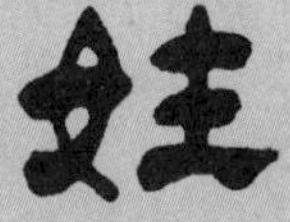
邓石如

陈鸿寿

何绍基

睡虎地秦简

居延汉简

马王堆帛书

曹全碑

西狭颂

封龙山颂

夏承碑

## 姊

居延汉简

武威医简

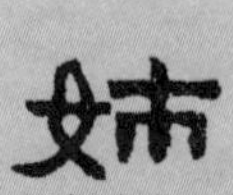
陈鸿寿

## 姑

武威医简

居延汉简

陈鸿寿

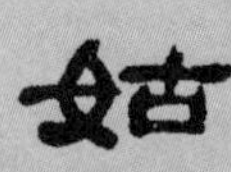
邓石如

陈鸿寿

何绍基

徐三庚

女部

## 威

马王堆帛书

楼兰残纸

衡方碑

鲜于璜碑

景君碑

西狭颂

曹全碑

## 姿

鲜于璜碑

西狭颂

赵孟頫

王澍

伊秉绶

吴熙载

何绍基

## 娴

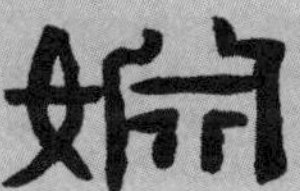
陈鸿寿

## 娅

鲜于璜碑

熹平石经

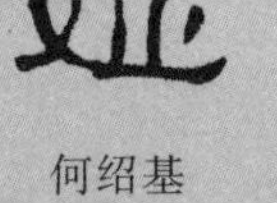
何绍基

徐三庚

## 妍

赵孟頫

文征明

邓石如

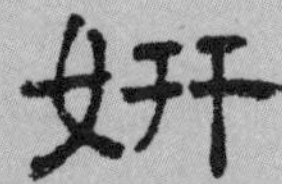
王澍

伊立勋

## 姦

马王堆帛书

楼兰残纸

居延汉简

夏承碑

衡方碑

何绍基

婦　婢　婁　娥　娱

居延汉简

武威医简

曹全碑

邓石如

陈鸿寿

陈鸿寿

何绍基

马王堆帛书

熹平石经

吴熙载

何绍基

鲜于璜碑

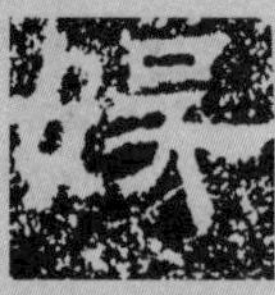
鲁峻碑

陈豫钟

邓石如

广武将军碑

礼器碑

金农

伊秉绶

邓石如

何绍基

赵之谦

## 嬰

马王堆帛书

居延汉简

熹平石经

吴熙载

伊立勋

## 土

睡虎地秦简

马王堆帛书

居延汉简

楼兰残纸

武威医简

衡方碑

礼器碑

西狭颂

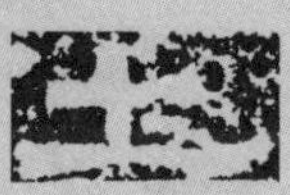
鲜于璜碑

史晨碑

郑簠

邓石如

王澍

何绍基

赵之谦

## 在

马王堆帛书

武威医简

楼兰残纸

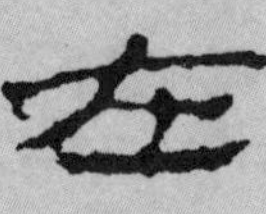
居延汉简

华山碑

曹全碑

史晨碑

韩仁铭

尹宙碑

孔宙碑

夏承碑

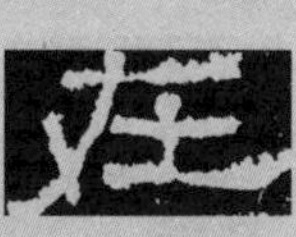
张迁碑

鲜于璜碑

衡方碑

礼器碑

邓石如

何绍基

陈鸿寿

郑簠

伊秉绶

金农

邓石如

桂馥

## 坐

睡虎地秦简

马王堆帛书

武威医简

史晨碑

邓石如

伊秉绶

吴熙载

何绍基

## 均

睡虎地秦简

马王堆帛书

居延汉简

陈鸿寿

邓石如

## 圩

陈鸿寿

## 地

邓石如

金农

伊秉绶

俞樾

伊立勋

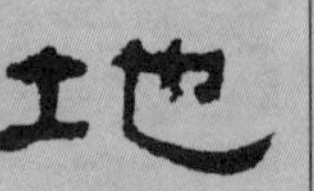
何绍基

马王堆帛书

居延汉简

尹宙碑

石门颂

华山碑

封龙山颂

泰山金刚经

## 圭

邓石如

桂馥

土部

## 垣

马王堆帛书

华山碑

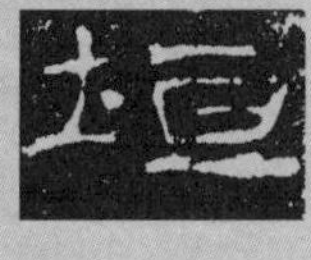
史晨碑

赵孟頫

金农

王澍

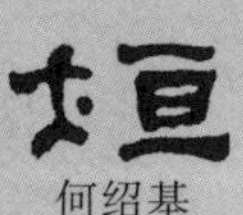
何绍基

## 垢

赵孟頫

文征明

邓石如

王澍

## 垓

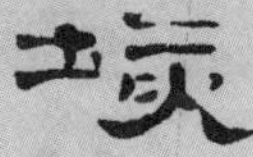
郑簠

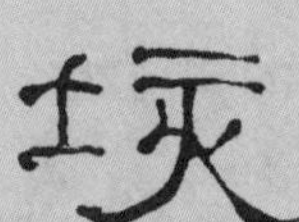
何绍基

## 坤

邓石如

## 垂

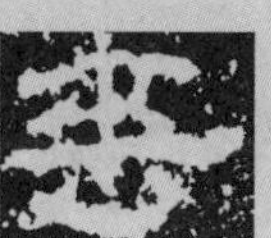
衡方碑

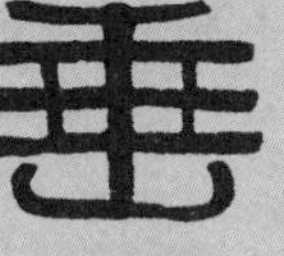
伊秉绶

何绍基

金农

赵之谦

华山碑

乙瑛碑

礼器碑

张迁碑

鲜于璜碑

景君碑

石门颂

執　域　城　埃　垤



## 執

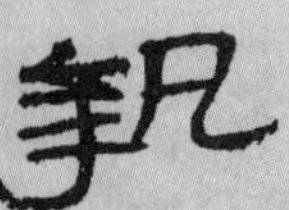
武威医简

马王堆帛书

鲜于璜碑

夏承碑

尹宙碑

石门颂

史晨碑

## 域

楼兰残纸

曹全碑

鲜于璜碑

石门颂

何绍基

汪士慎

## 城

鲁峻碑

景君碑

史晨碑

泰山金刚经

郑簠

邓石如

金农

睡虎地秦简

马王堆帛书

居延汉简

张迁碑

衡方碑

曹全碑

孔宙碑

礼器碑

## 埃

吴叡

邓石如

## 垤

邓石如

# 堂　基　場

伊秉绶
何绍基
王澍
黄易
吴熙载
陈鸿寿

楼兰残纸
武威医简
礼器碑
华山碑
石门颂
史晨碑
邓石如

邓石如
王澍
何绍基
吴熙载

马王堆帛书
武威医简
张迁碑
石门颂
华山碑
广武将军碑
赵孟頫

封龙山颂
华山碑
赵孟頫
邓石如
黄易
陈鸿寿
来楚生

鲜于璜碑
华山庙碑
赵孟頫
何绍基
俞樾
梁启超

## 報

睡虎地秦简

马王堆帛书

武威医简

曹全碑

乙瑛碑

华山碑

史晨碑

## 堯

衡方碑

陈鸿寿

何绍基

吴熙载

杨岘

## 堪

熹平石经

来楚生

## 堆

居延汉简

居延汉简

邓石如

邓石如

## 堅

张景碑

赵孟頫

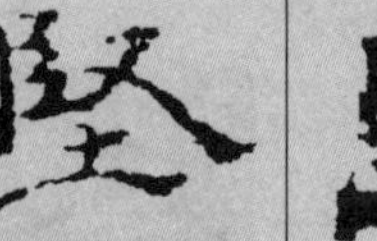
石涛

何绍基

伊立勋

睡虎地秦简

马王堆帛书

居延汉简

楼兰残纸

景君碑

西狭颂

礼器碑

墓 塵 塞 塗

马王堆帛书

景君碑

韩择木

陈鸿寿

郑簠

高翔

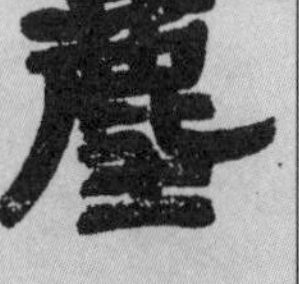
邓石如

王禔

来楚生

华山庙碑

熹平石经

赵孟頫

王澍

邓石如

吴熙载

睡虎地秦简

马王堆帛书

楼兰残纸

武威医简

衡方碑

曹全碑

马王堆帛书

居延汉简

武威医简

史晨碑

伊秉绶

金农

何绍基

陈鸿寿

金农

郑簠

邓石如

何绍基

## 壚

郑簠

## 壁

楼兰残纸

西狭颂

赵孟頫

邓石如

金农

何绍基

吴昌硕

## 墳

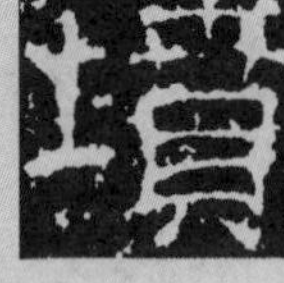
景君碑

赵孟頫

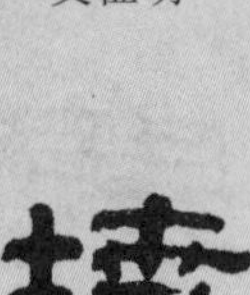
文征明

钱泳

杨沂孙

来楚生

## 墨

居延汉简

马王堆帛书

赵孟頫

伊秉绶

## 增

马王堆帛书

史晨碑

赵孟頫

邓石如

吴熙载

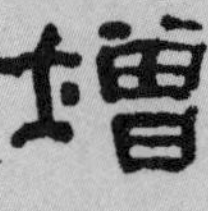
何绍基

来楚生

## 隧

吴叡

邓石如

伊秉绶

## 壐

景君碑

鲜于璜碑

## 壓

华山庙碑

## 壑

马王堆帛书

华山庙碑

金农

邓石如

## 墻

曹全碑

赵孟頫

文征明

邓石如

## 壇

鲜于璜碑

华山碑

华山庙碑

黄易

金农

何绍基

来楚生

## 壁

华山碑

金农

桂馥

## 壞

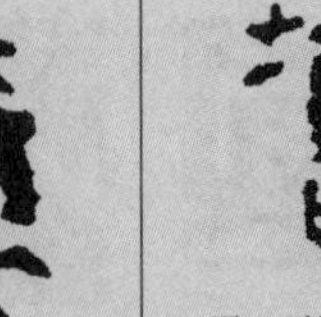
马王堆帛书

楼兰残纸

史晨碑

莱子侯刻石

邓石如

何绍基

来楚生

## 壤

马王堆帛书

吴叡

金农

## 士

睡虎地秦简

马王堆帛书

武威医简

居延汉简

鲜于璜碑

曹全碑

礼器碑

赵孟頫

伊秉绶

金农

郑簠

王澍

邓石如

吴熙载

赵之谦

## 壬

居延汉简

楼兰残纸

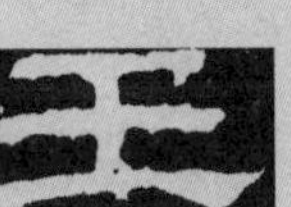
乙瑛碑

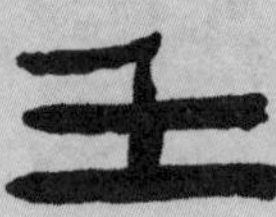
陈鸿寿

陈鸿寿

何绍基

## 壯

睡虎地秦简

马王堆帛书

金农

桂馥

何绍基

俞樾

伊立勋

壽 塌 壹 壺



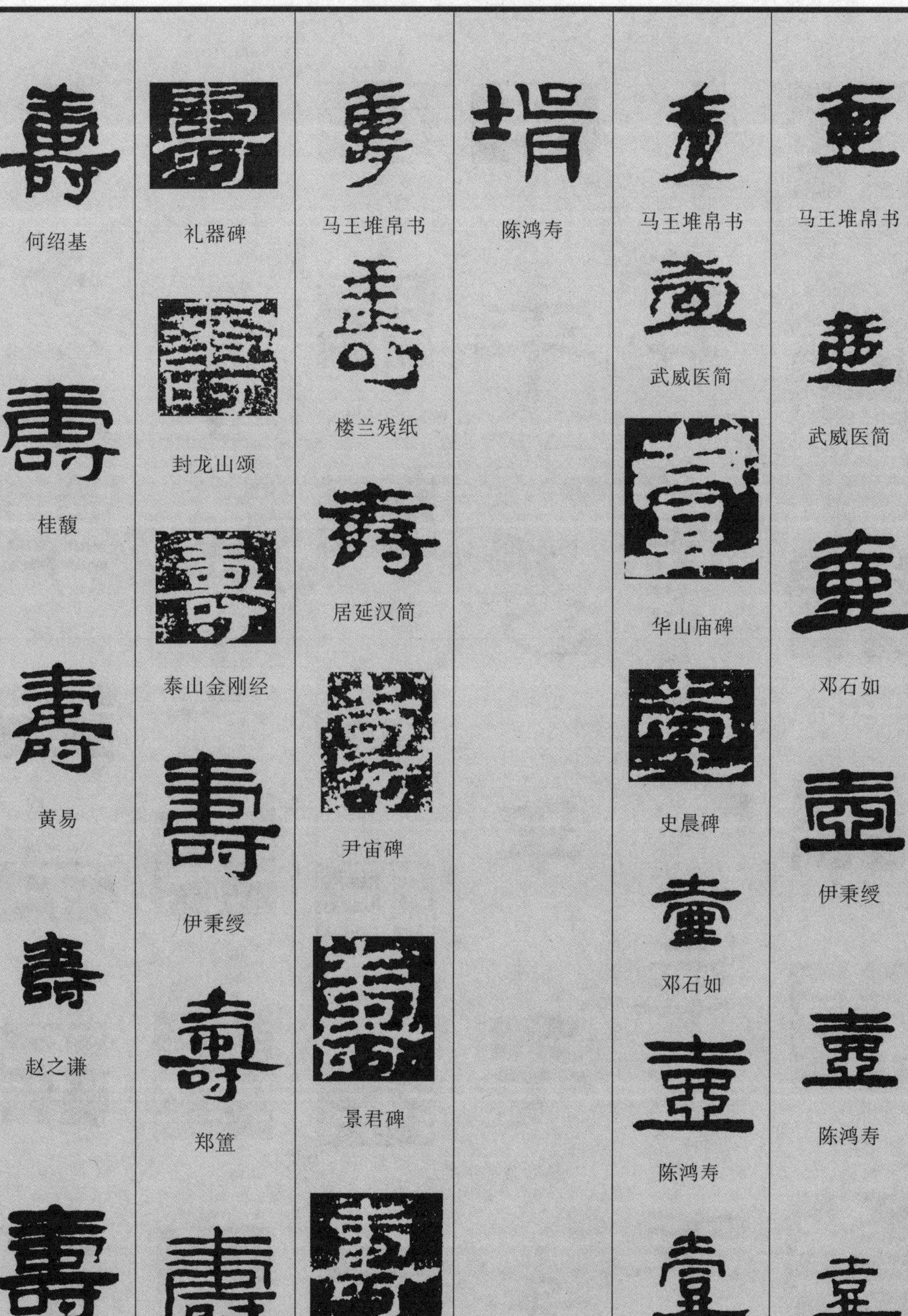

# 干

睡虎地秦简

马王堆帛书

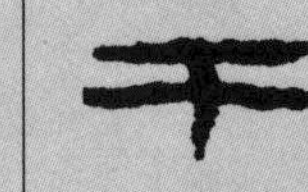
楼兰残纸

居延汉简

曹全碑

张迁碑

衡方碑

何绍基

# 平

睡虎地秦简

马王堆帛书

居延汉简

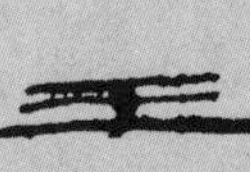
楼兰残纸

衡方碑

尹宙碑

景君碑

石门颂

乙瑛碑

张迁碑

史晨碑

鲜于璜碑

礼器碑

曹全碑

金农

黄易

何绍基

俞樾

吴熙载

来楚生

# 年

睡虎地秦简

马王堆帛书

楼兰残纸

居延汉简

武威医简

西狭颂

莱子侯刻石

乙瑛碑

石门颂

衡方碑

张迁碑

# 并 幸

韩择木

赵孟頫

郑簠

邓石如

陈鸿寿

马公愚

睡虎地秦简

马王堆帛书

武威医简

居延汉简

礼器碑

张景碑

史晨碑

史惟则

马王堆帛书

楼兰残纸

居延汉简

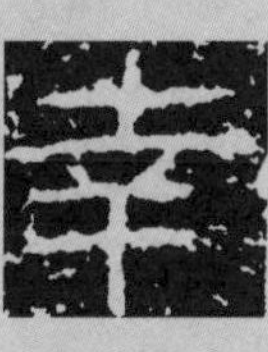
石门颂

曹全碑

韩仁铭

邓石如

陈鸿寿

邓石如

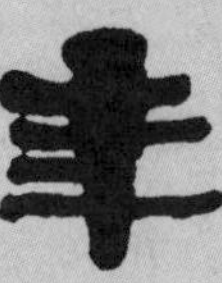
何绍基

赵之谦

吴熙载

俞樾

来楚生

鲜于璜碑

景君碑

华山碑

郑簠

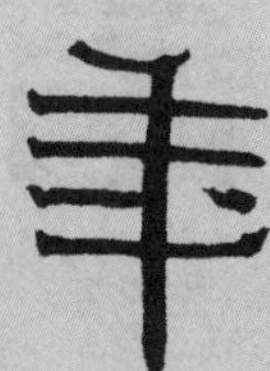
伊秉绶

金农

张景碑

礼器碑

尹宙碑

夏承碑

韩仁铭

史晨碑

## 巨

马王堆帛书

张迁碑

赵孟頫

## 巧

马王堆帛书

赵孟頫

文征明

陈鸿寿

## 左

礼器碑

衡方碑

华山碑

邓石如

何绍基

伊秉绶

王澍

睡虎地秦简

马王堆帛书

武威医简

居延汉简

史晨碑

夏承碑

广武将军碑

## 工

虎睡地秦简

马王堆帛书

楼兰残纸

武威医简

曹全碑

金农

邓石如

吴昌硕

## 幹

马王堆帛书

居延汉简

景君碑

张迁碑

何绍基

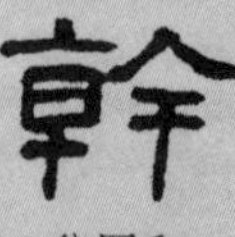

翁同和

工部 彑部 幺部

## 幽

金农

桂馥

伊秉绶

何绍基

赵之谦

汪士慎

来楚生

曹全碑

乙瑛碑

尹宙碑

夏承碑

衡方碑

鲜于璜碑

邓石如

## 幼

金农

何绍基

武威医简

楼兰残纸

居延汉简

孔宙碑

曹全碑

西狭颂

邓石如

## 彝

孔宙碑

桂馥

黄慎

邓石如

赵之谦

## 巫

马王堆帛书

吴叡

陈鸿寿

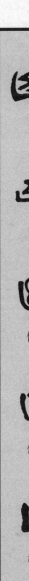

多 夙 外 夕 幾

多

马王堆帛书

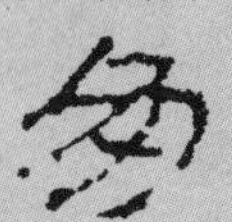
楼兰残纸

武威医简

尹宙碑

张迁碑

泰山金刚经

华山庙碑

夙

鲜于璜碑

孔宙碑

景君碑

夏承碑

史晨碑

赵孟頫

邓石如

吴熙载

外

尹宙碑

鲜于璜碑

郑簠

陈鸿寿

何绍基

桂馥

邓石如

赵之谦

睡虎地秦简

马王堆帛书

武威医简

衡方碑

张迁碑

张景碑

史晨碑

西狭颂

夕

马王堆帛书

居延汉简

武威医简

熹平石经

赵孟頫

邓石如

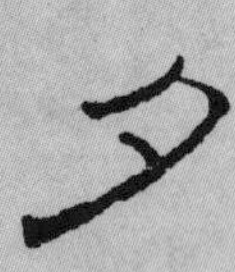
王澍

来楚生

幾

睡虎地秦简

赵孟頫

金农

邓石如

王澍

吴熙载

来楚生

夏　夢　夜

| 夏 | 夏 | 夢 | 夜 | 夜 | 多 |
| --- | --- | --- | --- | --- | --- |
| 鲁峻碑 | 马王堆帛书 | 马王堆帛书 | 邓石如 | 马王堆帛书 | 金农 |
| 金农 | 居延汉简 | 韩择木 | 金农 | 居延汉简 | 金农 |
| 邓石如 | 楼兰残纸 | 邓石如 | 吴熙载 | 衡方碑 | 伊秉绶 |
| 吴熙载 | 武威医简 | 邓石如 | 赵之谦 | 西狭颂 | 邓石如 |
| 何绍基 | 曹全碑 | 伊秉绶 | 来楚生 | 史晨碑 | 何绍基 |
| 赵之谦 | 尹宙碑 | | | 郑簠 | 来楚生 |
| 吴昌硕 | 礼器碑 | | | 何绍基 | |

役　建　廷　延

马王堆帛书

曹全碑

何绍基

吴大澂

邓石如

郑簠

金农

黄易

何绍基

李瑞清

来楚生

吴大澂

武威医简

居延汉简

楼兰残纸

礼器碑

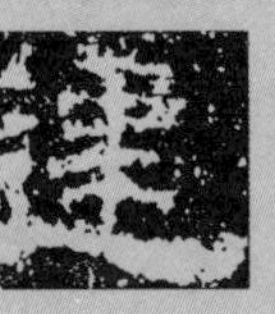
衡方碑

曹全碑

睡虎地秦简

马王堆帛书

居延汉简

景君碑

曹全碑

史晨碑

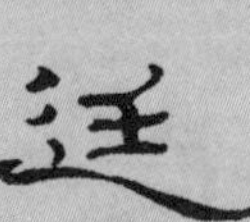
郑簠

鲜于璜碑

华山碑

史晨碑

金农

郑簠

吴熙载

赵之谦

何绍基

马王堆帛书

楼兰残纸

居延汉简

武威医简

封龙山颂

曹全碑

鲁峻碑

彳部

| 律 | 待 | 征 | 往 | 往 | 彼 |
| --- | --- | --- | --- | --- | --- |
| 睡虎地秦简 | 武威医简 | 曹全碑 | 俞樾 | 睡虎地秦简 | 马王堆帛书 |
| 居延汉简 | 邓石如 | 韩择木 | 伊秉绶 | 马王堆帛书 | 孔宙碑 |
| 楼兰残纸 | 郑簠 | 何绍基 | 王澍 | 楼兰残纸 | 史晨碑 |
| 武威医简 | 桂馥 | | 何绍基 | 居延汉简 | 邓石如 |
| 张景碑 | 王禔 | | 吴熙载 | 石门颂 | 吴熙载 |
| 史晨碑 | 钱厓 | | 赵之谦 | 韩择木 | 何绍基 |
| 金农 | | | | 赵孟頫 | 赵之谦 |
| 何绍基 | | | | 金农 | 吴昌硕 |
| | | | | 邓石如 | |

彳部

# 後

睡虎地秦简

马王堆帛书

居延汉简

武威医简

张迁碑

张景碑

衡方碑

礼器碑

莱子侯刻石

夏承碑

华山碑

曹全碑

石门颂

史晨碑

邓石如

桂馥

陈鸿寿

伊秉绶

金农

吴熙载

何绍基

赵之谦

吴昌硕

# 徐

马王堆帛书

居延汉简

武威医简

礼器碑

景君碑

广武将军碑

熹平石经

华山庙碑

郑簠

金农

桂馥

何绍基

# 徑

邓石如

郑簠

石涛

伊立勋

来楚生

## 徒

睡虎地秦简

马王堆帛书

居延汉简

张迁碑

史晨碑

曹全碑

邓石如

邓石如

吴熙载

何绍基

俞樾

## 得

马王堆帛书

居延汉简

楼兰残纸

武威医简

石门颂

孔宙碑

西狭颂

礼器碑

华山碑

泰山金刚经

邓石如

金农

伊秉绶

郑簠

陈鸿寿

何绍基

王澍

赵之谦

徐三庚

俞樾

吴昌硕

## 徙

睡虎地秦简

马王堆帛书

居延汉简

武威医简

尹宙碑

石门颂

何绍基

彳部

## 復

睡虎地秦简

马王堆帛书

居延汉简

楼兰残纸

石门颂

曹全碑

礼器碑

## 徧

邓石如

## 徘

赵孟頫

文征明

王澍

童大年

## 御

马王堆帛书

居延汉简

礼器碑

鲁峻碑

张迁碑

郑簠

陈鸿寿

何绍基

## 從

张迁碑

尹宙碑

鲜于璜碑

金农

陈鸿寿

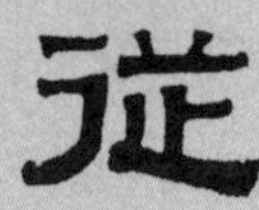
伊秉绶

邓石如

赵之谦

睡虎地秦简

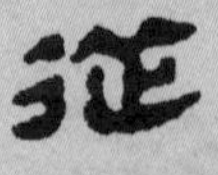
马王堆帛书

居延汉简

武威医简

史晨碑

石门颂

夏承碑

礼器碑

微　循

金农

伊秉绶

何绍基

王禔

马王堆帛书

居延汉简

鲜于璜碑

景君碑

华山庙碑

邓石如

陈鸿寿

何绍基

桂馥

睡虎地秦简

马王堆帛书

居延汉简

景君碑

华山碑

石门颂

郑簠

陈鸿寿

黄易

邓石如

高翔

何绍基

王禔

来楚生

鲜于璜碑

张景碑

泰山金刚经

晋写经残卷

郑簠

伊秉绶

金农

## 徵

睡虎地秦简

楼兰残纸

居延汉简

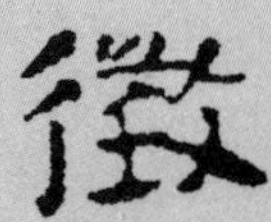
武威医简

衡方碑

张迁碑

鲁峻碑

景君碑

曹全碑

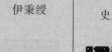

张景碑

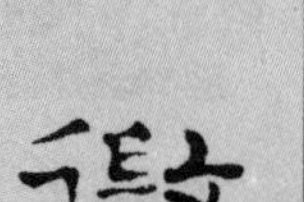
郑簠

何绍基

## 德

马王堆帛书

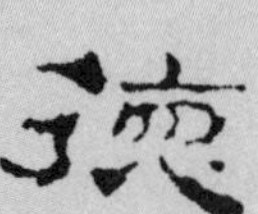
楼兰残纸

居延汉简

封龙山颂

曹全碑

孔宙碑

西狭颂

尹宙碑

夏承碑

鲜于璜碑

衡方碑

张迁碑

礼器碑

景君碑

史晨碑

石门颂

泰山金刚经

金农

邓石如

黄易

陈鸿寿

伊秉绶

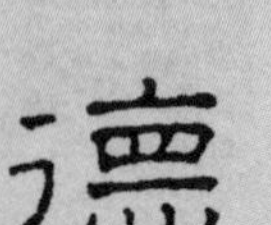
王澍

何绍基

吴熙载

杨岘

赵之谦

| 彩 | 彦 | 形 | 徵 | 徽 | 徹 |
|---|---|---|---|---|---|
| 邓石如 | 景君碑 | 韩择木 | 何绍基 | 广武将军碑 | 武威医简 |
| 徐三庚 | 曹全碑 | 赵孟頫 | | 邓石如 | 鲜于璜碑 |
| 来楚生 | 陈鸿寿 | 王澍 | | 吴熙载 | 赵之谦 |
| | 金农 | 邓石如 | | 赵之谦 | |
| | | 赵之谦 | | | |
| | | 徐三庚 | | | |

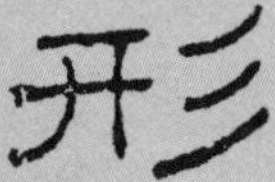

彡部

## 影

石涛

邓石如

邓石如

何绍基

## 彰

鲜于璜碑

孔宙碑

鲁峻碑

黄葆戊

## 彭

何绍基

杨岘

吴大澂

马王堆帛书

楼兰残纸

居延汉简

礼器碑

广武将军碑

邓石如

翁同和

## 彬

邓石如

赵之谦

## 彫

孔宙碑

赵孟頫

巢　巡　州　川

马王堆帛书

礼器碑

何绍基

徐三庚

吴湖帆

华山碑

礼器碑

金农

陈鸿寿

黄易

华山碑

曹全碑

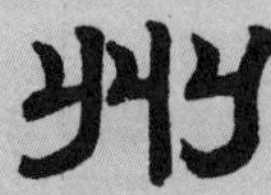

赵孟頫

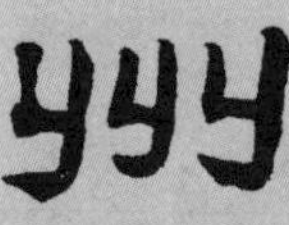

陈鸿寿

邓石如

黄易

赵之谦

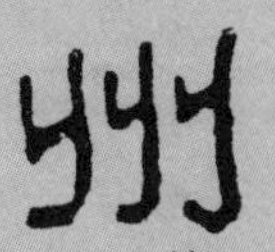

汪士慎

马王堆帛书

居延汉简

武威医简

衡方碑

景君碑

鲜于璜碑

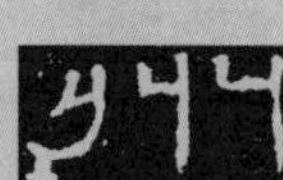

礼器碑

尹宙碑

曹全碑

赵孟頫

桂馥

陈鸿寿

邓石如

赵之谦

何绍基

马王堆帛书

华山碑

礼器碑

衡方碑

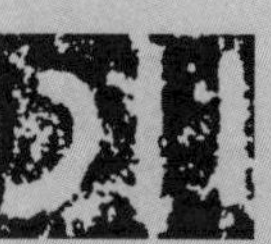

尹宙碑

石门颂

封龙山颂

# 手 才 扶 承

## 手

睡虎地秦简

马王堆帛书

居延汉简

武威医简

史晨碑

赵孟頫

金农

邓石如

何绍基

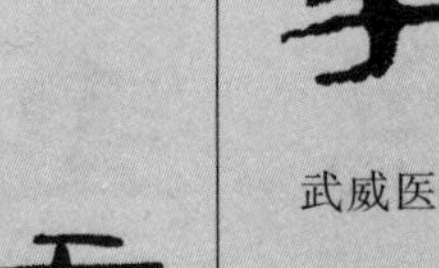
来楚生

吴湖帆

## 才

睡虎地秦简

马王堆帛书

张迁碑

金农

陈鸿寿

邓石如

高翔

何绍基

## 扶

武威医简

曹全碑

赵孟頫

王澍

邓石如

何绍基

来楚生

## 承

马王堆帛书

楼兰残纸

居延汉简

武威医简

礼器碑

史晨碑

华山碑

石门颂

曹全碑

桂馥

邓石如

金农

何绍基

陈鸿寿

赵之谦

手部

## 折

睡虎地秦简

居延汉简

楼兰残纸

鲜于璜碑

伊秉绶

郑簠

吴熙载

## 抗

赵孟頫

文征明

## 投

睡虎地秦简

马王堆帛书

赵孟頫

邓石如

伊秉绶

王澍

赵之谦

## 抒

礼器碑

吴熙载

何绍基

钱松

来楚生

## 抑

西狭颂

李隆基

邓石如

何绍基

## 把

郑簠

钱厓

| 拓 | 拒 | 抽 | 拂 | 披 | 抱 |
| --- | --- | --- | --- | --- | --- |
| 阮元 | 陈鸿寿 | 赵孟頫 | 华山庙碑 | 张迁碑 | 马王堆帛书 |
| 何绍基 | 金农 | 桂馥 | 邓石如 | 何绍基 | 邓石如 |
| 吴大澂 | | 黄葆戊 | 吴熙载 | 杨岘 | 伊秉绶 |
| 俞樾 | | | 杨岘 | 翁同和 | 杨沂孙 |
| | | | | | 杨岘 |
| | | | | | 俞樾 |

手部

拜　招　拖　拙　拔

| 拜 | 拜 | 招 | 拖 | 拙 | 拔 |
|---|---|---|---|---|---|
|  鲜于璜碑 | 楼兰残纸 | 鲜于璜碑 | 马王堆帛书 | 马王堆帛书 | 武威医简 |
| 郑簠 | 居延汉简 | 夏承碑 | 邓石如 | 杨岘 | 马王堆帛书 |
| 邓石如 | 武威医简 | 赵孟頫 | | 吴熙载 | 衡方碑 |
| 桂馥 | 张迁碑 | 邓石如 | | 郑簠 | |
| 吴熙载 |  衡方碑 | 吴熙载 | | 俞樾 | |
|  何绍基 | 史晨碑 | 何绍基 | | | |
| | 曹全碑 | | | | |

## 摯

马王堆帛书

马王堆帛书

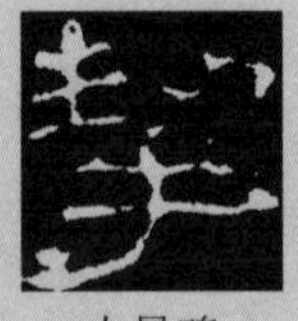
史晨碑

## 挾

马王堆帛书

楼兰残纸

武威医简

## 按

衡方碑

桂馥

邓石如

何绍基

俞樾

## 指

武威医简

张景碑

赵孟頫

郑簠

吴熙载

吴熙载

马公愚

## 拾

马王堆帛书

武威医简

张迁碑

石门颂

何绍基

吴熙载

## 拱

文征明

邓石如

黄葆戉

## 授

马王堆帛书

武威医简

衡方碑

景君碑

礼器碑

郑簠

陈鸿寿

## 捨

泰山金刚经

俞樾

## 捕

睡虎地秦简

马王堆帛书

居延汉简

赵孟頫

陈鸿寿

吴熙载

## 挺

史晨碑

夏承碑

华山庙碑

史惟则

何绍基

赵之谦

## 挹

华山庙碑

吴隐

## 振

武威医简

鲜于璜碑

衡方碑

曹全碑

伊秉绶

石门颂

吴熙载

何绍基

接　掖　掌　掃

| 接 | 掖 | 掌 | 掌 | 掃 | |
|---|---|---|---|---|---|
| 居延汉简 | 居延汉简 | 郑簠 | 马王堆帛书 | 华山庙碑 | 黄易 |
| 衡方碑 | 武威医简 | 何绍基 | 居延汉简 | 邓石如 | 吴熙载 |
| 赵孟頫 | 曹全碑 | 金农 | 鲁峻碑 | | |
| 邓石如 | 邓石如 | | 乙瑛碑 | | |
| 汪士慎 | 何绍基 | | 华山碑 | | |
| 赵之谦 | | | | | |
| 马公愚 | | | | | |

| 提 | 揆 | 掬 | 措 | 掩 | 推 |
|---|---|---|---|---|---|
| 马王堆帛书 | 马王堆帛书 | 曹全碑 | 楼兰残纸 | 桂馥 | 睡虎地秦简 |
| 衡方碑 | 史晨碑 | 黄易 | 楼兰残纸 | 郑簠 | 马王堆帛书 |
| 泰山经刚经 | 礼器碑 | 邓石如 | | 杨岘 | 武威医简 |
| 邓石如 | 邓石如 | | | 俞樾 | 石门颂 |
| 何绍基 | 何绍基 | | | | 邓石如 |
| | | | | | 黄易 |
| | | | | | 王禔 |

揮

熹平石经

来楚生

揭

吴叡

陈鸿寿

握

马王堆帛书

熹平石经

金农

换

居延汉简

丁敬

桂馥

揚

楼兰残纸

熹平石经

孔宙碑

韩择木

邓石如

来楚生

揖

武威医简

曹全碑

熹平石经

陈鸿寿

何绍基

手部

## 摇

吴叡

郑簠

伊立勋

## 損

马王堆帛书

熹平石经

李隆基

金农

何绍基

吴昌硕

## 摯

华山碑

黄易

## 掾

石门颂

史晨碑

尹宙碑

张景碑

乙瑛碑

开通褒斜道刻石

何绍基

睡虎地秦简

居延汉简

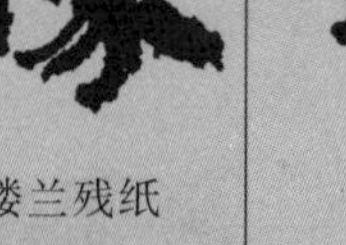

楼兰残纸

曹全碑

鲜于璜碑

礼器碑

夏承碑

## 援

封龙山颂

史晨碑

伊秉绶

陈鸿寿

赵之谦

赵之谦

伊立勋

| 摧 | 播 | 撮 | 撫 | 摩 | 摧 |
|---|---|---|---|---|---|
|  李隆基 |  曹全碑 |  鲁峻碑 |  武威医简 |  华山庙碑 |  张景碑 |
| |  孔庙碑 |  金农 |  曹全碑 | 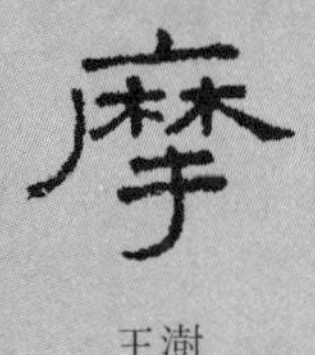 王澍 |  夏承碑 |
| |  邓石如 | |  景君碑 |  邓石如 |  杨沂孙 |
| | | | 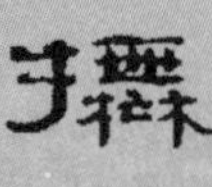 郑簠 |  金农 | |
| | | |  乙瑛碑 |  赵孟頫 | |
| | | | 陈鸿寿 | | |
| | | | 伊秉绶 | | |
| | | | 徐三庚 | | |

## 操

睡虎地秦简

马王堆帛书

鲜于璜碑

赵孟頫

王澍

何绍基

吴熙载

## 擅

马王堆帛书

武威医简

李隆基

郑簠

何绍基

## 擢

孔宙碑

郑簠

陈鸿寿

何绍基

## 擇

马王堆帛书

马王堆帛书

武威医简

金农

俞樾

## 撰

熹平石经

史晨碑

郑簠

伊秉绶

杨岘

何绍基

## 據

马王堆帛书

夏承碑

景君碑

衡方碑

吴熙载

吴熙载

杨沂孙

## 毛

马王堆帛书

广武将军碑

华山庙碑

赵孟頫

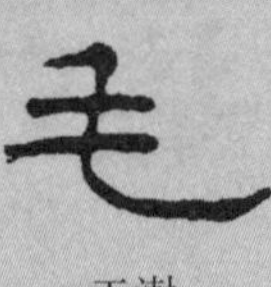
王澍

金农

赵之谦

## 攬

衡方碑

吴叡

伊立勋

## 攝

尹宙碑

张迁碑

赵孟頫

陈鸿寿

王澍

何绍基

## 攘

马王堆帛书

熹平石经

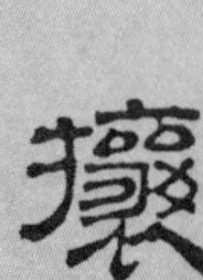
吴叡

杨岘

## 擬

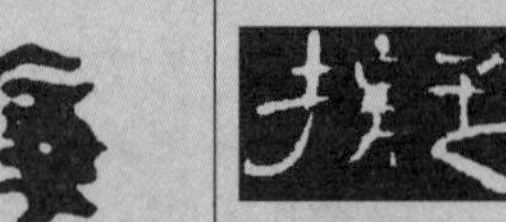
曹全碑

郑簠

邓石如

吴熙载

## 擾

曹全碑

史晨碑

吴熙载

何绍基

心部

## 心

睡虎地秦简

马王堆帛书

居延汉简

武威医简

曹全碑

尹宙碑

石门颂

景君碑

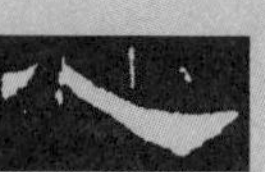
礼器碑

泰山金刚经

郑簠

邓石如

金农

伊秉绶

吴熙载

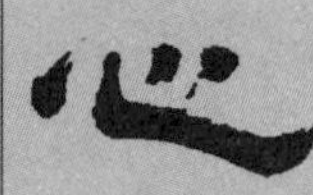
黄易

徐三庚

赵之谦

桂馥

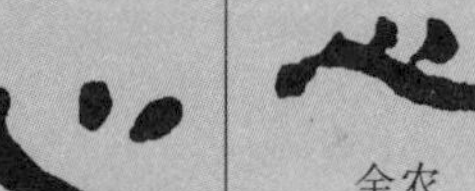
何绍基

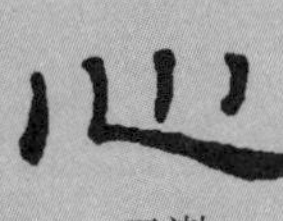
王澍

来楚生

## 必

睡虎地秦简

马王堆帛书

武威医简

楼兰残纸

居延汉简

石门颂

赵孟頫

文征明

邓石如

郑簠

金农

黄易

陈鸿寿

俞樾

何绍基

## 忉

景君碑

忘　志　忍　忌

郑簠

何绍基

吴熙载

来楚生

马王堆帛书

居延汉简

居延汉简

武威医简

封龙山颂

邓石如

王澍

邓石如

伊秉绶

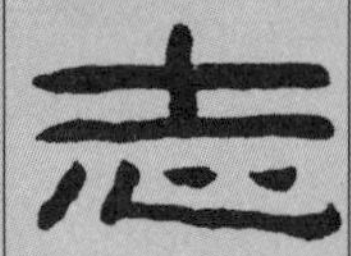

陈鸿寿

吴熙载

睡虎地秦简

马王堆帛书

武威医简

景君碑

曹全碑

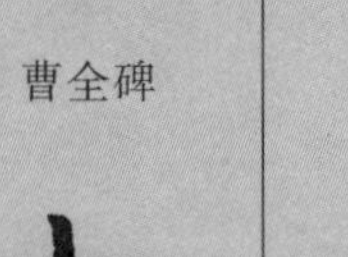

赵孟頫

睡虎地秦简

马王堆帛书

曹全碑

泰山金刚经

金农

邓石如

何绍基

睡虎地秦简

马王堆帛书

武威医简

心部

忽　念　快　忠　忝

## 忽

马王堆帛书

居延汉简

景君碑

金农

邓石如

吴熙载

赵之谦

## 念

史晨碑

泰山金刚经

赵孟頫

邓石如

王澍

何绍基

赵之谦

## 快

马王堆帛书

楼兰残纸

居延汉简

晋写经残卷

高翔

## 忠

张迁碑

广武将军碑

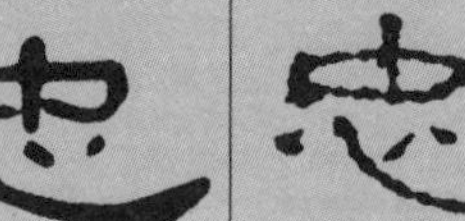
邓石如

郑簠

伊秉绶

陈鸿寿

吴熙载

何绍基

马王堆帛书

居延汉简

楼兰残纸

夏承碑

景君碑

石门颂

尹宙碑

## 忝

衡方碑

邓石如

邓石如

伊立勋

思 怗 怖 怕 怒

韩择木

赵孟頫

桂馥

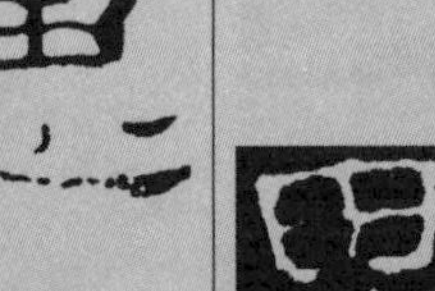
石涛

吴熙载

张迁碑

鲜于璜碑

礼器碑

景君碑

史晨碑

泰山金刚经

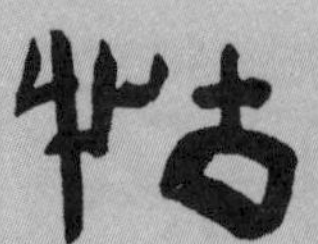
陈鸿寿

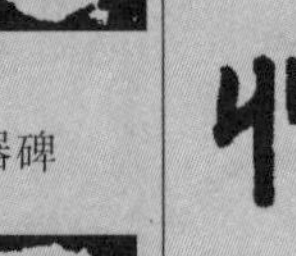
钱泳

鲜于璜碑

史晨碑

朝侯小子残碑

罗振玉

睡虎地秦简

马王堆帛书

武威医简

郑簠

邓石如

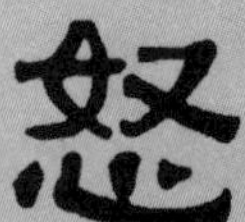
伊秉绶

徐三庚

怪　怨　性　怡　急

楼兰残纸

邓石如

石涛

吴熙载

睡虎地秦简

马王堆帛书

张迁碑

何绍基

徐三庚

邓石如

何绍基

陈鸿寿

吴熙载

赵之谦

张迁碑

曹全碑

夏承碑

广武将军碑

郑簠

伊秉绶

金农

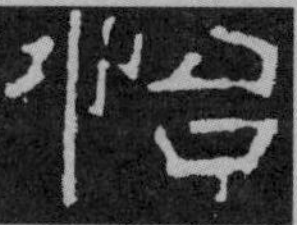
韩择木

邓石如

来楚生

睡虎地秦简

马王堆帛书

楼兰残纸

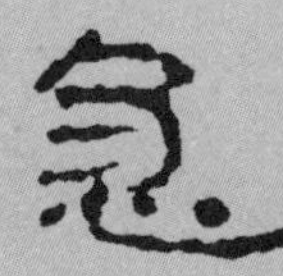
居延汉简

曹全碑

## 恕

孔宙碑

高翔

## 恐

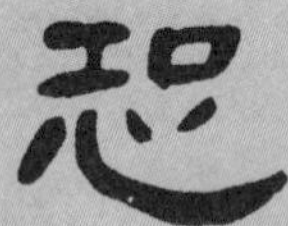
邓石如

陈鸿寿

何绍基

睡虎地秦简

马王堆帛书

楼兰残纸

居延汉简

乙瑛碑

史晨碑

金农

## 恒

马王堆帛书

熹平石经

衡方碑

华山庙碑

赵孟頫

邓石如

陈鸿寿

## 恃

马王堆帛书

马王堆帛书

文征明

赵孟頫

## 恂

尹宙碑

陈鸿寿

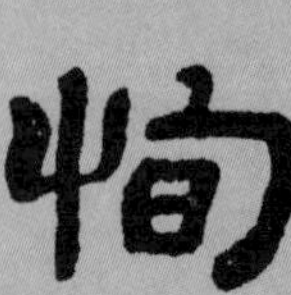
黄易

| 恩 | | 恨 | 恤 | 恢 | 耻 |
|---|---|---|---|---|---|
|  衡方碑 |  居延汉简 | 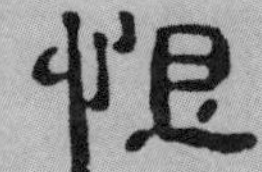 高翔 |  曹全碑 |  史晨碑 |  尹宙碑 |
| 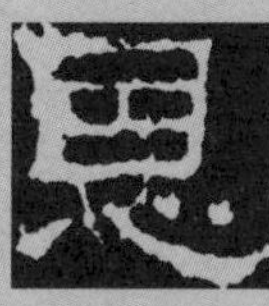 张迁碑 |  楼兰残纸 |  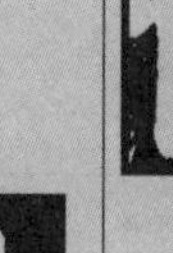 邓石如 |  张迁碑 |  石门颂 | 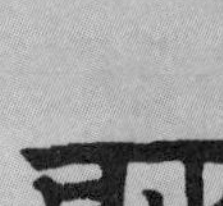 赵孟頫 |
|  景君碑 |  曹全碑 | |  熹平石经 |   熹平石经 |  王澍 |
|  伊秉绶 |  西狭颂 | | 何绍基 |   礼器碑 | |
| 邓石如 | 夏承碑 | | 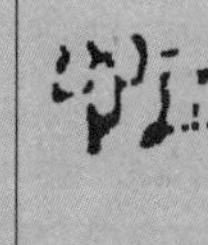 赵之谦 | 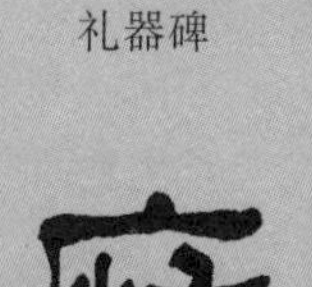   何绍基 | |
| 吴熙载 | 史晨碑 | |  伊立勋 |  俞樾 | |
| 何绍基 | | | | | |

## 悦

石门颂

西狭颂

金农

邓石如

吴熙载

何绍基

赵之谦

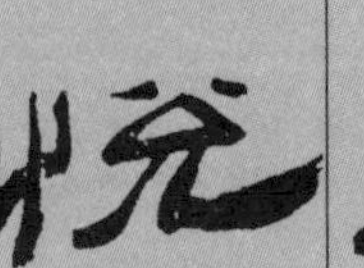
来楚生

## 恭

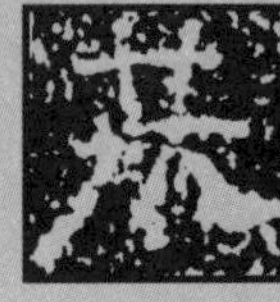
鲁峻碑

陈鸿寿

邓石如

郑簠

伊秉绶

吴熙载

何绍基

居延汉简

礼器碑

乙瑛碑

尹宙碑

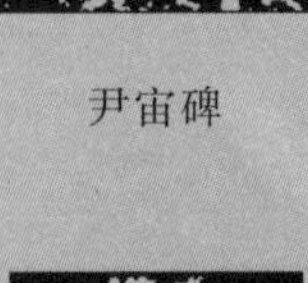
孔宙碑

尹宙碑

张迁碑

## 恪

鲁峻碑

## 恬

赵孟頫

王澍

陈鸿寿

赵之谦

伊立勋

吴昌硕

郑孝胥

悚　患　悠　悟　悝　悔

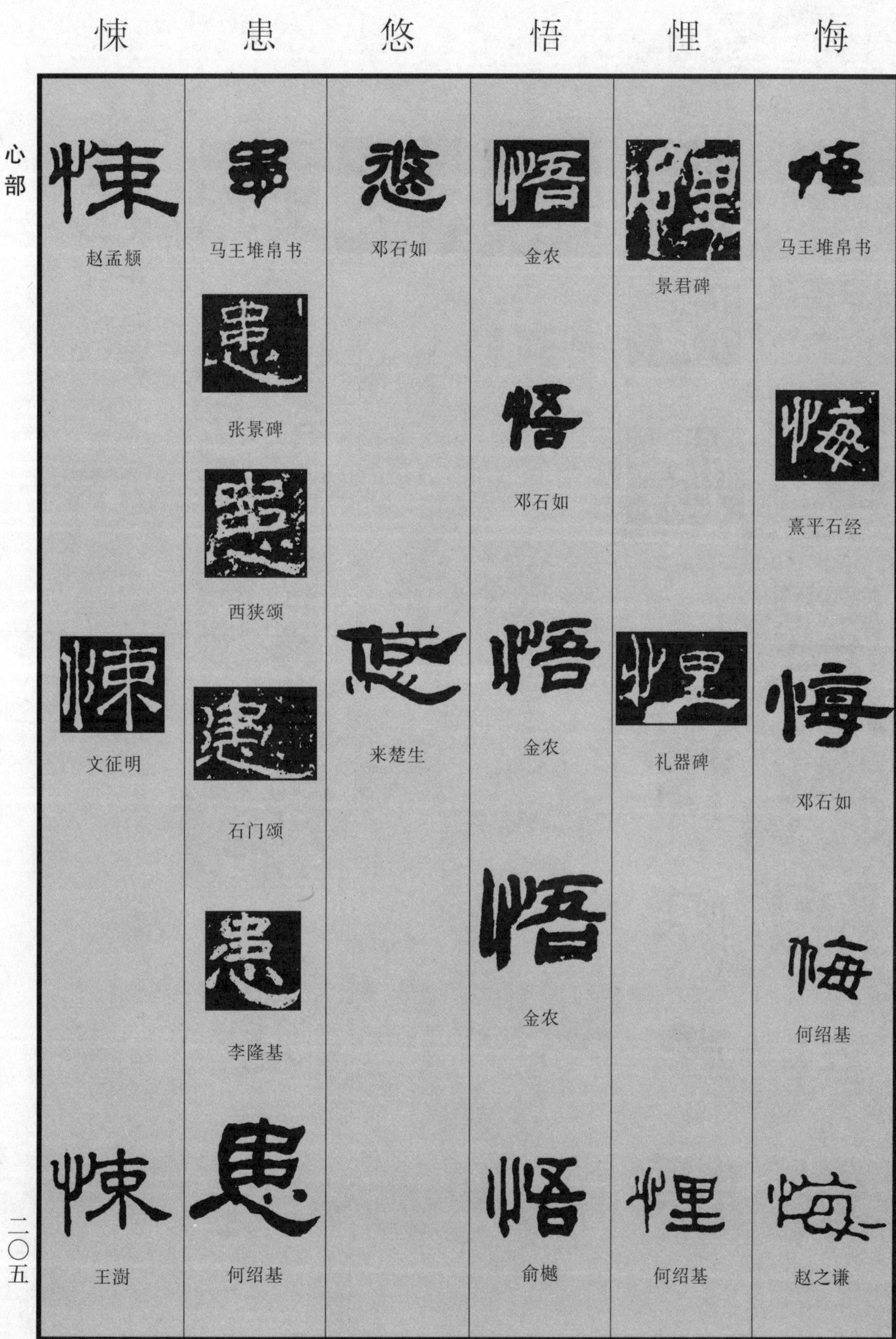

| 悚 | 患 | 悠 | 悟 | 悝 | 悔 |
| --- | --- | --- | --- | --- | --- |
| 赵孟頫 | 马王堆帛书 | 邓石如 | 金农 | 景君碑 | 马王堆帛书 |
| 文征明 | 张景碑 | 来楚生 | 邓石如 | 礼器碑 | 熹平石经 |
| 王澍 | 西狭颂 | | 金农 | 何绍基 | 邓石如 |
| | 石门颂 | | 金农 | | 何绍基 |
| | 李隆基 | | 俞樾 | | 赵之谦 |
| | 何绍基 | | | | |

| 惑 | 情 | 悼 | 悵 | 悲 | 愚 |
| --- | --- | --- | --- | --- | --- |
| 马王堆帛书 |  熹平石经 | 衡方碑 | 鲜于璜碑 |  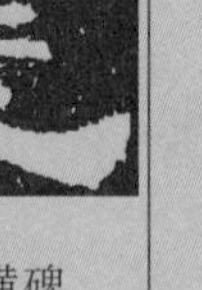 鲜于璜碑 | 武威医简 |
| 陈鸿寿 |  史晨碑 | 何绍基 | |  夏承碑 | |
| 吴熙载 |  石门颂 | 翁同和 | |  衡方碑 | |
| | 郑簠 | | | 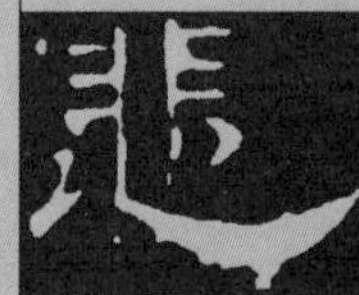 韩择木 | |
| | 邓石如 | | | 赵孟頫 | |
| | 金农 | | | 王澍 | |
| | 吴熙载 | | | | |
| | 何绍基 | | | | |

何绍基

赵之谦

吴昌硕

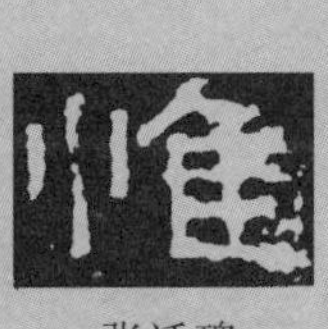

张迁碑

邓石如

郑簠

陈鸿寿

陈鸿寿

吴熙载

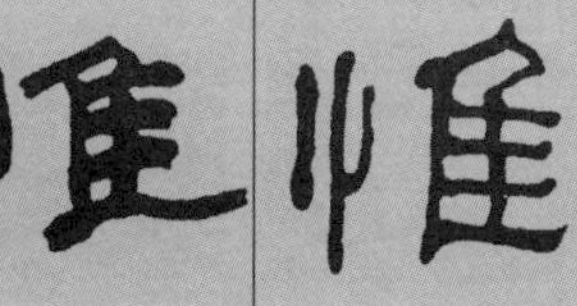

来楚生

何绍基

礼器碑

郙阁颂

夏承碑

尹宙碑

华山碑

史晨碑

景君碑

封龙山颂

衡方碑

石门颂

西狭颂

鲜于璜碑

莫友芝

杨守敬

吴大澂

来楚生

熹平石经

韩择木

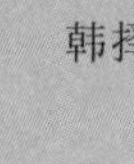

## 惠

马王堆帛书

楼兰残纸

鲁峻碑

韩仁铭

封龙山颂

曹全碑

西狭颂

鲜于璜碑

景君碑

韩仁铭

华山碑

熹平石经

赵孟頫

郑簠

邓石如

伊秉绶

王澍

何绍基

## 惡

睡虎地秦简

## 悴

王舍人碑

邓石如

## 悳

景君碑

赵孟頫

沈曾植

| 愈 | 愁 | 惻 | 悚 | 惶 | 想 |
|---|---|---|---|---|---|
| 武威医简 | 石门颂 | 赵孟頫 | 西狭颂 | 礼器碑 | 泰山金刚经 |
| 桂馥 | 邓石如 | 文征明 | 何绍基 | 乙瑛碑 | 赵孟頫 |
| 吴熙载 | 何绍基 | 黄葆戉 | | 赵孟頫 | 文征明 |
| | 来楚生 | | | 王澍 | 王澍 |
| | 王禔 | | | 何绍基 | 杨守敬 |
| | | | | | 吴大澂 |

感 愚 愘 意 愍



## 感

衡方碑

夏承碑

封龙山颂

张迁碑

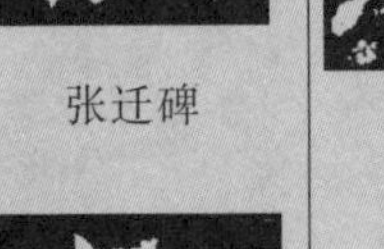
曹全碑

邓石如

何绍基

## 愚

马王堆帛书

居延汉简

乙瑛碑

西狭颂

邓石如

吴熙载

何绍基

## 愘

鲁峻碑

## 意

夏承碑

居延汉简

鲜于璜碑

曹全碑

泰山金刚经

景君碑

邓石如

乙瑛碑

郑燮

礼器碑

## 愍

衡方碑

何绍基

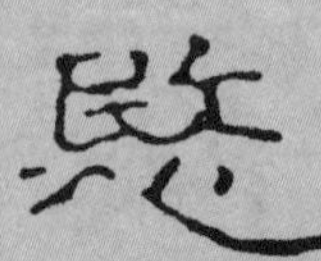
赵之谦

| 慕 | 態 | 慈 | 慄 | 愷 | 慎 |
|---|---|---|---|---|---|
| 鲜于璜碑 | 吴叡 | 武威医简 | 西狭颂 | 张迁碑 | 睡虎地秦简 |
| 景君碑 | 丁敬 | 景君碑 | 鲜于璜碑 | 何绍基 | 马王堆帛书 |
| 夏承碑 | 何震 | 赵孟頫 | | 翁同和 | 居延汉简 |
| 曹全碑 | | 邓石如 | | | 景君碑 |
| 孔宙碑 | | 王澍 | | | 邓石如 |
| 赵孟頫 | | 何绍基 | | | 郑簠 |
| | | | | | 赵之谦 |

心部

慨　慧　慢　慝　惨

慨

邓石如

邓石如

邓石如

翁同和

慧

韩择木

邓石如

慢

吴叡

尹念曾

慝

韩择木

邓石如

惨

王基碑

邓石如

慕

伊秉绶

金农

王澍

憀　慰　慮　憧　憂

鲜于璜碑

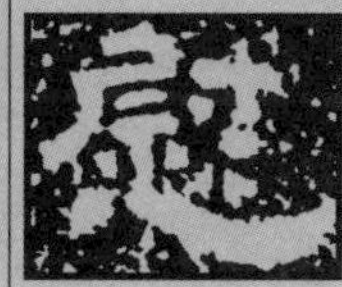
鲜于璜碑

曹全碑

何绍基

杨岘

伊立勋

马王堆帛书

赵孟頫

王澍

景君碑

金农

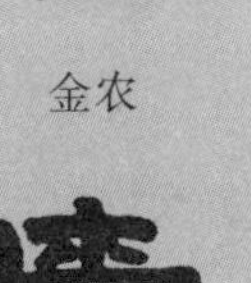
何绍基

王澍

吴熙载

伊秉绶

马王堆帛书

夏承碑

西狭颂

鲜于璜碑

张迁碑

桂馥

憔　慊　慶　憂

## 憔

朝侯小子残石

王舍人碑

## 慊

邓石如

## 慶

伊秉绶

陈鸿寿

吴熙载

伊立勋

吴昌硕

邓石如

马王堆帛书

楼兰残纸

居延汉简

华山庙碑

赵孟頫

## 憂

华山庙碑

金农

邓石如

杨岘

何绍基

马王堆帛书

史晨碑

曹全碑

衡方碑

鲁峻碑

應　憲　憚　憐

礼器碑

鲜于璜碑

广武将军碑

泰山金刚经

金农

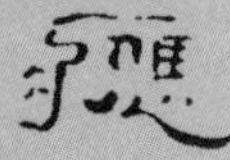
郑簠

邓石如

马王堆帛书

居延汉简

武威医简

夏承碑

华山碑

封龙山颂

吴熙载

何绍基

居延汉简

楼兰残纸

夏承碑

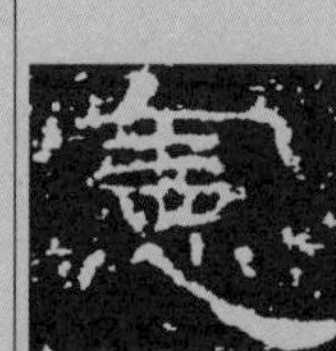
礼器碑

曹全碑

陈鸿寿

曹全碑

吴叡

何绍基

马王堆帛书

文征明

奚冈

沈曾植

何绍基

汪士慎

赵之谦

徐三庚

杨岘

来楚生

夏承碑

韩择木

郑簠

赵孟頫

俞樾

礼器碑

居延汉简

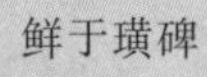
鲜于璜碑

鲁峻碑

景君碑

曹全碑

伊秉绶

邓石如

何绍基

王澍

赵之谦

俞樾

王禔

心部

戇 愳 懼 懸 懿

乙瑛碑

张迁碑

何绍基

赵孟頫

马王堆帛书

马王堆帛书

文征明

邓石如

伊秉绶

赵孟頫

曹全碑

何绍基

伊立勋

衡方碑

鲜于璜碑

夏承碑

孔宙碑

西狭颂

张迁碑

# 為　爰　争　爪



## 爪

广武将军碑

## 争

睡虎地秦简

马王堆帛书

石门颂

礼器碑

广武将军碑

郑簠

金农

何绍基

来楚生

吴湖帆

钱厓

## 爰

居延汉简

楼兰残纸

张迁碑

华山碑

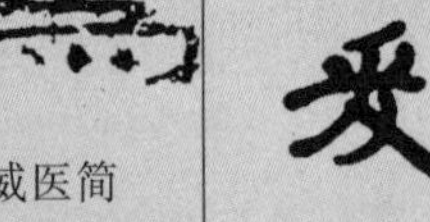

邓石如

伊秉绶

何绍基

## 為

睡虎地秦简

马王堆帛书

楼兰残纸

居延汉简

武威医简

莱子侯刻石

夏承碑

尹宙碑

张景碑

鲜于璜碑

石门颂

礼器碑

封龙山颂

乙瑛碑

爪部　牙部　爿部

## 牀

赵孟頫

王澍

## 牙

马王堆帛书

奚冈

吴大澂

## 爵

乙瑛碑

史晨碑

曹全碑

邓石如

吴熙载

何绍基

吴昌硕

睡虎地秦简

马王堆帛书

居延汉简

武威医简

楼兰残纸

鲜于璜碑

礼器碑

郑簠

金农

陈鸿寿

邓石如

何绍基

吴熙载

赵之谦

西狭颂

韩仁铭

张迁碑

曹全碑

史晨碑

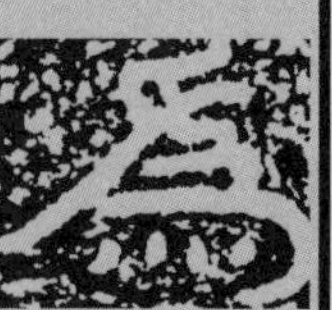

泰山金刚经

桂馥

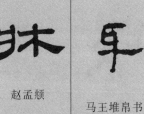

片部　斤部

| 斬 | 斤 | 牖 | 牒 | 牋 | 片 |
|---|---|---|---|---|---|
| 赵孟頫 | 睡虎地秦简 | 李隆基 | 睡虎地秦简 | 赵孟頫 | 邓石如 |
| 王澍 | 马王堆帛书 | 邓石如 | 马王堆帛书 | 文征明 | 邓石如 |
| 黄葆戊 | 楼兰残纸 | | 居延汉简 | 王澍 | 郑簠 |
| | 居延汉简 | |  乙瑛碑 | 邓石如 | |
| | 武威医简 | | 王澍 | | |
| | 马公愚 | | 陈鸿寿 | | |
| | | | 何绍基 | | |

户　斷　新　斯

## 户

睡虎地秦简

马王堆帛书

居延汉简

楼兰残纸

武威医简

乙瑛碑

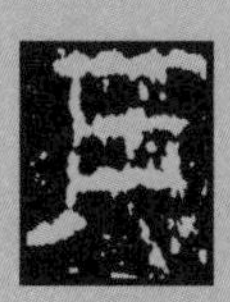
广武将军碑

曹全碑

## 斷

马王堆帛书

石门颂

熹平石经

邓石如

何绍基

俞樾

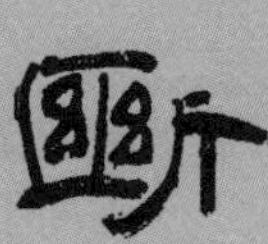
来楚生

## 新

金农

伊秉绶

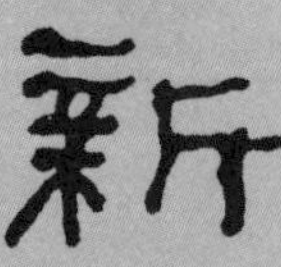
何绍基

高翔

王澍

赵之谦

来楚生

睡虎地秦简

马王堆帛书

楼兰残纸

武威医简

华山碑

张迁碑

鲜于璜碑

邓石如

## 斯

华山碑

曹全碑

泰山金刚经

金农

邓石如

伊秉绶

何绍基

赵之谦

马王堆帛书

武威医简

郙阁颂

张迁碑

衡方碑

石门颂

西狭颂

# 所　房　戾

户

陈鸿寿

王澍

邓石如

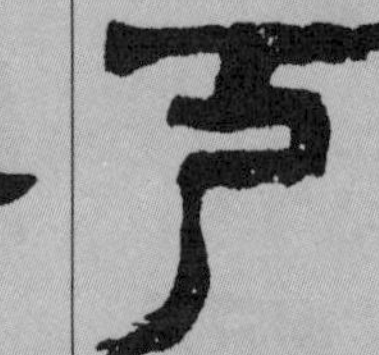

郑簠

吴熙载

何绍基

俞樾

戾

鲜于璜碑

邓石如

房

睡虎地秦简

居延汉简

武威医简

礼器碑

伊秉绶

吴熙载

赵之谦

何绍基

所

睡虎地秦简

马王堆帛书

居延汉简

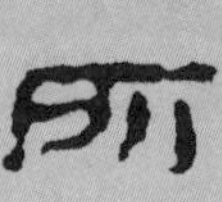

楼兰残纸

武威医简

西狭颂

石门颂

孔宙碑

张景碑

鲜于璜碑

衡方碑

礼器碑

乙瑛碑

史晨碑

张迁碑

华山碑

夏承碑

郑簠

金农

邓石如

陈鸿寿

伊秉绶

吴熙载

何绍基

户部　歹部

## 死

乙瑛碑

陈鸿寿

睡虎地秦简

马王堆帛书

楼兰残纸

居延汉简

武威医简

史晨碑

曹全碑

## 扈

居延汉简

曹全碑

陈鸿寿

## 扆

华山庙碑

## 扇

睡虎地秦简

马王堆帛书

华山庙碑

赵孟頫

奚冈

何绍基

## 扁

马王堆帛书

楼兰残纸

居延汉简

歹部

## 殘

马王堆帛书

曹全碑

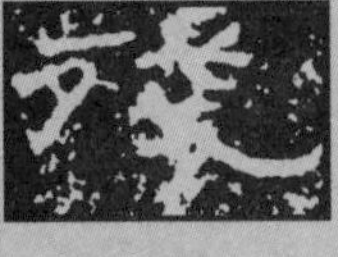
石门颂

金农

邓石如

何绍基

## 殖

吴熙载

何绍基

## 殊

马王堆帛书

武威医简

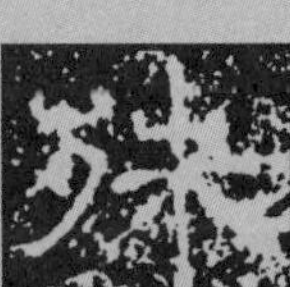
尹宙碑

曹全碑

赵孟頫

桂馥

何绍基

## 殆

西狭颂

韩择木

李隆基

赵孟頫

王澍

## 歾

居延汉简

武威医简

## 殁

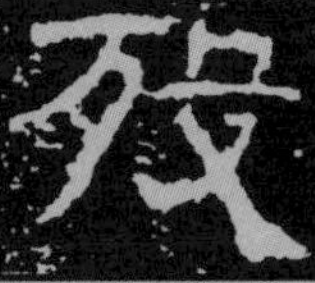
景君碑

衡方碑

鲜于璜碑

邓石如

陈鸿寿

# 方

睡虎地秦简

马王堆帛书

楼兰残纸

居延汉简

武威医简

景君碑

礼器碑

石门颂

封龙山颂

衡方碑

鲜于璜碑

华山碑

张迁碑

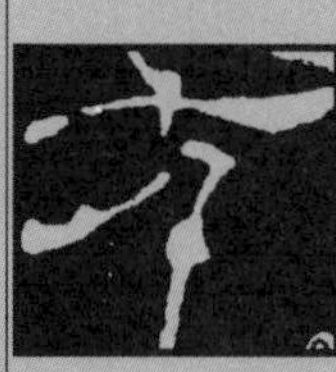
韩择木

赵孟頫

郑簠

伊秉绶

邓石如

何绍基

黄易

金农

徐三庚

赵之谦

# 於

睡虎地秦简

马王堆帛书

楼兰残纸

居延汉简

武威医简

石门颂

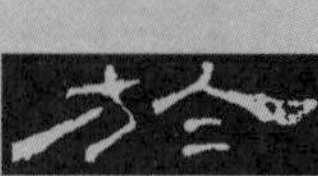
孔宙碑

尹宙碑

夏承碑

封龙山颂

鲜于璜碑

史晨碑

礼器碑

华山碑

张景碑

张迁碑

景君碑

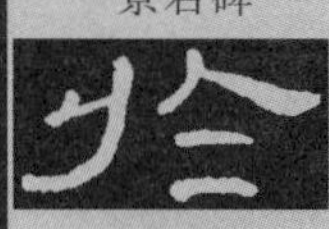
曹全碑

陈鸿寿

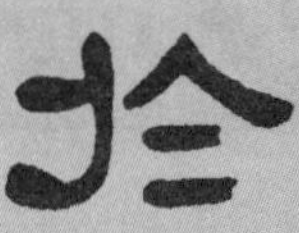
邓石如

伊秉绶

何绍基

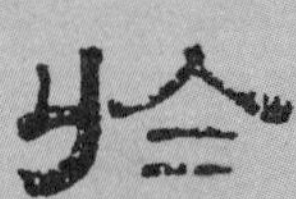
桂馥

来楚生

## 旋

赵孟頫

陈鸿寿

杨岘

翁同和

俞樾

## 旃

邓石如

## 旅

睡虎地秦简

武威医简

曹全碑

孔宙碑

华山庙碑

何绍基

## 旁

马王堆帛书

居延汉简

武威医简

礼器碑

熹平石经

何绍基

伊立勋

胡小石

## 斿

马王堆帛书

何绍基

杨岘

## 施

睡虎地秦简

马王堆帛书

泰山金刚经

邓石如

王澍

赵之谦

徐三庚

何绍基

既　无　旗　族　旌

方部　无部

## 既

邓石如

金农

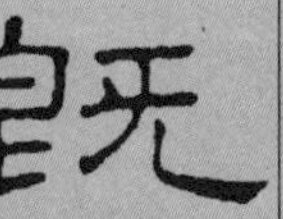
王澍

吴熙载

何绍基

吴昌硕

马王堆帛书

武威医简

曹全碑

张迁碑

封龙山颂

孔宙碑

赵孟頫

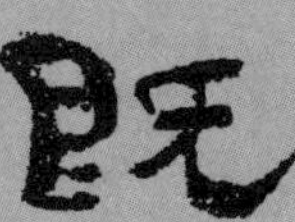
郑簠

## 无

马王堆帛书

熹平石经

华山碑

乙瑛碑

封龙山颂

张迁碑

来楚生

## 旗

银雀山汉简

吴叡

何绍基

## 族

马王堆帛书

武威医简

礼器碑

尹宙碑

邓石如

陈鸿寿

钱松

吴熙载

## 旌

鲜于璜碑

韩仁铭

夏承碑

陈鸿寿

邓石如

伊秉绶

陈鸿寿

何绍基

# 氏

马王堆帛书

马王堆帛书

楼兰残纸

孔宙碑

尹宙碑

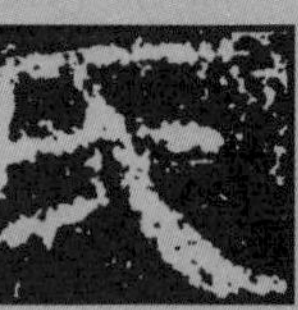
封龙山颂

乙瑛碑

礼器碑

张迁碑

曹全碑

邓石如

郑簠

陈鸿寿

何绍基

# 民

睡虎地秦简

马王堆帛书

武威医简

华山碑

曹全碑

史晨碑

封龙山颂

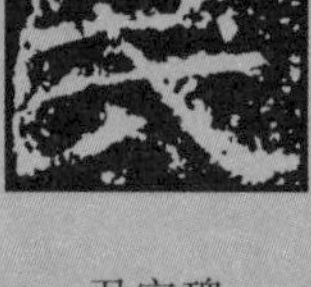
尹宙碑

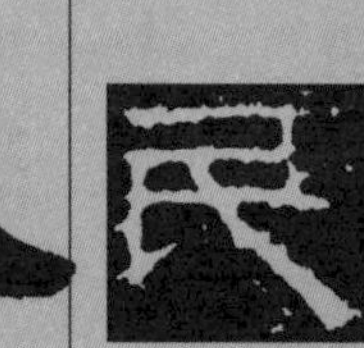
景君碑

赵孟頫

金农

陈鸿寿

黄易

邓石如

吴熙载

# 比

睡虎地秦简

马王堆帛书

楼兰残纸

居延汉简

泰山金刚经

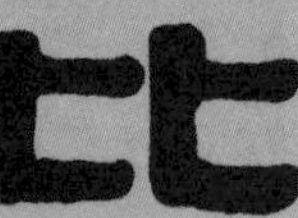
伊秉绶

邓石如

吴熙载

何绍基

日 氣 气 毗 毖

睡虎地秦简

楼兰残纸

居延汉简

武威医简

西狭颂

莱子侯刻石

韩仁铭

礼器碑

郑簠

金农

邓石如

陈鸿寿

伊秉绶

何绍基

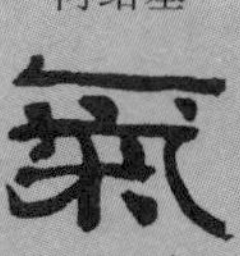
来楚生

马王堆帛书

武威医简

衡方碑

张迁碑

华山碑

韩择木

鲁峻碑

金农

奚冈

杨岘

赵之谦

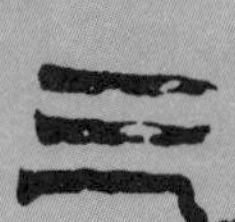
沈曾植

来楚生

广武将军碑

曹全碑

何绍基

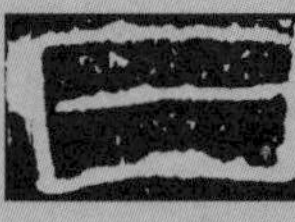
石门颂

史晨碑

华山碑

衡方碑

张景碑

张迁碑

金农

邓石如

何绍基
伊秉绶
吴熙载
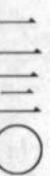
俞樾

## 旦

睡虎地秦简
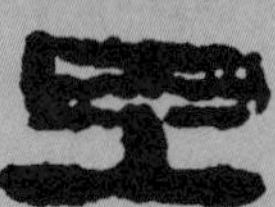
楼兰残纸

居延汉简

武威医简

华山庙碑

赵孟頫

文征明

郑簠

## 早

睡虎地秦简

武威医简

尹宙碑

鲜于璜碑

夏承碑

曹全碑

伊秉绶

## 旬

睡虎地秦简

武威医简
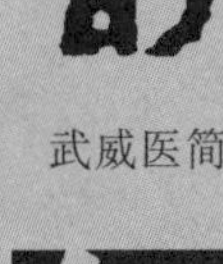
金农

石门颂

衡方碑

张迁碑

何绍基

## 百

礼器碑

邓石如
伊立勋

日部

## 昌

史晨碑

黄易

陈鸿寿

伊秉绶

何绍基

来楚生

马王堆帛书

楼兰残纸

居延汉简

孔宙碑

鲁峻碑

华山庙碑

孔宙碑

## 昂

衡方碑

何绍基

翁同和

吴大澂

## 昆

马王堆帛书

居延汉简

武威医简

张迁碑

鲜于璜碑

尹宙碑

吴熙载

何绍基

## 旱

睡虎地秦简

马王堆帛书

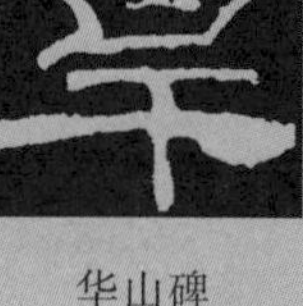
华山碑

熹平石经

金农

何绍基

来楚生

## 旭

邓石如

易　昏　明

马王堆帛书

武威医简

张迁碑

景君碑

曹全碑

华山碑

石门颂

睡虎地秦简

居延汉简

尹宙碑

邓石如

郑簠

来楚生

伊秉绶
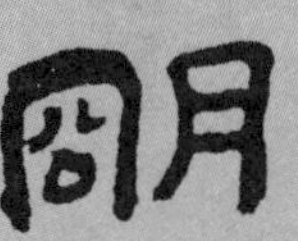
黄易

金农

吴熙载

何绍基

赵之谦

来楚生

吴湖帆

曹全碑

孔宙碑

乙瑛碑

鲁峻碑

张迁碑

韩择木

邓石如

石门颂

封龙山颂

尹宙碑

衡方碑

鲜于璜碑

夏承碑

张迁碑

睡虎地秦简
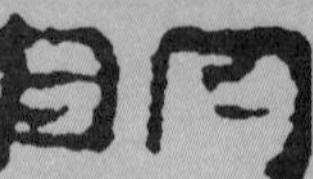
楼兰残纸

武威医简

居延汉简

景君碑

华山碑

西狭颂

日部

## 映

赵孟頫

文征明

桂馥

邓石如

徐三庚

## 皆

史晨碑

赵孟頫

文征明

邓石如

杨岘

睡虎地秦简

马王堆帛书

武威医简

居延汉简

泰山金刚经

夏承碑

乙瑛碑

## 星

马王堆帛书

赵孟頫

邓石如

伊秉绶

吴熙载

何绍基

来楚生

## 昔

礼器碑

史晨碑

熹平石经

李隆基

吴熙载

吴熙载

来楚生

金农

邓石如

王澍

何绍基

衡方碑

来楚生

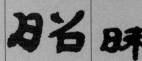

是　昭　昧　昨　春

睡虎地秦简

马王堆帛书

曹全碑

马王堆帛书

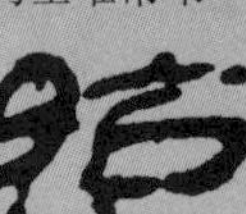

居延汉简

衡方碑

鲜于璜碑

韩择木

邓石如

吴熙载

赵之谦

马王堆帛书

文征明

金农

邓石如

何绍基

来楚生

乙瑛碑

伊秉绶

邓石如

金农

郑簠

何绍基

俞樾

马王堆帛书

居延汉简

楼兰残纸

石门颂

孔宙碑

尹宙碑

史晨碑

晋　　　　　　　　時

日部

华山庙碑

张迁碑

礼器碑

赵孟頫

王澍

金农

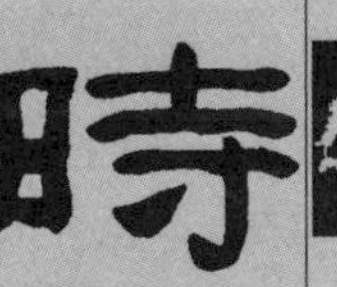

陈鸿寿

伊秉绶

邓石如

郑簠

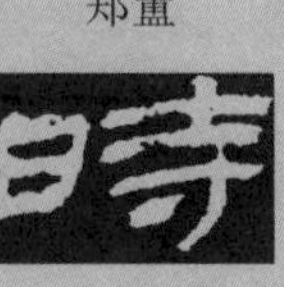

金农

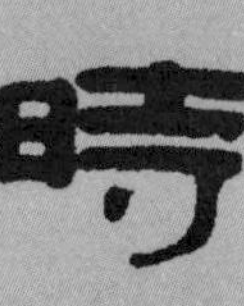

桂馥

何绍基

赵之谦

曹全碑

乙瑛碑

衡方碑

鲜于璜碑

华山碑

张迁碑

尹宙碑

睡虎地秦简

马王堆帛书

楼兰残纸

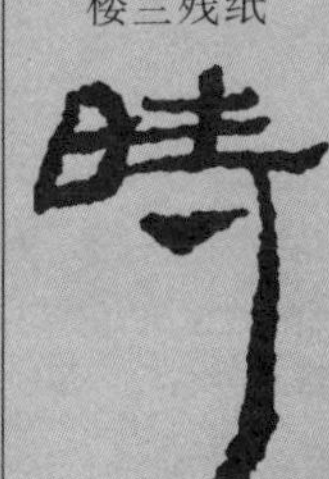

居延汉简

武威医简

夏承碑

西狭颂

金农

邓石如

陈鸿寿

郑簠

赵之谦

来楚生

乙瑛碑

张迁碑

西狭颂

华山庙碑

封龙山颂

熹平石经

日部

## 晤

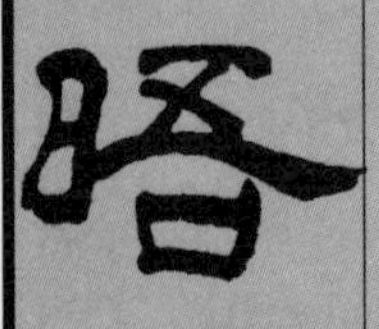
丁敬

## 晨

马王堆帛书

史晨碑

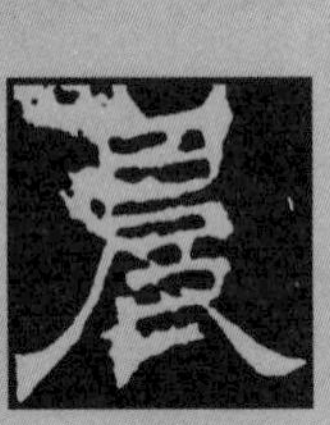
华山庙碑

邓石如

来楚生

## 晦

马王堆帛书

曹全碑

赵孟頫

文征明

杨岘

## 晝

马王堆帛书

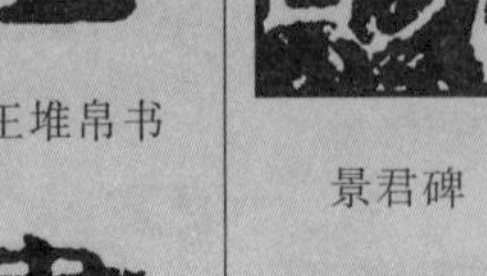
居延汉简

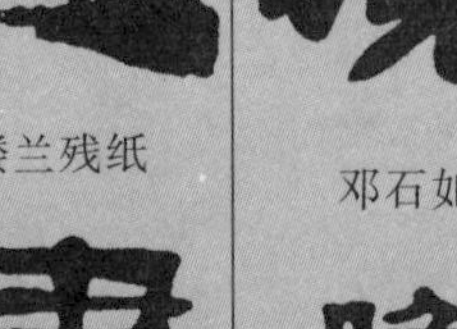
楼兰残纸

郑簠

金农

邓石如

来楚生

## 晚

景君碑

赵孟頫

邓石如

伊秉绶

王澍

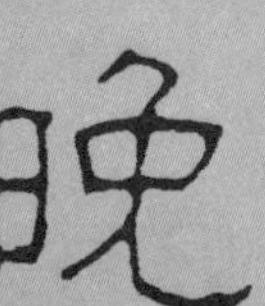
汪士慎

来楚生

## 晏

武威医简

居延汉简

石门颂

何绍基

衡方碑

景君碑

金农

## 暗

邓石如

赵孟頫

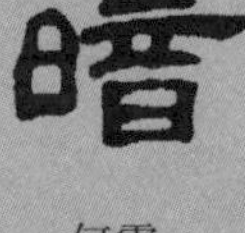
何震

吴湖帆

## 智

睡虎地秦简

马王堆帛书

韩择木

史惟则

郑簠

金农

## 晴

马王堆帛书

邓石如

陈鸿寿

郑簠

来楚生

## 晶

景君碑

## 景

张迁碑

曹全碑

金农

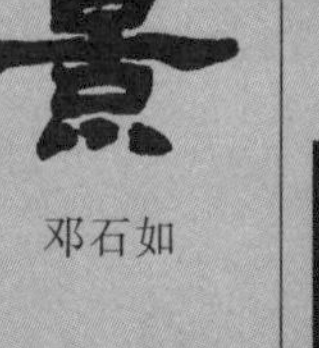
邓石如

郑簠

何绍基

马公愚

居延汉简

景君碑

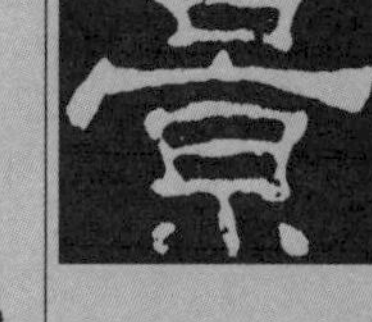
夏承碑

尹宙碑

鲁峻碑

鲜于璜碑

暮　暠　暖　暉　暑　暇

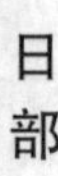

来楚生

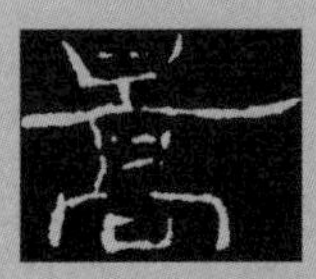
礼器碑

赵孟頫

陈鸿寿

王澍

赵孟頫

文征明

桂馥

徐三庚

吴湖帆

赵孟頫

文征明

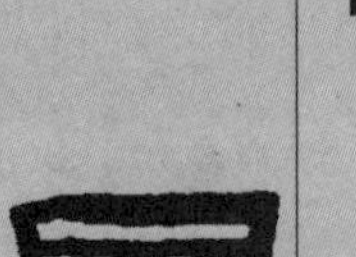

陈鸿寿

王澍

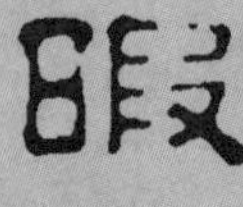
汪士慎

杨岘

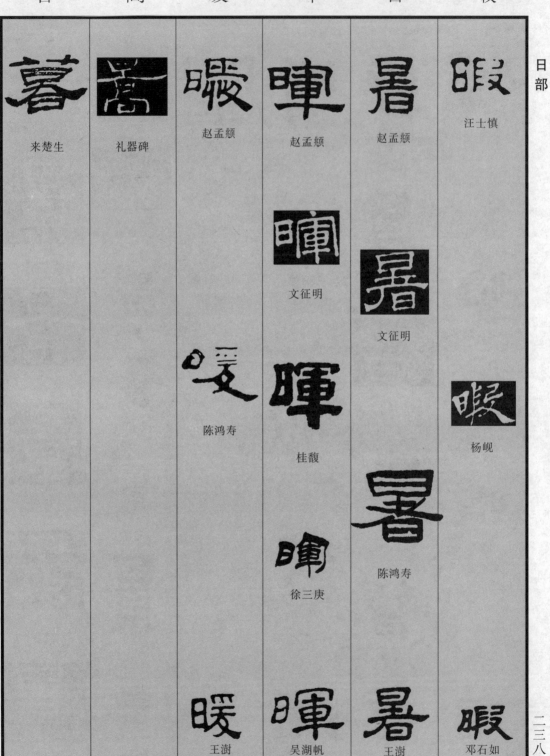

邓石如

## 曜

马王堆帛书

衡方碑

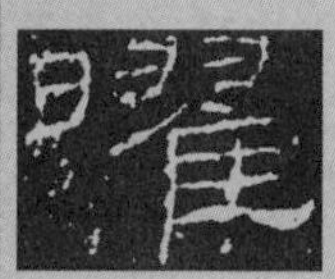
礼器碑

韩择木

邓石如

吴熙载

何绍基

## 暹

景君碑

## 暨

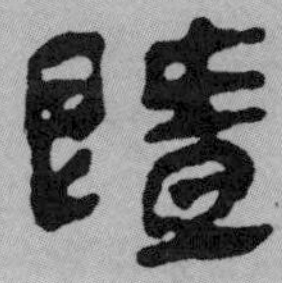
马王堆帛书

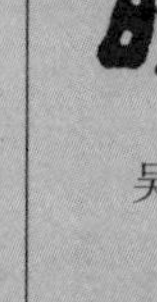
熹平石经

伊立勋

## 曉

石门颂

邓石如

吴熙载

俞樾

何绍基

马公愚

## 暫

华山庙碑

高翔

邓石如

## 暴

马王堆帛书

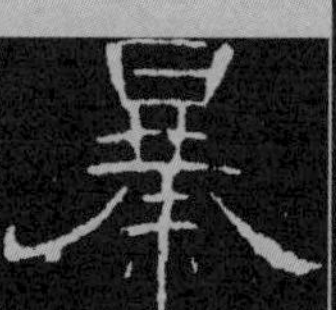
曹全碑

尹宙碑

西狭颂

何绍基

徐三庚

日部

更　曲　曰　曦　曠

## 更

睡虎地秦简

居延汉简

楼兰残纸

武威医简

礼器碑

张迁碑

金农

## 曲

马王堆帛书

居延汉简

西狭颂

礼器碑

金农

邓石如

何绍基

俞樾

## 曰

景君碑

华山碑

邓石如

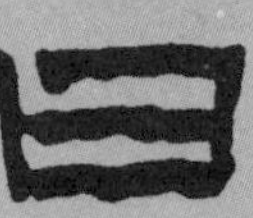
陈鸿寿

郑簠

金农

伊秉绶

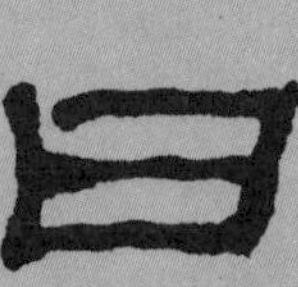
何绍基

吴熙载

睡虎地秦简

马王堆帛书

居延汉简

武威医简

曹全碑

礼器碑

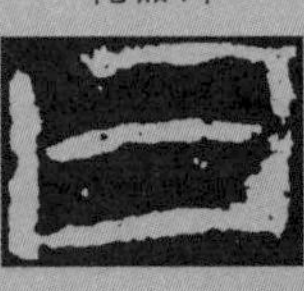
西狭颂

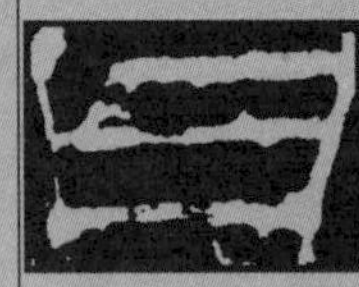
华山庙碑

## 曦

王澍

## 曠

赵孟頫

文征明

伊秉绶

王澍

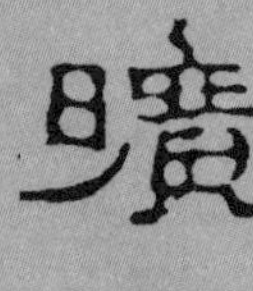
赵之谦

徐三庚

来楚生

## 曷

韩择木

## 書

睡虎地秦简

马王堆帛书

楼兰残纸

居延汉简

武威医简

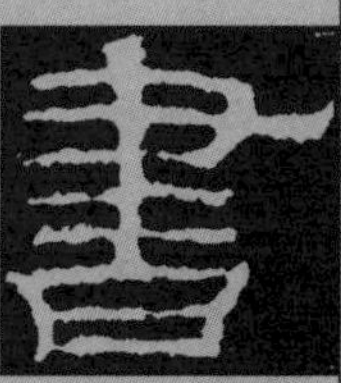
韩仁铭

乙瑛碑

夏承碑

鲜于璜碑

礼器碑

史晨碑

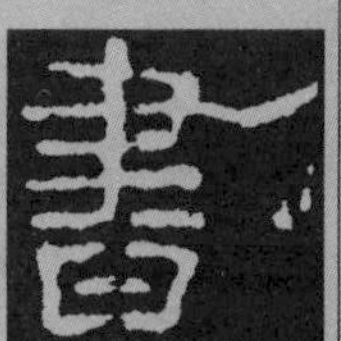
封龙山颂

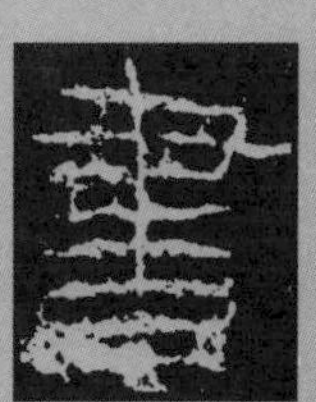

张迁碑

石门颂

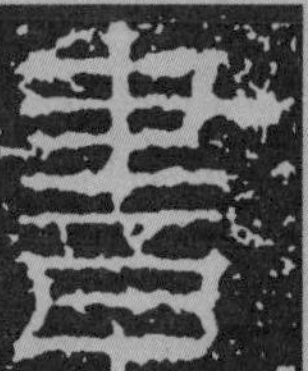
景君碑

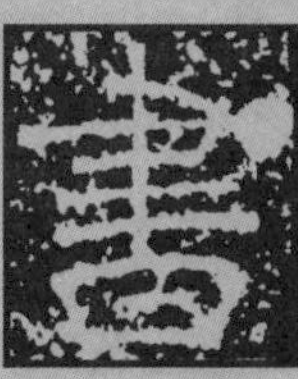
尹宙碑

广武将军碑

金农

邓石如

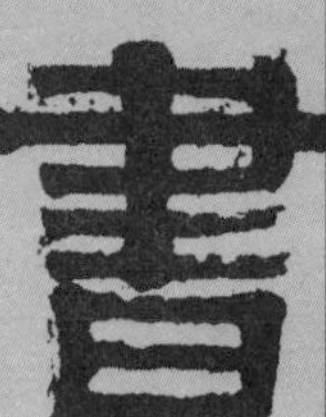
伊秉绶

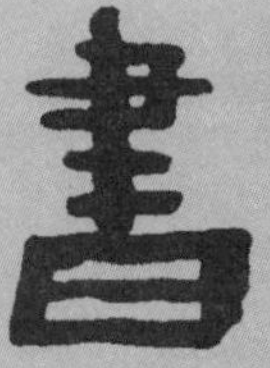
陈鸿寿

吴熙载

何绍基

## 曹

睡虎地秦简

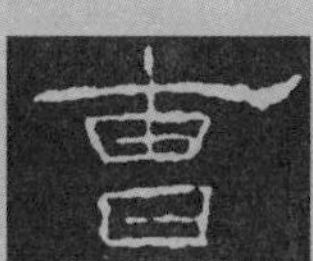
尹宙碑

礼器碑

张迁碑

鲜于璜碑

石门颂

夏承碑

會　最　曾　尋

曹全碑

曹全碑

广武将军碑

桂馥

邓石如

伊秉绶

何绍基

曹全碑

吴叡

桂馥

马王堆帛书

居延汉简

楼兰残纸

武威医简

尹宙碑

鲜于璜碑

曹全碑

华山庙碑

邓石如

陈鸿寿

金农

汪士慎

来楚生

睡虎地秦简

马王堆帛书

居延汉简

赵孟頫

王澍

吴昌硕

来楚生

睡虎地秦简

马王堆帛书

楼兰残纸

居延汉简

武威医简

史晨碑

张景碑

# 月

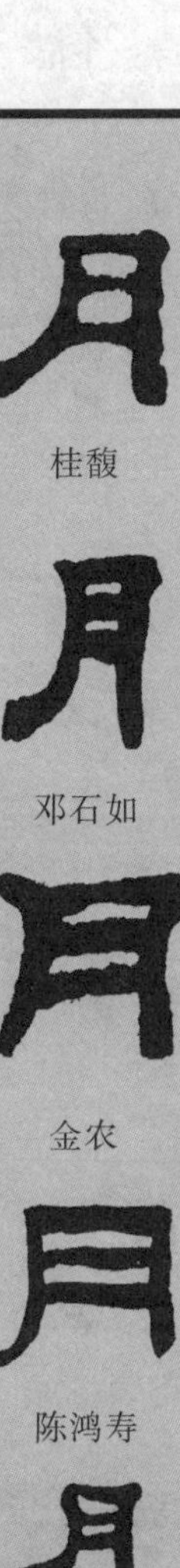

桂馥

邓石如

金农

陈鸿寿

郑簠

何绍基

吴熙载

赵之谦

张迁碑

衡方碑

鲜于璜碑

乙瑛碑

史晨碑

广武将军碑

伊秉绶

西狭颂

韩仁铭

夏承碑

封龙山颂

张迁碑

曹全碑

华山碑

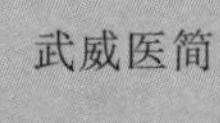

睡虎地秦简

马王堆帛书

楼兰残纸

居延汉简

武威医简

尹宙碑

莱子侯刻石

韩仁铭

邓石如

何绍基

桂馥

王澍

陈鸿寿

金农

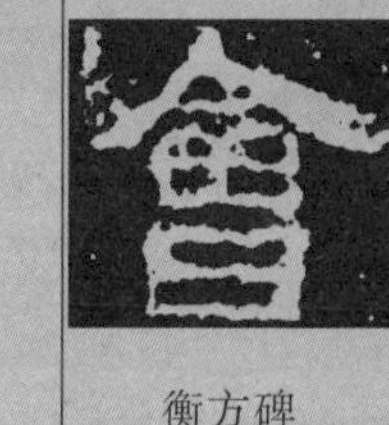

尹宙碑

华山碑

衡方碑

孔宙碑

夏承碑

西狭颂

## 有

睡虎地秦简

马王堆帛书

楼兰残纸

居延汉简

武威医简

鲜于璜碑

西狭颂

石门颂

张迁碑

曹全碑

夏承碑

韩仁铭

尹宙碑

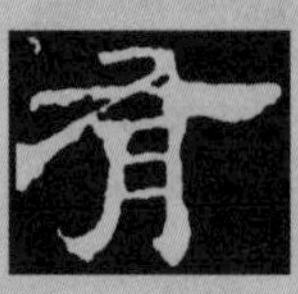
华山碑

衡方碑

孔宙碑

桂馥

邓石如

伊秉绶

郑簠

何绍基

金农

黄易

吴熙载

赵之谦

来楚生

## 朋

熹平石经

尹宙碑

邓石如

邓石如

## 服

睡虎地秦简

马王堆帛书

居延汉简

武威医简

曹全碑

鲜于璜碑

陈鸿寿

赵之谦

望　　朕　　朔　　朐

## 望

华山碑

史晨碑

金农

邓石如

黄易

桂馥

何绍基

马王堆帛书

居延汉简

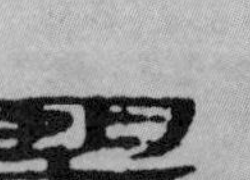
楼兰残纸

武威医简

封龙山颂

鲜于璜碑

曹全碑

## 朕

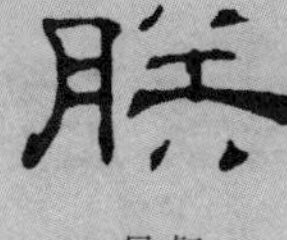
吴叡

邓石如

吴大澂

## 朔

华山碑

金农

黄易

吴熙载

何绍基

睡虎地秦简

居延汉简

武威医简

韩仁铭

乙瑛碑

景君碑

鲜于璜碑

## 朐

曹全碑

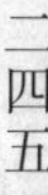

母　　期　　朝　　朗

## 母

马王堆帛书

楼兰残纸

居延汉简

史晨碑

曹全碑

邓石如

何绍基

## 期

金农

何绍基

何绍基

史晨碑

礼器碑

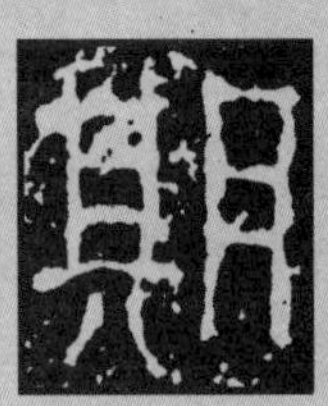
景君碑

夏承碑

伊秉绶

陈鸿寿

邓石如

## 朝

陈鸿寿

邓石如

郑簠

金农

来楚生

景君碑

曹全碑

熹平石经

伊秉绶

## 朗

衡方碑

赵孟頫

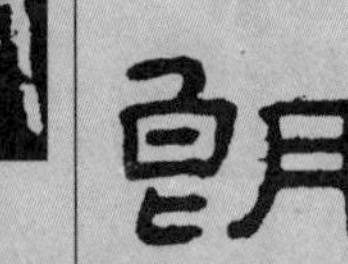
王澍

吴熙载

何绍基

伊立勋

## 文

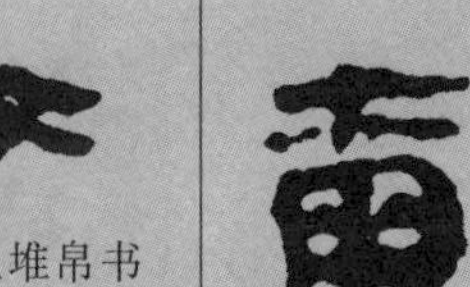

马王堆帛书

楼兰残纸

武威医简

居延汉简

史晨碑

尹宙碑

石门颂

张迁碑

## 爾

马王堆帛书

曹全碑

鲜于璜碑

石门颂

钱沣

何绍基

吴熙载

## 爽

马王堆帛书

居延汉简

邓石如

## 父

鲜于璜碑

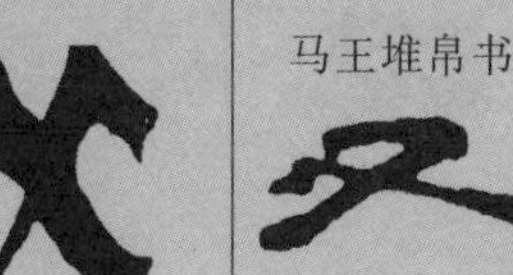
金农

邓石如

郑簠

吴熙载

何绍基

睡虎地秦简

马王堆帛书

居延汉简

武威医简

景君碑

张迁碑

史晨碑

鲁峻碑

## 每

张景碑

华山庙碑

韩择木

赵子昂

伊秉绶

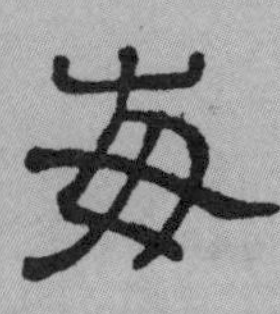
王澍

邓石如

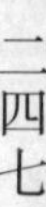

# 次　斑　斌

鲜于璜碑

乙瑛碑

华山碑

礼器碑

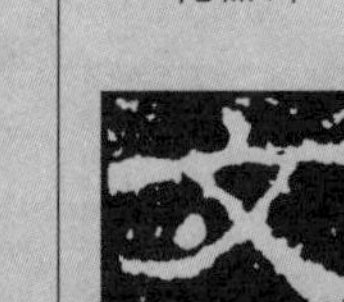

景君碑

郑簠

金农

邓石如

伊秉绶

桂馥

黄易

吴熙载

何绍基

来楚生

邓石如

衡方碑

吴叡

马王堆帛书

楼兰残纸

居延汉简

武威医简

鲜于璜碑

礼器碑

邓石如

何绍基

郑簠

陈鸿寿

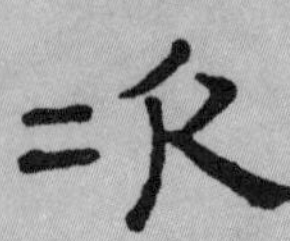
王澍

赵之谦

泰山金刚经

| 歆 | 欺 | 欽 | 欷 | 欲 | 欣 |
|---|---|---|---|---|---|
| 封龙山颂 | 马王堆帛书 | 衡方碑 | 鲜于璜碑 | 马王堆帛书 | 石门颂 |
| 华山庙碑 | 桂馥 | 史晨碑 | 吴叡 | 泰山金刚经 | 景君碑 |
| 夏承碑 | 赵之谦 | 华山碑 | 杨岘 | 石涛 | 赵孟頫 |
| 广武将军碑 | 来楚生 | 鲁峻碑 | 杨沂孙 | 金农 | 邓石如 |
| 黄易 | | 郑簠 | | 邓石如 | 王澍 |
| | | | | 来楚生 | 何绍基 |
| | | | | | 王澍 |

## 歌

武威医简

史晨碑

西狭颂

鲁峻碑

邓石如

郑簠

桂馥

何绍基

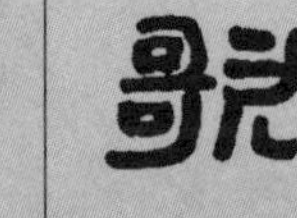
陈鸿寿

赵之谦

吴昌硕

## 歍

景君碑

鲜于璜碑

杨沂孙

## 歐

居延汉简

武威医简

邓石如

伊秉绶

黄易

吴熙载

## 歡

郑簠

何绍基

## 歙

韩择木

阮元

| 攸 | 收 | 支 | 歡 | 歟 | 歔 |
|---|---|---|---|---|---|
| <br>曹全碑 | 睡虎地秦简 | 睡虎地秦简 | 曹全碑 | 李隆基 | 鲜于璜碑 |
| | 马王堆帛书 | 马王堆帛书 | <br>西狭颂 | | |
| 景君碑 | 居延汉简 | 武威医简 | 赵孟頫 | | 景君碑 |
| 石门颂 | 曹全碑 | 楼兰残纸 | 邓石如 | 郑簠 | |
| | 赵孟頫 | <br>尹宙碑 | 王澍 | | 郑簠 |
| 赵孟頫 | 王澍 | <br>莱子侯刻石 | 何绍基 | | |
| 王澍 | 邓石如 | <br>金农 | 吴湖帆 | | 杨沂孙 |

## 故

睡虎地秦简

马王堆帛书

楼兰残纸

居延汉简

武威医简

夏承碑

封龙山颂

## 政

石门颂

曹全碑

景君碑

陈鸿寿

伊秉绶

郑簠

邓石如

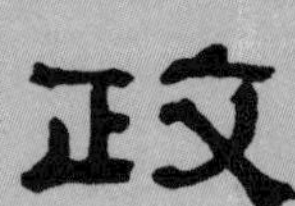
何绍基

马王堆帛书

武威医简

居延汉简

楼兰残纸

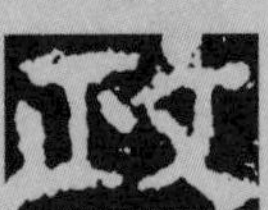
衡方碑

韩仁铭

西狭颂

史晨碑

## 放

马王堆帛书

武威医简

邓石如

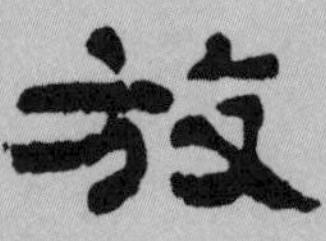
郑簠

桂馥

徐三庚

来楚生

## 攻

睡虎地秦简

马王堆帛书

何绍基

赵之谦

## 改

马王堆帛书

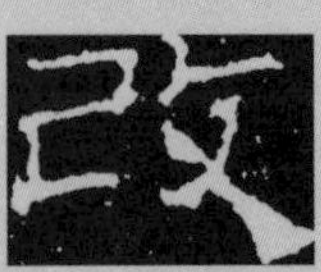
礼器碑

景君碑

金农

郑簠

伊秉绶

邓石如

何绍基

教　　敍　　效

睡虎地秦简

马王堆帛书

楼兰残纸

乙瑛碑

张景碑

孔宙碑

礼器碑

景君碑

睡虎地秦简

马王堆帛书

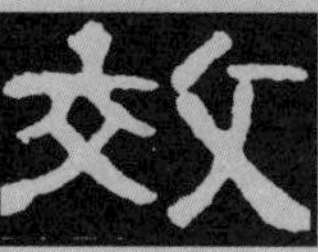
曹全碑

金农

伊秉绶

王澍

何绍基

来楚生

金农

郑簠

汪士慎

王澍

何绍基

赵之谦

吴昌硕

来楚生

张迁碑

衡方碑

曹全碑

礼器碑

赵孟頫

邓石如

陈鸿寿

桂馥

乙瑛碑

史晨碑

孔宙碑

景君碑

尹宙碑

石门颂

鲜于璜碑

敢 敗 敕 救 敏

金农

居延汉简

楼兰残纸

武威医简

郑簠

邓石如

金农

何绍基

马王堆帛书

礼器碑

吴叡

赵孟頫

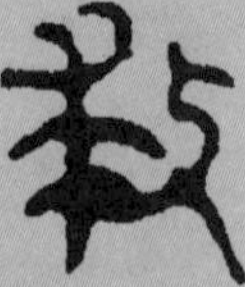
马王堆帛书

樊敏碑

孔宙碑

曹全碑

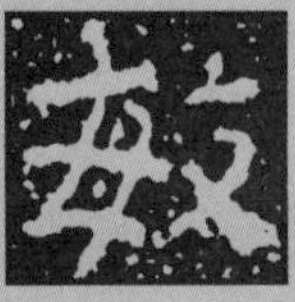
景君碑

何绍基

吴熙载

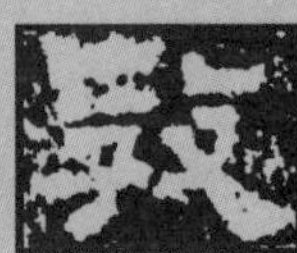
鲜于璜碑

邓石如

金农

邓石如

何绍基

来楚生

## 敬

礼器碑

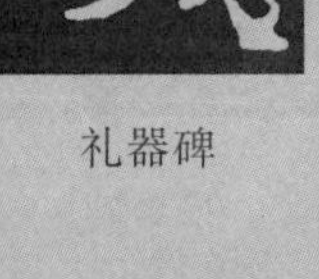
史晨碑

邓石如

郑簠

伊秉绶

吴熙载

何绍基

马王堆帛书

居延汉简

曹全碑

武威医简

封龙山颂

鲁峻碑

景君碑

## 敦

伊秉绶

王澍

何绍基

赵之谦

楼兰残纸

居延汉简

衡方碑

张迁碑

曹全碑

景君碑

赵孟頫

## 散

马王堆帛书

武威医简

邓石如

金农

伊秉绶

陈鸿寿

何绍基

## 敞

居延汉简

曹全碑

石门颂

华山庙碑

何绍基

吴湖帆

斃 斂 整 數 敷

支部

| 斃 | 斂 | 整 | 數 | 數 | 敷 |
| --- | --- | --- | --- | --- | --- |
| 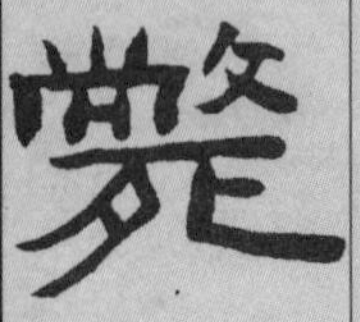<br>陈鸿寿 | <br>武威医简<br><br>楼兰残纸<br><br>史晨碑<br><br>张景碑<br><br>华山碑<br><br>金农<br><br>黄易<br><br>何绍基 | <br>石门颂 | <br>金农<br><br>邓石如<br><br>郑簠<br><br>陈鸿寿<br><br>吴熙载<br><br>何绍基<br>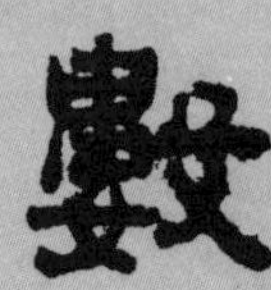<br>俞樾 | <br>睡虎地秦简<br><br>马王堆帛书<br><br>居延汉简<br><br>武威医简<br><br>张迁碑<br><br>石门颂<br><br>西狭颂 | <br>景君碑<br><br>泰山金刚经<br><br>吴叡<br><br>邓石如<br><br>何绍基 |

毅　　毁　　壂　　殺　　殷

支部

殷

居延汉简

华山碑

鲜于璜碑

孔宙碑

尹宙碑

张迁碑

华山庙碑

画像砖

赵孟頫

高翔

桂馥

吴熙载

何绍基

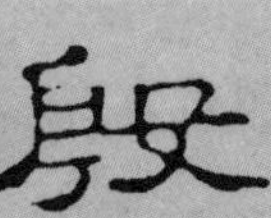
赵之谦

殺

睡虎地秦简

马王堆帛书

楼兰残纸

熹平石经

壂

睡虎地秦简

居延汉简

金农

华山碑

邓石如

郑簠

王澍

赵之谦

毁

马王堆帛书

赵孟頫

邓石如

金农

王澍

毅

伊秉绶

郑簠

成　戎　戌　戊　戈

石门颂

鲁峻碑

礼器碑

鲜于璜碑

景君碑

华山碑

陈鸿寿

郑簠

马王堆帛书

楼兰残纸

居延汉简

韩仁铭

张迁碑

张景碑

乙瑛碑

西狭颂

马王堆帛书

居延汉简

孔宙碑

鲜于璜碑

张迁碑

邓石如

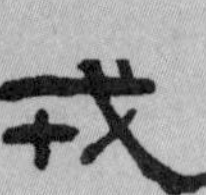
何绍基

赵之谦

睡虎地秦简

楼兰残纸

居延汉简

曹全碑

张景碑

鲜于璜碑

郑簠

何绍基

居延汉简

曹全碑

史晨碑

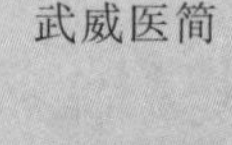
武威医简

金农

陈鸿寿

何绍基

赵之谦

邓石如

吴熙载

赵之谦

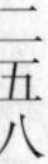

或　戒　我

华山庙碑

熹平石经

邓石如

金农

何绍基

吴熙载

睡虎地秦简

马王堆帛书

武威医简

景君碑

尹宙碑

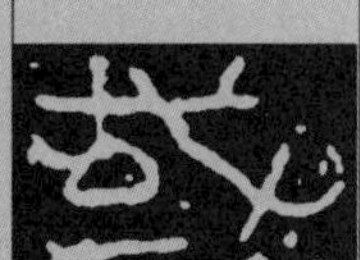
石门颂

曹全碑

居延汉简

武威医简

石门颂

郑簠

邓石如

吴熙载

何绍基

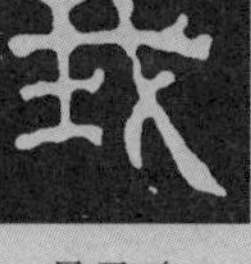
景君碑

鲜于璜碑

泰山金刚经

郑簠

伊秉绶

邓石如

何绍基

来楚生

马王堆帛书

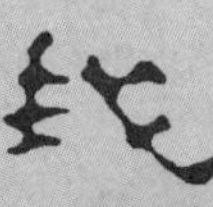
楼兰残纸

衡方碑

张迁碑

尹宙碑

孔宙碑

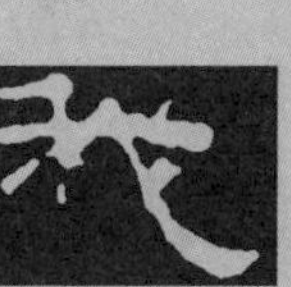
华山碑

金农

邓石如

伊秉绶

王澍

何绍基

赵之谦

来楚生

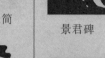

| 戲 | 戰 | 截 | 戢 | 戟 | 戚 |
| --- | --- | --- | --- | --- | --- |
|  礼器碑 | 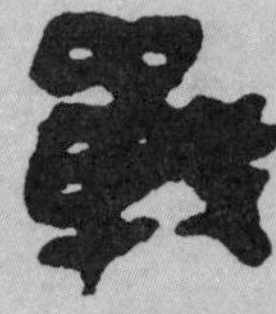 睡虎地秦简 |  石门颂 |  曹全碑 |  韩择木 |  礼器碑 |
|  李隆基 |  马王堆帛书 |  李隆基 |  邓石如 | 陈鸿寿 |  赵孟頫 |
|  邓石如 |  武威医简 | | 何绍基 | |  邓石如 |
| 邓石如 |  曹全碑 | |  翁同和 | |  陈鸿寿 |
| 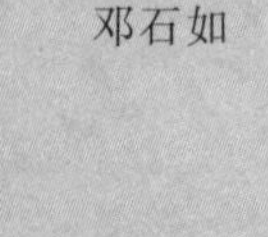 黄易 | 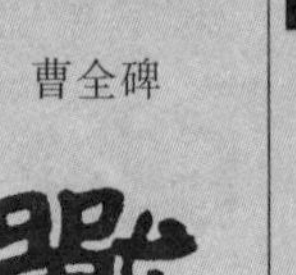 邓石如 | | | | 何绍基 |
| 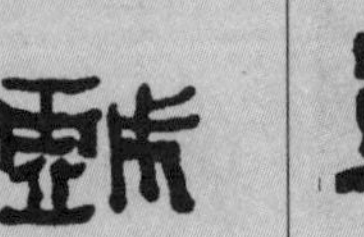 何绍基 | 何绍基 | | | | |
| |  马公愚 | | | | |

## 火

睡虎地秦简

居延汉简

武威医简

衡方碑

伊秉绶

金农

郑簠

邓石如

吴熙载

## 災

曹全碑

钱泳

吴熙载

杨岘

莫友芝

## 炅

居延汉简

景君碑

曹全碑

吴昌硕

## 炎

睡虎地秦简

阮元

石涛

莫友芝

## 焰

封龙山颂

杨岘

来楚生

## 炳

史晨碑

石门颂

韩择木

吴熙载

何绍基

烈　燼　焉　烝　烏

火部

## 烈

曹全碑

景君碑

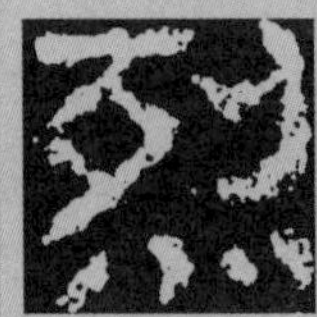
衡方碑

郑簠

伊秉绶

何绍基

何绍基

## 燼

曹全碑

李隆基

伊立勋

## 焉

尹宙碑

金农

郑簠

邓石如

何绍基

徐三庚

赵之谦

睡虎地秦简

马王堆帛书

楼兰残纸

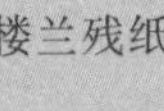
居延汉简

武威医简

石门颂

张迁碑

## 烝

马王堆帛书

武威医简

石门颂

鲜于璜碑

伊秉绶

何绍基

吴熙载

赵之谦

## 烏

居延汉简

武威医简

鲜于璜碑

广武将军碑

邓石如

吴熙载

然　無　焚

史晨碑

泰山金刚经

伊秉绶

金农

邓石如

何绍基

赵之谦

睡虎地秦简

马王堆帛书

楼兰残纸

武威医简

石门颂

张迁碑

鲁峻碑

华山碑

郑簋

伊秉绶

邓石如

黄易

金农

桂馥

何绍基

赵之谦

韩仁铭

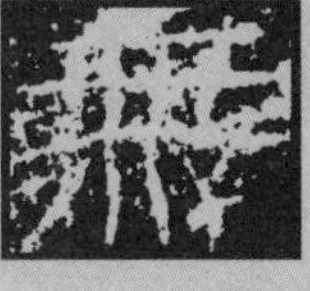
封龙山颂

鲜于璜碑

张迁碑

华山碑

曹全碑

邓石如

马王堆帛书

居延汉简

楼兰残纸

武威医简

西狭颂

史晨碑

石门颂

邓石如

徐三庚

来楚生

| 煒 | 煮 | 煎 | 煇 | 煌 | 焙 |
| --- | --- | --- | --- | --- | --- |
| 赵孟頫 | 武威医简 | 武威医简 | 鲜于璜碑 | 曹全碑 | 金农 |
| | | | | 赵孟頫 | |
| | | | | 文征明 | |
| 文征明 | 邓石如 | 楼兰残纸 | 礼器碑 | 王澍 | 汪士慎 |
| | | | | 伊秉绶 | |
| | | | | 何绍基 | |
| 伊立勋 | | | 何绍基 | 赵之谦 | |

## 熒

马王堆帛书

## 熊

陈鸿寿

阮元

何绍基

杨岘

## 煩

马王堆帛书

武威医简

张迁碑

礼器碑

邓石如

何绍基

吴熙载

## 煨

李隆基

## 煙

居延汉简

史晨碑

伊秉绶

伊秉绶

石涛

邓石如

来楚生

王禔

## 熙

马王堆帛书

孔宙碑

华山庙碑

韩择木

吴熙载

熹 麃 熱 熬 熟

孔宙碑

鲜于璜碑

石门颂

金农

俞樾

华山碑

张景碑

封龙山颂

礼器碑

韩仁铭

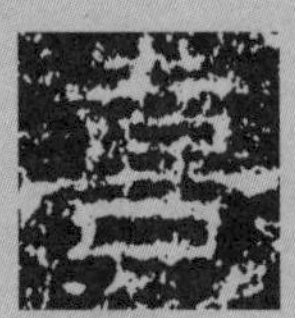

鲁峻铭

礼器碑

赵孟頫

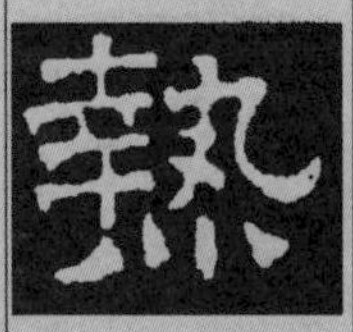

文征明

王澍

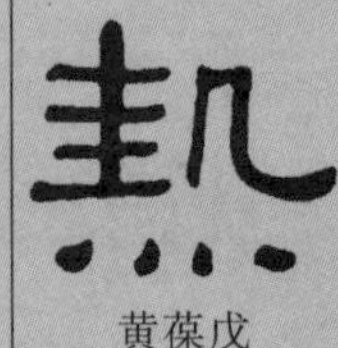

黄葆戊

郑簠

赵孟頫

文征明

金农

吴熙载

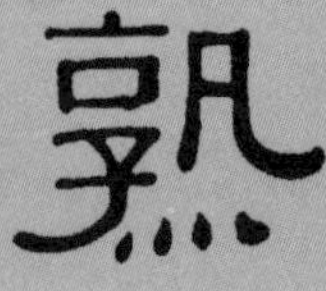

徐三庚

黄葆戊

燔 燎 燈 燒 燀 熾



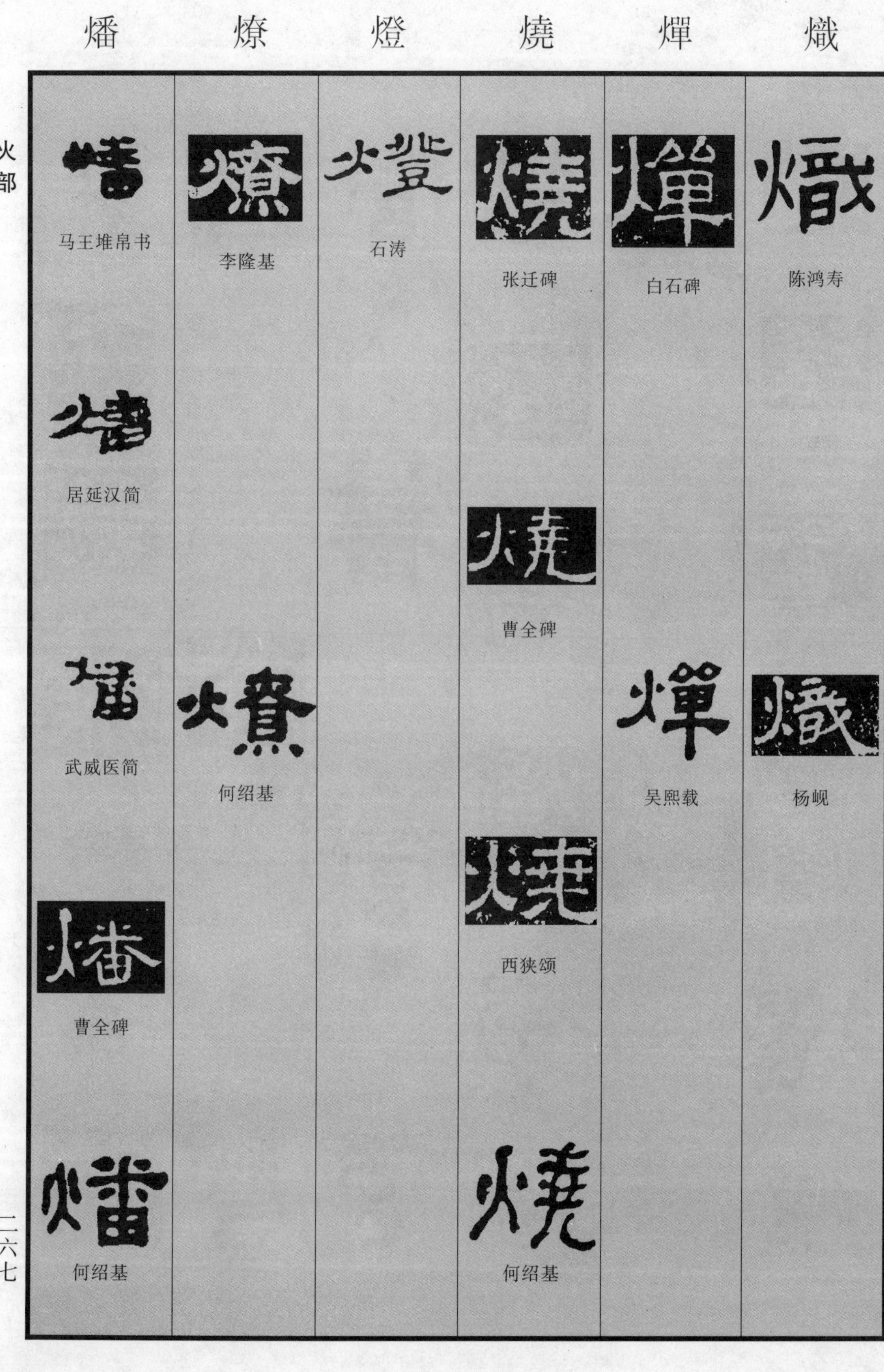

马王堆帛书

居延汉简

武威医简

曹全碑

何绍基

李隆基

何绍基

石涛

张迁碑

曹全碑

西狭颂

何绍基

白石碑

吴熙载

陈鸿寿

杨岘

燿　熹　燭　營　燕

景君碑

礼器碑

封龙山颂

伊秉绶

吴熙载

何绍基

翁同和

金农

马王堆帛书

封龙山颂

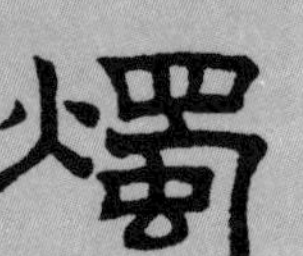
赵孟頫

文征明

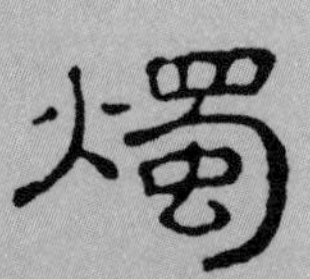
王澍

赵之谦

王澍

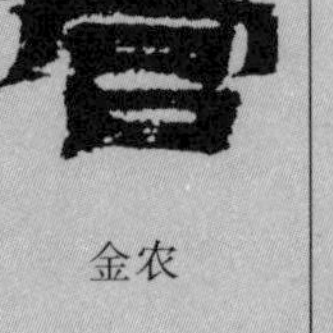
金农

陈鸿寿

陈鸿寿

景君碑

鲜于璜碑

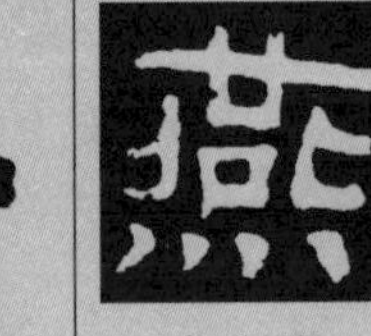
赵孟頫

马王堆帛书

夏承碑

熹平石经

华山庙碑

邓石如

徐三庚

伊立勋

永　水　爛

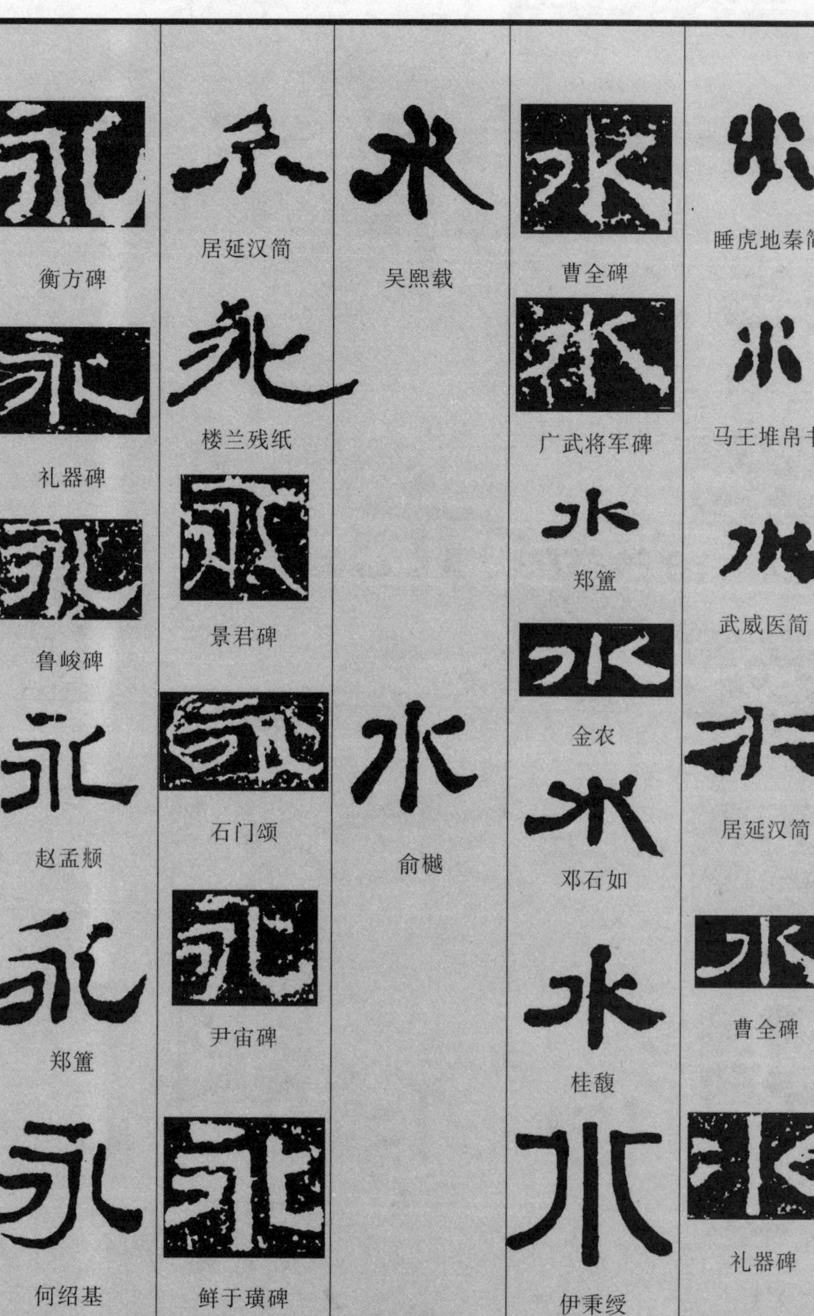

衡方碑 礼器碑 鲁峻碑 赵孟頫 郑簠 何绍基 陈鸿寿

居延汉简 楼兰残纸 景君碑 石门颂 尹宙碑 鲜于璜碑 张迁碑

吴熙载 俞樾 赵之谦

曹全碑 广武将军碑 郑簠 金农 邓石如 桂馥 伊秉绶 伊秉绶

睡虎地秦简 马王堆帛书 武威医简 居延汉简 曹全碑 礼器碑 曹全碑

钱庢

汝　汙　求　汁

金农

吴熙载

何绍基

赵之谦

居延汉简

武威医简

礼器碑

礼器碑

封龙山颂

泰山金刚经

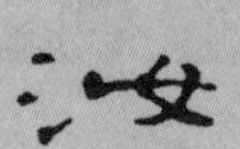
郑簠

邓石如

睡虎地秦简

马王堆帛书

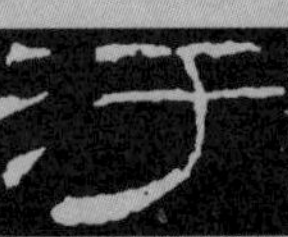
礼器碑

吴熙载

何绍基

钱松

金农

金农

伊秉绶

王澍

杨岘

睡虎地秦简

马王堆帛书

武威医简

居延汉简

华山碑

赵孟頫

文征明

武威医简

史晨碑

石涛

何绍基

## 汶

樊敏碑

## 汲

马王堆帛书

高翔

桂馥

陈鸿寿

## 汪

马王堆帛书

陈鸿寿

丁敬

## 池

居延汉简

武威医简

史晨碑

熹平石经

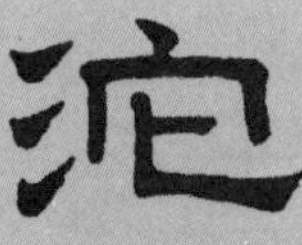
赵孟頫

伊秉绶

何绍基

楼兰残纸

## 江

伊秉绶

邓石如

陈鸿寿

桂馥

吴熙载

马王堆帛书

居延汉简

衡方碑

史晨碑

广武将军碑

华山庙碑

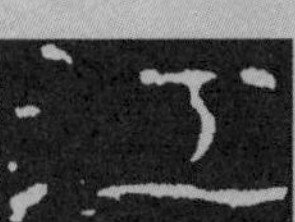
韩择木

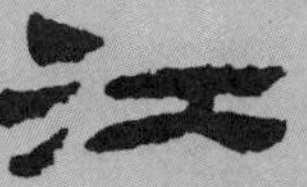
金农

沐　泱　沈　沅　汾　沃



**沐**

马王堆帛书

楼兰残纸

封龙山颂

赵之谦

**泱**

张迁碑

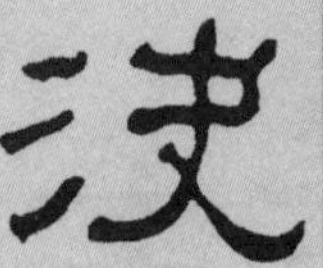

何绍基

钱厓

**沈**

马王堆帛书

居延汉简

景君碑

华山碑

桂馥

邓石如

陈鸿寿

来楚生

**沅**

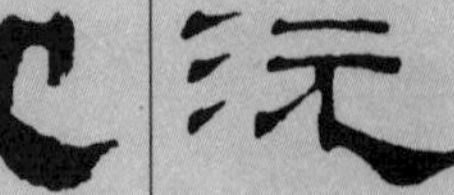

吴叡

**汾**

礼器碑

华山庙碑

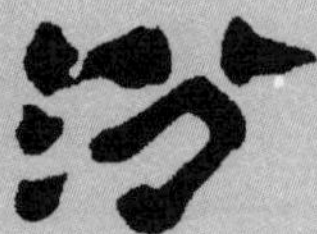

吴熙载

何绍基

杨岘

**沃**

居延汉简

武威医简

熹平石经

金农

| 沮 | 沫 | 沛 | 沚 | 沙 | 没 |
| --- | --- | --- | --- | --- | --- |
| 银雀山汉简 | 吴叡 | 张迁碑 | 韩择木 | 居延汉简 | 睡虎地秦简 |
| 金农 | | 郙阁颂 | | 武威医简 | 马王堆帛书 |
| 吴熙载 | | 鲁峻碑 | | 礼器碑 | 武威医简 |
| | | 金农 | | 赵孟頫 | 韩择木 |
| | | 何绍基 | | 邓石如 | 赵之谦 |
| | | 何绍基 | | 俞樾 | |
| | | 吴昌硕 | | 来楚生 | |

## 油

金农

邓石如

吴熙载

## 沸

马王堆帛书

武威医简

熹平石经

何绍基

## 河

王澍

黄易

赵之谦

陈鸿寿

俞樾

来楚生

乙瑛碑

华山碑

泰山金刚经

金农

邓石如

邓石如

吴熙载

何绍基

马王堆帛书

居延汉简

武威医简

史晨碑

韩仁铭

曹全碑

礼器碑

鲁峻碑

## 沱

吴叡

赵孟頫

## 沽

居延汉简

华山庙碑

王禔

## 治

睡虎地秦简

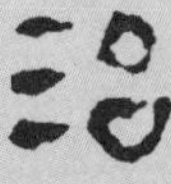

马王堆帛书

楼兰残纸

居延汉简

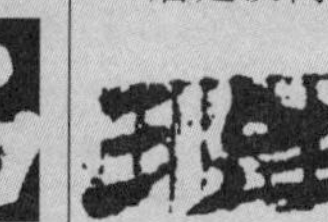

武威医简

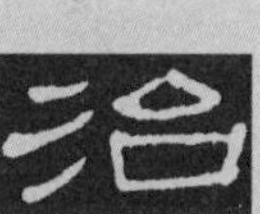

曹全碑

西狭颂

鲁峻碑

夏承碑

尹宙碑

礼器碑

史晨碑

张景碑

张迁碑

鲜于璜碑

华山庙碑

邓石如

伊秉绶

陈鸿寿

金农

何绍基

## 沾

曹全碑

何绍基

何震

## 泄

武威医简

楼兰残纸

郑簠

金农

何绍基

## 法

马王堆帛书

居延汉简

封龙山颂

礼器碑

衡方碑

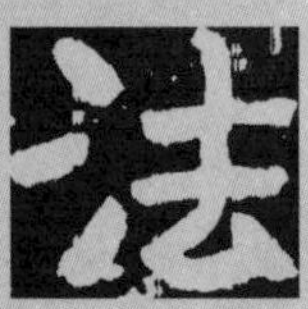
泰山金刚经

邓石如

金农

## 泐

俞樾

## 泌

金农

## 泊

马王堆帛书

来楚生

## 泉

石涛

陈鸿寿

武威医简

武威医简

曹全碑

韩择木

伊秉绶

桂馥

泛 泗 泯 注 泥

邓石如

衡方碑

高翔

何绍基

尹宙碑

何绍基

武威医简

史晨碑

石门颂

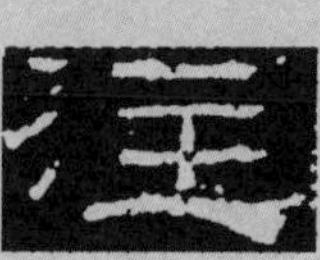
礼器碑

邓石如

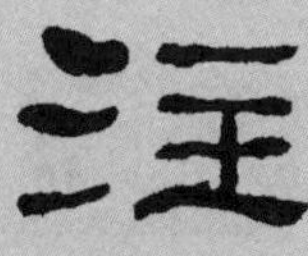
何绍基

俞樾

来楚生

桂馥

邓石如

何绍基

何绍基

陈鸿寿

桂馥

伊秉绶

吴熙载

何绍基

来楚生

泰 泣 波 泠

金农

何绍基

俞樾

马王堆帛书

武威医简

武威医简

礼器碑

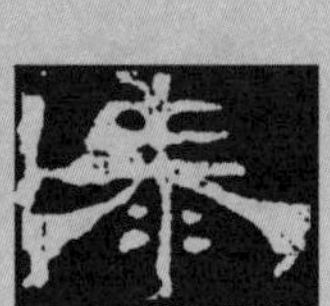
孔宙碑

韩择木

吴熙载

马王堆帛书

武威医简

夏承碑

鲜于璜碑

郑簠

伊秉绶

吴熙载

来楚生

楼兰残纸

尹宙碑

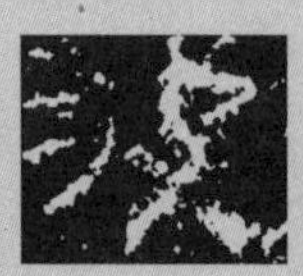
封龙山颂

邓石如

郑簠

金农

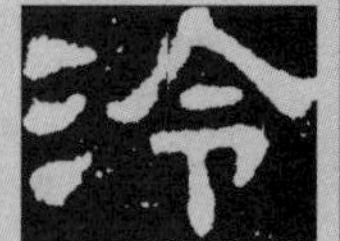
樊敏碑

杨岘

吴隐

| 津 | 洞 | 洛 | 洙 | 洗 | 洎 |
|---|---|---|---|---|---|
|  吴叡 |  鲜于璜碑 |  马王堆帛书 |  衡方碑 |  武威医简 | 陈鸿寿 |
| 翁方纲 | 赵孟頫 | 赵孟頫 | 高翔 |  曹全碑 | |
| 杨岘 | 伊秉绶 | 文征明 | 何绍基 |  礼器碑 | |
| 高翔 | 邓石如 | 黄易 | 翁同和 |  华山庙碑 | |
| | 王澍 | 吴熙载 | | 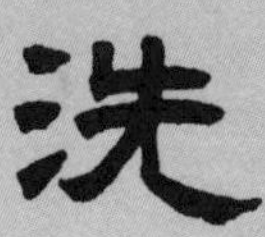 邓石如 | |
| | | | | 陈鸿寿 | |
| | | | | 吴熙载 | |
| | | | | 何绍基 | |

| 洽 | 洲 | 泣 | 浚 | 洪 | 浙 |
|---|---|---|---|---|---|
| 金农 | 吴叡 | 马王堆帛书 | 武威医简 | 鲜于璜碑 | 钱泳 |
| 郑簠 | 文征明 | 马王堆帛书 | 西狭颂 | 赵孟頫 | 陈鸿寿 |
| 钱泳 | 伊秉绶 | 武威医简 | 何绍基 | 文征明 | 俞樾 |
|  | 来楚生 |  |  | 陈鸿寿 |  |
|  |  |  |  | 王澍 |  |
|  |  |  |  | 杨岘 |  |

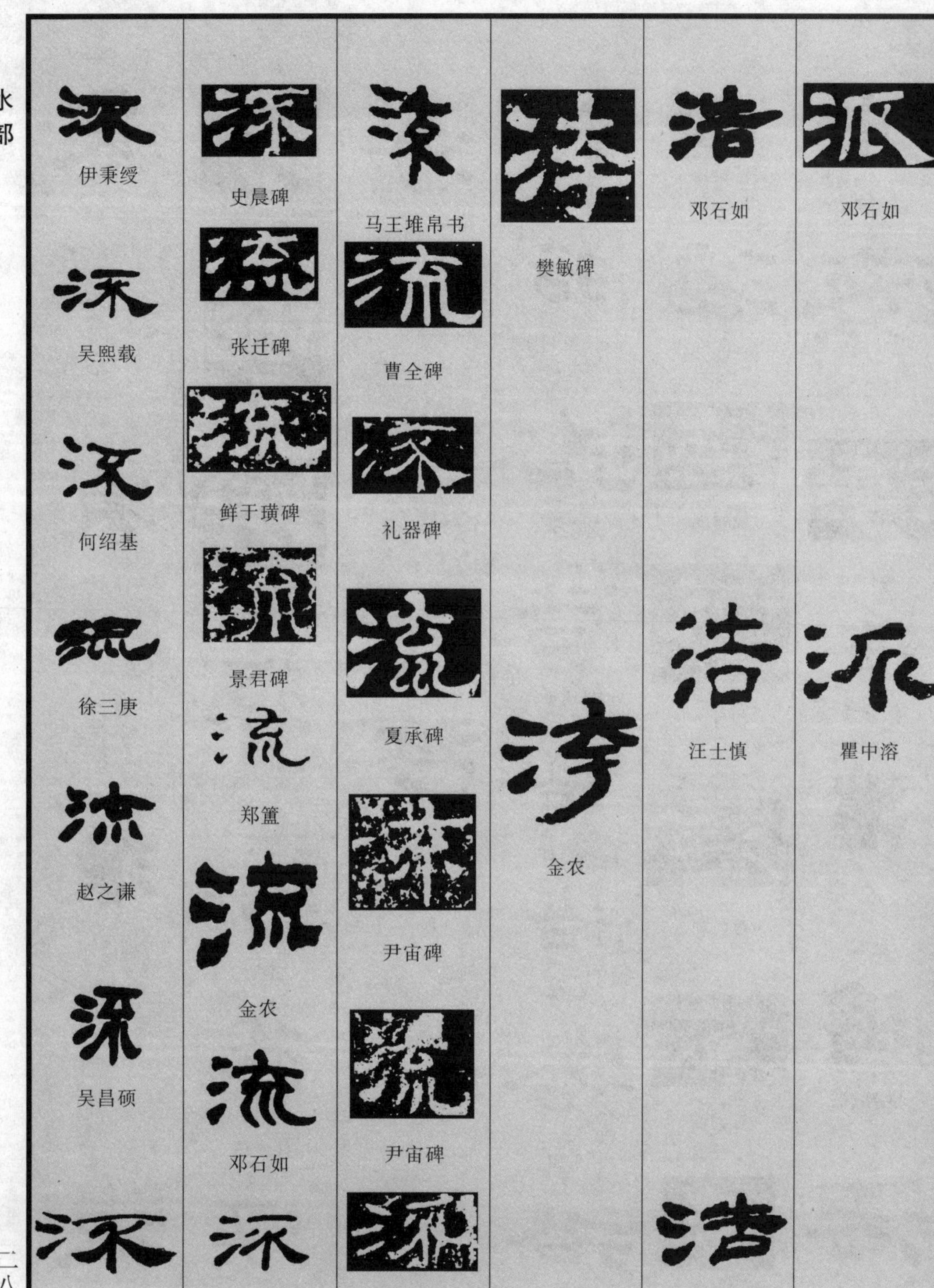
伊秉绶
吴熙载
何绍基
徐三庚
赵之谦
吴昌硕
来楚生
史晨碑
张迁碑
鲜于璜碑
景君碑
郑簠
金农
邓石如
桂馥
马王堆帛书
曹全碑
礼器碑
夏承碑
尹宙碑
尹宙碑
鲁峻碑
樊敏碑
金农
邓石如
汪士慎
来楚生
邓石如
瞿中溶

赵孟頫

陈鸿寿

邓石如

伊秉绶

金农

吴熙载

何绍基

马王堆帛书

楼兰残纸

鲁峻碑

衡方碑

石门颂

礼器碑

景君碑

睡虎地秦简

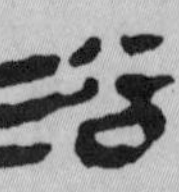
马王堆帛书

楼兰残纸

赵孟頫

邓石如

桂馥

王澍

来楚生

李瑞清

来楚生

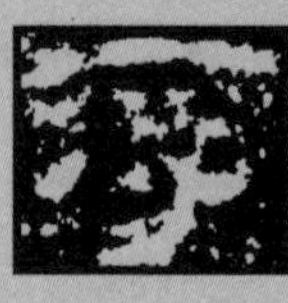
衡方碑

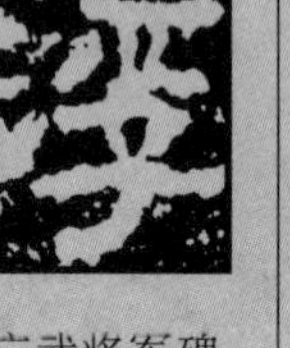
广武将军碑

李隆基

赵孟頫

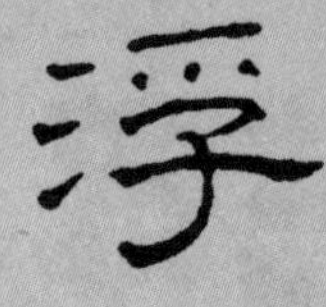
王澍

汪士慎

何绍基

吴叡

丁敬

邓石如

王禔

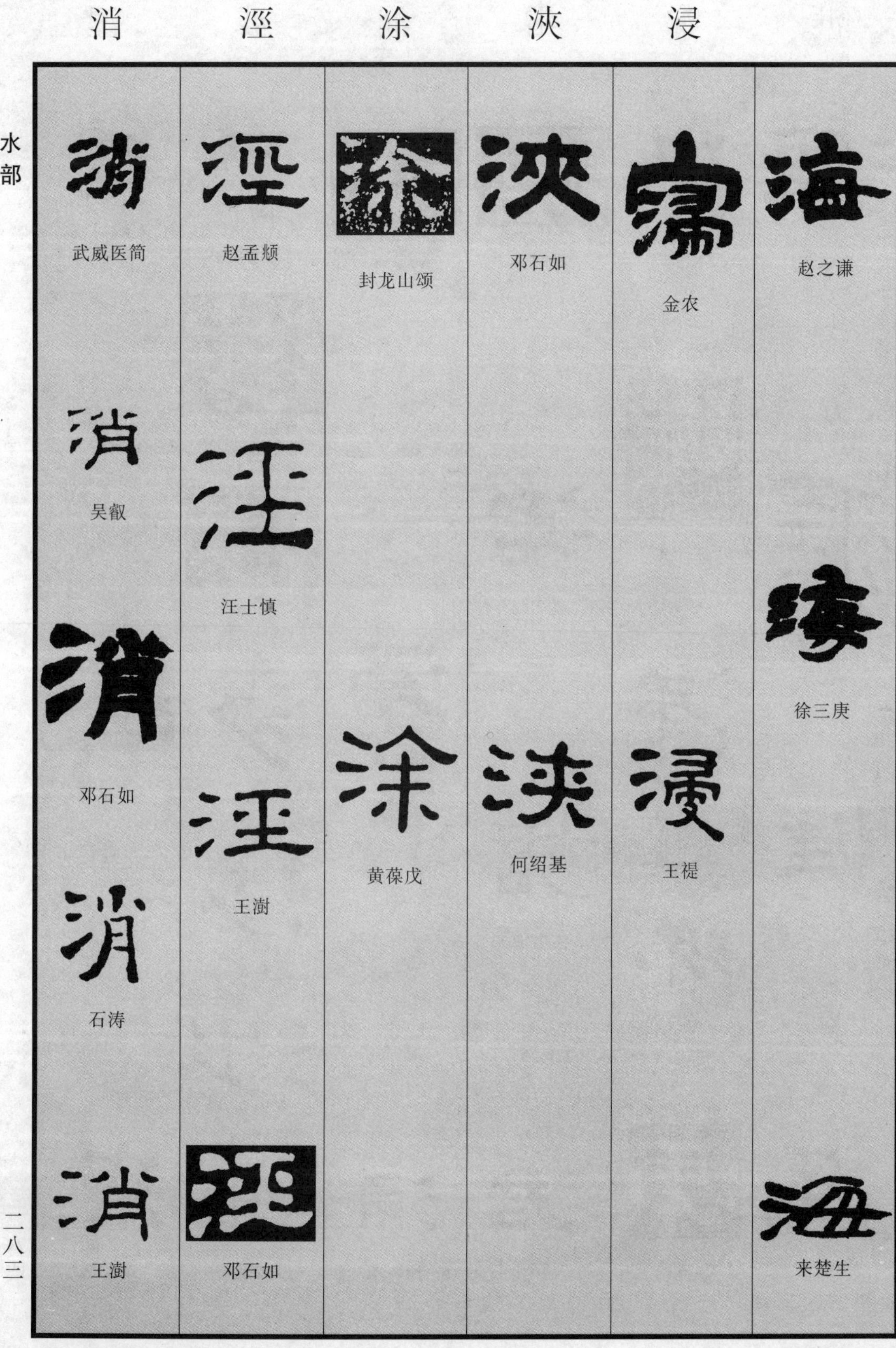

武威医简

吴叡

邓石如

石涛

王澍

赵孟頫

汪士慎

王澍

邓石如

封龙山颂

黄葆戊

邓石如

何绍基

金农

王禔

赵之谦

徐三庚

来楚生

## 涯

陈鸿寿

汪士慎

吴熙载

何绍基

## 涕

居延汉简

景君碑

郑簠

邓石如

伊立勋

## 涒

礼器碑

吴熙载

何绍基

钱松

## 涌

曹全碑

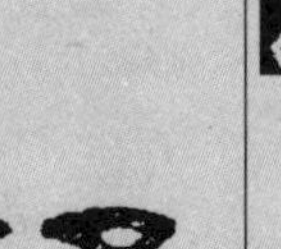
吴熙载

何绍基

## 涉

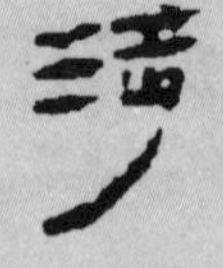
马王堆帛书

西狭颂

石门颂

邓石如

金农

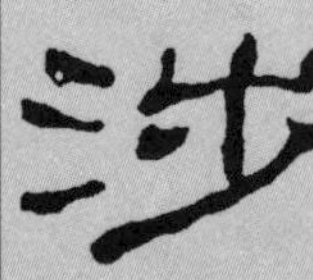
何绍基

来楚生

## 涅

马王堆帛书

韩择木

邓石如

水部

| 淫 | 淡 | 涼 | 淩 | 淚 | 淑 |
|---|---|---|---|---|---|
| 吴叡 | 马王堆帛书 | 曹全碑 | 马王堆帛书 | 郑簠 | 张迁碑 |
| 桂馥 | 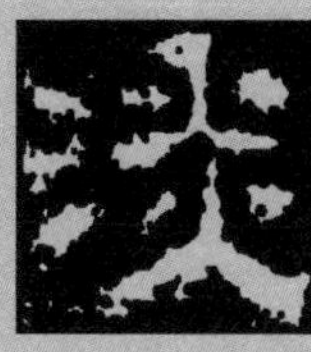 衡方碑 | 石门颂 | 赵孟頫 | 杨沂孙 | 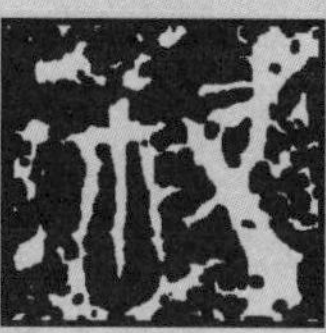 景君碑 |
| 何绍基 | 赵孟頫 | 赵孟頫 | 王澍 | 来楚生 |  赵孟頫 |
| 何震 | 王澍 | 王澍 | 吴熙载 | | 王澍 |
| 王禔 | 汪士慎 | 何绍基 | 罗振玉 | |  邓石如 |
| | 郑簠 | | | |  伊秉绶 |
| | 何绍基 | | | | 何绍基 |

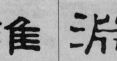

淮　　淵　　淳　　深



居延汉简

史晨碑

邓石如

陈鸿寿

曹全碑

赵孟頫

伊秉绶

吴熙载

何绍基

马王堆帛书

石门颂

景君碑

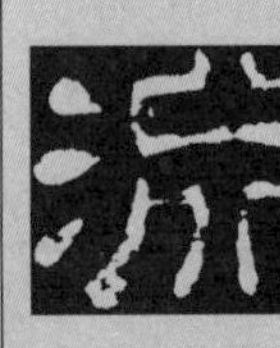
夏承碑

张迁碑

熹平石经

西狭颂

居延汉简

武威医简

夏承碑

景君碑

金农

邓石如

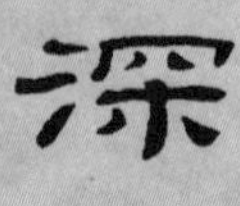
桂馥

伊秉绶

何绍基

伊立勋

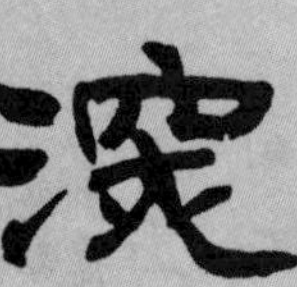
来楚生

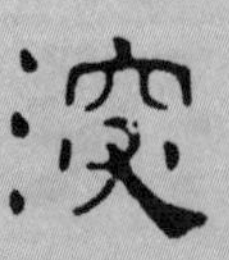
吴湖帆

马王堆帛书

武威医简

华山碑

石门颂

礼器碑

黄易

金农

## 淺

马王堆帛书

石涛

金农

汪士慎

吴湖帆

## 淹

夏承碑

吴叡

邓石如

陈鸿寿

## 清

吴熙载

何绍基

徐三庚

来楚生

华山庙碑

金农

陈鸿寿

邓石如

桂馥

伊秉绶

韩仁铭

西狭颂

景君碑

曹全碑

鲜于璜碑

韩择木

马王堆帛书

楼兰残纸

衡方碑

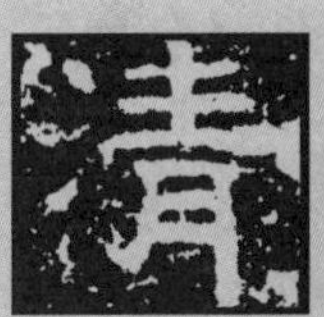
鲁峻碑

夏承碑

尹宙碑

渥　渡　渠　減　渚　渙

| 渥 | 渡 | 渠 | 減 | 渚 | 渙 |
|---|---|---|---|---|---|
| 曹全碑 | 居延汉简 | 居延汉简 | 石涛 | 杨守敬 | 马王堆帛书 |
| 何绍基 | 何绍基 | 金农 | 来楚生 | 来楚生 | 熹平石经 |
| 莫友芝 | 来楚生 | 赵孟頫 | | | 桂馥 |
| | | 王澍 | | | 赵之谦 |
| | | 高凤翰 | | | 黄保戌 |
| | | 黄保戌 | | | |

水部

## 湖

金农

邓石如

伊秉绶

俞樾

吴昌硕

来楚生

吴湖帆

## 渾

华山庙碑

邓石如

丁敬

何绍基

俞樾

徐三庚

赵之谦

## 游

金农

邓石如

吴熙载

俞樾

徐三庚

何绍基

来楚生

睡虎地秦简

武威医简

张迁碑

华山庙碑

韩择木

华山庙碑

赵孟頫

## 渭

赵孟頫

文征明

王澍

黄葆戊

## 測

校官碑

何绍基

温　源　湯　湛　湘



赵孟頫

邓石如

金农

丁敬

何绍基

## 温

马王堆帛书

居延汉简

武威医简

张迁碑

衡方碑

鲜于璜碑

鲁峻碑

## 源

马王堆帛书

何绍基

俞樾

吴昌硕

王禔

## 湯

马王堆帛书

武威医简

居延汉简

孔宙碑

赵孟頫

金农

邓石如

## 湛

郑簠

邓石如

赵之谦

## 湘

吴叡

伊秉绶

石涛

邓石如

## 滌

衡方碑

石涛

邓石如

翁同和

## 滋

吴叡

吴熙载

翁同和

## 減

居延汉简

武威医简

泰山金刚经

赵孟頫

文征明

金农

邓石如

## 溝

马王堆帛书

居延汉简

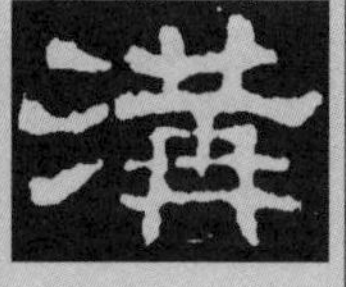
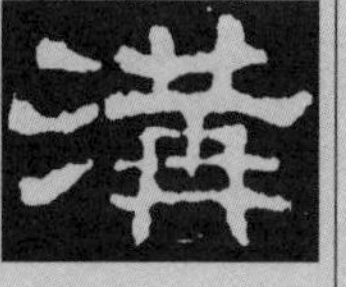
史晨碑

石涛

## 溺

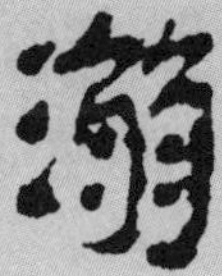
武威医简

金农

王禔

## 溜

马王堆帛书

银雀山汉简

邓石如

郑簠

## 漁

马王堆帛书

桂馥

伊秉绶

郑簠

来楚生

## 滿

何绍基

郑簠

居延汉简

楼兰残纸

武威医简

赵孟頫

金农

桂馥

泰山金刚经

## 滯

衡方碑

石门颂

桂馥

何绍基

何绍基

翁同和

## 溪

赵孟頫

陈豫钟

## 滄

邓石如

奚冈

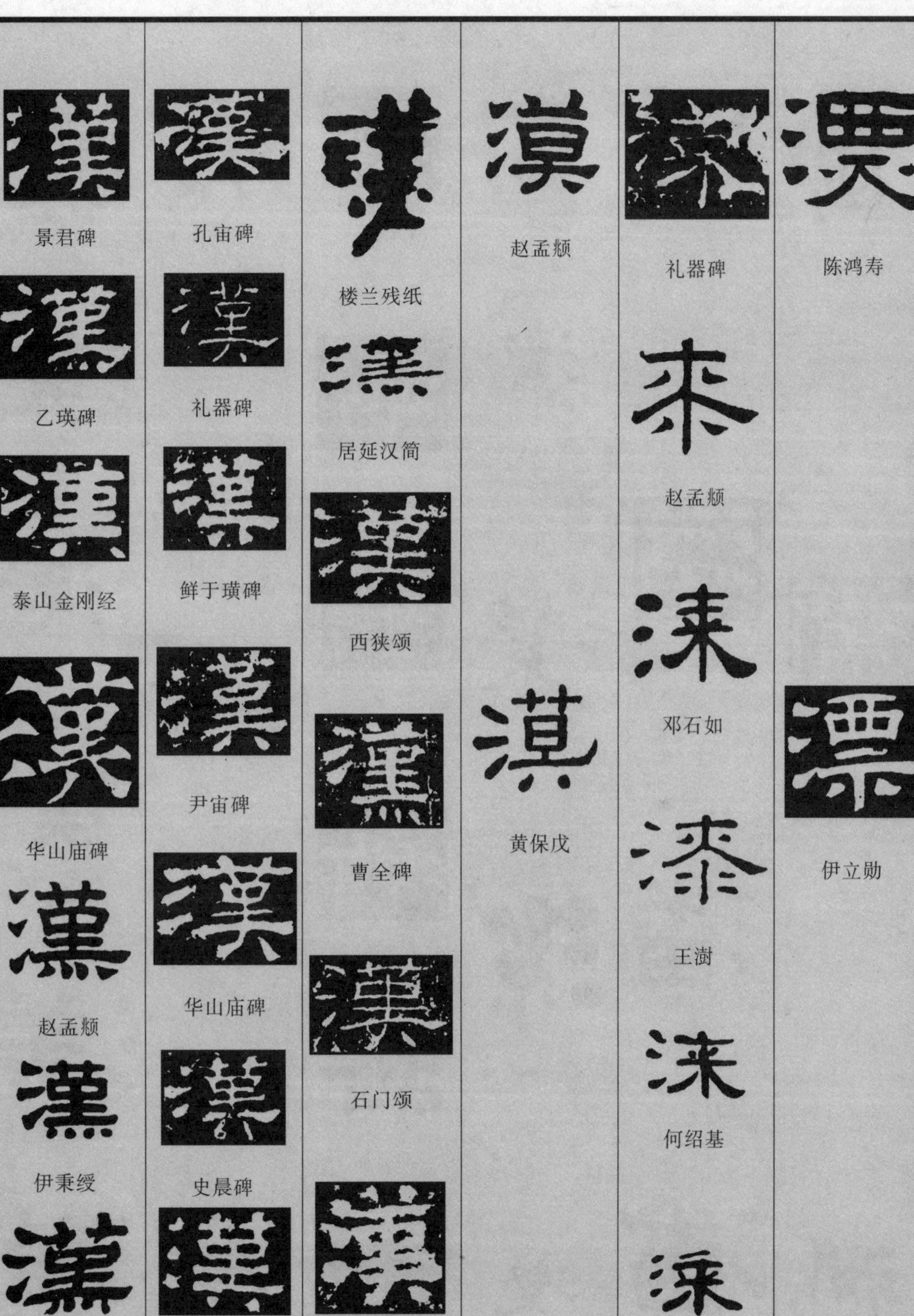
景君碑
乙瑛碑
泰山金刚经
华山庙碑
赵孟頫
伊秉绶
金农
孔宙碑
礼器碑
鲜于璜碑
尹宙碑
华山庙碑
史晨碑
张迁碑
楼兰残纸
居延汉简
西狭颂
曹全碑
石门颂
郙阁颂
赵孟頫
黄保戊
礼器碑
赵孟頫
邓石如
王澍
何绍基
钱松
陈鸿寿
伊立勋

| 澗 | 潘 | 潔 | 漸 | 漏 | |
|---|---|---|---|---|---|
| 居延汉简 | 居延汉简 | 金农 | 熹平石经 | 武威医简 | 黄易 |
| 韩择木 | 泮乾碑 | 邓石如 | 尹宙碑 | 邓石如 | 王澍 |
| 吴熙载 | 陈鸿寿 | 王澍 | 广武将军碑 | 邓石如 | 邓石如 |
| | 来楚生 | 何绍基 | 华山庙碑 | | 吴熙载 |
| | | 何震 | 邓石如 | | 陈鸿寿 |
| | | | 伊秉绶 | | 来楚生 |

澄　澂　潯　潤　潛

华山庙碑

赵孟頫

何绍基

黄葆戊

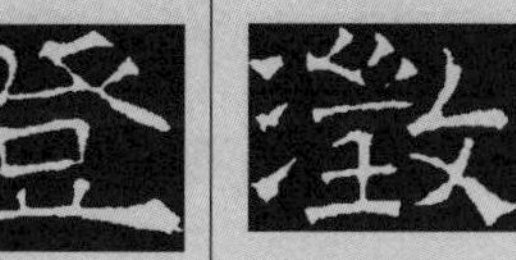
文征明

邓石如

吴大澂

邓石如

汪士慎

来楚生

吴熙载

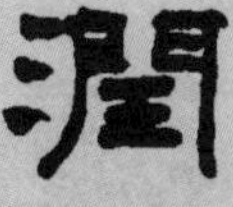
何绍基

翁同和

赵之谦

居延汉简

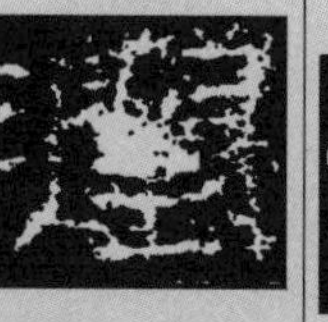
封龙山颂

鲁峻碑

张迁碑

华山庙碑

邓石如

金农

曹全碑

夏承碑

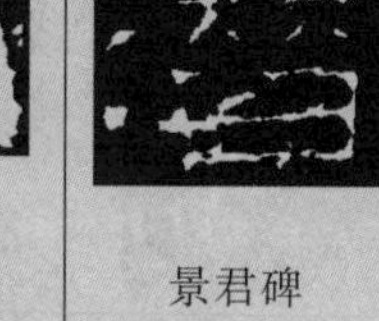
景君碑

赵孟頫

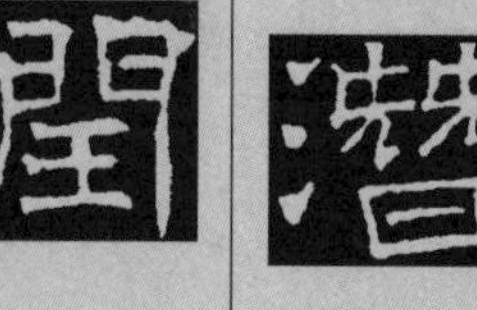
文征明

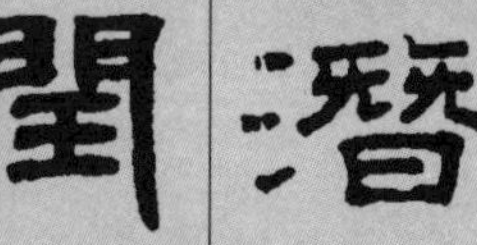
王澍

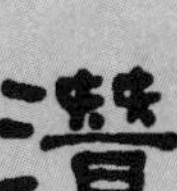
何绍基

## 濁

马王堆帛书

熹平石经

华山庙碑

吴叡

金农

赵之谦

## 澹

韩择木

邓石如

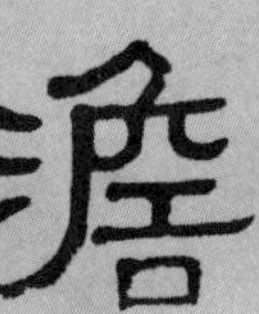
黄葆戉

## 澤

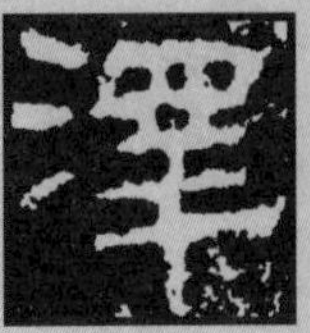

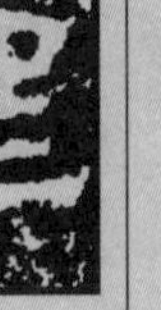
衡方碑

石门颂

邓石如

伊秉绶

陈鸿寿

何绍基

赵之谦

马王堆帛书

武威医简

武威医简

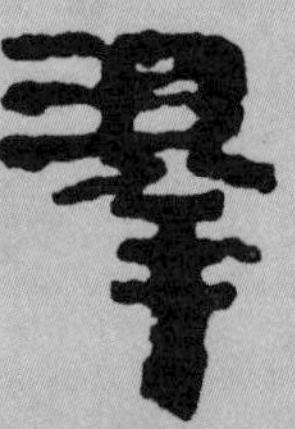
楼兰残纸

华山庙碑

景君碑

## 澍

礼器碑

伊秉绶

何绍基

钱松

## 澆

吴叡

邓石如

水部

## 濤

邓石如

陈鸿寿

## 濡

熹平石经

衡方碑

史晨碑

华山庙碑

伊秉绶

吴熙载

何绍基

## 濟

邓石如

王澍

陈鸿寿

伊秉绶

吴熙载

何绍基

吴昌硕

马王堆帛书

孔宙碑

鲁峻碑

曹全碑

衡方碑

西狭颂

石涛

## 濕

马王堆帛书

武威医简

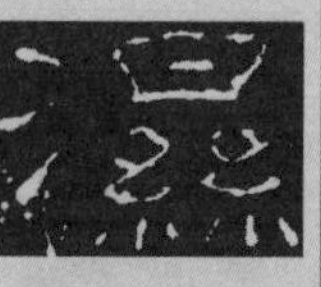
礼器碑

泰山金刚经

吴昌硕

## 濃

邓石如

何绍基

## 濯

武威医简

吴叡

邓石如

吴熙载

## 瀆

史晨碑

史晨碑

西狭颂

何绍基

## 濫

李隆基

邓石如

王禔

## 灌

居延汉简

武威医简

鲜于璜碑

桂馥

金农

吴熙载

徐三庚

## 灑

邓石如

来楚生

## 木

睡虎地秦简

马王堆帛书

居延汉简

西狭颂

金农

邓石如

何绍基

来楚生

木部

## 本

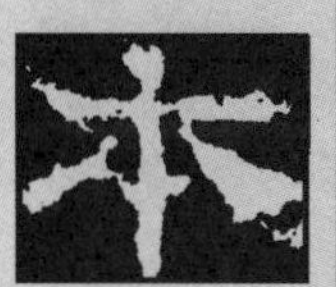
衡方碑

尹宙碑

张迁碑

曹全碑

邓石如

陈鸿寿

郑簠

马王堆帛书

居延汉简

武威医简

景君碑

史晨碑

华山庙碑

鲜于璜碑

## 未

赵之谦

马公愚

王禔

来楚生

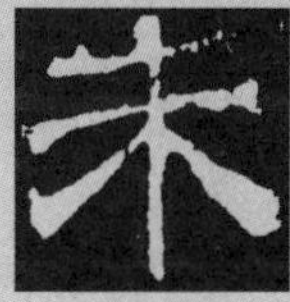
华山庙碑

金农

陈鸿寿

邓石如

郑簠

吴熙载

何绍基

## 末

睡虎地秦简

马王堆帛书

武威医简

楼兰残纸

居延汉简

孔宙碑

夏承碑

石门颂

马王堆帛书

楼兰残纸

武威医简

衡方碑

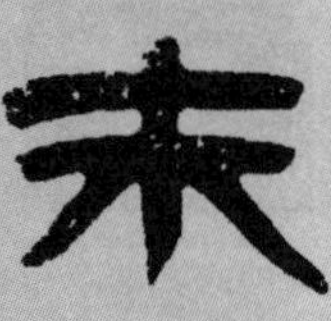
邓石如

何绍基

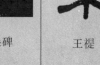

李　杆　朽　朱　札

马王堆帛书

居延汉简

史晨碑

西狭颂

曹全碑

熹平石经

石涛

楼兰残纸

孔宙碑

睡虎地秦简

武威医简

楼兰残纸

曹全碑

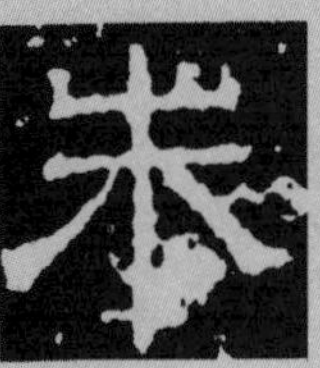
景君碑

邓石如

睡虎地秦简

楼兰残纸

居延汉简

华山庙碑

金农

伊秉绶

黄易

何绍基

金农

俞樾

王澍

吴熙载

何绍基

杜 杖 束 杓 材

睡虎地秦简

楼兰残纸

居延汉简

武威医简

广武将军碑

邓石如

伊秉绶

徐三庚

武威医简

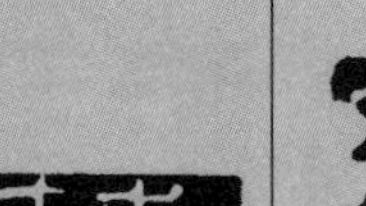
韩择木

郑簠

陈鸿寿

杨岘

睡虎地秦简

楼兰残纸

居延汉简

武威医简

礼器碑

鲜于璜碑

赵孟頫

熹平石经

石门颂

吴熙载

何绍基

赵之谦

郑孝胥

睡虎地秦简

马王堆帛书

伊秉绶

陈鸿寿

何绍基

吴昌硕

景君碑

礼器碑

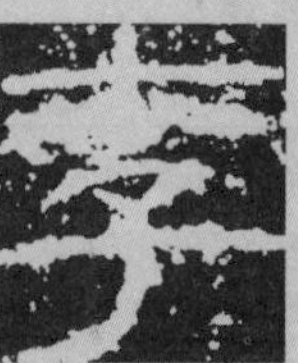
封龙山颂

广武将军碑

邓石如

何绍基

析　杳　東

木部

张迁碑

金农

邓石如

何绍基

赵孟頫

文征明

王澍

翁同和

黄葆戊

何绍基

马公愚

来楚生

广武将军碑

华山庙碑

郑簠

桂馥

陈鸿寿

邓石如

何绍基

史晨碑

鲜于璜碑

鲁峻碑

景君碑

曹全碑

礼器碑

马王堆帛书

楼兰残纸

居延汉简

夏承碑

武威医简

尹宙碑

张迁碑

| 林 | 枕 | 枉 | 松 | 果 | 杷 |
| --- | --- | --- | --- | --- | --- |
| 马王堆帛书 | 马王堆帛书 | 马王堆帛书 | 礼器碑 | 马王堆帛书 | 赵孟頫 |
| 张迁碑 | 武威医简 | 鲜于璜碑 | 韩择木 | 泰山金刚经 | 文征明 |
| 史惟则 | 华山庙碑 | 何绍基 | 赵孟頫 | 赵孟頫 | 王澍 |
| 赵孟頫 | 邓石如 | | 桂馥 | 邓石如 | 黄葆戉 |
| 金农 | 吴熙载 | | 邓石如 | 王澍 | |
| 邓石如 | 来楚生 | | 吴熙载 | 黄葆戉 | |
| 郑簠 | | | 何绍基 | | |
| 陈鸿寿 | | | 来楚生 | | |

枇　杯　枝　枚



枇：武威医简　赵孟頫　文征明　王澍

杯：赵孟頫　文征明　邓石如　王澍

枝：何绍基　赵之谦　来楚生

枝：马王堆帛书　曹全碑　文征明　赵孟頫　金农　邓石如　吴熙载

枚：马王堆帛书　居延汉简　武威医简

王澍　吴熙载　何绍基　来楚生　黄葆戊

木部

相　柜　柙　柔

尹宙碑

乙瑛碑

鲜于璜碑

景君碑

礼器碑

华山碑

曹全碑

睡虎地秦简

马王堆帛书

楼兰残纸

居延汉简

武威医简

封龙山颂

张迁碑

史晨碑

马王堆帛书

吴熙载

吴熙载

武威医简

何绍基

吴熙载

何绍基

赵之谦

马王堆帛书

武威医简

西狭颂

韩择木

华山庙碑

邓石如

伊秉绶

柯　染　相　柏



马王堆帛书

曹全碑

吴熙载

赵孟頫

郑簠

金农

王澍

邓石如

俞樾

黄葆戊

武威医简

礼器碑

吴熙载

何绍基

钱松

桂馥

杨岘

伊立勋

桂馥

邓石如

金农

俞樾

何绍基

赵之谦

来楚生

张景碑

泰山金刚经

韩择木

赵孟頫

郑簠

黄易

伊秉绶

## 校

史晨碑

衡方碑

韩择木

石门颂

邓石如

陈鸿寿

何绍基

## 根

郑簠

王澍

桂馥

邓石如

吴熙载

何绍基

赵之谦

马王堆帛书

居延汉简

曹全碑

景君碑

泰山金刚经

韩择木

赵孟頫

## 桂

武威医简

华山庙碑

吴叡

陈豫钟

## 柰

赵孟頫

文征明

来楚生

## 柱

马王堆帛书

武威医简

夏承碑

邓石如

杨岘

奚冈

桑 桐 案 桃 桀 格

## 桑

睡虎地秦简

马王堆帛书

韩择木

黄易

## 桐

居延汉简

武威医简

马王堆帛书

史晨碑

赵孟頫

王澍

金农

陈鸿寿

桂馥

## 案

马王堆帛书

居延汉简

史晨碑

鲁峻碑

石门颂

金农

何绍基

## 桃

居延汉简

武威医简

曹全碑

邓石如

伊秉绶

## 桀

马王堆帛书

吴叡

邓石如

## 格

马王堆帛书

石门颂

邓石如

黄易

何绍基

## 梅

石涛

邓石如

伊秉绶

伊秉绶

黄易

杨岘

钱厓

来楚生

## 梁

邓石如

伊秉绶

黄易

王澍

何绍基

来楚生

居延汉简

鲁峻碑

石门颂

张景碑

华山碑

广武将军碑

金农

## 柳

邓石如

伊秉绶

伊秉绶

郑簠

杨岘

吴湖帆

## 桔

武威医简

楼兰残纸

## 桓

礼器碑

鲜于璜碑

熹平石经

赵孟頫

邓石如

王澍

衡方碑

械　棄　梧　核　條　桷

木部

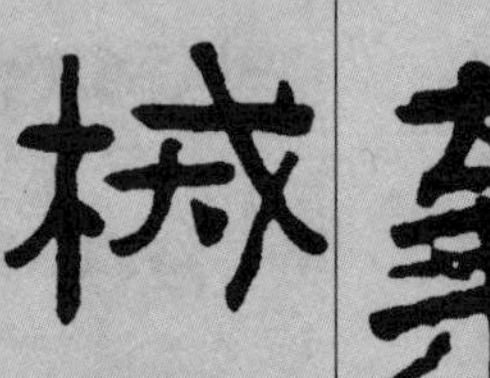
陈鸿寿

邓石如

俞樾

武威医简

曹全碑

鲜于璜碑

吴叡

赵孟頫

吴叡

文征明

汪士慎

黄葆戉

景君碑

杨沂孙

俞樾

赵孟頫

王澍

黄葆戉

史晨碑

邓石如

杨岘

何绍基

植 椒 榜 棠 棲 棹



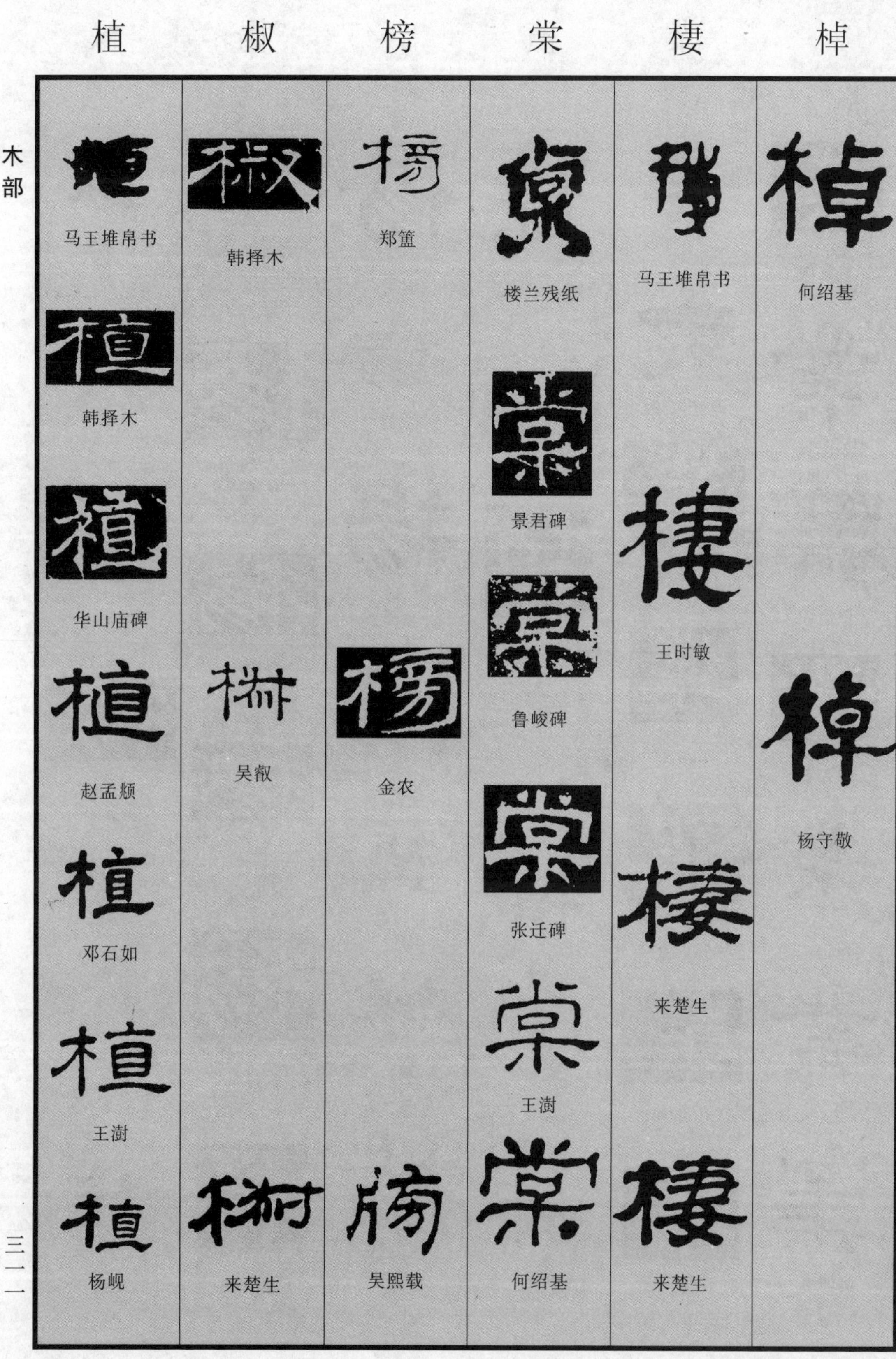

马王堆帛书 韩择木 郑簠 楼兰残纸 马王堆帛书 何绍基

韩择木

景君碑

华山庙碑

王时敏

赵孟頫 吴叡 金农 鲁峻碑 杨守敬

张迁碑

邓石如 来楚生

王澍 王澍

杨岘 来楚生 吴熙载 何绍基 来楚生

業　楨　楊　椽



業

韩择木

赵孟頫

伊秉绶

金农

邓石如

王澍

陈鸿寿

马王堆帛书

居延汉简

鲜于璜碑

华山碑

尹宙碑

孔宙碑

李隆基

楨

楼兰残纸

樊敏碑

钱泳

俞樾

楊

伊秉绶

桂馥

黄易

陈鸿寿

何绍基

杨岘

李瑞清

居延汉简

曹全碑

石门颂

礼器碑

广武将军碑

华山庙碑

椽

吴湖帆

邓石如

杨守敬

楹 楚 極

武威医简

熹平石经

赵孟頫

文征明

杨岘

黄易

黄葆戊

马王堆帛书

赵孟頫

王澍

汪士慎

赵之谦

俞樾

杨岘

赵之谦

伊立勋

黄葆戊

华山庙碑

赵孟頫

金农

邓石如

郑簠

吴熙载

何绍基

马王堆帛书

曹全碑

礼器碑

史晨碑

石门颂

乙瑛碑

华山碑

吴熙载

杨岘

黄葆戊

## 樂

马王堆帛书

居延汉简

楼兰残纸

武威医简

石门颂

衡方碑

史晨碑

曹全碑

## 槍

石门颂

何绍基

## 槀

王澍

黄葆戊

## 榮

景君碑

曹全碑

赵孟頫

陈鸿寿

桂馥

## 槐

居延汉简

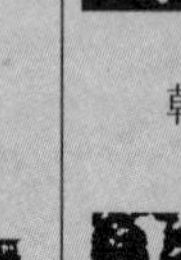

韩仁铭

景君碑

韩仁铭

曹全碑

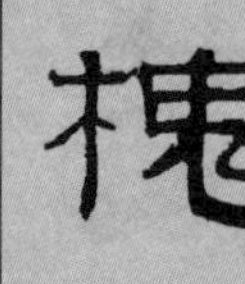

赵孟頫

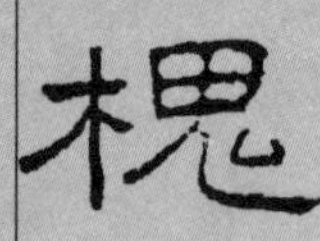

王澍

何绍基

## 構

张表碑

华山庙碑

王舍人碑

邓石如

翁同和

金农

吴熙载

吴熙载

俞樾

徐三庚

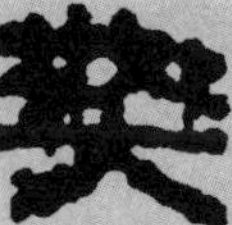
居延汉简

鲁峻碑

伊秉绶

居延汉简

赵孟頫

邓石如

陈鸿寿

吴昌硕

吴隐

黄葆戉

来楚生

邓石如

邓石如

黄易

桂馥

陈鸿寿

何绍基

吴熙载

王澍

华山碑

礼器碑

泰山金刚经

韩择木

华山庙碑

伊秉绶

## 橋

睡虎地秦简

马王堆帛书

石门颂

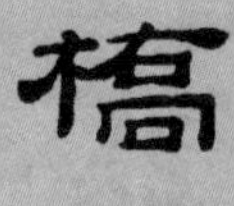
桂馥

邓石如

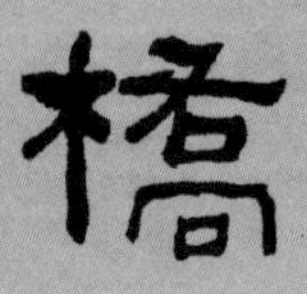
何绍基

## 槖

马王堆帛书

居延汉简

武威医简

何震

## 樹

邓石如

何绍基

陈鸿寿

赵之谦

来楚生

来楚生

吴湖帆

衡方碑

张迁碑

景君碑

泰山金刚经

华山庙碑

赵孟頫

王澍

## 樸

马王堆帛书

辟雍碑

俞樾

## 模

吴熙载

吴昌硕

吴隐

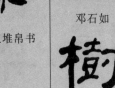

木部

## 橔

居延汉简

曹全碑

陈鸿寿

何绍基

俞樾

## 檀

张迁碑

金农

## 機

曹全碑

鲜于璜碑

赵孟頫

邓石如

王澍

桂馥

何绍基

赵之谦

## 横

马王堆帛书

居延汉简

武威医简

曹全碑

邓石如

王澍

何绍基

吴昌硕

## 權

马王堆帛书

鲜于璜碑

吴熙载

何绍基

石涛

翁同和

## 櫛

辟雍碑

邓石如

牛　斡　斜　斗

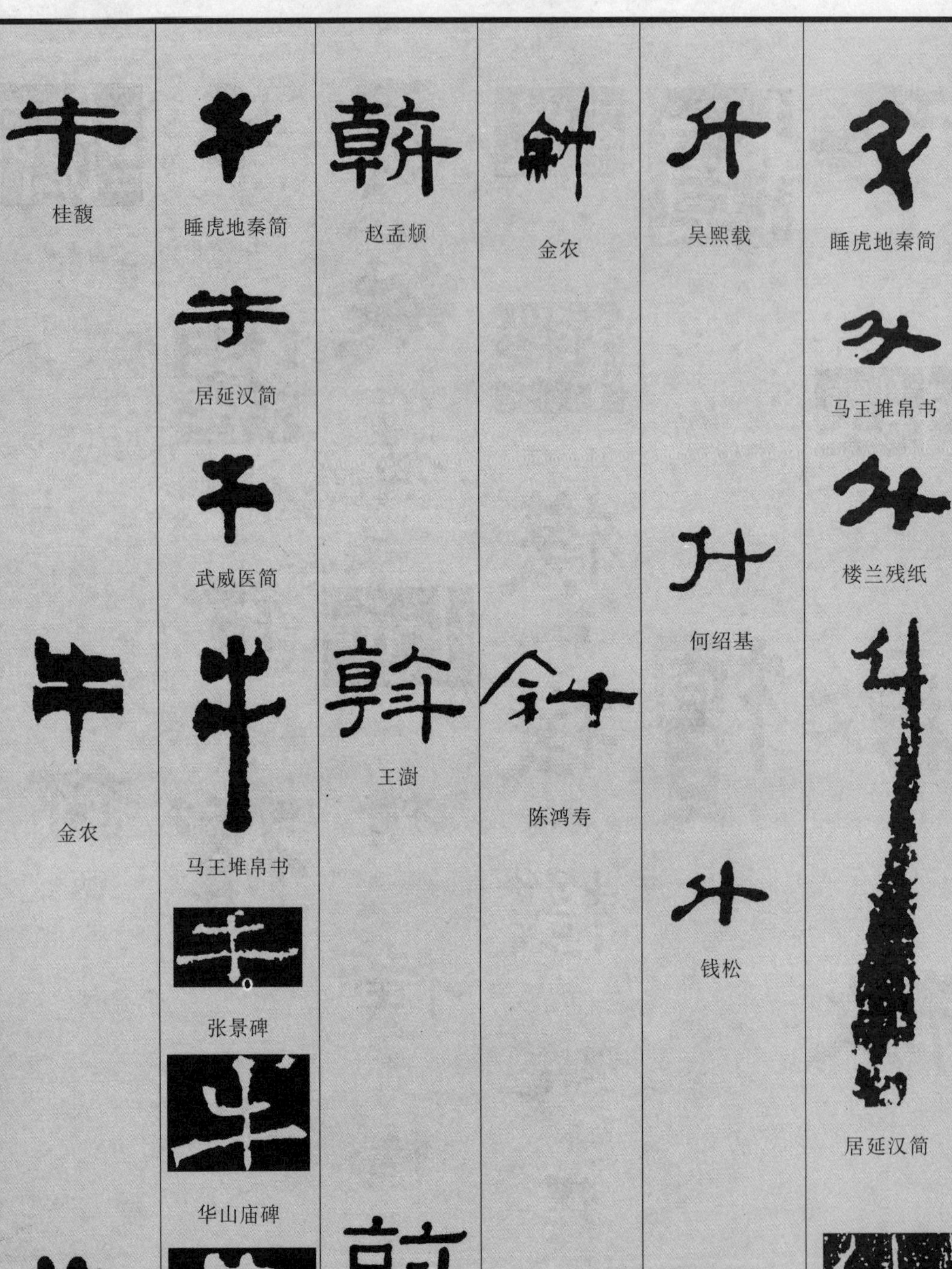

| 牛 | 牛 | 斡 | 斜 | 斗 | 斗 |
|---|---|---|---|---|---|
| 桂馥 | 睡虎地秦简 | 赵孟頫 | 金农 | 吴熙载 | 睡虎地秦简 |
| 金农 | 居延汉简 | 王澍 | 陈鸿寿 | 何绍基 | 马王堆帛书 |
| 何绍基 | 武威医简 | 黄葆戊 | | 钱松 | 楼兰残纸 |
| | 马王堆帛书 | | | 赵之谦 | 居延汉简 |
| | 张景碑 | | | | 石门颂 |
| | 华山庙碑 | | | | |
| | 邓石如 | | | | |

| 物 | | 牧 | | | 牟 |
|---|---|---|---|---|---|

牛部

## 物

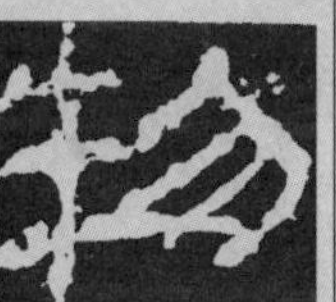
衡方碑

张景碑

熹平石经

史晨碑

金农

邓石如

何绍基

睡虎地秦简

马王堆帛书

楼兰残纸

赵孟頫

居延汉简

封龙山颂

夏承碑

华山碑

## 牧

陈鸿寿

邓石如

王澍

吴熙载

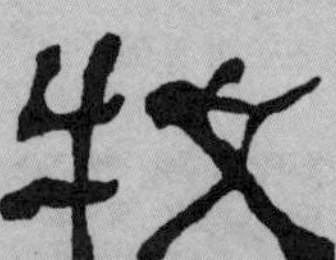
何绍基

来楚生

黄葆戊

尹宙碑

鲁峻碑

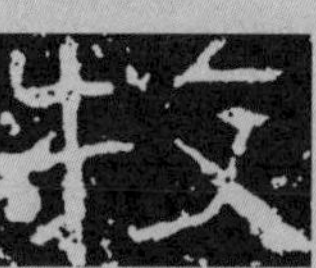
西狭颂

赵孟頫

文征明

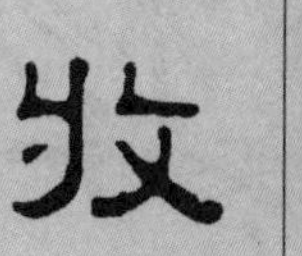
桂馥

睡虎地秦简

马王堆帛书

赵孟頫

楼兰残纸

夏承碑

## 牟

曹全碑

张迁碑

礼器碑

伊立勋

| 犊 | 犁 | | 特 | 牲 | |
|---|---|---|---|---|---|
|  赵孟頫 |  张景碑 |  伊秉绶 |  武威医简 | 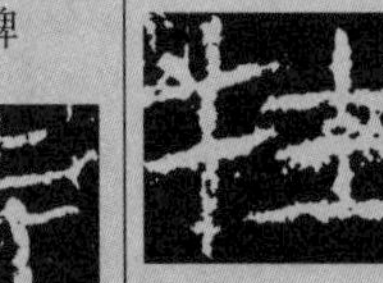 赵孟頫 |  吴熙载 |
|  文征明 |  何绍基 | 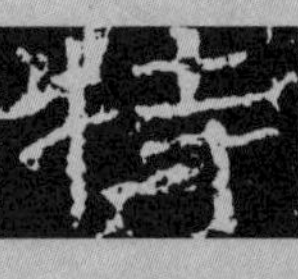 郑簠 |  马王堆帛书 |  封龙山颂 |  俞樾 |
|  王澍 | |  黄葆戊 |  乙瑛碑 |  何绍基 |  王澍 |
| 黄葆戊 | | 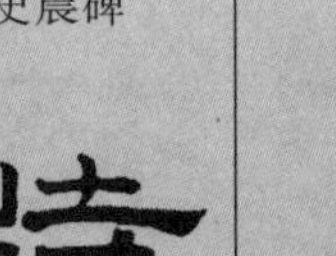 何绍基 | 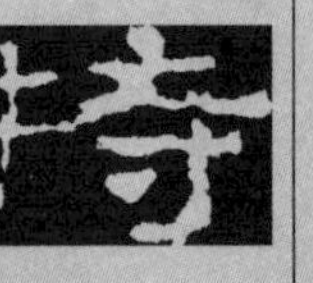 石门颂 | 赵之谦 | 黄易 |
|  钱厓 | | | 曹全碑 | | 赵之谦 |
| | | | 史晨碑 | |  黄葆戊 |
| | | | 赵孟頫 | | |
| | | | 邓石如 | | |

狂　狄　狐　犯　犬　犧

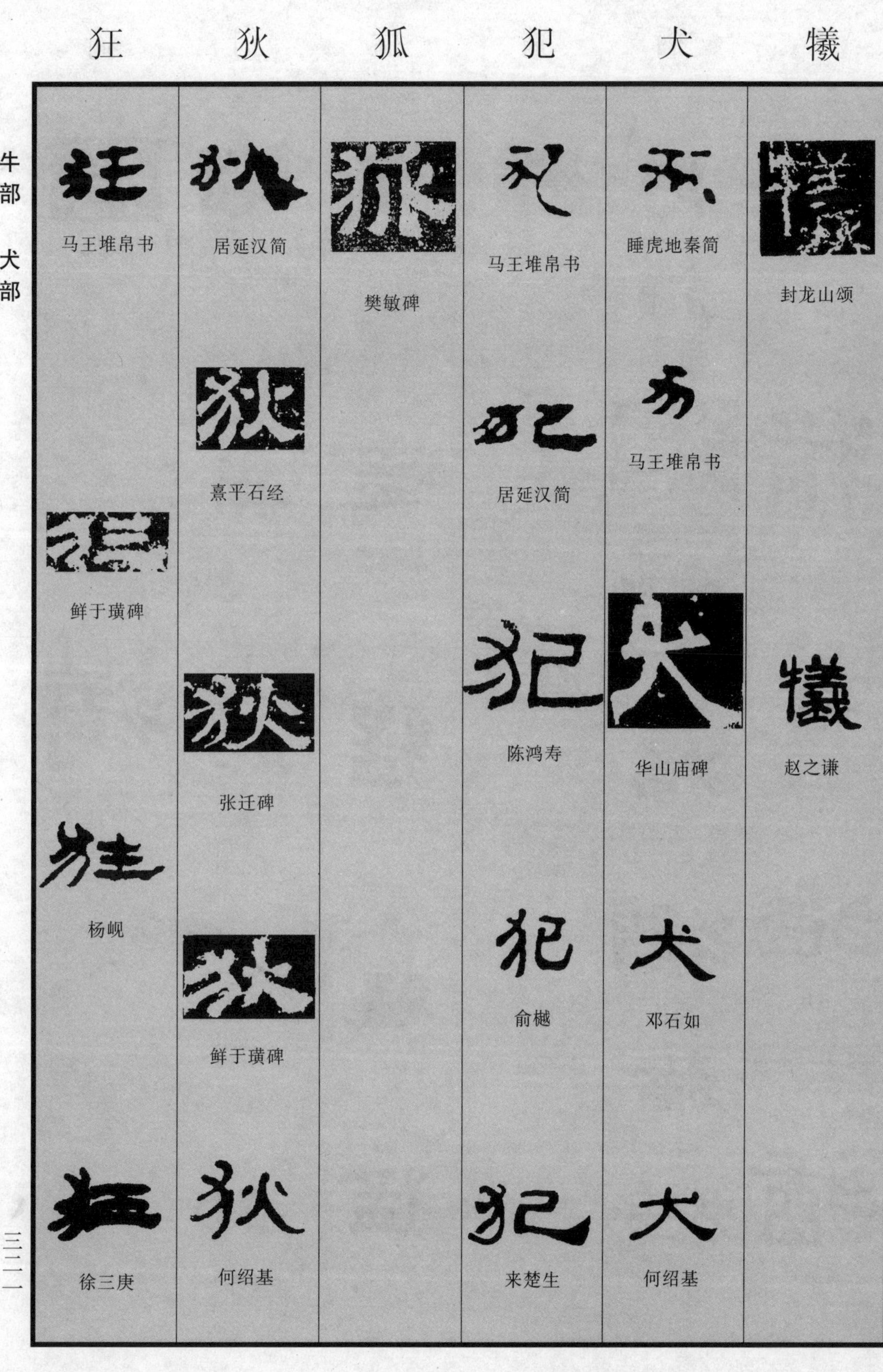
马王堆帛书
鲜于璜碑
杨岘
徐三庚
居延汉简
熹平石经
张迁碑
鲜于璜碑
何绍基
樊敏碑
马王堆帛书
居延汉简
陈鸿寿
俞樾
来楚生
睡虎地秦简
马王堆帛书
华山庙碑
邓石如
何绍基
封龙山颂
赵之谦

| | 猶 | 猜 | 猛 | 狗 | 猗 |
|---|---|---|---|---|---|
| 陈鸿寿 | 马王堆帛书 | 武威医简 | 居延汉简 | 睡虎地秦简 | 辟雍碑 |
| 何绍基 | 武威医简 | 熹平石经 | 武威医简 | 马王堆帛书 | 郑簠 |
| 吴昌硕 | 华山庙碑 | | 金农 | 楼兰残纸 | |
| 钱厓 | 张迁碑 | | 杨岘 | 居延汉简 | |
| 黄葆戊 | 赵孟頫 | | 伊立勋 | 居延汉简 | |
| | 金农 | | | | |
| | 邓石如 | | | | |
| | 王澍 | | | | |

獨　狹　猾　狼　猷　狩

犬部

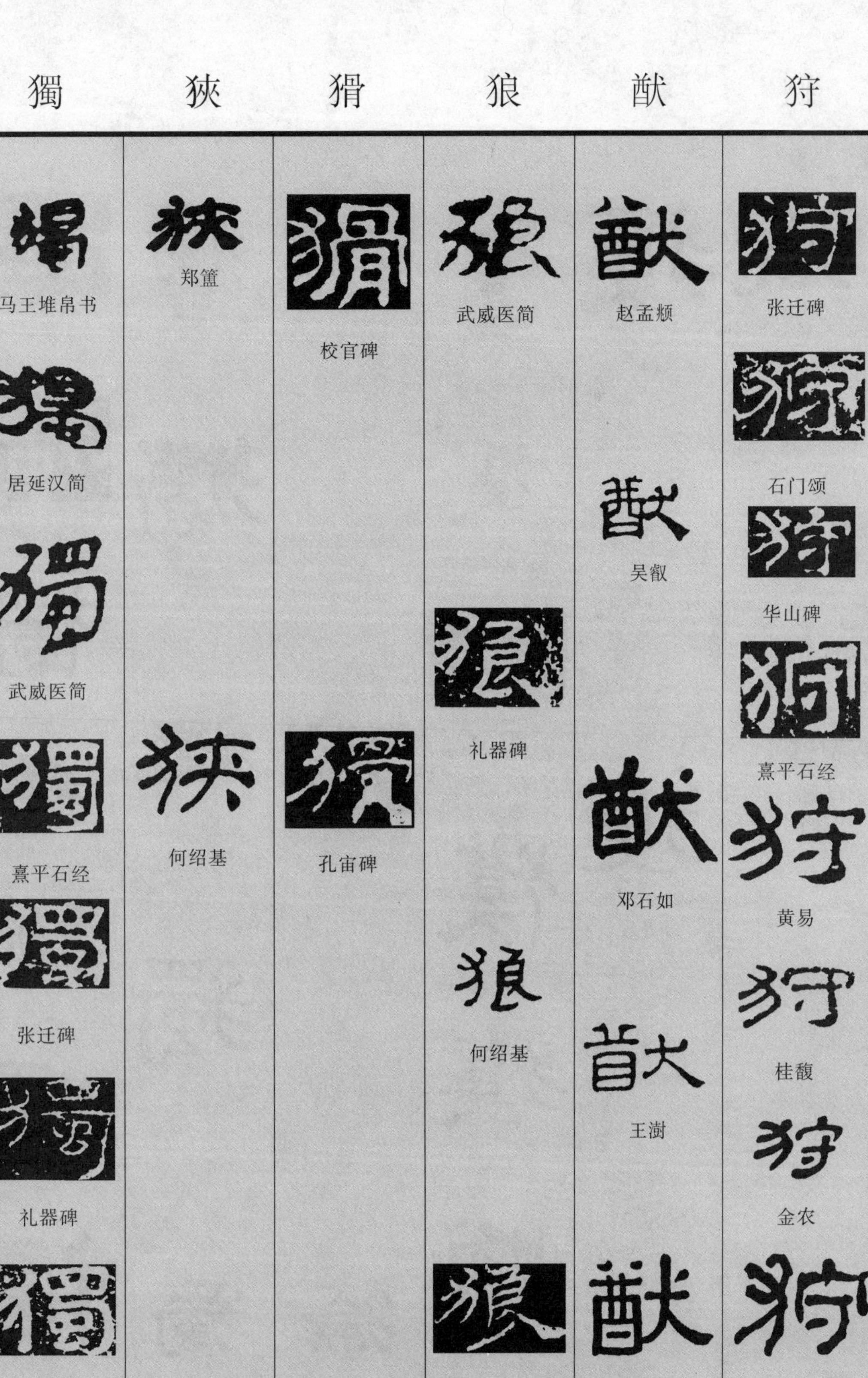
马王堆帛书
居延汉简
武威医简
熹平石经
张迁碑
礼器碑
泰山金刚经
郑簠
何绍基
校官碑
孔宙碑
武威医简
礼器碑
何绍基
杨岘
赵孟頫
吴叡
邓石如
王澍
黄葆戊
张迁碑
石门颂
华山碑
熹平石经
黄易
桂馥
金农
何绍基

韩择木

华山庙碑

赵孟頫

邓石如

郑簠

王澍

何绍基

吴熙载

杨岘

来楚生

黄葆戊

马公愚

獫

熹平石经

尹宙碑

伊秉绶

獲

马王堆帛书

武威医简

曹全碑

赵孟頫

王澍

何绍基

陈鸿寿

黄葆戊

獵

伊秉绶

正

西狭颂

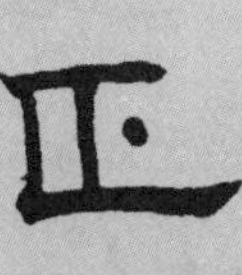
赵孟頫

伊秉绶

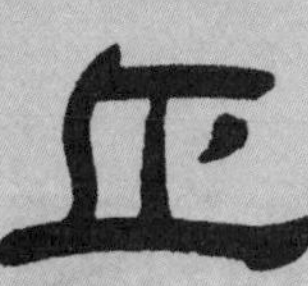
邓石如

桂馥

吴熙载

何绍基

来楚生

睡虎地秦简

马王堆帛书

楼兰残纸

居延汉简

武威医简

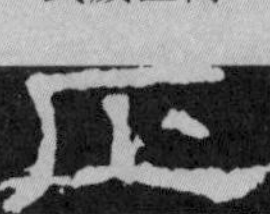
张迁碑

夏承碑

尹宙碑

张景碑

止

赵孟頫

文征明

郑簠

金农

金农

邓石如

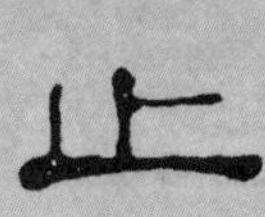
何绍基

黄葆戉

睡虎地秦简

马王堆帛书

居延汉简

武威医简

曹全碑

夏承碑

鲁峻碑

华山庙碑

獻

曹全碑

文征明

郑簠

獸

马王堆帛书

赵孟頫

王澍

黄葆戉

## 此

睡虎地秦简

马王堆帛书

居延汉简

武威医简

封龙山颂

石门颂

鲜于璜碑

广武将军碑

泰山金刚经

华山庙碑

金农

邓石如

伊秉绶

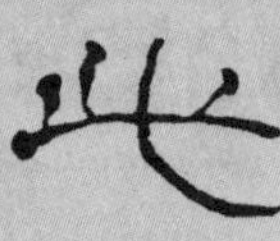
何绍基

赵之谦

来楚生

## 步

睡虎地秦简

楼兰残纸

居延汉简

武威医简

衡方碑

韩择木

赵孟頫

伊秉绶

邓石如

陈鸿寿

王澍

黄葆戊

## 武

马王堆帛书

楼兰残纸

居延汉简

张迁碑

石门颂

尹宙碑

西狭颂

华山碑

景君碑

曹全碑

赵孟頫

郑簠

邓石如

黄易

歷

黄易

王澍

来楚生

石门颂

夏承碑

礼器碑

曹全碑

赵孟頫

何绍基

邓石如

歲

陈鸿寿

金农

王澍

伊秉绶

吴熙载

何绍基

赵之谦

张景碑

华山碑

张迁碑

泰山金刚经

俞樾

邓石如

黄易

睡虎地秦简

马王堆帛书

居延汉简

楼兰残纸

武威医简

封龙山颂

曹全碑

王澍

金农

何绍基

赵之谦

钱厓

# 皮　　禹　　歸

马王堆帛书

武威医简

夏承碑

张迁碑

衡方碑

尹宙碑

乙瑛碑

石门颂

熹平石经

景君碑

曹全碑

鲜于璜碑

华山庙碑

郑簠

陈鸿寿

金农

桂馥

何绍基

邓石如

来楚生

吴湖帆

居延汉简

景君碑

西狭颂

赵孟頫

邓石如

王澍

何绍基

马王堆帛书

武威医简

居延汉简

张迁碑

赵孟頫

陈鸿寿

何绍基

睡虎地秦简

居延汉简

鲁峻碑

曹全碑

衡方碑

韩择木

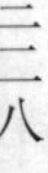

登 癸 疑 疏

疋部 癶部

王澍

何绍基

来楚生

石门颂

赵孟頫

金农

陈鸿寿

桂馥

邓石如

郑簠

吴熙载

马王堆帛书

居延汉简

景君碑

孔宙碑

华山碑

鲜于璜碑

曹全碑

睡虎地秦简

居延汉简

夏承碑

史晨碑

鲁峻碑

吴熙载

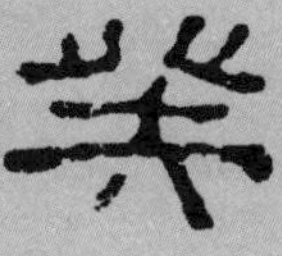

何绍基

马王堆帛书

熹平石经

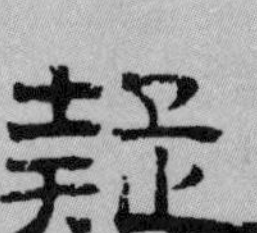

赵孟頫

邓石如

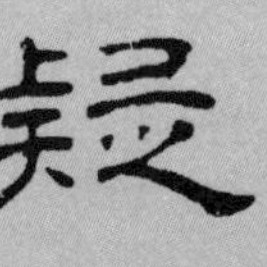

王澍

黄葆戉

鲁峻碑

赵孟頫

吴叡

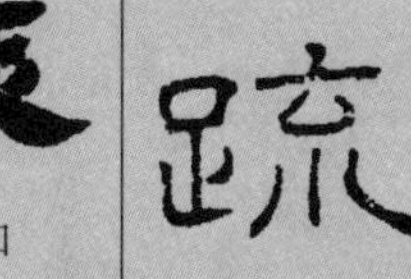

王澍

汪士慎

黄葆戉

穹　穸　究　穴　發



穹

景君碑

华山碑

黄易

金农

吴熙载

杨岘

穸

景君碑

究

鲜于璜碑

鲁峻碑

邓石如

杨沂孙

穴

睡虎地秦简

马王堆帛书

汪士慎

發

赵孟頫

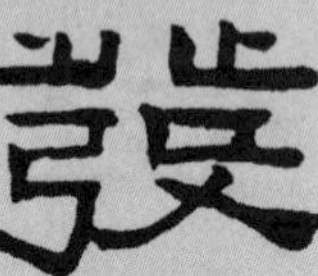
陈鸿寿

郑簠

郑簠

邓石如

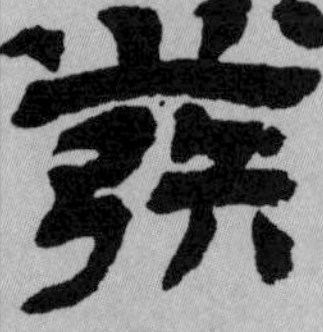
吴熙载

何绍基

睡虎地秦简

马王堆帛书

武威医简

居延汉简

张景碑

衡方碑

鲁峻碑

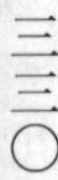

空

睡虎地秦简

马王堆帛书

居延汉简

武威医简

韩仁铭

鲜于璜碑

乙瑛碑

礼器碑

石门颂

景君碑

史晨碑

金农

邓石如

伊秉绶

何绍基

窗

邓石如

邓石如

邓石如

汪士慎

何绍基

王禔

窮

睡虎地秦简

马王堆帛书

居延汉简

武威医简

熹平石经

景君碑

礼器碑

乙瑛碑

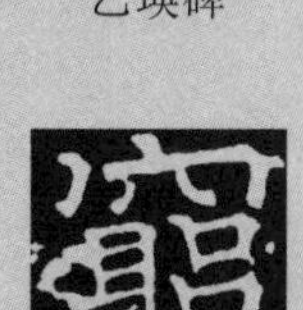
华山庙碑

邓石如

郑簠

陈鸿寿

黄易

何绍基

翁同和

吴昌硕

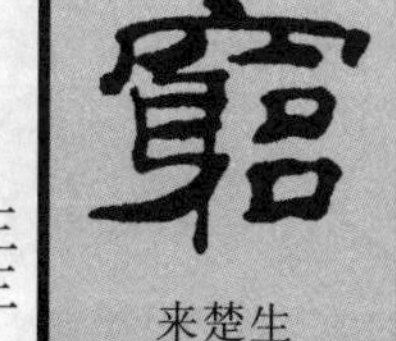
来楚生

疾 疲 竈 竊 窺

| 疾 | 疾 | 疲 | 竈 | 竊 | 窺 |
|---|---|---|---|---|---|
| 邓石如 | 睡虎地秦简 | 赵孟頫 | 居延汉简 | 马王堆帛书 | 金农 |
| 陈鸿寿 | 马王堆帛书 | 王澍 | 陈鸿寿 | 钱泳 | 邓石如 |
| 郑簠 | 居延汉简 | 邓石如 | | 陈鸿寿 | 陈鸿寿 |
| 何绍基 | 夏承碑 | 何绍基 | | 陈鸿寿 | 何绍基 |
| 俞樾 | 衡方碑 | 黄葆戉 | | 郑板桥 | |
| 金农 | 尹宙碑 | | | | |
| | 曹全碑 | | | | |

瘦　痛　痕　癃　病

石涛

金农

陈鸿寿

杨沂孙

银雀山汉简

夏承碑

鲜于璜碑

邓石如

曹全碑

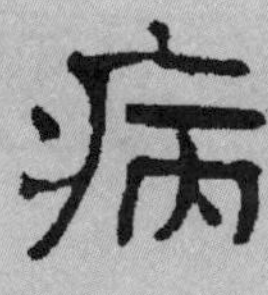

何绍基

金农

邓石如

俞樾

来楚生

睡虎地秦简

马王堆帛书

武威医简

居延汉简

景君碑

孔宙碑

鲜于璜碑

## 瘳

马王堆帛书

曹全碑

何绍基

## 癘

睡虎地秦简

马王堆帛书

何绍基

俞樾

## 疵

马王堆帛书

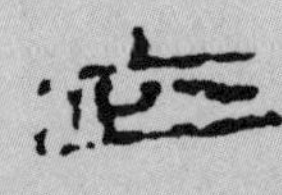
楼兰残纸

徐三庚

何绍基

## 立

睡虎地秦简

马王堆帛书

居延汉简

武威医简

西狭颂

封龙山颂

景君碑

华山庙碑

乙瑛碑

张迁碑

礼器碑

尹宙碑

石门颂

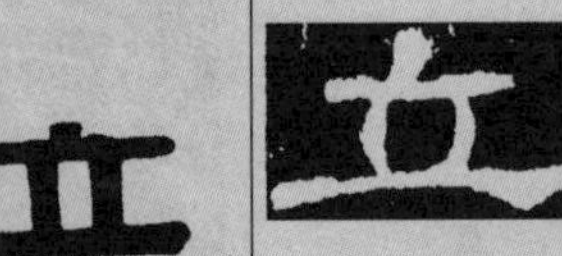

史晨碑

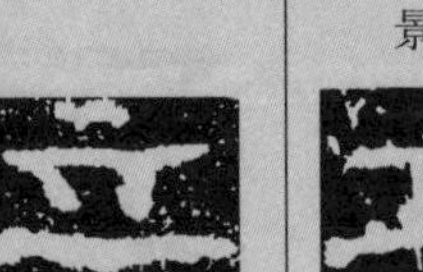
广武将军碑

金农

郑簠

邓石如

黄易

陈鸿寿

伊秉绶

何绍基

童　　章　竟　竝　竏



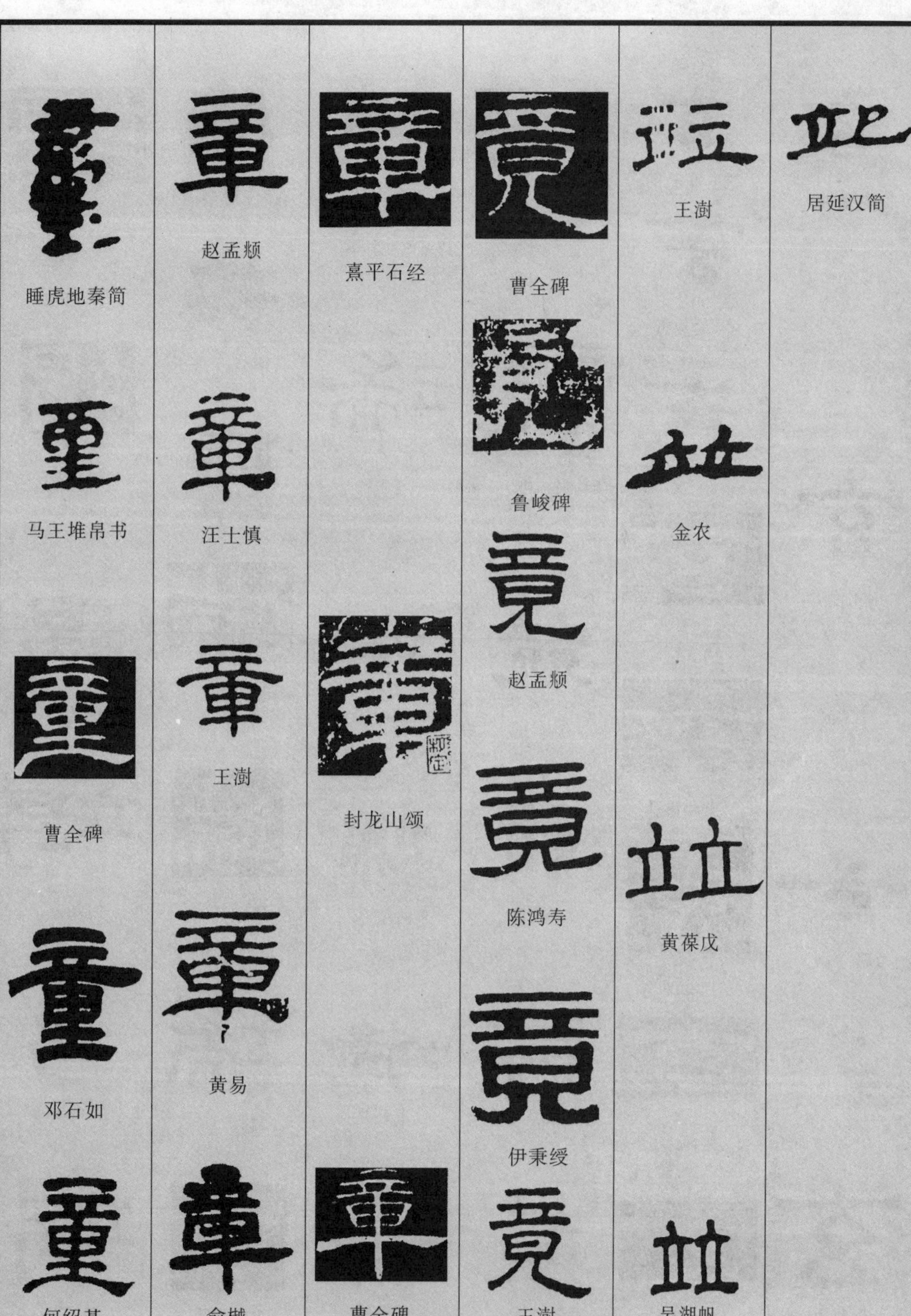
睡虎地秦简
马王堆帛书
曹全碑
邓石如
何绍基
赵孟頫
汪士慎
王澍
黄易
俞樾
熹平石经
封龙山颂
曹全碑
曹全碑
鲁峻碑
赵孟頫
陈鸿寿
伊秉绶
王澍
王澍
金农
黄葆戊
吴湖帆
居延汉简

玄　競　端　竭

赵孟頫

王澍

赵之谦

黄葆戉

马王堆帛书

楼兰残纸

武威医简

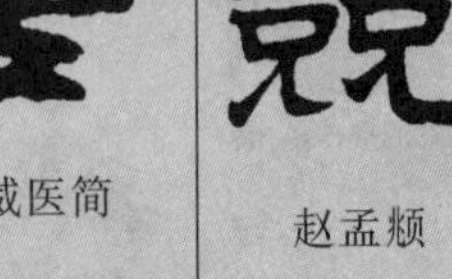

礼器碑

史晨碑

尹宙碑

乙瑛碑

韩择木

衡方碑

赵孟頫

邓石如

金农

伊秉绶

黄葆戉

金农

王澍

邓石如

何绍基

来楚生

黄葆戉

睡虎地秦简

楼兰残纸

武威医简

史晨碑

华山庙碑

赵孟頫

文征明

石门颂

史晨碑

赵孟頫

何绍基

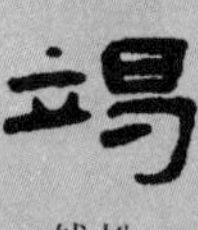
钱松

黄葆戉

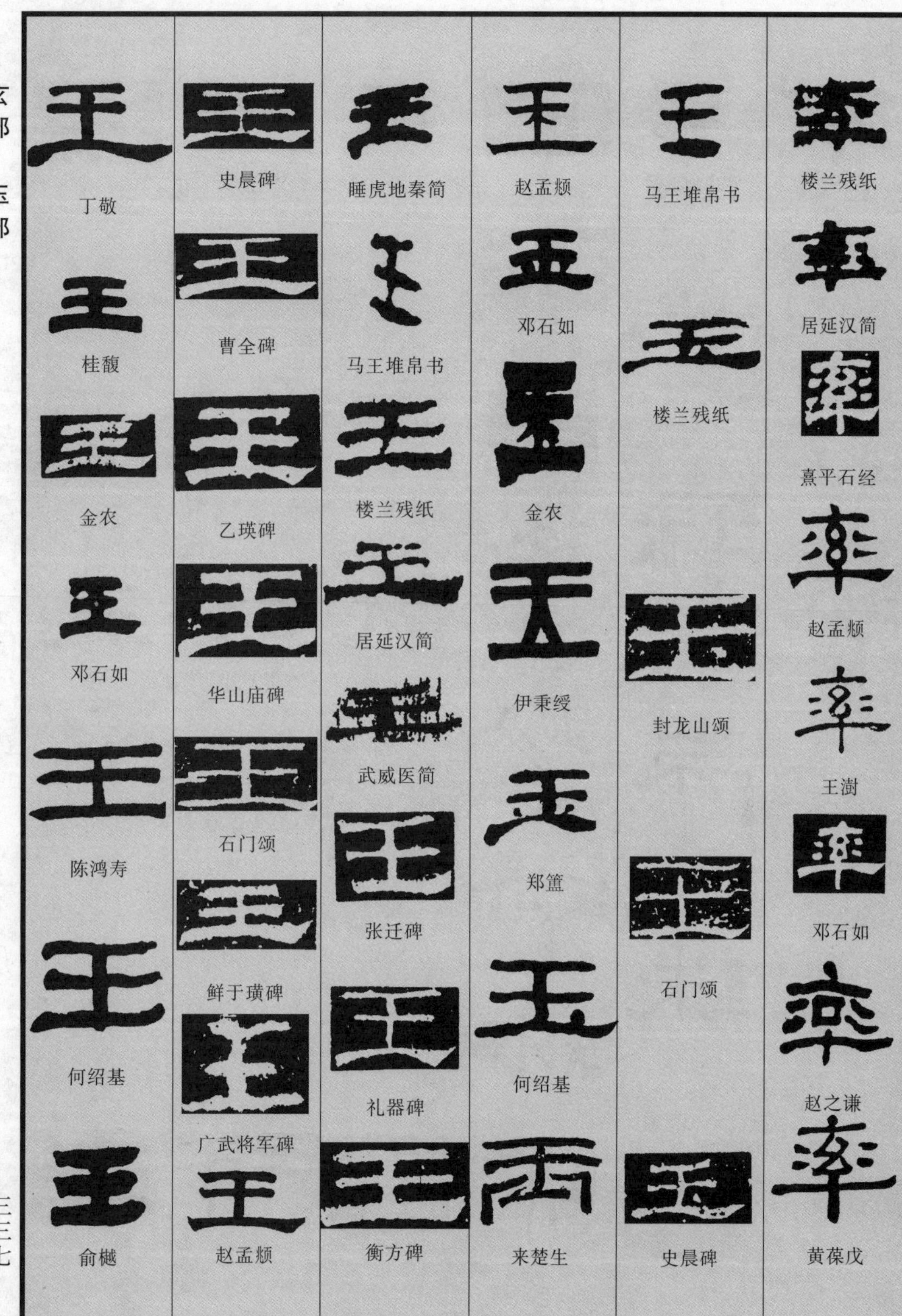
丁敬
桂馥
金农
邓石如
陈鸿寿
何绍基
俞樾
史晨碑
曹全碑
乙瑛碑
华山庙碑
石门颂
鲜于璜碑
广武将军碑
赵孟頫
睡虎地秦简
马王堆帛书
楼兰残纸
居延汉简
武威医简
张迁碑
礼器碑
衡方碑
赵孟頫
邓石如
金农
伊秉绶
郑簠
何绍基
来楚生
马王堆帛书
楼兰残纸
封龙山颂
石门颂
史晨碑
楼兰残纸
居延汉简
熹平石经
赵孟頫
王澍
邓石如
赵之谦
黄葆戉

班　珠　珍　玩　玕　王



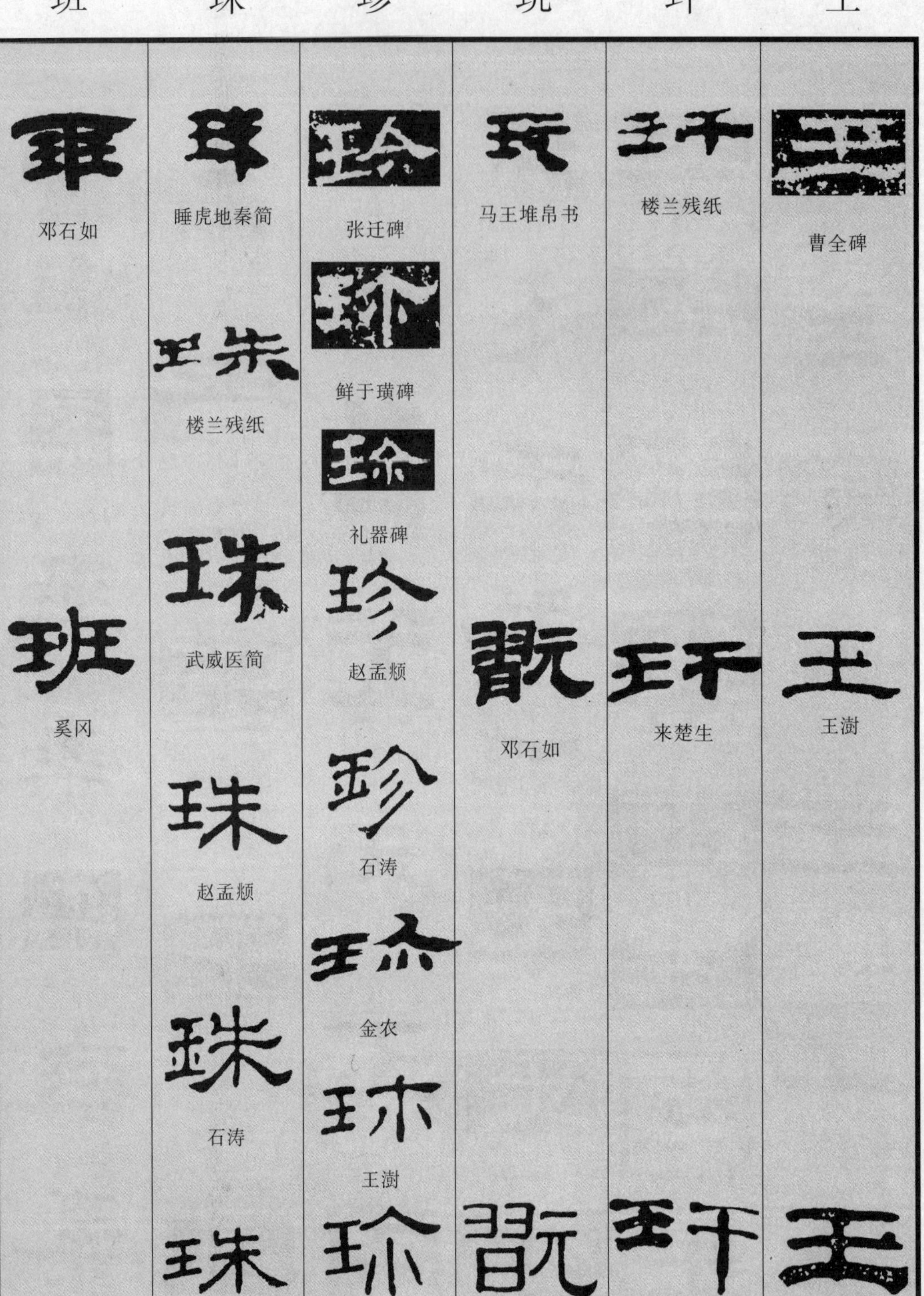

邓石如
奚冈
睡虎地秦简
楼兰残纸
武威医简
赵孟頫
石涛
王澍
张迁碑
鲜于璜碑
礼器碑
赵孟頫
石涛
金农
王澍
黄葆戉
马王堆帛书
邓石如
黄葆戉
楼兰残纸
来楚生
来楚生
曹全碑
王澍
黄易

理 琅 現 珪 珮

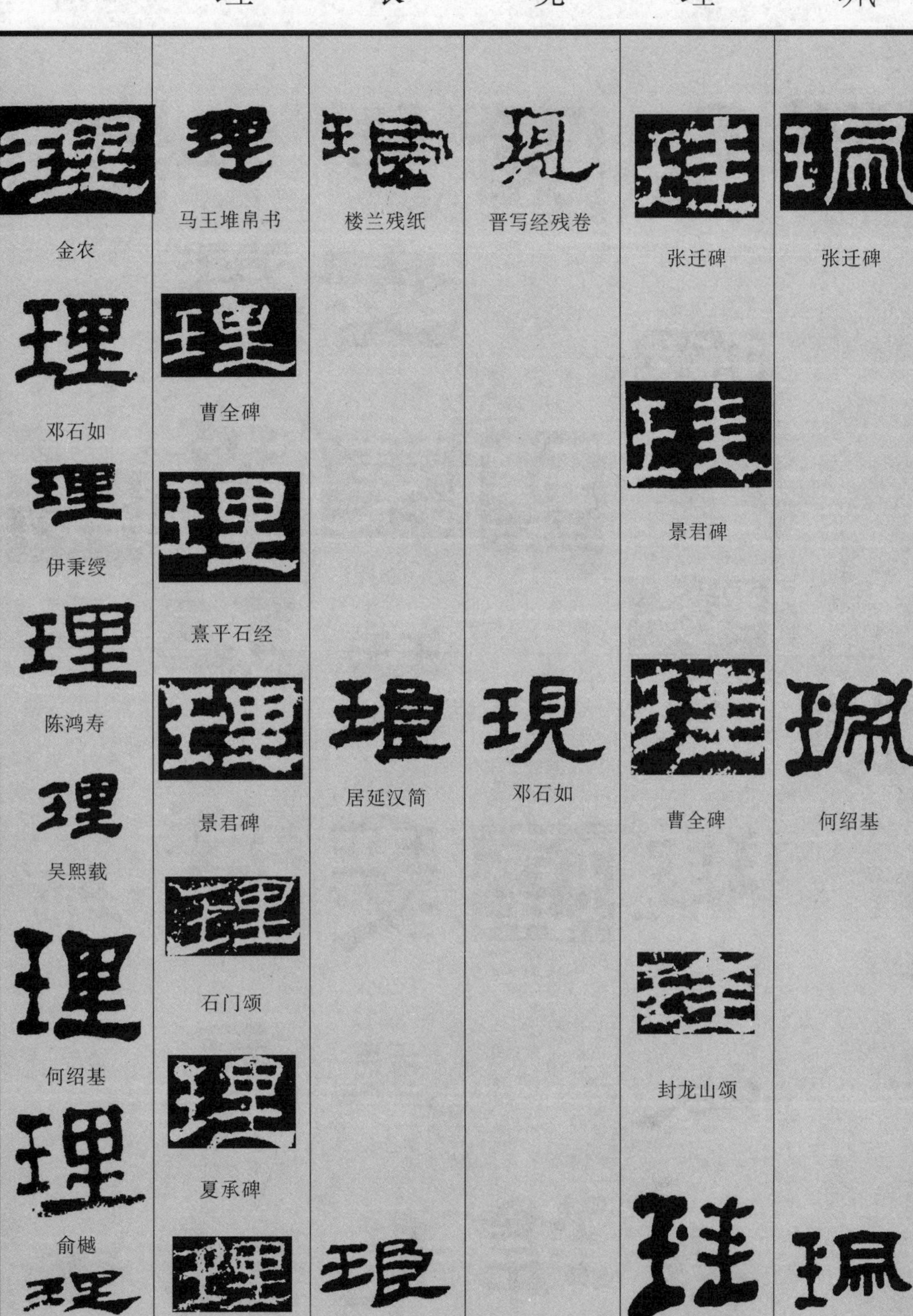

| 理 | 理 | 琅 | 現 | 珪 | 珮 |
|---|---|---|---|---|---|
| 金农 | 马王堆帛书 | 楼兰残纸 | 晋写经残卷 | 张迁碑 | 张迁碑 |
| 邓石如 | 曹全碑 | 居延汉简 | 邓石如 | 景君碑 | 何绍基 |
| 伊秉绶 | 熹平石经 | 来楚生 | | 曹全碑 | 翁同和 |
| 陈鸿寿 | 景君碑 | | | 封龙山颂 | |
| 吴熙载 | 石门颂 | | | 何绍基 | |
| 何绍基 | 夏承碑 | | | | |
| 俞樾 | 封龙山颂 | | | | |
| 来楚生 | | | | | |

## 瑛

乙瑛碑

何绍基

## 瑕

居延汉简

景君碑

礼器碑

何绍基

杨岘

徐三庚

## 瑋

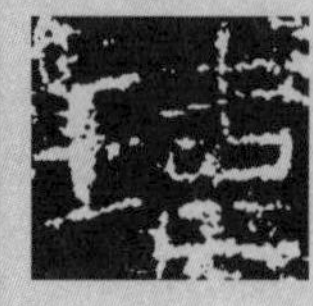

封龙山颂

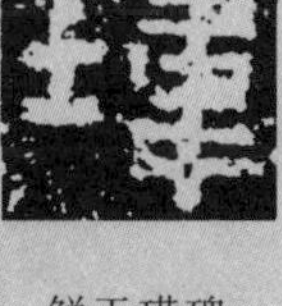
鲜于璜碑

张迁碑

何绍基

## 瑟

武威医简

居延汉简

礼器碑

赵孟頫

汪士慎

吴熙载

何绍基

## 琴

赵孟頫

伊秉绶

郑簠

金农

桂馥

邓石如

来楚生

## 琦

鲜于璜碑

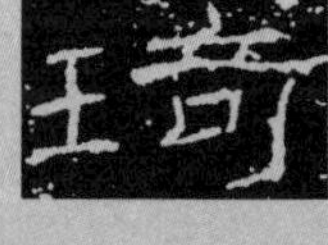
礼器碑

吴熙载

钱松

| 璣 | 璜 | 璉 | 瑞 | 瑾 | 瑶 |
| --- | --- | --- | --- | --- | --- |

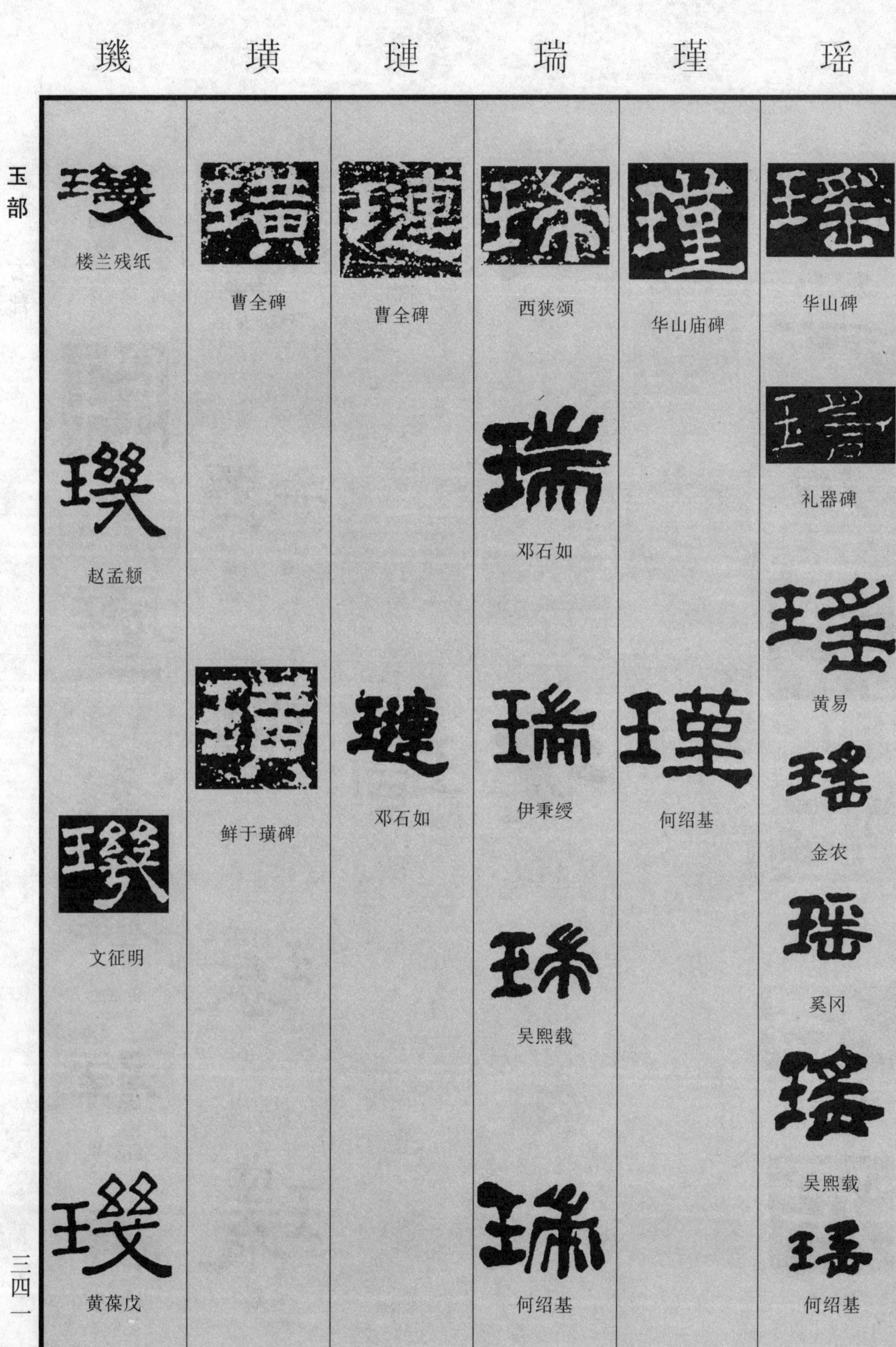

璣：楼兰残纸　赵孟頫　文征明　黄葆戊

璜：曹全碑　鲜于璜碑

璉：曹全碑　邓石如

瑞：西狭颂　邓石如　伊秉绶　吴熙载　何绍基

瑾：华山庙碑　何绍基

瑶：华山碑　礼器碑　黄易　金农　奚冈　吴熙载　何绍基

## 石

楼兰残纸

居延汉简

武威医简

尹宙碑

西狭颂

鲜于璜碑

景君碑

## 瓛

金农

## 瓊

吴叡

邓石如

## 璿

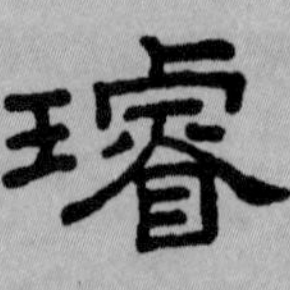

王澍

黄葆戊

## 環

马王堆帛书

楼兰残纸

赵孟頫

王澍

黄葆戊

## 璧

马王堆帛书

景君碑

赵孟頫

桂馥

伊秉绶

何绍基

赵之谦

研　破　砥

石部

**研**

桂馥

邓石如

伊秉绶

陈鸿寿

何绍基

赵之谦

来楚生

**破**

马王堆帛书

居延汉简

西狭颂

邓石如

汪士慎

何绍基

来楚生

**砥**

衡方碑

阮元

**石**

邓石如

桂馥

黄易

陈鸿寿

郑簠

何绍基

赵之谦

吴昌硕

衡方碑

乙瑛碑

张景碑

曹全碑

广武将军碑

伊秉绶

金农

邓石如

韩仁铭

华山碑

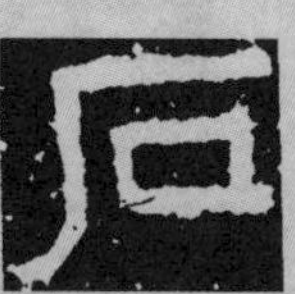
张迁碑

夏承碑

史晨碑

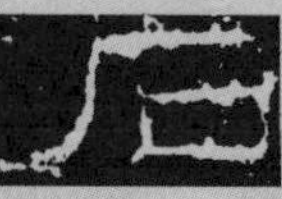
礼器碑

石门颂

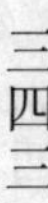

白 磬 碩 碧 碣 碑



## 碑

华山碑

韩择木

邓石如

金农

吴熙载

何绍基

吴昌硕

## 碣

赵孟頫

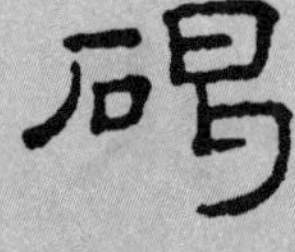
王澍

黄葆戊

## 碧

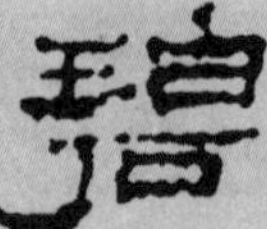
楼兰残纸

金农

郑簠

邓石如

## 碩

鲁峻碑

赵之谦

吴昌硕

俞樾

## 磬

礼器碑

邓石如

吴熙载

## 白

马王堆帛书

楼兰残纸

武威医简

曹全碑

张迁碑

泰山金刚经

广武将军碑

的　　　　　　　百

郑簠

金农

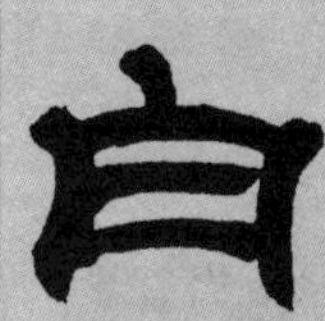
邓石如

伊秉绶

吴熙载

何绍基

赵之谦

来楚生

睡虎地秦简

马王堆帛书

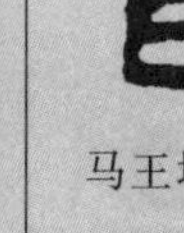
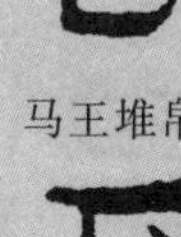
楼兰残纸

居延汉简

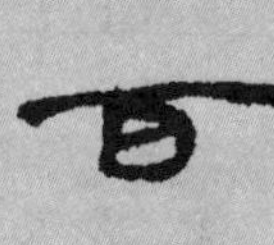
武威医简

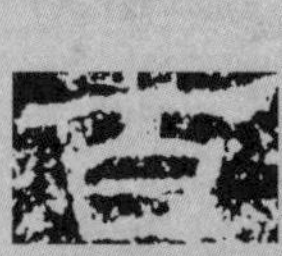
尹宙碑

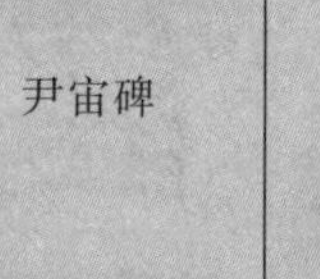

莱子侯刻石

史晨碑

封龙山颂

西狭颂

夏承碑

礼器碑

石门颂

乙瑛碑

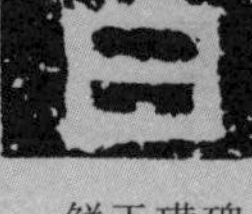
鲜于璜碑

衡方碑

鲁峻碑

曹全碑

张迁碑

广武将军碑

华山碑

李隆基

赵孟頫

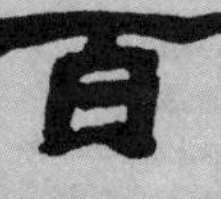
邓石如

伊秉绶

金农

郑簠

桂馥

吴熙载

何绍基

鲁峻碑

赵孟頫

桂馥

王澍

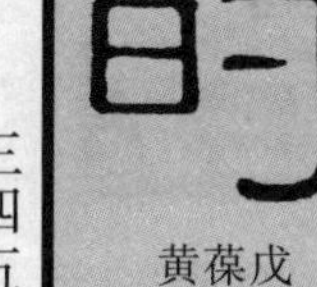
黄葆戊

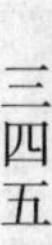

皋　　皇　　皆

白部

礼器碑

钱沣

王澍

邓石如

郑簠

赵孟頫

吴熙载

何绍基

赵之谦

金农

何绍基

华山碑

韩择木

王澍

邓石如

陈鸿寿

桂馥

伊秉绶

马王堆帛书

武威医简

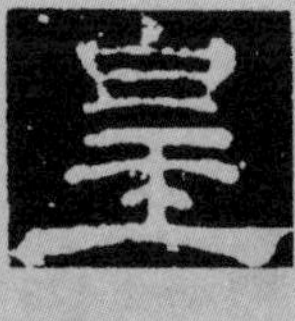
夏承碑

鲜于璜碑

礼器碑

石门颂

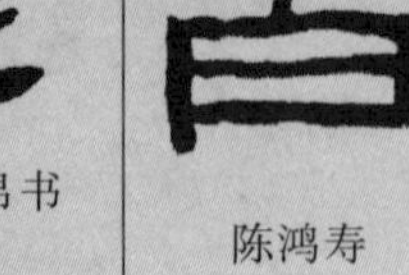
陈鸿寿

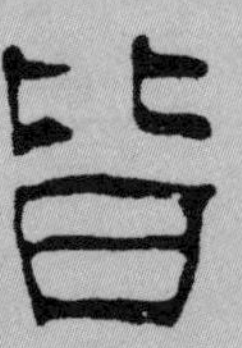
汪士慎

邓石如

睡虎地秦简

马王堆帛书

居延汉简

武威医简

华山庙碑

矜　甌　甄　瓦　皤　皖



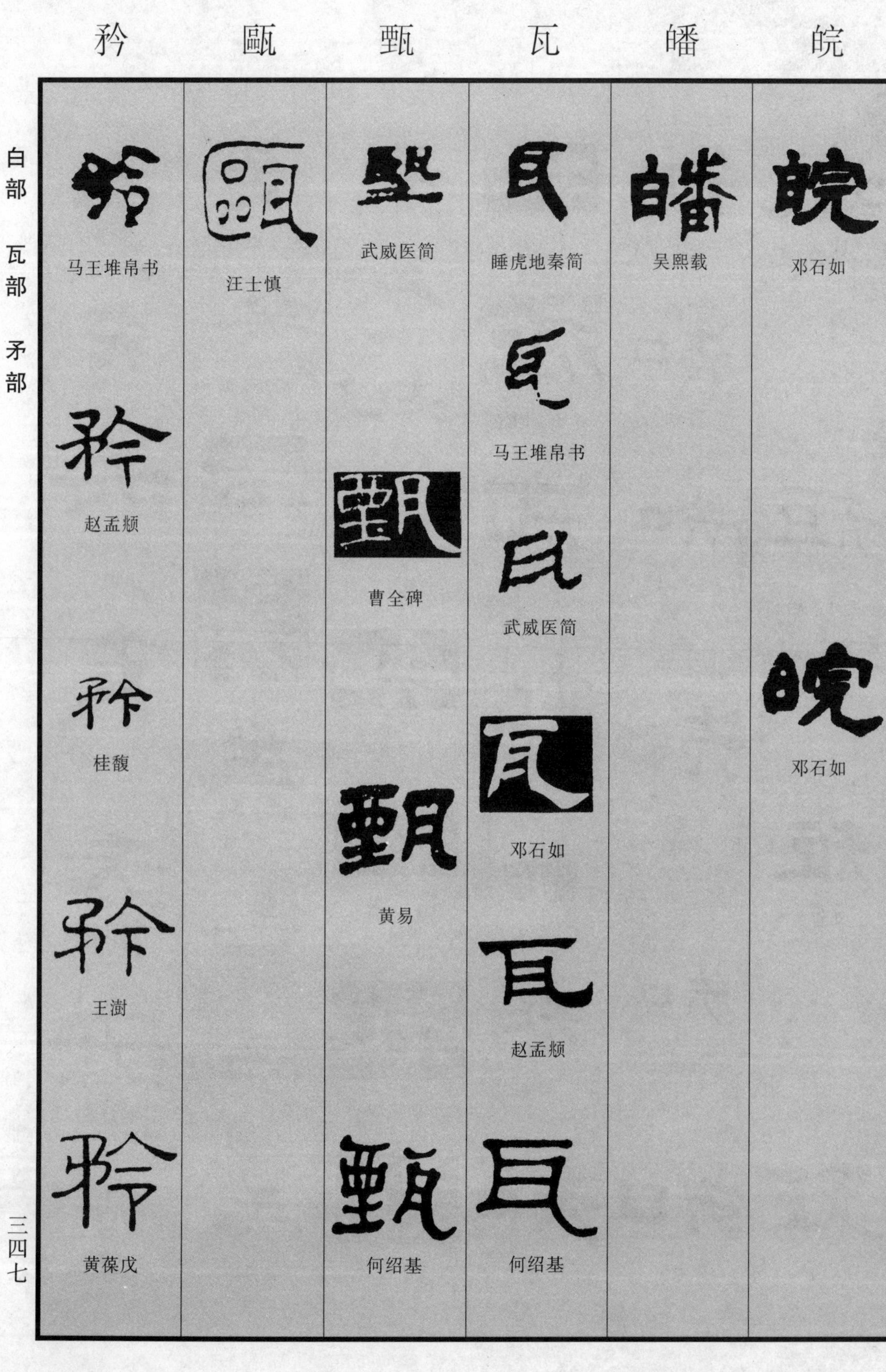

马王堆帛书
赵孟頫
桂馥
王澍
黄葆戊
汪士慎
武威医简
曹全碑
黄易
何绍基
睡虎地秦简
马王堆帛书
武威医简
邓石如
赵孟頫
何绍基
吴熙载
邓石如
邓石如

## 矢

睡虎地秦简

马王堆帛书

楼兰残纸

居延汉简

武威医简

陈鸿寿

邓石如

## 矣

马王堆帛书

楼兰残纸

鲜于璜碑

夏承碑

邓石如

郑簠

伊秉绶

吴熙载

## 知

马王堆帛书

楼兰残纸

居延汉简

武威医简

鲜于璜碑

石门颂

西狭颂

熹平石经

张迁碑

泰山金刚经

伊秉绶

汪士慎

金农

黄易

陈鸿寿

邓石如

王澍

吴熙载

何绍基

俞樾

来楚生

## 矩

赵孟頫

王澍

邓石如

何绍基

生 矱 矯 短 矧

景君碑

鲁峻碑

泰山金刚经

金农

郑簠

伊秉绶

睡虎地秦简

马王堆帛书

武威医简

居延汉简

武威医简

张迁碑

史晨碑

曹全碑

吴叡

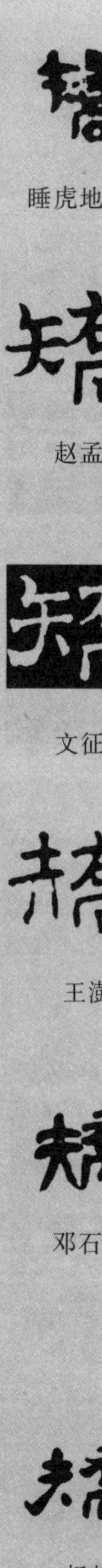
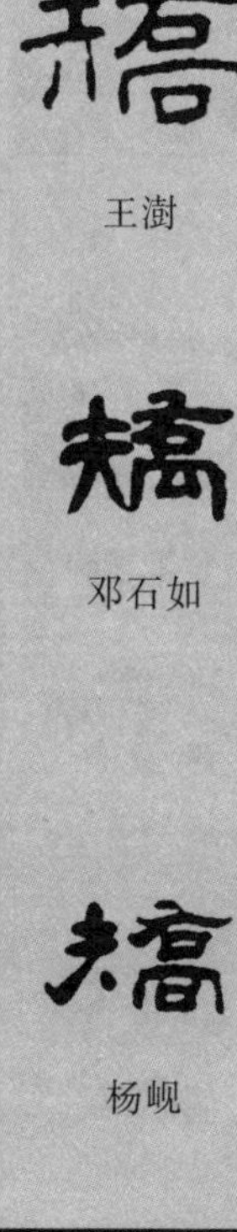

睡虎地秦简

赵孟頫

文征明

王澍

邓石如

杨岘

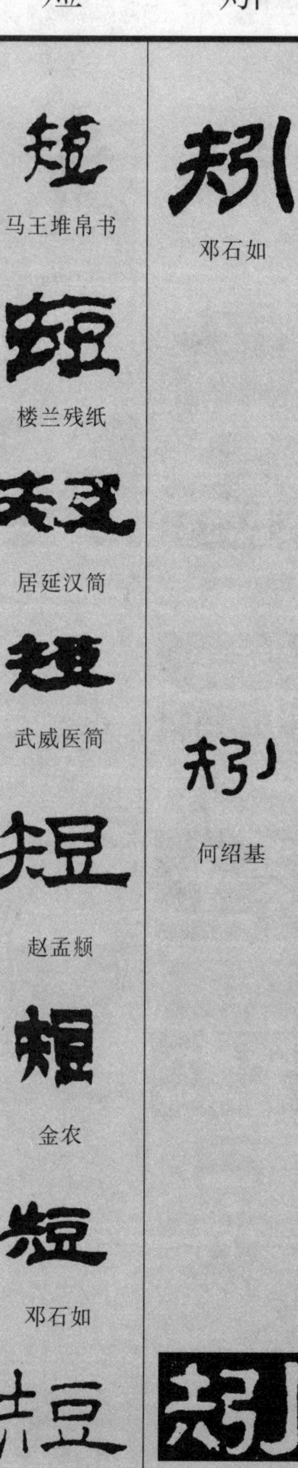

马王堆帛书

楼兰残纸

居延汉简

武威医简

赵孟頫

金农

邓石如

王澍

邓石如

何绍基

伊立勋

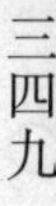

生

陈鸿寿

黄易

吴熙载

何绍基

赵之谦

產

睡虎地秦简

马王堆帛书

楼兰残纸

曹全碑

鲁峻碑

韩仁铭

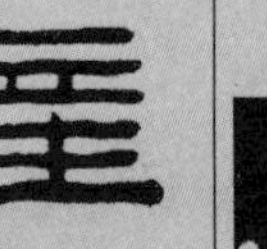
邓石如

伊秉绶

陈鸿寿

金农

何绍基

示

马王堆帛书

武威医简

西狭颂

夏承碑

张迁碑

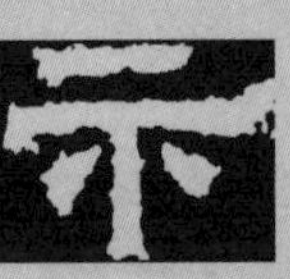
鲜于璜碑

邓石如

陈鸿寿

何绍基

吴熙载

俞樾

社

马王堆帛书

居延汉简

尹宙碑

礼器碑

张迁碑

史晨碑

邓石如

伊秉绶

示部

祈

华山碑

史晨碑

何绍基

赵之谦

金农

祁

熹平石经

郑簠

邓石如

金农

礿

金农

何绍基

祀

金农

桂馥

伊秉绶

何绍基

赵之谦

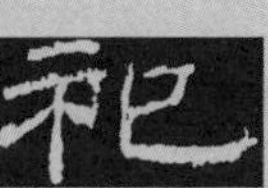
乙瑛碑

韩仁铭

史晨碑

尹宙碑

华山碑

封龙山颂

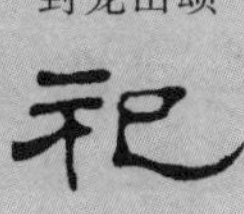
郑簠

何绍基

金农

吴昌硕

## 祖

礼器碑

曹全碑

熹平石经

尹宙碑

陈鸿寿

桂馥

黄易

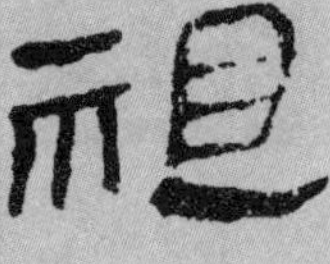
马王堆帛书

武威医简

张迁碑

鲜于璜碑

衡方碑

夏承碑

石门颂

## 祐

景君碑

金农

邓石如

陈鸿寿

桂馥

何绍基

## 祚

鲜于璜碑

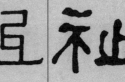

邓石如

陈鸿寿

吴熙载

何绍基

## 祇

孔宙碑

赵孟頫

文征明

黄易

钱泳

黄葆戉

## 祉

景君碑

夏承碑

张迁碑

郑簠

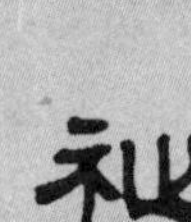
邓石如

吴熙载

何绍基

神　祝　祜　祕

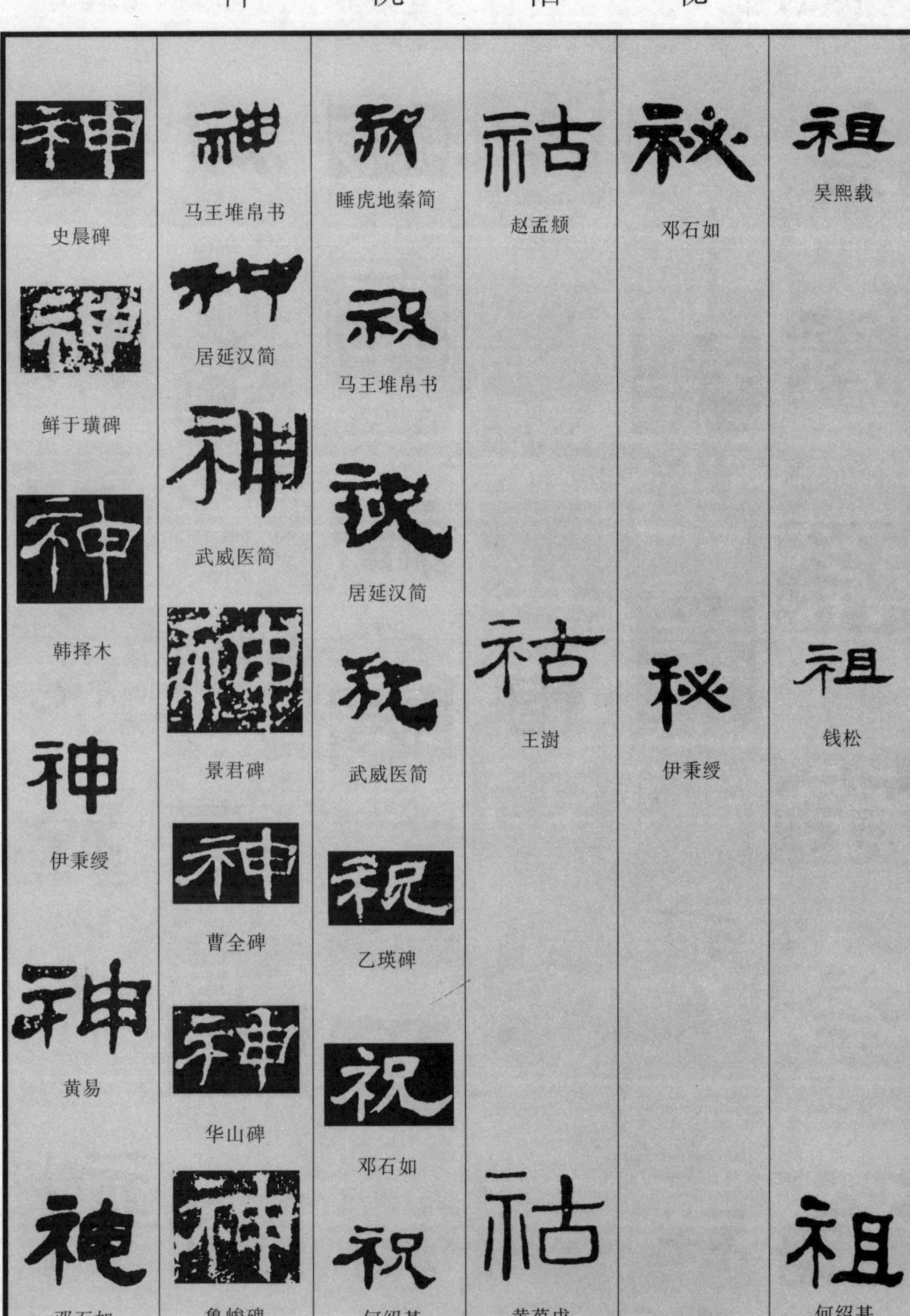
史晨碑
鲜于璜碑
韩择木
伊秉绶
黄易
邓石如
马王堆帛书
居延汉简
武威医简
景君碑
曹全碑
华山碑
鲁峻碑
睡虎地秦简
马王堆帛书
居延汉简
武威医简
乙瑛碑
邓石如
何绍基
赵孟頫
王澍
黄葆戊
邓石如
伊秉绶
吴熙载
钱松
何绍基

祭　祥　祠

马王堆帛书

武威医简

曹全碑

华山碑

赵孟頫

封龙山颂

马王堆帛书

华山碑

衡方碑

郑簠

黄易

何绍基

赵之谦

华山碑

华山庙碑

金农

伊秉绶

郑簠

邓石如

吴熙载

睡虎地秦简

马王堆帛书

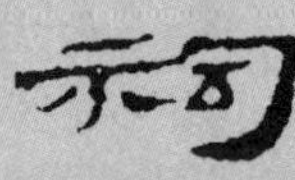

居延汉简

乙瑛碑

韩仁铭

孔宙碑

史晨碑

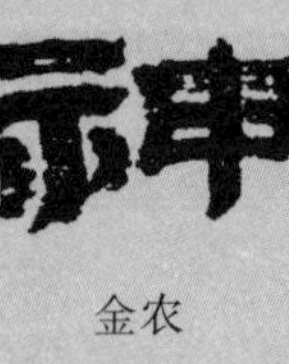

金农

邓石如

何绍基

徐三庚

赵之谦

吴昌硕

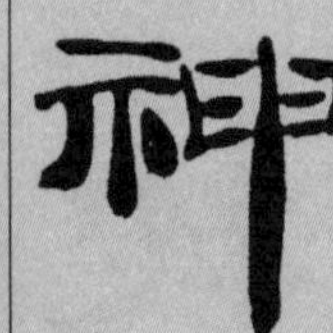

来楚生

禁　禄　祺

邓石如
俞樾
何绍基

睡虎地秦简
居延汉简
武威医简
鲜于璜碑
曹全碑
礼器碑

金农
郑簠
邓石如
吴熙载
何绍基

居延汉简
武威医简
曹全碑
西狭颂
张迁碑
夏承碑
赵孟頫

曹全碑
吴大澂
吴昌硕

金农
王澍
邓石如
何绍基
赵之谦

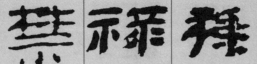

禋　　禊　　福　　禍

## 禋

华山碑

桂馥

## 禊

陈鸿寿

## 福

黄易

郑簠

陈鸿寿

桂馥

赵之谦

何绍基

景君碑

曹全碑

泰山金刚经

华山庙碑

赵孟頫

邓石如

马王堆帛书

居延汉简

礼器碑

鲁峻碑

华山碑

尹宙碑

西狭颂

## 禍

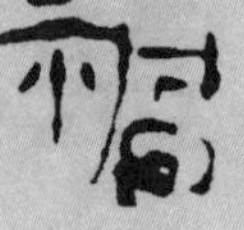

马王堆帛书

赵孟頫

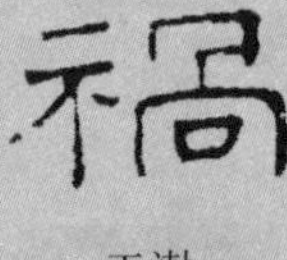

王澍

金农

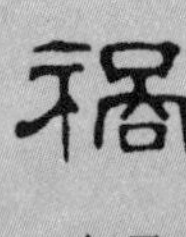

何震

黄葆戊

## 禪

邓石如

邓石如

伊秉绶

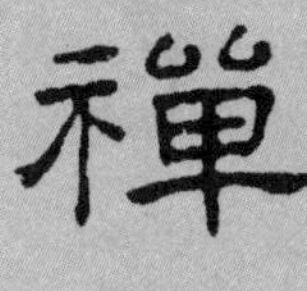
王澍

桂馥

何绍基

吴昌硕

## 禮

马王堆帛书

景君碑

石门颂

夏承碑

韩仁铭

西狭颂

礼器碑

鲜于璜碑

乙瑛碑

衡方碑

曹全碑

华山碑

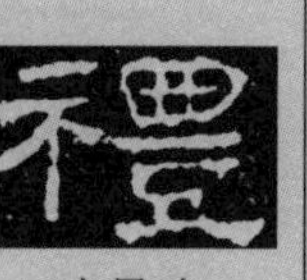
史晨碑

华山庙碑

赵孟頫

郑簠

金农

黄易

邓石如

桂馥

陈鸿寿

王澍

吴熙载

何绍基

钱松

杨岘

吴大澂

## 禱

华山碑

金农

何绍基

何绍基

秉 和 秀 禾 禳

伊秉绶 王澍 何绍基 俞樾 黄葆戊

尹宙碑 曹全碑 鲜于璜碑 鲁峻碑 广武将军碑 赵孟頫

睡虎地秦简 马王堆帛书 楼兰残纸 武威医简 郑簠 黄易 伊秉绶

衡方碑 邓石如 金农 徐三庚 伊立勋

睡虎地秦简 马王堆帛书 楼兰残纸 居延汉简 西狭颂 邓石如 吴熙载 何绍基

华山碑 黄易 金农 何绍基

秩

睡虎地秦简

居延汉简

华山碑

西狭颂

封龙山颂

景君碑

科

陈鸿寿

吴熙载

秋

奚冈

吴熙载

何绍基

徐三庚

王禔

史晨碑

孔宙碑

华山庙碑

金农

郑簠

邓石如

陈鸿寿

伊秉绶

马王堆帛书

楼兰残纸

居延汉简

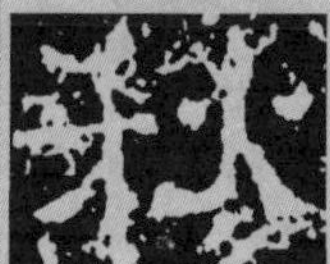
尹宙碑

景君碑

衡方碑

石门颂

租

睡虎地秦简

居延汉简

广武将军碑

## 移

陈鸿寿

睡虎地秦简

居延汉简

石涛

武威医简

鲜于璜碑

张景碑

黄葆戉

赵孟頫

金农

来楚生

桂馥

## 秦

吴熙载

何绍基

李瑞清

吴昌硕

来楚生

广武将军碑

华山庙碑

李隆基

赵孟頫

邓石如

桂馥

睡虎地秦简

马王堆帛书

楼兰残纸

曹全碑

礼器碑

史晨碑

鲜于璜碑

邓石如

金农

黄易

何绍基

赵之谦

## 種　稍　禀　程　税

金农

邓石如

何绍基

马王堆帛书

居延汉简

张迁碑

衡方碑

史晨碑

泰山金刚经

武威医简

郑簠

邓石如

何绍基

华山碑

吴熙载

睡虎地秦简

马王堆帛书

居延汉简

曹全碑

桂馥

邓石如

赵孟頫

文征明

王澍

黄葆戊

稿 稻 稷 稱

| 稿 | 稻 | 稷 | 稷 | 稱 | 稱 |
| --- | --- | --- | --- | --- | --- |
| 赵孟頫 | 邓石如 | 文征明 | 马王堆帛书 | 石涛 | 马王堆帛书 |
| 俞樾 | 何绍基 | 赵孟頫 | 史晨碑 | 王澍 | 武威医简 |
| 黄葆戊 | | 王澍 | 张迁碑 | 郑簠 | 史晨碑 |
| | | 伊秉绶 | 封龙山颂 | 邓石如 | 衡方碑 |
| | | 吴熙载 | 邓石如 | 桂馥 | 衡方碑 |
| | | 赵之谦 | 何绍基 | 俞樾 | 赵孟頫 |
| | | | | | 金农 |

穆　稼　穀　稽

西狭颂

张迁碑

礼器碑

夏承碑

鲁峻碑

衡方碑

睡虎地秦简

楼兰残纸

石门颂

邓石如

赵孟頫

王澍

吴熙载

何绍基

何绍基

马王堆帛书

楼兰残纸

居延汉简

武威医简

西狭颂

曹全碑

张迁碑

赵孟頫

金农

伊秉绶

邓石如

吴熙载

何绍基

来楚生

马王堆帛书

居延汉简

史晨碑

礼器碑

鲜于璜碑

乙瑛碑

衡方碑

穰 穢 穑 積

郑簠

吴熙载

何绍基

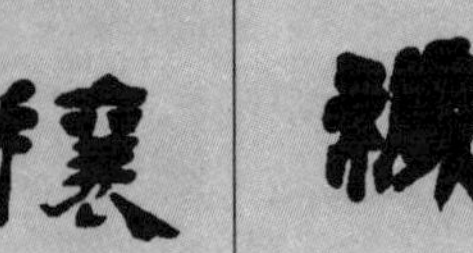
何绍基

熹平石经

鲁峻碑

吴叡

徐三庚

封龙山颂

赵孟頫

文征明

王澍

邓石如

陈豫钟

黄葆戊

石门颂

景君碑

华山庙碑

邓石如

金农

吴熙载

何绍基

睡虎地秦简

马王堆帛书

楼兰残纸

居延汉简

武威医简

夏承碑

华山庙碑

郑簠

桂馥

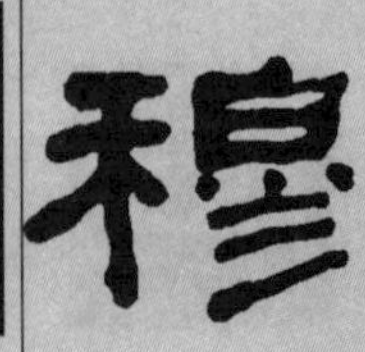
何绍基

## 田

睡虎地秦简

马王堆帛书

楼兰残纸

居延汉简

武威医简

熹平石经

孔宙碑

石门颂

赵孟頫

王澍

邓石如

何绍基

赵之谦

## 由

居延汉简

武威医简

华山碑

石门颂

衡方碑

金农

邓石如

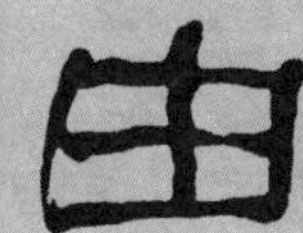
何绍基

## 甲

睡虎地秦简

马王堆帛书

楼兰残纸

居延汉简

武威医简

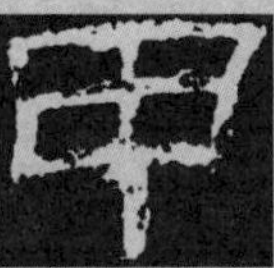
乙瑛碑

张景碑

韩仁铭

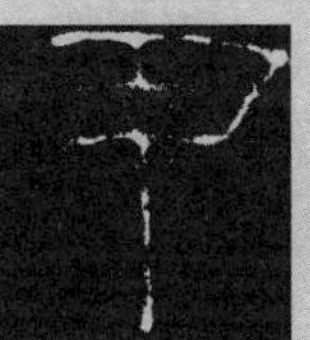
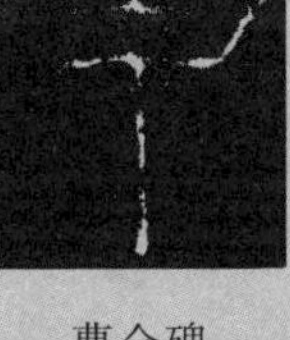

曹全碑

韩择木

邓石如

吴熙载

王澍

何绍基

## 男

睡虎地秦简

马王堆帛书

居延汉简

居延汉简

熹平石经

张景碑

泰山金刚经

畔　畏　界　畀



赵孟頫

王澍

郑簠

邓石如

何绍基

马王堆帛书

武威医简

尹宙碑

邓石如

伊秉绶

居延汉简

衡方碑

泰山金刚经

广武将军碑

何绍基

吴熙载

马王堆帛书

衡方碑

赵孟頫

伊秉绶

王澍

何绍基

居延汉简

礼器碑

史晨碑

鲜于璜碑

邓石如

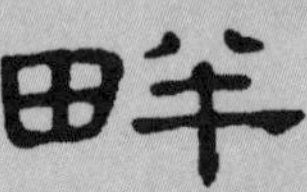
王澍

吴熙载

何绍基

黄葆戊

来楚生

## 晦

赵之谦

黄葆戉

## 畫

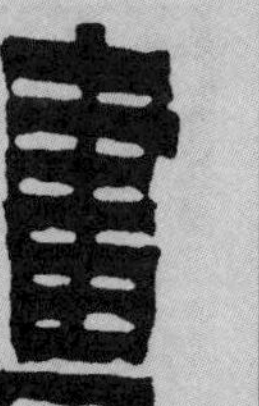
金农

陈鸿寿

伊秉绶

邓石如

王澍

何绍基

来楚生

马王堆帛书

楼兰残纸

居延汉简

熹平石经

礼器碑

赵孟頫

桂馥

## 略

张迁碑

广武将军碑

金农

邓石如

吴熙载

何绍基

赵之谦

## 畢

马王堆帛书

居延汉简

武威医简

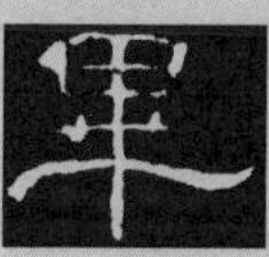
曹全碑

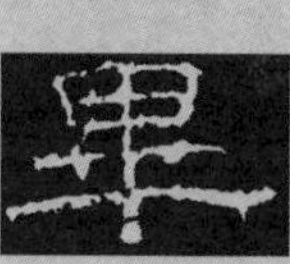
张迁碑

邓石如

何绍基

## 畝

陈鸿寿

王澍

## 留

乙瑛碑

金农

郑簠

陈鸿寿

桂馥

吴熙载

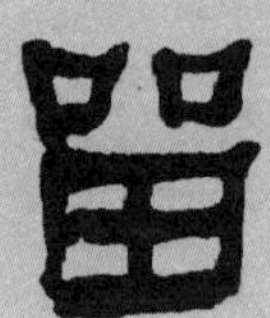
何绍基

马王堆帛书

居延汉简

武威医简

张迁碑

鲁峻碑

衡方碑

景君碑

## 畋

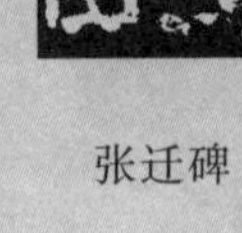
张迁碑

吴叡

何绍基

翁同和

## 異

马王堆帛书

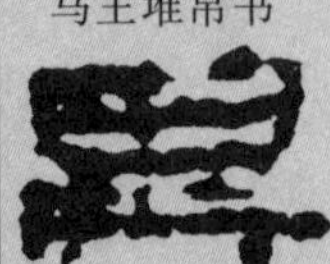
居延汉简

武威医简

礼器碑

西狭颂

衡方碑

封龙山颂

文征明

黄易

王澍

桂馥

吴熙载

何绍基

俞樾

钱松

杨岘

疇　疆　畿　畹　當

## 疇

景君碑

韩择木

邓石如

吴熙载

何绍基

## 疆

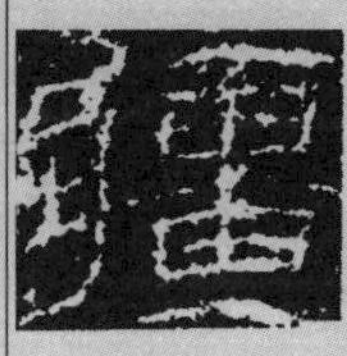
封龙山颂

华山碑

黄易

## 畿

张迁碑

何绍基

## 畹

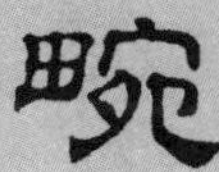
吴叡

王澍

## 當

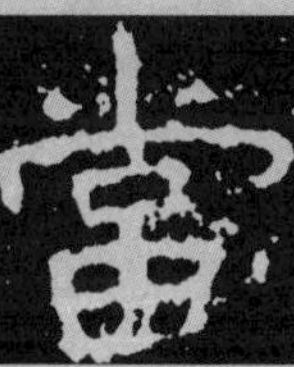
尹宙碑

赵孟頫

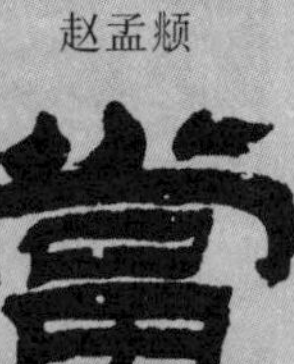

金农

邓石如

吴熙载

何绍基

来楚生

睡虎地秦简

马王堆帛书

居延汉简

楼兰残纸

武威医简

鲁峻碑

鲜于璜碑

用 甫 甯 甘

马王堆帛书

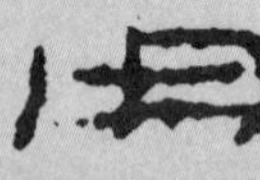
居延汉简

华山碑

石门颂

鲜于璜碑

衡方碑

礼器碑

张迁碑

莱子侯刻石

泰山金刚经

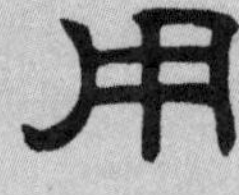
赵孟頫

邓石如

金农

赵孟頫

何绍基

景君碑

礼器碑

曹全碑

尹宙碑

金农

伊秉绶

吴叡

马王堆帛书

居延汉简

华山碑

景君碑

封龙山颂

赵孟頫

邓石如

伊秉绶

高翔

王澍

吴熙载

何绍基

赵之谦

甘部　目部

## 甚

马王堆帛书

武威医简

居延汉简

陈鸿寿

王澍

## 甞

陈鸿寿

来楚生

居延汉简

武威医简

韩择木

赵孟頫

金农

王澍

邓石如

## 目

睡虎地秦简

马王堆帛书

居延汉简

武威医简

赵孟頫

文征明

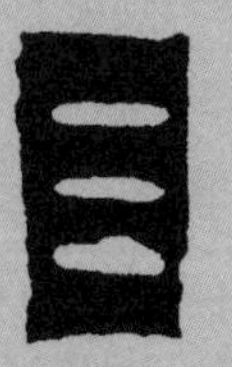
金农

邓石如

王澍

桂馥

吴熙载

何绍基

徐三庚

吴昌硕

## 盲

吴昌硕

曹全碑

眉　　　　　　省　盾　　　　直

吴叡

邓石如

何绍基

金农

陈鸿寿

黄易

邓石如

伊秉绶

何绍基

睡虎地秦简

马王堆帛书

居延汉简

华山碑

张景碑

赵孟頫

桂馥

睡虎地秦简

睡虎地秦简

居延汉简

礼器碑

赵孟頫

邓石如

陈鸿寿

金农

何绍基

马公愚

马王堆帛书

楼兰残纸

居延汉简

熹平石经

西狭颂

乙瑛碑

曹全碑

眠　真　眎　看　眇

目部

赵孟頫

吴熙载

王澍

伊秉绶

金农

何绍基

来楚生

吴湖帆

黄葆戊

睡虎地秦简

马王堆帛书

居延汉简

景君碑

礼器碑

赵孟頫

高翔

邓石如

邓石如

吴熙载

何绍基

来楚生

来楚生

马公愚

马王堆帛书

礼器碑

黄葆戊

| 眔 | 眷 | 眼 | 眺 | 眸 | 眩 |
|---|---|---|---|---|---|
| 睡虎地秦简 |  华山庙碑 | 石涛 |  华山庙碑 | 来楚生 | 吴叡 |
|  马王堆帛书 | 吴熙载 | 金农 |  金农 | | 邓石如 |
|  居延汉简 | | 陈鸿寿 | 邓石如 | | |
|  武威医简 | | 何绍基 | 杨岘 | | |
|  熹平石经 | | 吴湖帆 | 吴昌硕 | | |
|  华山庙碑 | | 来楚生 | 黄葆戊 | | |
|  泰山金刚经 | | | 王褆 | | |

瞨　督　睡

目部

熹平石经

何绍基

吴大澂

赵之谦

尹宙碑

石门颂

鲁峻碑

张迁碑

鲜于璜碑

礼器碑

吴熙载

楼兰残纸

居延汉简

景君碑

曹全碑

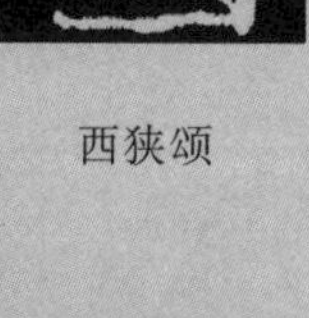
西狭颂

夏承碑

郑簠

金农

邓石如

吴熙载

郑簠

金农

邓石如

陈鸿寿

何绍基

赵之谦

吴昌硕

吴湖帆

## 睨

吴叡

桂馥

## 睹

杨岘

## 睦

鲜于璜碑

赵孟頫

文征明

黄葆戊

## 睱

华山庙碑

## 瞑

文征明

王澍

陈豫钟

赵之谦

黄葆戊

## 瞻

马王堆帛书

史晨碑

赵孟頫

何绍基

杨岘

吴昌硕

黄葆戊

## 矚

金农

## 益

睡虎地秦简

马王堆帛书

居延汉简

熹平石经

景君碑

华山庙碑

石门颂

李隆基

赵孟頫

金农

邓石如

伊秉绶

王澍

吴熙载

俞樾

何绍基

吴昌硕

来楚生

## 盈

睡虎地秦简

马王堆帛书

赵孟頫

邓石如

王澍

吴熙载

徐三庚

## 盖

马王堆帛书

居延汉简

熹平石经

景君碑

曹全碑

監 盟 盜 盛

马王堆帛书

武威医简

华山碑

邓石如

邓石如

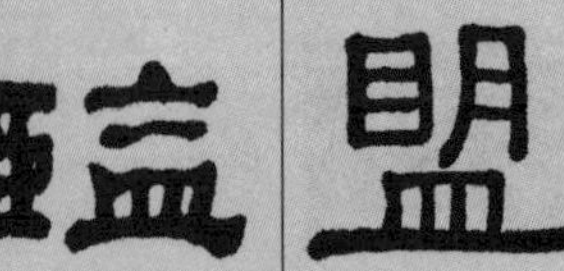
何绍基

熹平石经

赵孟頫

文征明

王澍

伊立勋

黄葆戊

睡虎地秦简

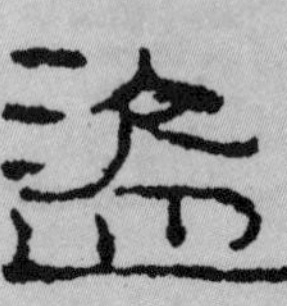
居延汉简

景君碑

熹平石经

赵孟頫

文征明

王澍

景君碑

赵孟頫

邓石如

吴熙载

吴昌硕

马王堆帛书

居延汉简

武威医简

尹宙碑

鲁峻碑

鲜于璜碑

礼器碑

邓石如

陈鸿寿

吴熙载

何绍基

吴昌硕

马公愚

黄葆戊

盡

马王堆帛书

楼兰残纸

居延汉简

武威医简

熹平石经

尹宙碑

史晨碑

赵孟頫

邓石如

陈鸿寿

陈豫钟

桂馥

吴熙载

何绍基

来楚生

盤

韩择木

赵孟頫

王澍

邓石如

伊秉绶

吴熙载

何绍基

盧

马王堆帛书

居延汉简

桂馥

赵之谦

鹽

武威医简

桂馥

陈鸿寿

何绍基

伊立勋

## 肉

睡虎地秦简

马王堆帛书

楼兰残纸

武威医简

史晨碑

桂馥

何绍基

## 育

楼兰残纸

熹平石经

曹全碑

鲜于璜碑

礼器碑

韩择木

## 肌

杨岘

何绍基

何震

王禔

## 股

武威医简

武威医简

张迁碑

伊秉绶

邓石如

何绍基

## 肥

马王堆帛书

武威医简

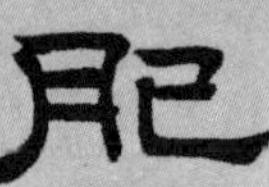
赵孟頫

文征明

王澍

邓石如

何绍基

黄葆戊

## 肩

马王堆帛书

居延汉简

武威医简

何震

肉部

## 胄

曹全碑

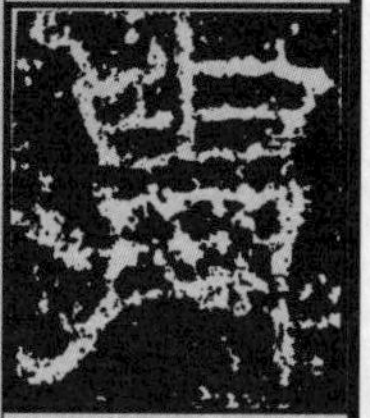
尹宙碑

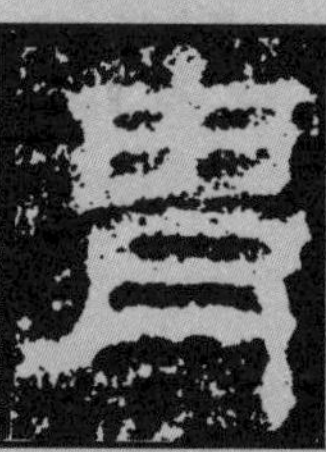
鲁峻碑

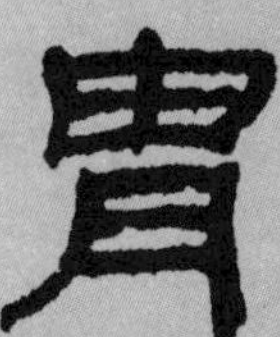
黄易

吴熙载

何绍基

王禔

## 背

居延汉简

武威医简

衡方碑

赵孟頫

邓石如

王澍

何绍基

## 胃

马王堆帛书

居延汉简

武威医简

## 肯

马王堆帛书

楼兰残纸

礼器碑

吴熙载

何绍基

## 胖

熹平石经

陈鸿寿

## 能

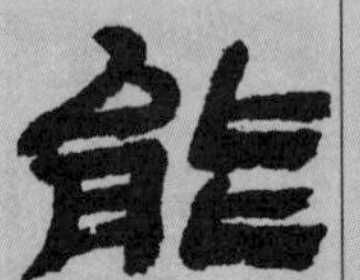
金农

郑簠

吴熙载

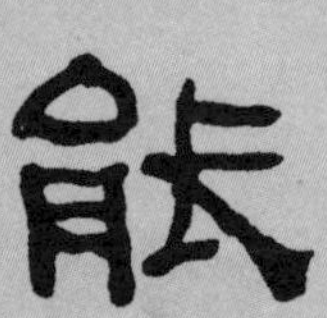
何绍基

来楚生

衡方碑

张迁碑

泰山金刚经

赵孟頫

邓石如

伊秉绶

陈鸿寿

马王堆帛书

居延汉简

武威医简

乙瑛碑

封龙山颂

西狭颂

史晨碑

## 肱

张迁碑

邓石如

何绍基

## 胙

史晨碑

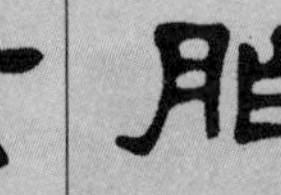
莫友芝

何绍基

## 胡

武威医简

居延汉简

武威医简

夏承碑

礼器碑

邓石如

何绍基

膳　膠　脱　膚　膏　膓



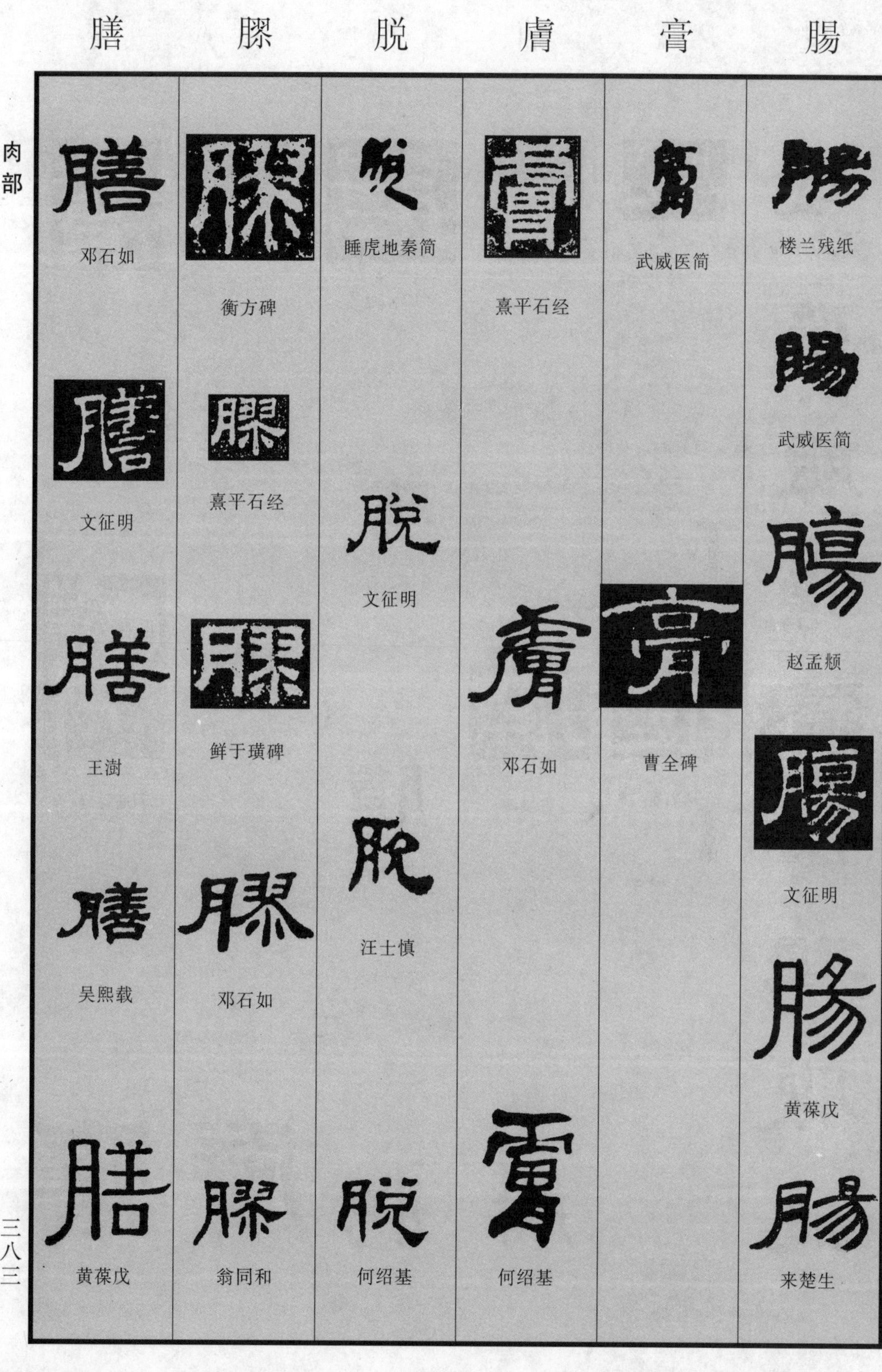
邓石如
衡方碑
睡虎地秦简
熹平石经
武威医简
楼兰残纸
文征明
熹平石经
武威医简
文征明
赵孟頫
王澍
鲜于璜碑
邓石如
曹全碑
文征明
吴熙载
邓石如
汪士慎
黄葆戊
黄葆戊
翁同和
何绍基
何绍基
来楚生

腹　臚　脯　臈　臂　膺



## 腹

马王堆帛书

楼兰残纸

武威医简

居延汉简

华山碑

金农

桂馥

邓石如

陈鸿寿

## 臚

韩择木

邓石如

## 脯

武威医简

史晨碑

何绍基

## 臈

张迁碑

邓石如

何绍基

翁同和

## 臂

马王堆帛书

居延汉简

武威医简

楼兰残纸

邓石如

## 膺

鲜于璜碑

景君碑

何绍基

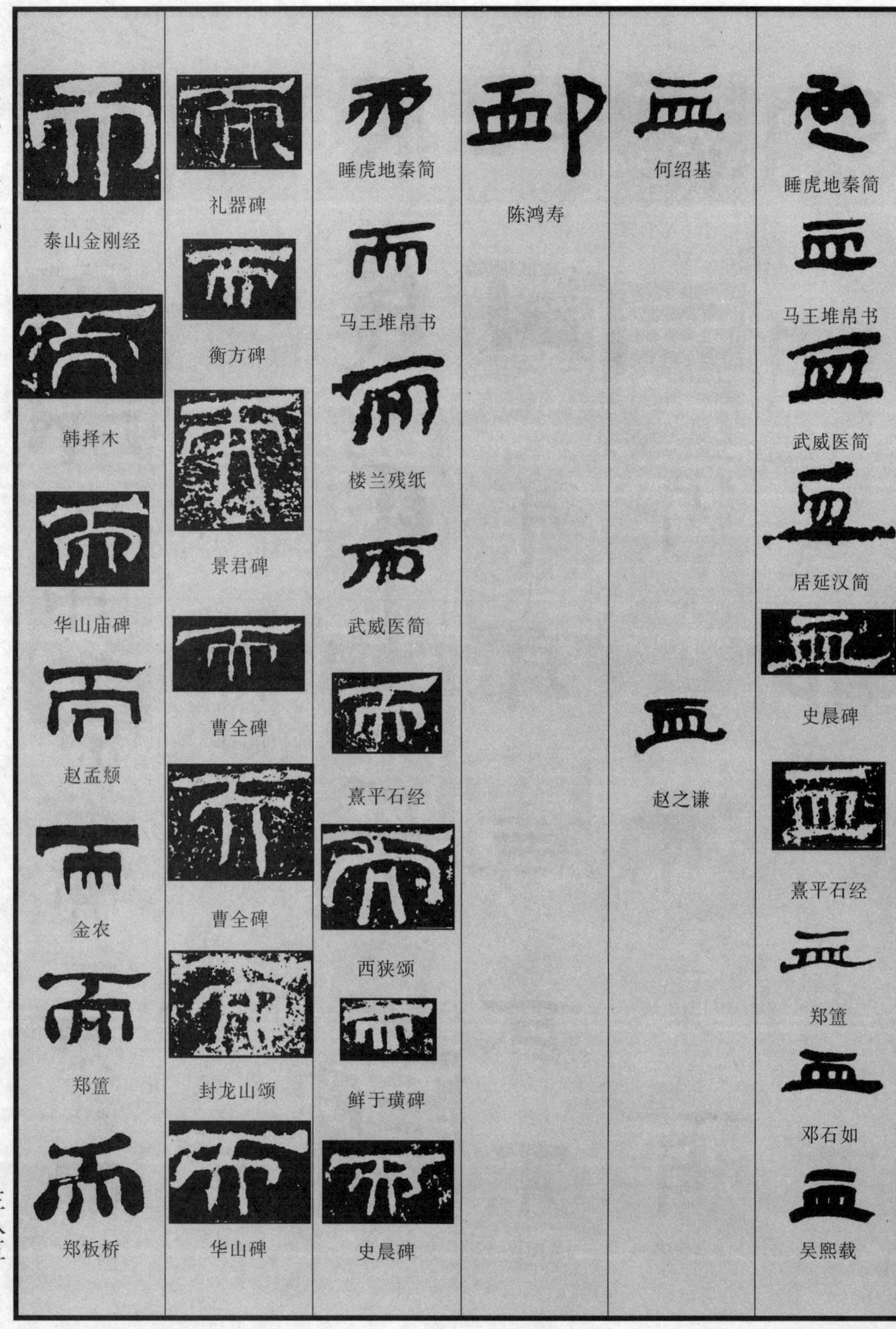
泰山金刚经
韩择木
华山庙碑
赵孟頫
金农
郑簠
郑板桥
礼器碑
衡方碑
景君碑
曹全碑
曹全碑
封龙山颂
华山碑
睡虎地秦简
马王堆帛书
楼兰残纸
武威医简
熹平石经
西狭颂
鲜于璜碑
史晨碑
陈鸿寿
何绍基
赵之谦
睡虎地秦简
马王堆帛书
武威医简
居延汉简
史晨碑
熹平石经
郑簠
邓石如
吴熙载

耶　耳

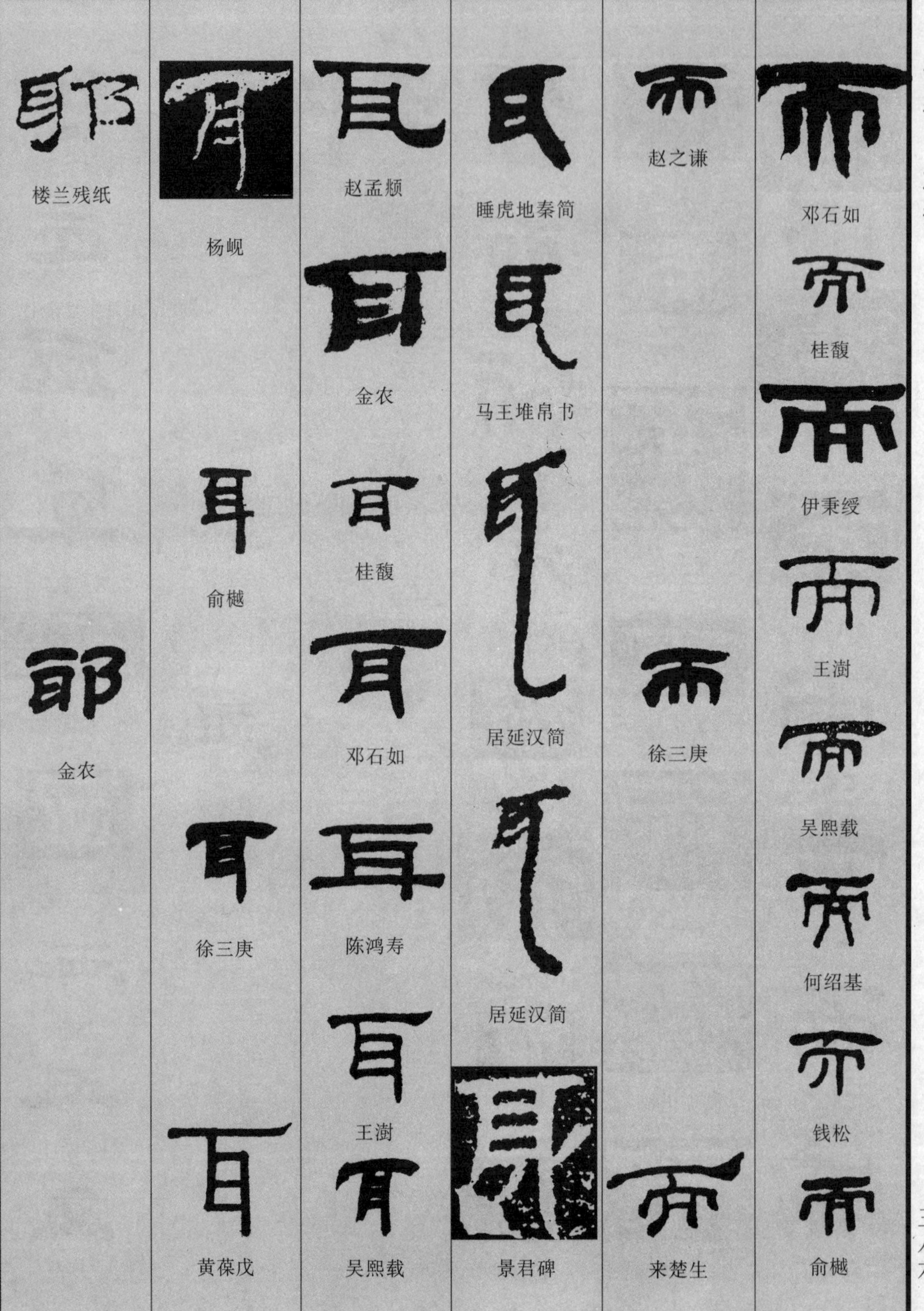
楼兰残纸
金农
杨岘
俞樾
徐三庚
黄葆戊
赵孟頫
金农
桂馥
邓石如
陈鸿寿
王澍
吴熙载
睡虎地秦简
马王堆帛书
居延汉简
居延汉简
景君碑
赵之谦
徐三庚
来楚生
邓石如
桂馥
伊秉绶
王澍
吴熙载
何绍基
钱松
俞樾

## 聖

石门颂

封龙山颂

曹全碑

熹平石经

景君碑

韩择木

桂馥

楼兰残纸

居延汉简

史晨碑

鲜于璜碑

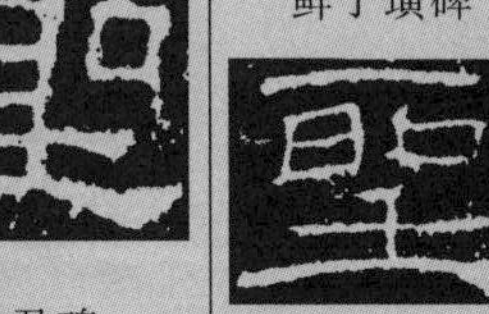

礼器碑

乙瑛碑

## 聊

楼兰残纸

桂馥

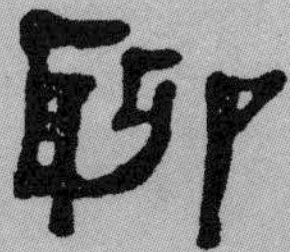
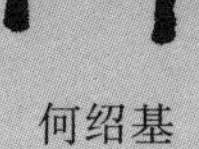

何绍基

## 聆

赵孟頫

文征明

王澍

黄葆戉

## 耽

衡方碑

史晨碑

景君碑

赵孟頫

文征明

陈鸿寿

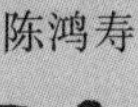

吴熙载

何绍基

## 耿

史晨碑

吴叡

何绍基

莫友芝

## 聞

礼器碑

韩仁铭

鲜于璜碑

泰山金刚经

马王堆帛书

敦煌楼兰

居延汉简

武威汉简

衡方碑

## 聚

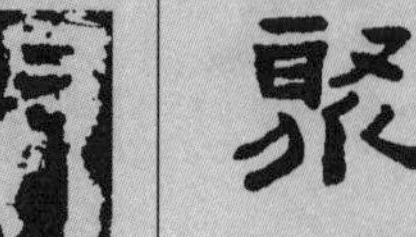
陈鸿寿

吴让之

莫友芝

俞樾

银雀山汉简

华山庙碑

赵子昂

伊秉绶

## 聘

鲜于璜碑

熹平石经

伊立勋

何震

## 聖

郑簠

邓石如

伊秉绶

吴让之

何绍基

赵之谦

杨沂孙

## 聶

马王堆帛书

砖文

## 聲

郑簠

伊秉绶

邓石如

何绍基

来楚生

胡小石

王禔

鲜于璜碑

礼器碑

韩择木

赵孟頫

桂馥

睡虎地秦简

赵之谦

居延汉简

武威医简

衡方碑

张迁碑

孔宙碑

## 聰

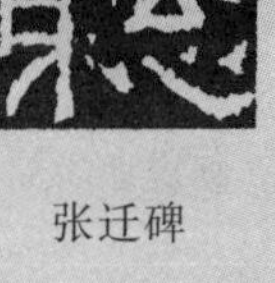
张迁碑

金农

伊秉绶

吴熙载

何绍基

赵之谦

## 聯

邓石如

郑簠

莫友芝

自　　聽　　職

石门颂

尹宙碑

张迁碑

史晨碑

韩择木

赵孟頫

汪士慎

睡虎地秦简

马王堆帛书

居延汉简

居延汉简

鲁峻碑

华山碑

景君碑

陈鸿寿

何绍基

赵之谦

来楚生

马王堆帛书

熹平石经

曹全碑

封龙山颂

石门颂

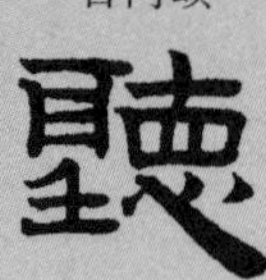
赵孟頫

邓石如

曹全碑

赵孟頫

邓石如

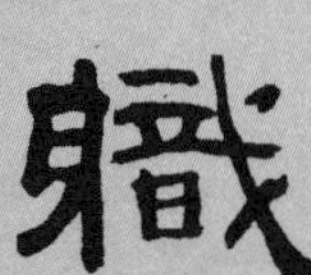
何绍基

来楚生

黄葆戊

睡虎地秦简

马王堆帛书

居延汉简

衡方碑

张迁碑

鲜于璜碑

西狭颂

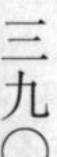

# 舍 舌 皋



郑簠

尹宙碑

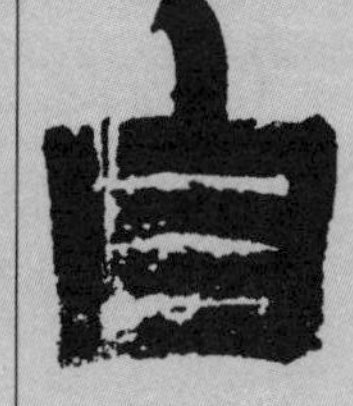
金农

邓石如

王澍

吴熙载

何绍基

俞樾

徐三庚

赵之谦

来楚生

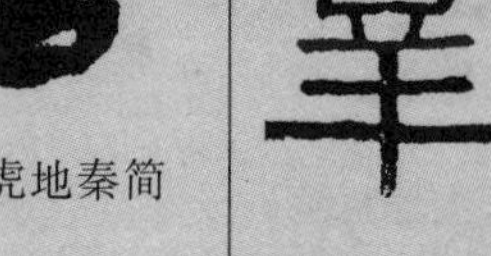
黄葆戉

睡虎地秦简

武威医简

邓石如

汪士慎

吴熙载

睡虎地秦简

马王堆帛书

楼兰残纸

居延汉简

衡方碑

乙瑛碑

张迁碑

赵孟頫

郑簠

郑簠

王澍

金农

吴熙载

何绍基

赵之谦

马公愚

舒　色　老

舌部　色部　老部

熹平石经

史晨碑

金农

邓石如

何绍基

吴昌硕

马王堆帛书

居延汉简

史晨碑

张迁碑

泰山金刚经

韩择木

赵孟頫

石涛

金农

邓石如

郑簠

伊秉绶

吴熙载

何绍基

俞樾

睡虎地秦简

马王堆帛书

居延汉简

武威医简

曹全碑

孔宙碑

泰山金刚经

赵孟頫

金农

邓石如

高翔

伊秉绶

王澍

何绍基

何绍基

来楚生

考

者

楼兰残纸

居延汉简

曹全碑

夏承碑

景君碑

衡方碑

张迁碑

史晨碑

韩择木

郑簠

金农

桂馥

伊秉绶

何绍基

赵之谦

俞樾

吴昌硕

睡虎地秦简

马王堆帛书

武威医简

居延汉简

封龙山颂

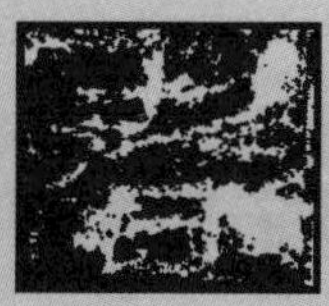

西狭颂

石门颂

尹宙碑

乙瑛碑

鲜于璜碑

曹全碑

华山碑

韩择木

华山庙碑

赵孟頫

郑簠

金农

伊秉绶

黄易

## 虔

熹平石经

封龙山颂

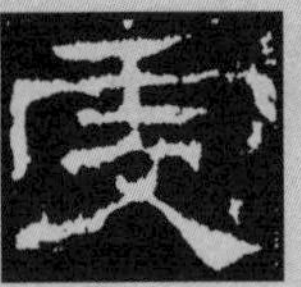
史晨碑

文征明

桂馥

邓石如

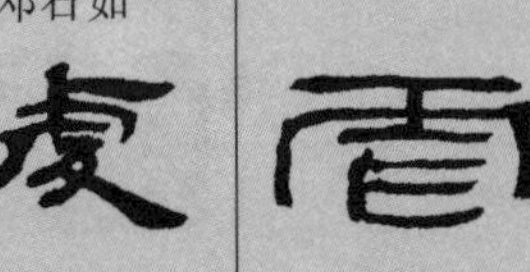
吴熙载

## 虐

石门颂

鲁峻碑

熹平石经

邓石如

何绍基

## 虎

邓石如

吴让之

杨沂孙

徐三庚

来楚生

马王堆帛书

敦煌楼兰

景君碑

衡方碑

石涛

## 者

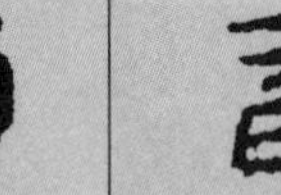
马王堆帛书

王澍

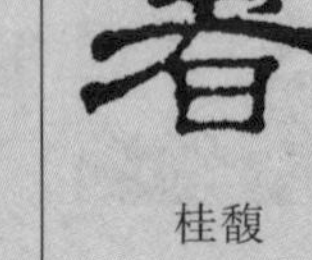
桂馥

邓石如

吴熙载

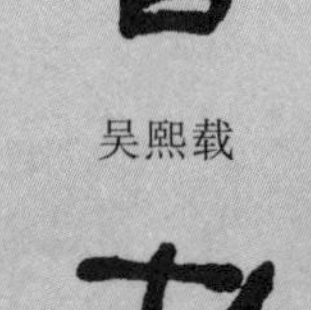
何绍基

俞樾

赵之谦

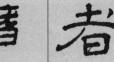

虍部

虚　　處

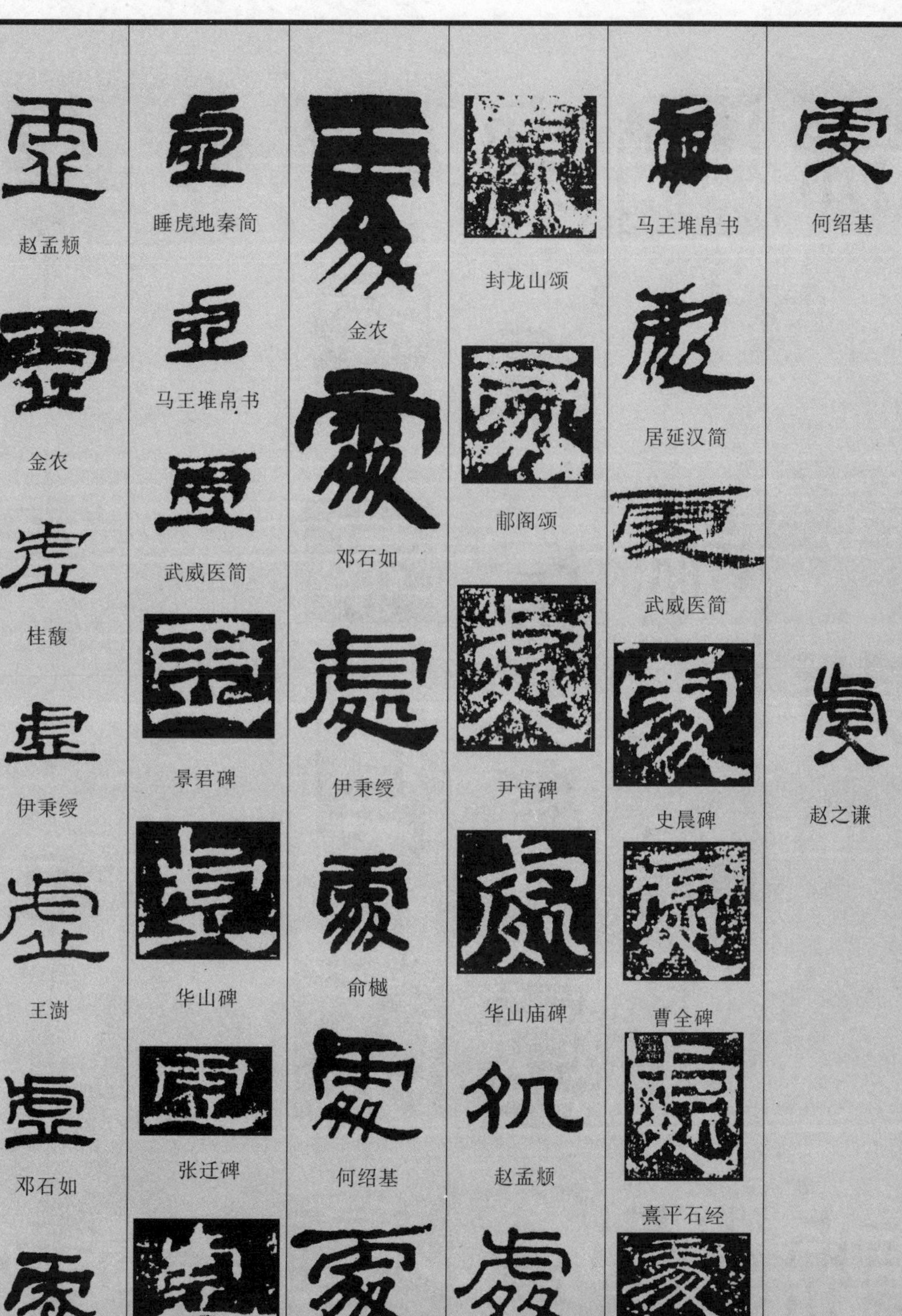

赵孟頫
金农
桂馥
伊秉绶
王澍
邓石如
何绍基
睡虎地秦简
马王堆帛书
武威医简
景君碑
华山碑
张迁碑
韩择木
金农
邓石如
伊秉绶
俞樾
何绍基
来楚生
封龙山颂
郙阁颂
尹宙碑
华山庙碑
赵孟頫
王澍
马王堆帛书
居延汉简
武威医简
史晨碑
曹全碑
熹平石经
礼器碑
何绍基
赵之谦

號 號 虞 虜

赵孟頫

衡方碑

赵孟頫

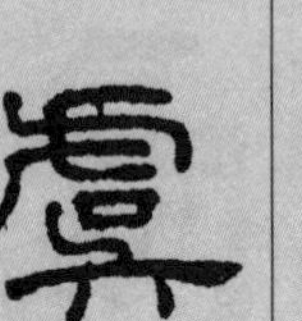

土澍

熹平石经

赵孟頫

邓石如

礼器碑

王澍

鲜于璜碑

居延汉简

金农

伊秉绶

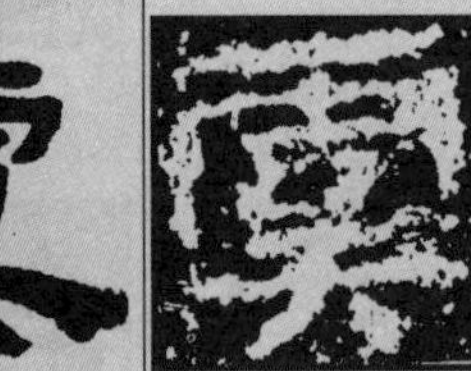

奚冈

衡方碑

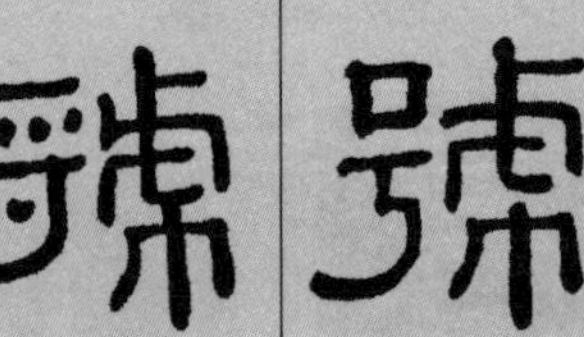

黄葆戊

黄葆戊

何绍基

李隆基

居延汉简

黄葆戊

居延汉简

马王堆帛书

徐三庚

翁同和

吴昌硕

## 美

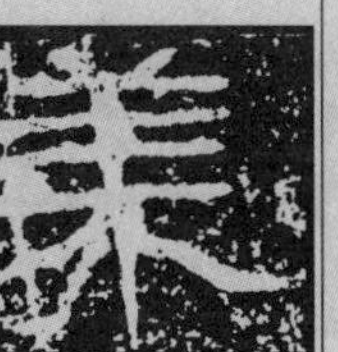
石门颂

史晨碑

韩仁铭

赵孟頫

金农

邓石如

马王堆帛书

熹平石经

夏承碑

衡方碑

西狭颂

## 羌

楼兰残纸

赵孟頫

文征明

王澍

黄葆戊

曹全碑

## 羊

尹宙碑

赵孟頫

王澍

邓石如

何绍基

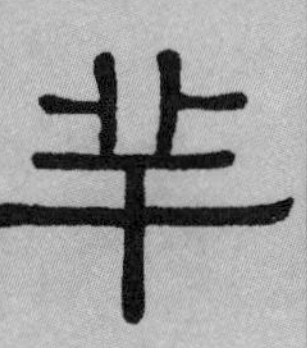
黄葆戊

睡虎地秦简

马王堆帛书

居延汉简

武威医简

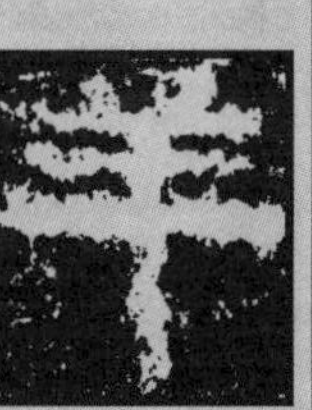
衡方碑

夏承碑

## 虧

景君碑

赵孟頫

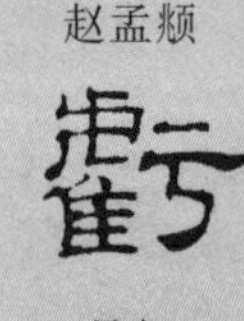
吴叡

文征明

邓石如

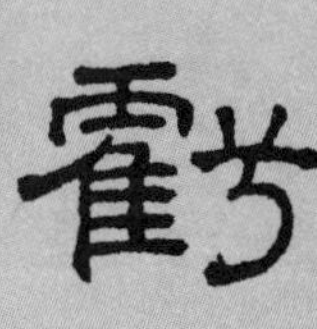
王澍

黄葆戊

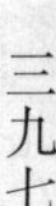

群　羡　羞　羔

夏承碑

曹全碑

华山庙碑

赵孟頫

石涛

王澍

睡虎地秦简

马王堆帛书

景君碑

鲜于璜碑

衡方碑

鲁峻碑

石涛

黄易

邓石如

徐三庚

武威医简

熹平石经

吴叡

邓石如

夏承碑

赵孟頫

文征明

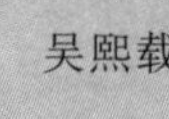
邓石如

何绍基

吴熙载

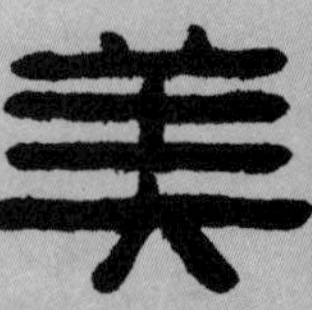
陈鸿寿

黄易

吴熙载

何绍基

杨岘

# 義

伊秉绶

郑簠

邓石如

何绍基

黄葆戉

马王堆帛书

居延汉简

武威医简

曹全碑

熹平石经

衡方碑

西狭颂

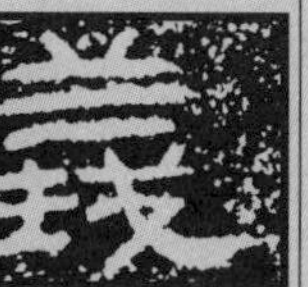

石门颂

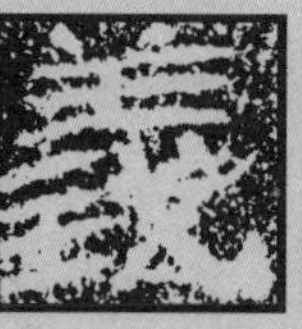

封龙山颂

泰山金刚经

张迁碑

华山碑

礼器碑

泰山金刚经

李隆基

赵孟頫

郑簠

邓石如

邓石如

黄易

金农

伊秉绶

高翔

吴熙载

何绍基

俞樾

黄葆戉

虿　蚤　虫　羸　羹　羲



## 虿

楼兰残纸

居延汉简

武威医简

## 蚤

马王堆帛书

居延汉简

陈鸿寿

邓石如

伊立勋

黄葆戊

## 虫

马王堆帛书

何绍基

何绍基

## 羸

睡虎地秦简

来楚生

## 羹

居延汉简

熹平石经

## 羲

华山庙碑

赵孟頫

文征明

高翔

邓石如

蠢　融　蜀　蛭　虵　蛟



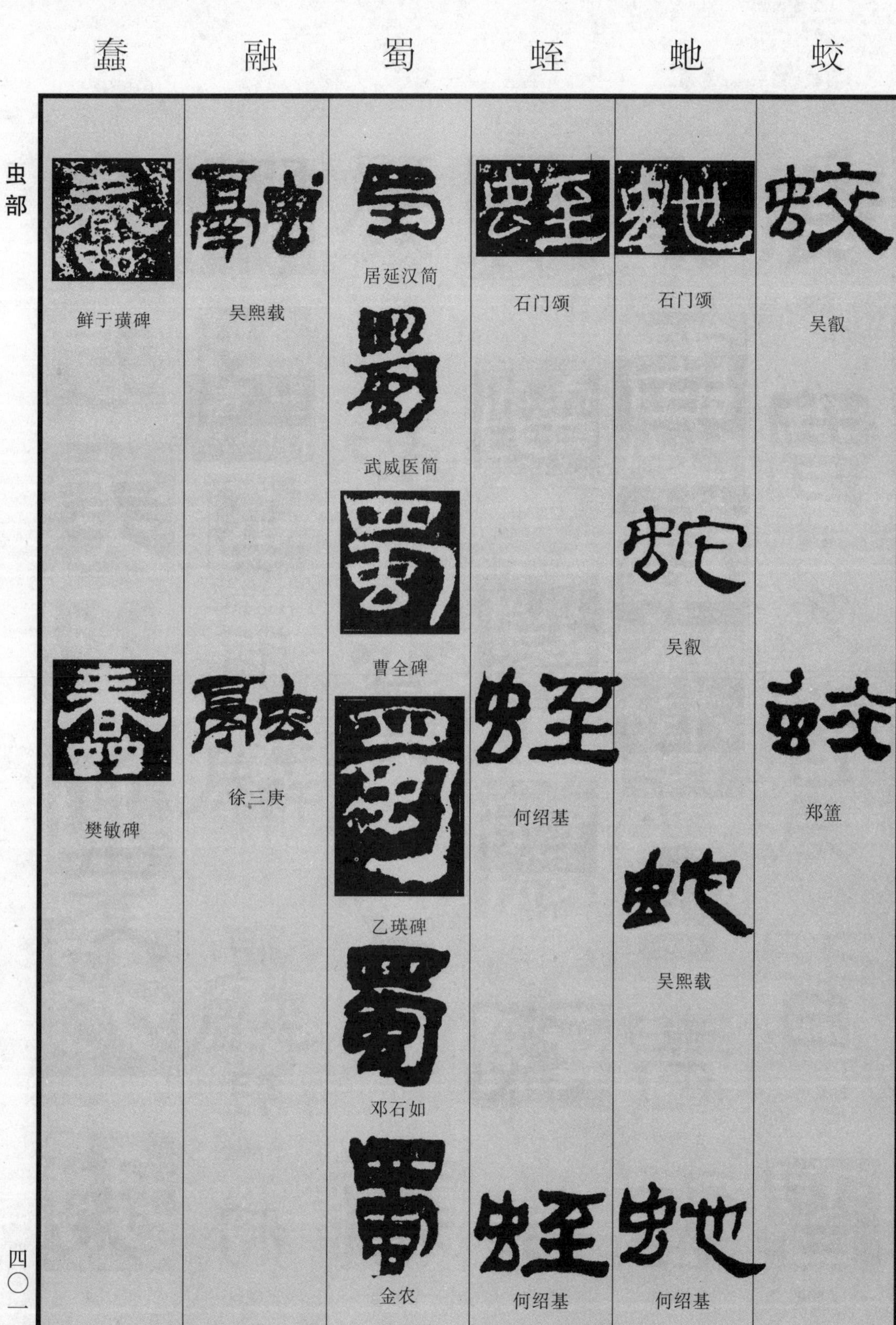

鲜于璜碑
樊敏碑
吴熙载
徐三庚
居延汉简
武威医简
曹全碑
乙瑛碑
邓石如
金农
石门颂
何绍基
何绍基
石门颂
吴叡
吴熙载
何绍基
吴叡
郑簠

## 羽

睡虎地秦简

马王堆帛书

武威医简

居延汉简

曹全碑

景君碑

尹宙碑

熹平石经

广武将军碑

华山庙碑

赵孟頫

金农

邓石如

何绍基

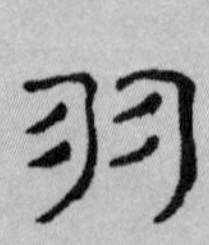
吴湖帆

## 翁

马王堆帛书

居延汉简

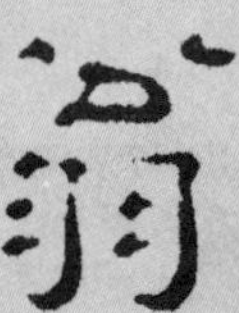
高翔

金农

来楚生

## 翊

居延汉简

衡方碑

礼器碑

曹全碑

广武将军碑

来楚生

## 習

居延汉简

熹平石经

孔宙碑

韩择木

赵孟頫

桂馥

王澍

邓石如

吴熙载

俞樾

黄葆戊

伊立勋

## 翔

景君碑

赵孟頫

文征明

王澍

吴叡

杨沂孙

杨岘

## 翕

何绍基

## 翟

马王堆帛书

楼兰残纸

居延汉简

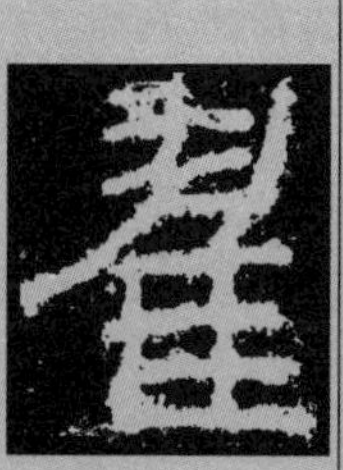
广武将军碑

## 翠

广武将军碑

赵孟頫

文征明

王澍

邓石如

黄易

杨岘

杨守敬

吴湖帆

黄葆戊

## 翦

曹全碑

赵孟頫

文征明

邓石如

黄葆戊

翼　翻　翱　翳　翰

邓石如

何绍基

翁同和

吴昌硕

楼兰残纸

尹宙碑

景君碑

衡方碑

吴叡

李隆基

邓石如

吴叡

马王堆帛书

赵孟頫

吴叡

文征明

吴熙载

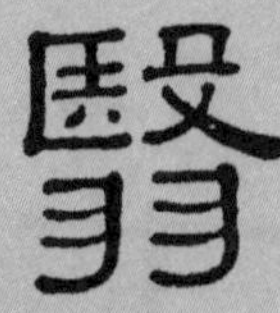

黄葆戊

文征明

陈鸿寿

伊秉绶

## 耀

衡方碑

景君碑

王澍

吴熙载

伊秉绶

何绍基

钱松

## 竹

马王堆帛书

武威医简

衡方碑

景君碑

丁敬

金农

邓石如

黄易

伊秉绶

陈鸿寿

陈鸿寿

陈豫钟

桂馥

吴熙载

何绍基

杨岘

吴熙载

黄葆戊

## 笑

何绍基

楼兰残纸

居延汉简

邓石如

郑簠

金农

徐三庚

## 笙

史晨碑

赵孟頫

陈鸿寿

王澍

何绍基

黄葆戊

笥　筍　等　筆

## 笥

马王堆帛书

邓石如

## 筍

熹平石经

赵孟頫

文征明

王澍

丁敬

## 等

陈鸿寿

王澍

何绍基

俞樾

来楚生

何绍基

封龙山颂

曹全碑

鲜于璜碑

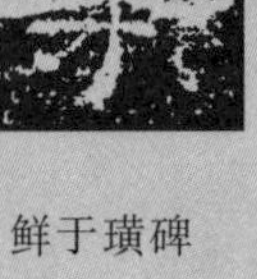

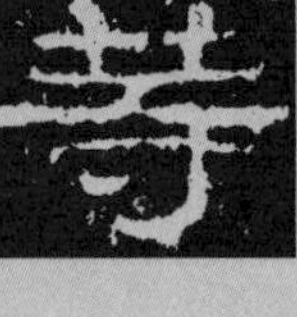
史晨碑

赵孟頫

邓石如

睡虎地秦简

马王堆帛书

楼兰残纸

居延汉简

武威医简

张迁碑

鲜于璜碑

## 筆

居延汉简

赵孟頫

桂馥

邓石如

郑簠

陈鸿寿

俞樾

## 筵

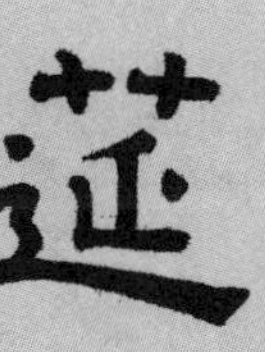
赵孟頫

文征明

王澍

何绍基

黄葆戊

## 筠

赵之谦

## 策

何绍基

王禔

来楚生

黄葆戊

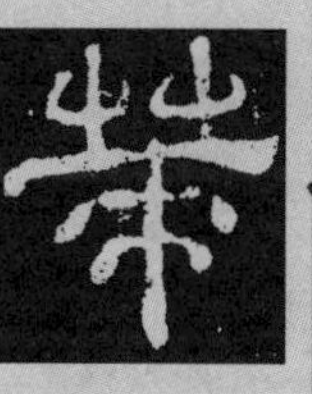
何绍基

何绍基

张迁碑

赵孟頫

文征明

王澍

## 答

赵之谦

黄葆戊

武威医简

石门颂

赵孟頫

金农

王澍

何绍基

吴熙载

| 箭 | 管 | 算 | 箇 | 符 | |
|---|---|---|---|---|---|
|  居延汉简 |  武威医简 |  金农 |  石涛 |  衡方碑 |  睡虎地秦简 |
| 何震 | 景君碑 | 俞樾 | |  邓石如 |  马王堆帛书 |
| 胡小石 | 金农 | 钱沣 | |  吴熙载 |  居延汉简 |
| |  伊秉绶 | | | 何绍基 |  武威医简 |
| |  吴昌硕 | | | |  鲜于璜碑 |
| |  伊立勋 | | | |  礼器碑 |
| | | | | |  景君碑 |

節　箸　箱

郑簠

吴熙载

何绍基

赵之谦

伊立勋

广武将军碑

华山庙碑

赵孟頫

王澍

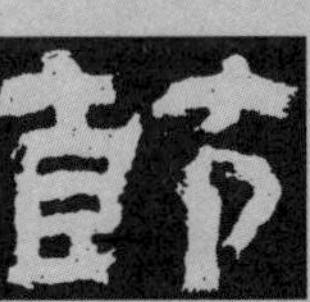
金农

邓石如

石门颂

曹全碑

张迁碑

鲜于璜碑

景君碑

睡虎地秦简

马王堆帛书

居延汉简

武威医简

鲁峻碑

史晨碑

马王堆帛书

金农

桂馥

邓石如

伊秉绶

何绍基

俞樾

赵孟頫

文征明

邓石如

黄葆戊

## 篤

睡虎地秦简

孔宙碑

尹宙碑

夏承碑

鲜于璜碑

## 築

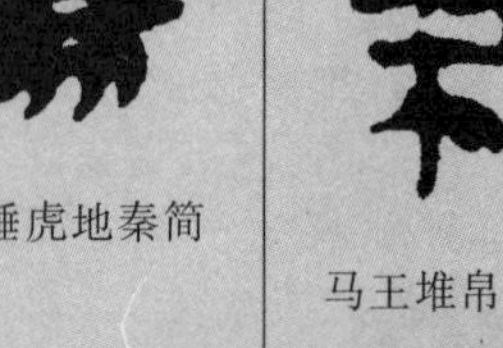
马王堆帛书

武威医简

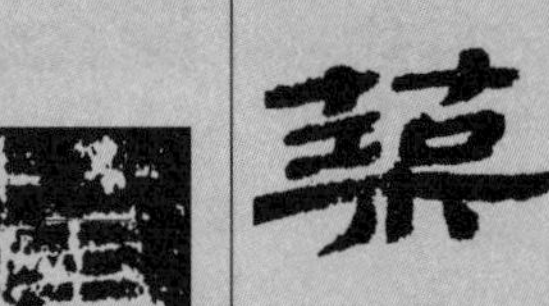
金农

邓石如

吴熙载

吴昌硕

## 篇

邓石如

杨沂孙

赵之谦

吴大澂

## 篆

邓石如

陈鸿寿

桂馥

郑簠

钱松

## 範

邓石如

何绍基

伊立勋

吴昌硕

## 篁

来楚生

籠　簪　簡　篕　籍

马王堆帛书

居延汉简

华山庙碑

金农

居延汉简

邓散木

马王堆帛书

孔宙碑

赵孟頫

郑簠

王澍

俞樾

邓石如

邓石如

睡虎地秦简

居延汉简

韩择木

赵孟頫

邓石如

徐三庚

赵孟頫

文征明

吴熙载

杨岘

何绍基

艾 艸 籌 籩 簿 簾

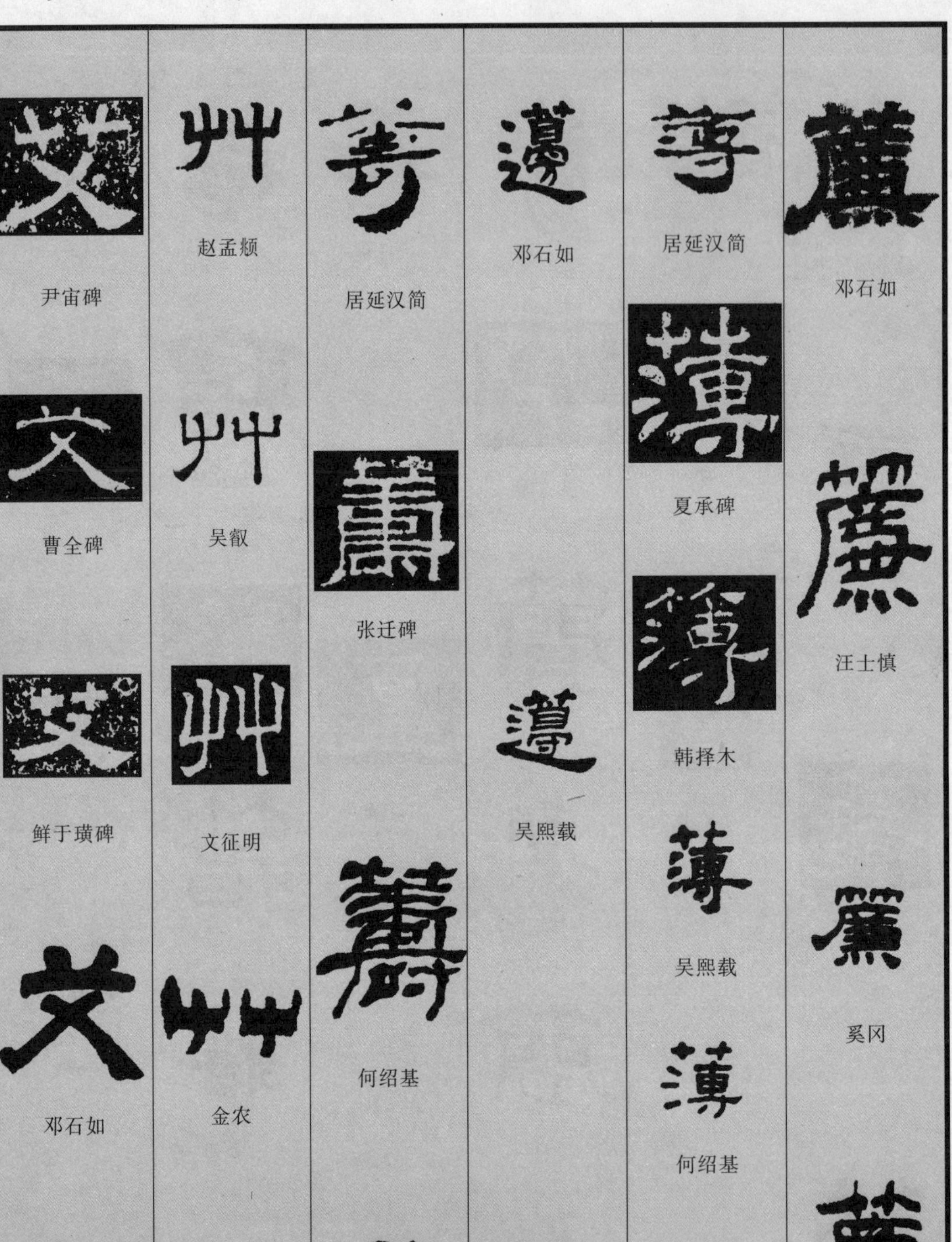

尹宙碑 曹全碑 鮮于璜碑 邓石如 何绍基

赵孟頫 吴叡 文征明 金农 金农

居延汉简 张迁碑 何绍基 俞樾

邓石如 吴熙载 何绍基

居延汉简 夏承碑 韩择木 吴熙载 何绍基 钱松

邓石如 汪士慎 奚冈 俞樾

苍 茇 芬 芥 芝 芷



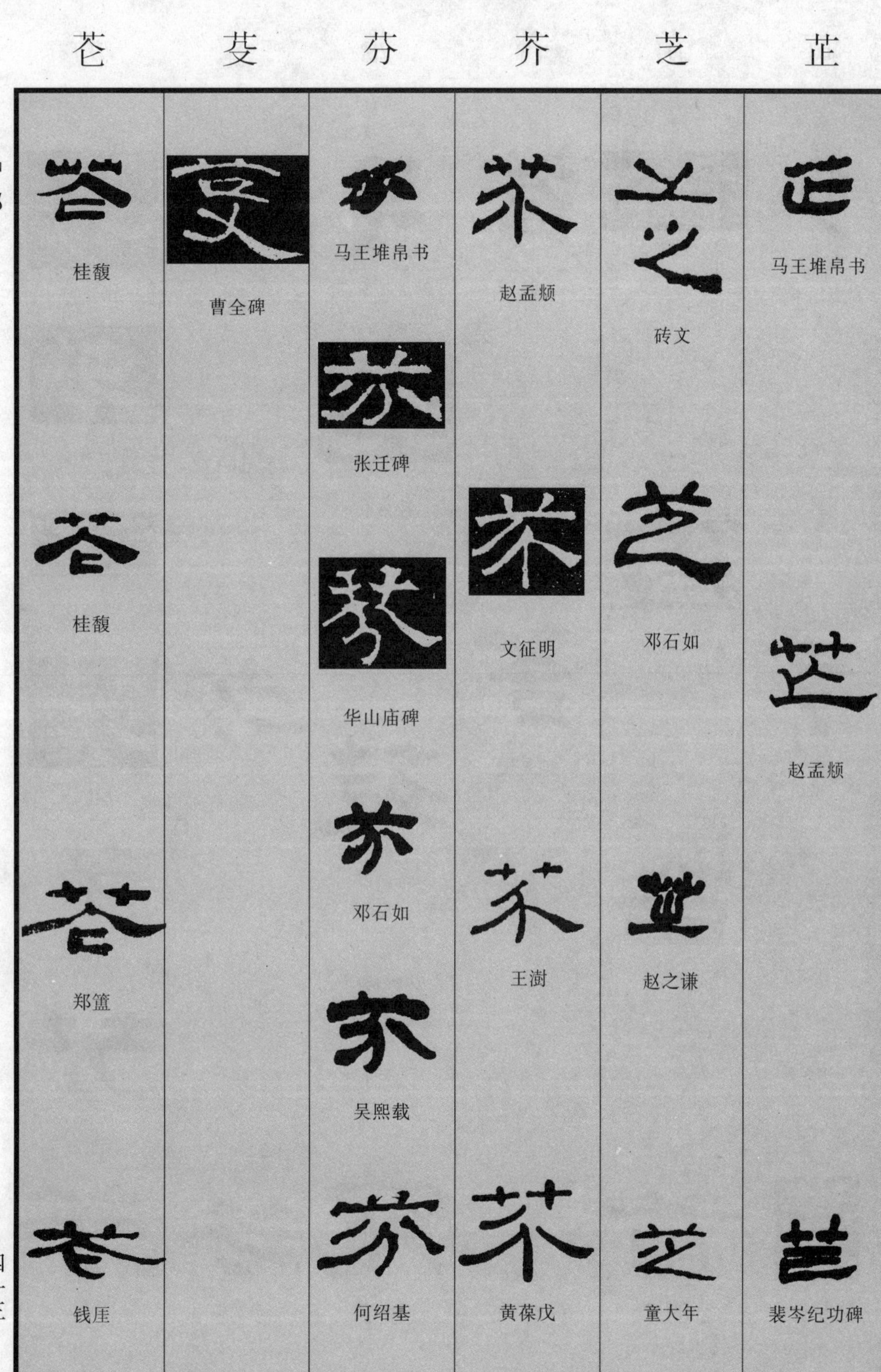

桂馥 曹全碑 马王堆帛书 赵孟頫 砖文 马王堆帛书

张迁碑

桂馥 华山庙碑 文征明 邓石如 赵孟頫

郑簠 邓石如 王澍 赵之谦

吴熙载

钱厓 何绍基 黄葆戊 童大年 裴岑纪功碑

## 苛

睡虎地秦简

马王堆帛书

熹平石经

## 苗

石门颂

鲜于璜碑

陈鸿寿

何绍基

## 苔

武威医简

吴熙载

## 苑

睡虎地秦简

张迁碑

伊秉绶

陈鸿寿

奚冈

何绍基

## 芳

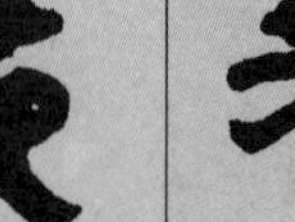
邓石如

何绍基

来楚生

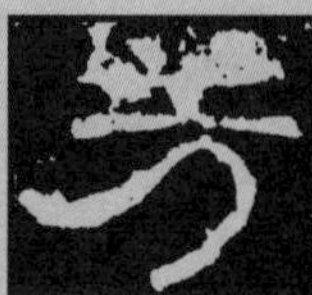
张迁碑

鲜于璜碑

礼器碑

华山碑

金农

伊秉绶

黄易

## 苦

马王堆帛书

居延汉简

武威医简

礼器碑

张景碑

石门颂

石涛

陈鸿寿

## 若

高翔

何绍基

郑簠

陈鸿寿

西狭颂

华山碑

曹全碑

泰山金刚经

华山庙碑

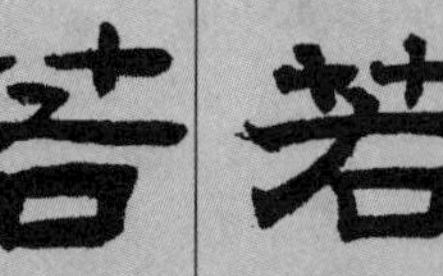
赵孟頫

睡虎地秦简

马王堆帛书

居延汉简

武威医简

史晨碑

熹平石经

石门颂

## 苟

广武将军碑

李隆基

邓石如

吴熙载

翁同和

## 苞

张迁碑

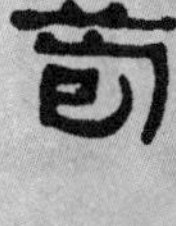
何绍基

翁同和

范　茂　苻　英

居延汉简

张迁碑

郑簠

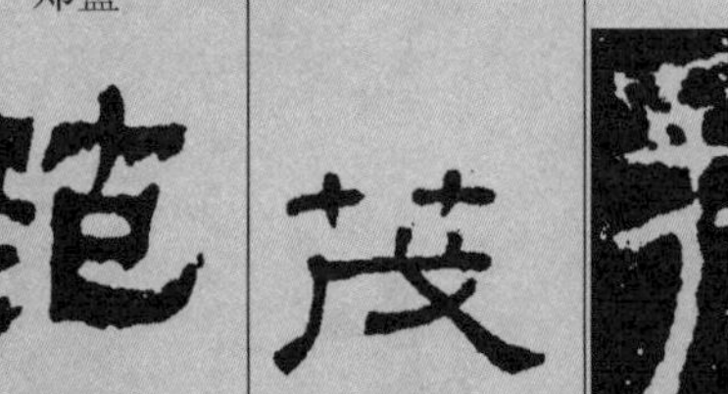
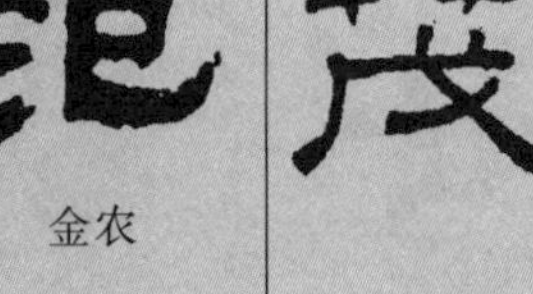
金农

丁敬

陈鸿寿

何绍基

曹全碑

赵孟頫

王澍

金农

何绍基

马王堆帛书

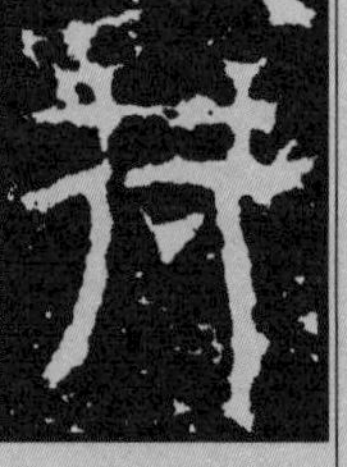
景君碑

黄易

邓石如

黄易

何绍基

吴昌硕

马王堆帛书

楼兰残纸

衡方碑

华山庙碑

封龙山颂

赵孟頫

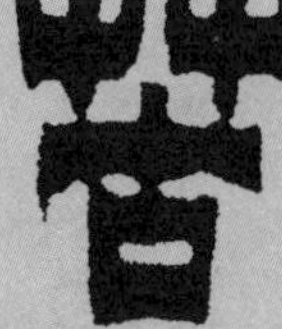
金农

何绍基

俞樾

## 荀

开通褒斜道刻石

熹平石经

砖文

莫友芝

黄葆戊

## 茹

居延汉简

邓石如

何绍基

翁同和

伊立勋

## 兹

华山碑

孔宙碑

赵孟頫

王澍

吴熙载

何绍基

## 荔

吴叡

胡震

## 茀

居延汉简

楼兰残纸

武威医简

泰山金刚经

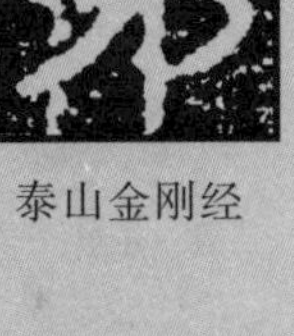

郑簠

邓石如

何绍基

## 茅

居延汉简

曹全碑

何绍基

吴昌硕

茶 荷 荒 草 荆

汪士慎

邓石如

吴熙载

马王堆帛书

华山庙碑

赵孟頫

伊秉绶

王澍

吴熙载

来楚生

金农

黄易

王澍

邓石如

何绍基

华山碑

张迁碑

鲜于璜碑

赵孟頫

马王堆帛书

楼兰残纸

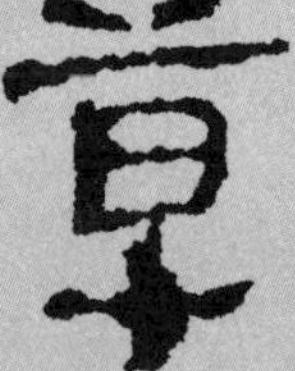

武威医简

鲜于璜碑

伊秉绶

赵之谦

马王堆帛书

曹全碑

邓石如

来楚生

# 莫 莢 莖 莊



## 莫

王澍

陈鸿寿

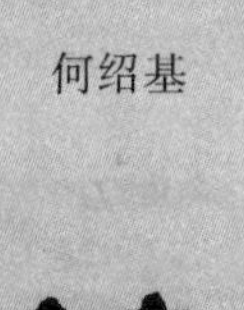
何绍基

马公愚

来楚生

景君碑

泰山金刚经

赵孟頫

伊秉绶

金农

邓石如

马王堆帛书

居延汉简

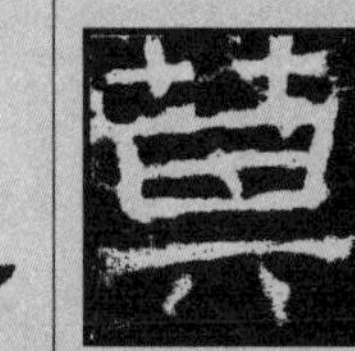
熹平石经

华山碑

郙阁颂

衡方碑

## 莢

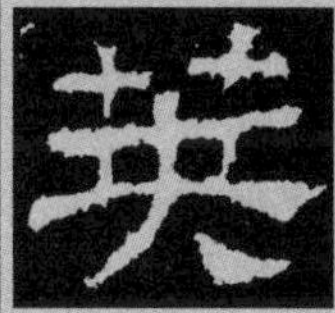
景君碑

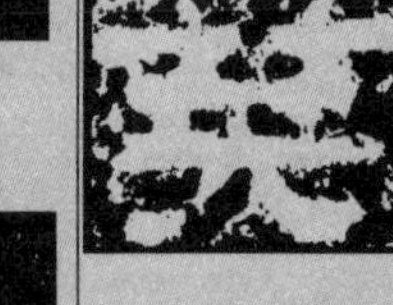
鲜于璜碑

## 莖

汪士慎

奚冈

## 莊

居延汉简

赵孟頫

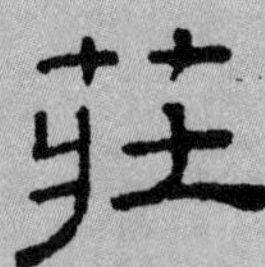
王澍

伊秉绶

金农

桂馥

邓石如

## 華

金农

邓石如

汪士慎

伊秉绶

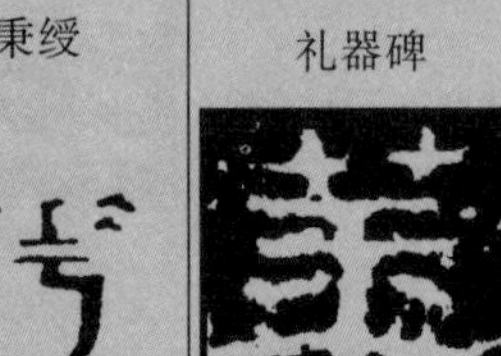
陈鸿寿

何绍基

马王堆帛书

楼兰残纸

鲁峻碑

礼器碑

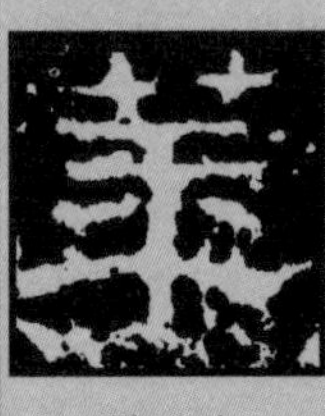

景君碑

华山碑

## 菲

熹平石经

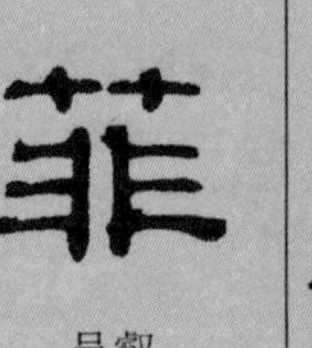
吴叡

吴熙载

## 菜

马王堆帛书

赵孟頫

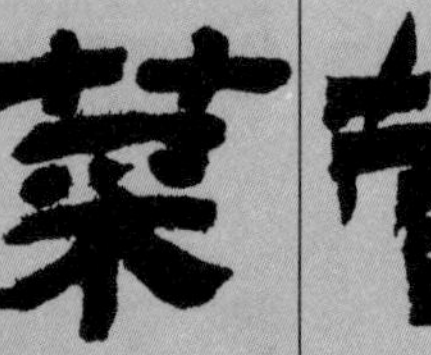
金农

王澍

翁同和

## 菅

景君碑

金农

吴熙载

## 莽

赵孟頫

吴叡

文征明

黄葆戊

葉　　落　　萬

睡虎地秦简

居延汉简

曹全碑

华山碑

夏承碑

韩择木

王澍

何绍基

来楚生

王禔

居延汉简

武威医简

鲁峻碑

张迁碑

赵孟頫

邓石如

金农

郑簠

郑板桥

邓石如

何绍基

俞樾

徐三庚

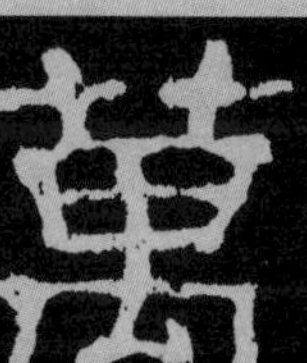
史晨碑

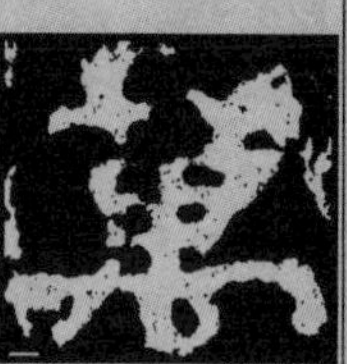
华山碑

景君碑

曹全碑

桂馥

黄易

马王堆帛书

楼兰残纸

武威医简

尹宙碑

张迁碑

张景碑

## 董

伊秉绶

何绍基

李瑞清

居延汉简

景君碑

鲁峻碑

曹全碑

礼器碑

## 著

广武将军碑

伊秉绶

邓石如

何绍基

来楚生

马王堆帛书

景君碑

礼器碑

尹宙碑

泰山金刚经

鲜于璜碑

邓石如

陈鸿寿

吴熙载

何绍基

吴昌硕

来楚生

赵孟频

金农

黄易

石涛

王澍

伊秉绶

## 蒸

赵孟頫

王澍

文征明

俞樾

## 蒙

华山庙碑

金农

桂馥

王澍

吴熙载

何绍基

李瑞清

马王堆帛书

楼兰残纸

景君碑

曹全碑

史晨碑

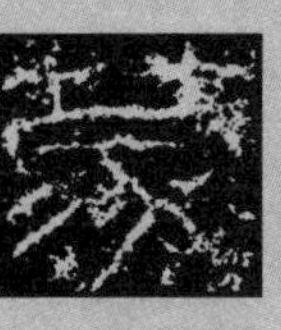
封龙山颂

## 葬

马王堆帛书

居延汉简

熹平石经

鲁峻碑

陈鸿寿

郑簠

## 萃

楼兰残纸

居延汉简

熹平石经

华山庙碑

## 葳

赵孟頫

王澍

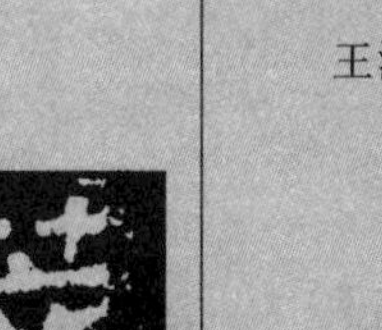

黄葆戊

## 蒼

楼兰残纸

居延汉简

华山碑

华山庙碑

邓石如

伊秉绶

何绍基

黄易

## 蒿

夏承碑

邓石如

## 蓄

景君碑

邓石如

陈豫钟

何绍基

## 蓋

居延汉简

曹全碑

赵孟頫

陈鸿寿

邓石如

俞樾

## 萊

郑簠

奚冈

吴熙载

杨守敬

| 蔭 | 蔡 | 蔑 | 蓼 | 萌 | 蓬 |
|---|---|---|---|---|---|
| 石门颂 | 马王堆帛书 | 张迁碑 | 居延汉简 | 张迁碑 | 武威医简 |
| 韩择木 | 熹平石经 | 何绍基 | 衡方碑 | 鲜于璜碑 | 居延汉简 |
| 邓石如 | 张景碑 | 翁同和 | 鲁峻碑 | 曹全碑 | 杨守敬 |
| 何绍基 | 伊秉绶 | | 邓石如 | 吴熙载 | 翁同和 |
| | 桂馥 | | 何绍基 | 何绍基 | |
| | 赵之谦 | | | 赵之谦 | |

蕑　蕊　蕃　蕩　薛



蕑

郑簠

黄葆戊

蕊

吴叡

陈鸿寿

汪士慎

蕃

礼器碑

陈鸿寿

杨岘

蕩

何绍基

来楚生

武威医简

熹平石经

石门颂

张迁碑

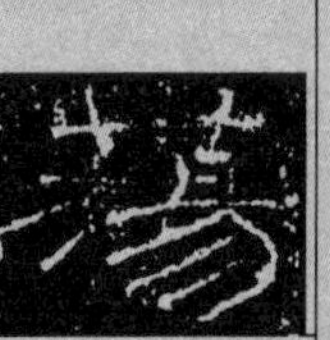
礼器碑

史晨碑

桂馥

薛

马王堆帛书

张迁碑

金农

何绍基

来楚生

蕭

马王堆帛书

邓石如

伊秉绶

吴大澂

王禔

来楚生

薩

泰山金刚经

薦

马王堆帛书

武威医简

金农

郑簠

何绍基

薄

赵孟頫

金农

桂馥

邓石如

吴熙载

何绍基

武威医简

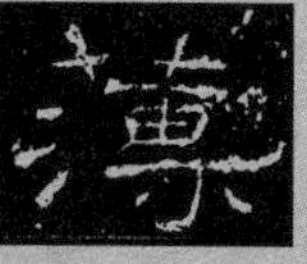
礼器碑

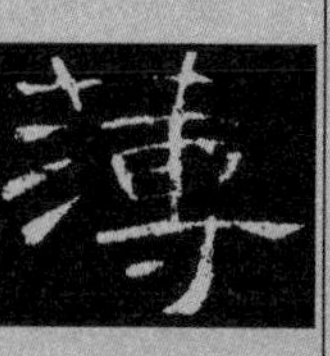
曹全碑

尹宙碑

韩择木

蕙

吴叡

伊立勋

薰 蘚 薛 薑 薪



## 薰

伊立勋

丁佛言

马公愚

## 蘚

华山庙碑

吴叡

邓石如

邓石如

何绍基

## 薛

睡虎地秦简

马王堆帛书

楼兰残纸

景君碑

史晨碑

礼器碑

## 薑

楼兰残纸

居延汉简

武威医简

赵孟頫

王澍

桂馥

何绍基

## 薪

睡虎地秦简

居延汉简

武威医简

赵孟頫

王澍

金农

邓石如

艸部

## 藩

马王堆帛书

景君碑

衡方碑

韩择木

何绍基

## 藥

武威医简

楼兰残纸

曹全碑

金农

## 藝

张迁碑

夏承碑

景君碑

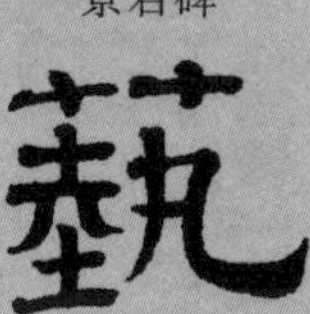

赵孟頫

邓石如

何绍基

## 藏

武威医简

华山庙碑

赵孟頫

邓石如

郑簠

王澍

俞樾

## 藍

马王堆帛书

黄葆戊

## 藉

睡虎地秦简

桂馥

邓石如

王澍

黄易

高翔

吴昌硕

## 蘇

马王堆帛书

楼兰残纸

武威医简

熹平石经

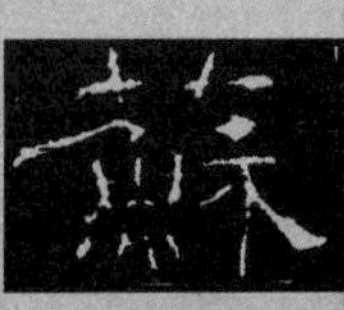
礼器碑

广武将军碑

郑簠

邓石如

俞樾

杨岘

伊立勋

## 蘭

武威医简

居延汉简

夏承碑

张迁碑

泰山金刚经

赵孟頫

金农

邓石如

伊秉绶

吴熙载

何绍基

王禔

## 藹

来楚生

## 舟

桂馥

丁敬

邓石如

伊秉绶

伊立勋

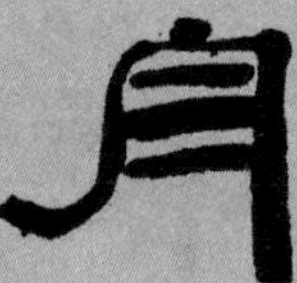
来楚生

船

居延汉简

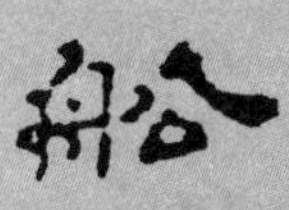
石涛

衣

睡虎地秦简

马王堆帛书

楼兰残纸

武威医简

泰山金刚经

韩择木

华山庙碑

赵孟頫

郑簠

金农

桂馥

邓石如

伊秉绶

吴熙载

何绍基

表

睡虎地秦简

马王堆帛书

楼兰残纸

居延汉简

武威医简

张迁碑

景君碑

韩仁铭

礼器碑

鲜于璜碑

韩择木

赵孟頫

金农

陈鸿寿

伊秉绶

何绍基

徐三庚

被　補　袁　裔　裏　衰

**被**

景君碑

韩择木

华山庙碑

赵孟頫

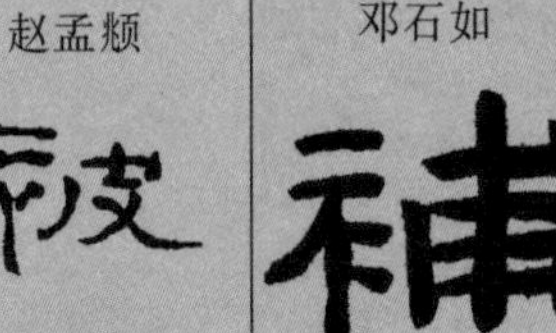
郑簠

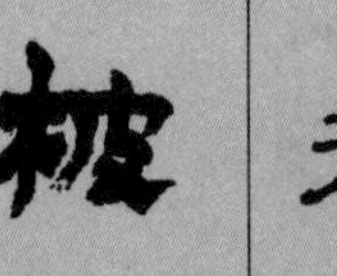
金农

来楚生

**補**

马王堆帛书

居延汉简

史晨碑

邓石如

陈鸿寿

郑簠

吴熙载

**袁**

居延汉简

礼器碑

华山碑

金农

**裔**

鲜于璜碑

吴叡

邓石如

**裏**

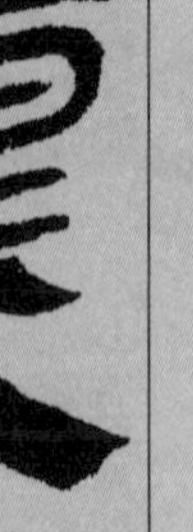
马王堆帛书

金农

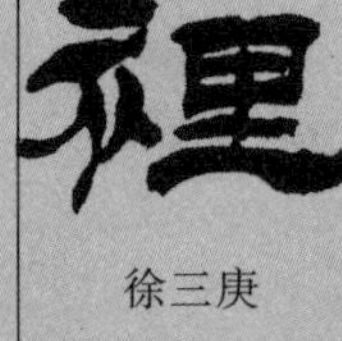
徐三庚

来楚生

**衰**

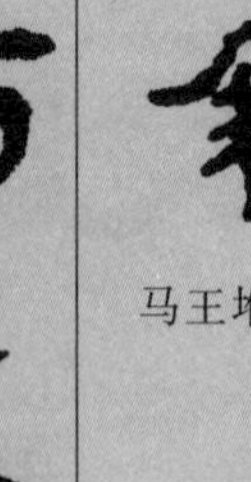
马王堆帛书

武威医简

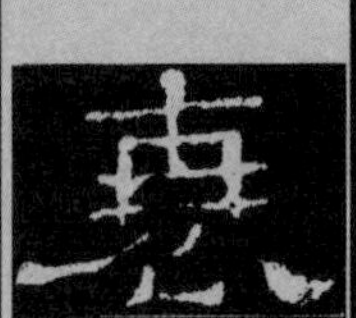
夏承碑

邓石如

郑簠

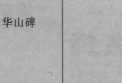

| 褎 | 襄 | 褐 | 褒 | 裳 | 裝 |
| --- | --- | --- | --- | --- | --- |
| 赵之谦 | 马王堆帛书 | 韩择木 | 居延汉简 | 居延汉简 | 金农 |
| 来楚生 | 楼兰残纸 | 邓石如 | 乙瑛碑 | 曹全碑 | 伊秉绶 |
|  | 尹宙碑 | 吴熙载 | 史晨碑 | 赵孟頫 | 吴熙载 |
|  | 陈鸿寿 |  | 夏承碑 | 王澍 | 钱厓 |
|  |  |  | 石门颂 | 何绍基 | 来楚生 |
|  |  |  | 礼器碑 |  |  |
|  |  |  | 曹全碑 |  |  |

紀　糾　系　襟

伊秉绶

邓石如

吴熙载

何绍基

俞樾

史晨碑

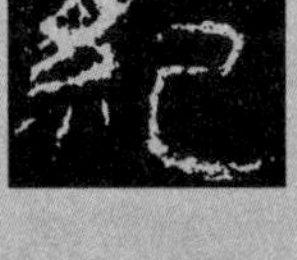
封龙山颂

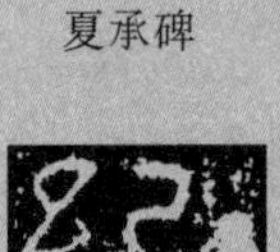
夏承碑

尹宙碑

韩择木

郑簠

陈鸿寿

马王堆帛书

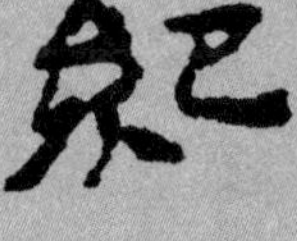
居延汉简

景君碑

鲁峻碑

曹全碑

礼器碑

石门颂

曹全碑

夏承碑

郑簠

石门颂

何绍基

吴隐

莫友芝

吴湖帆

王舍人碑

吴叡

金农

吴隐

衣部　糸部

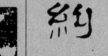

## 纫

吴叡

## 纨

赵孟頫

文征明

王澍

黄葆戊

## 紅

吴熙载

何绍基

徐三庚

钱厓

吴湖帆

睡虎地秦简

马王堆帛书

居延汉简

熹平石经

邓石如

郑簠

石涛

## 約

郑簠

赵孟頫

王澍

何绍基

吴昌硕

睡虎地秦简

马王堆帛书

楼兰残纸

居延汉简

夏承碑

西狭颂

紗

金农

純

吴熙载

何绍基

钱松

翁同和

景君碑

鲁峻碑

衡方碑

尹宙碑

张迁碑

邓石如

陈鸿寿

紐

马王堆帛书

納

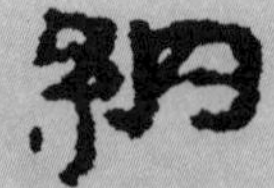
武威医简

熹平石经

韩择木

华山庙碑

赵孟頫

王澍

邓石如

紋

马王堆帛书

俞樾

素　紛　級　紙　紘

**素**

伊秉绶

王澍

何绍基

来楚生

马王堆帛书

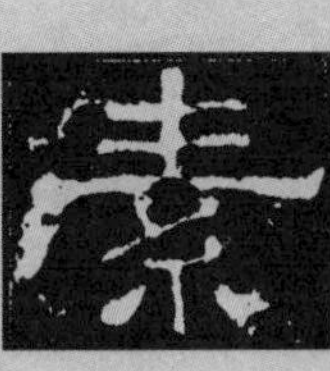
史晨碑

张迁碑

衡方碑

韩仁铭

赵孟頫

**紛**

马王堆帛书

景君碑

赵孟頫

文征明

王澍

俞樾

来楚生

**級**

居延汉简

邓石如

桂馥

陈鸿寿

**紙**

赵孟頫

文征明

金农

王澍

郑簠

俞樾

王禔

**紘**

吴熙载

## 紡

赵孟頫

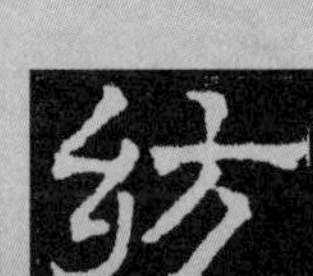
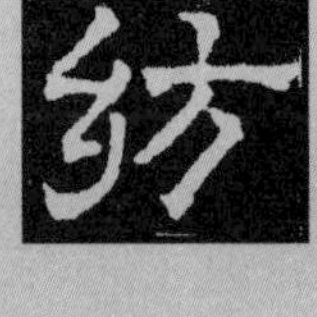
文征明

王澍

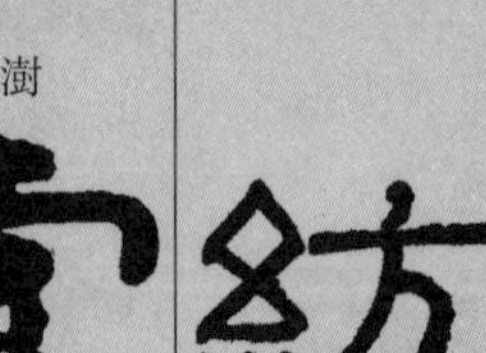
黄葆戊

## 索

马王堆帛书

居延汉简

广武将军碑

赵孟頫

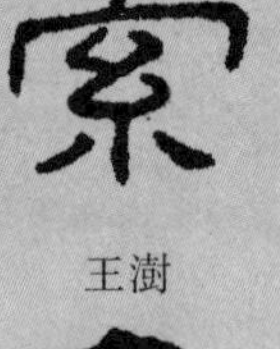
王澍

邓石如

## 紫

衡方碑

曹全碑

礼器碑

华山庙碑

赵孟頫

王铎

王澍

吴熙载

来楚生

吴湖帆

## 累

马王堆帛书

居延汉简

史晨碑

夏承碑

赵孟頫

## 紱

熹平石经

夏承碑

熹平石经

景君碑

韩择木

赵孟頫

金农

邓石如

伊秉绶

陈鸿寿

## 终

睡虎地秦简

马王堆帛书

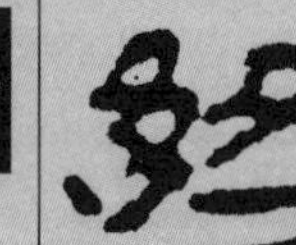
居延汉简

孔宙碑

史晨碑

夏承碑

鲜于璜碑

## 绌

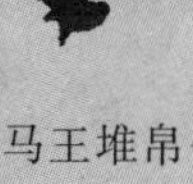
马王堆帛书

鲁峻碑

## 绅

曹全碑

伊秉绶

翁同和

何绍基

俞樾

## 绍

夏承碑

邓石如

伊秉绶

## 细

马王堆帛书

楼兰残纸

鲁峻碑

张迁碑

汪士慎

郑簠

伊秉绶

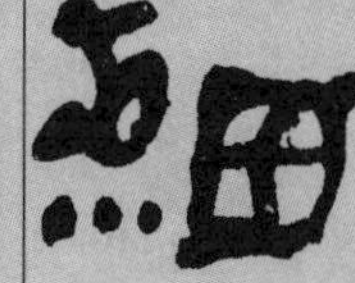
何绍基

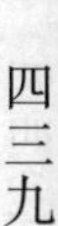

絶　結　紵　組

李隆基

高翔

汪士慎

郑簠

金农

邓石如

吴熙载

马王堆帛书

武威医简

石门颂

景君碑

郙阁颂

衡方碑

曹全碑

睡虎地秦简

马王堆帛书

武威医简

韩择木

赵孟頫

金农

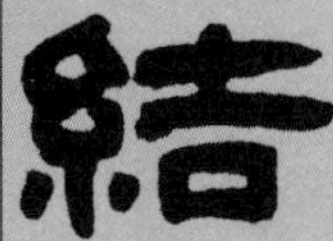
邓石如

韩择木

何绍基

吴隐

马王堆帛书

赵孟頫

文征明

吴大澂

郑簠

高翔

吴熙载

何绍基

杨沂孙

翁同和

絮　给　絜

睡虎地秦简

居延汉简

武威医简

金农

郑簠

邓石如

何绍基

俞樾

睡虎地秦简

居延汉简

乙瑛碑

曹全碑

赵孟頫

何绍基

伊立勋

睡虎地秦简

居延汉简

夏承碑

赵孟頫

邓石如

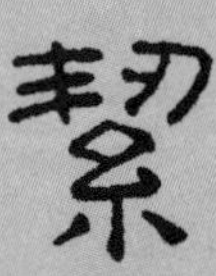
王澍

吴熙载

何绍基

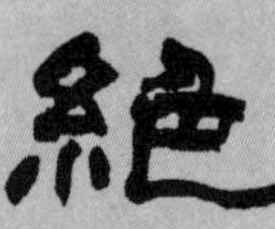
赵之谦

吴昌硕

来楚生

經　綏　絳　絲　統

尹宙碑

石门颂

鲜于璜碑

衡方碑

史晨碑

华山碑

西狭颂

赵孟頫

王澍

吴熙载

何绍基

张迁碑

鲜于璜碑

衡方碑

封龙山颂

景君碑

石门颂

熹平石经

封龙山颂

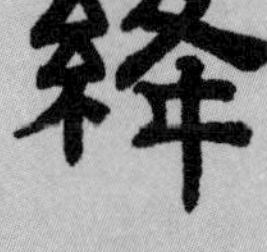
赵孟頫

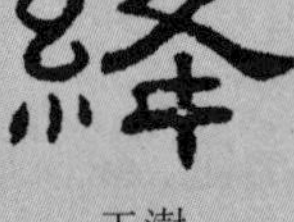
王澍

何绍基

翁同和

睡虎地秦简

马王堆帛书

衡方碑

赵孟頫

王澍

邓石如

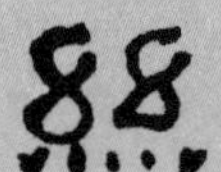
何绍基

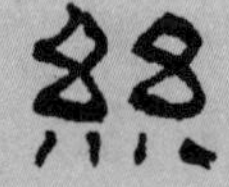
翁同和

礼器碑

韩仁铭

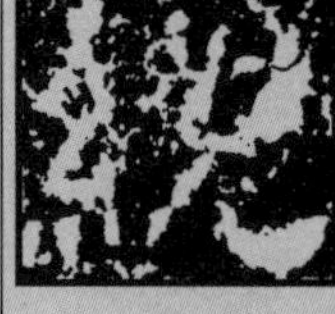
鲁峻碑

华山碑

吴熙载

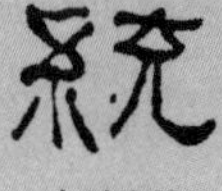
何绍基

綬　綢　緑　綜

武威医简
伊秉绶
伊立勋

何震
吴熙载
伊立勋

邓石如
吴熙载
杨岘
吴湖帆
来楚生

曹全碑
吴熙载
赵之谦
何绍基
翁同和

桂馥
陈鸿寿
王澍
吴熙载
何绍基
俞樾
赵之谦

韩仁铭
泰山金刚经
李隆基
赵孟頫
邓石如
伊秉绶
金农

綺 綵 綴 綱 維

## 綺

赵孟頫

文征明

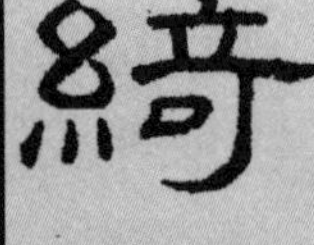
王澍

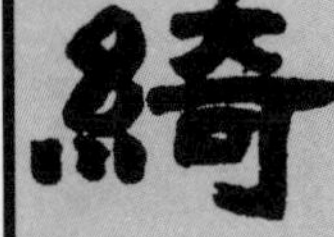
邓石如

## 綵

赵孟頫

文征明

王澍

## 綴

衡方碑

史晨碑

华山碑

何绍基

翁同和

## 綱

尹宙碑

曹全碑

史晨碑

石门颂

邓石如

吴熙载

何绍基

## 維

赵孟頫

邓石如

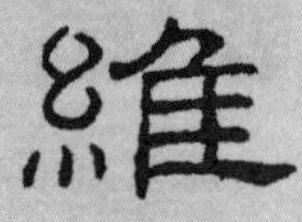
王澍

桂馥

何绍基

马王堆帛书

衡方碑

鲁峻碑

广武将军碑

泰山金刚经

韩择木

綫　緒　緜　網　緄　綽

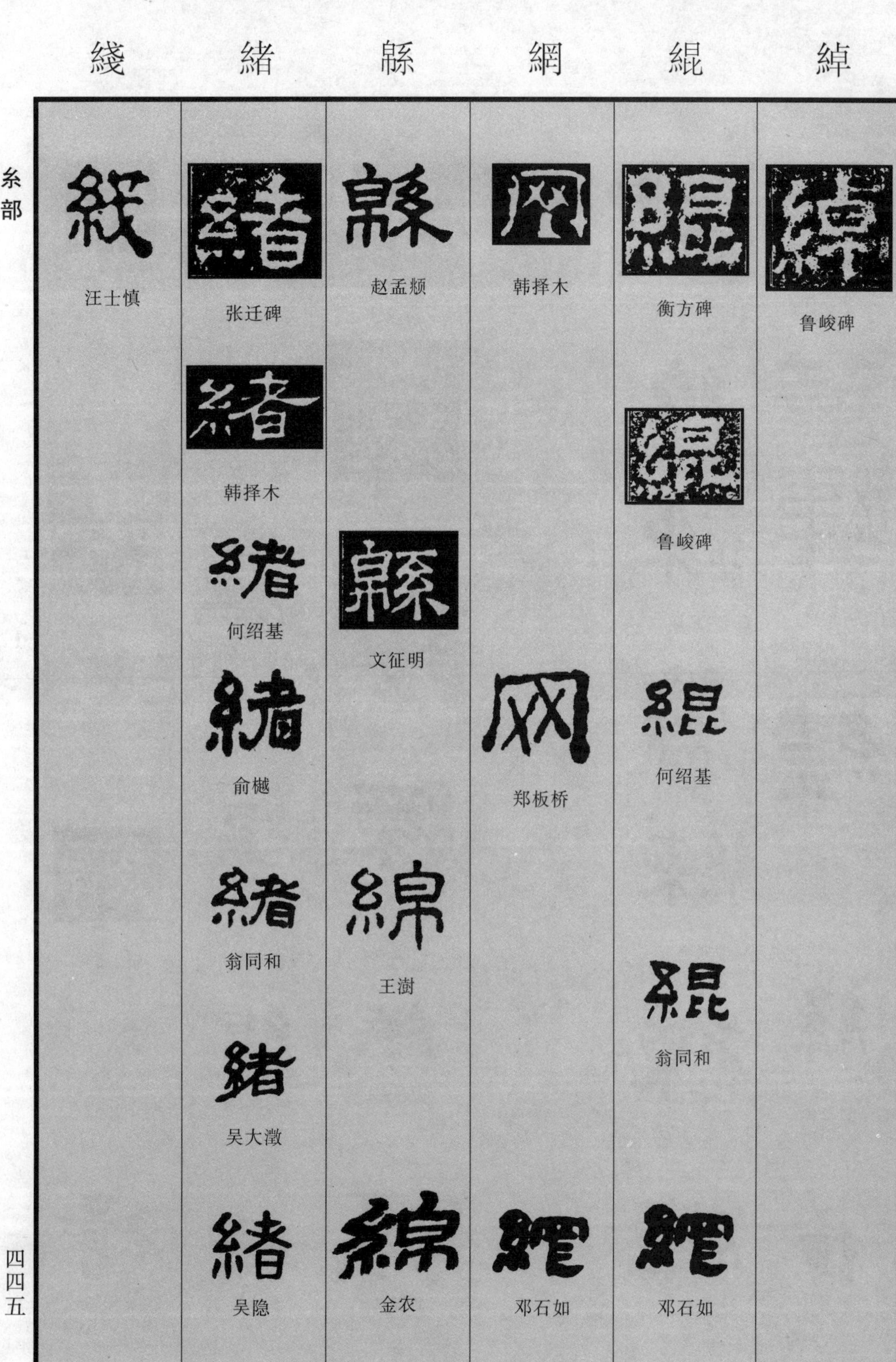

汪士慎
张迁碑
韩择木
何绍基
俞樾
翁同和
吴大澂
吴隐
赵孟頫
文征明
王澍
金农
韩择木
郑板桥
邓石如
衡方碑
鲁峻碑
何绍基
翁同和
邓石如
鲁峻碑

## 緯

曹全碑

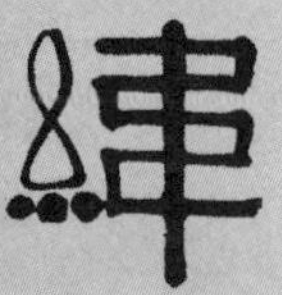

伊秉绶

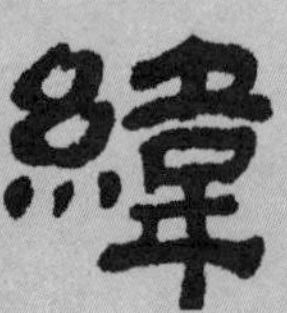

黄易

赵之谦

何绍基

## 練

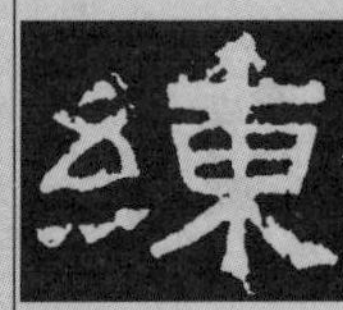

张迁碑

金农

高翔

邓石如

陈鸿寿

何绍基

来楚生

## 緬

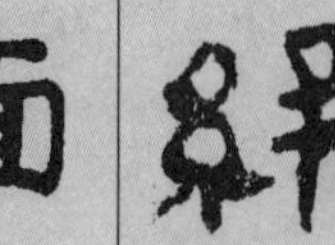

杨守敬

## 緣

马王堆帛书

韩择木

赵孟頫

伊秉绶

吴熙载

何绍基

## 編

杨岘

邓石如

陈鸿寿

俞樾

何绍基

吴大澂

## 緝

熹平石经

孔宙碑

华山庙碑

吴熙载

縉　縛　縣　縞

曹全碑

楼兰残纸

陈鸿寿

张景碑

睡虎地秦简

伊立勋

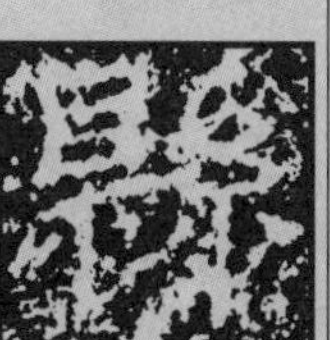
尹宙碑

马王堆帛书

邓石如

石门颂

楼兰残纸

何绍基

曹全碑

伊秉绶

张迁碑

居延汉简

吴隐

史晨碑

西狭颂

何绍基

华山庙碑

孔宙碑

莫友芝

何绍基

俞樾

赵孟頫

曹全碑

績 總 縻 縱

何绍基

俞樾

黄葆戊

熹平石经

鲜于璜碑

韩仁铭

华山碑

赵孟頫

邓石如

吴熙载

鲁峻碑

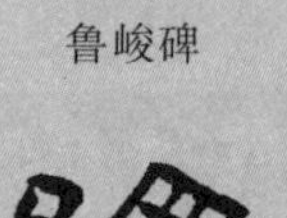
陈鸿寿

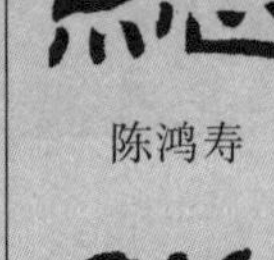
邓石如

伊秉绶

俞樾

吴大澂

杨岘

吴湖帆

赵孟頫

王澍

黄易

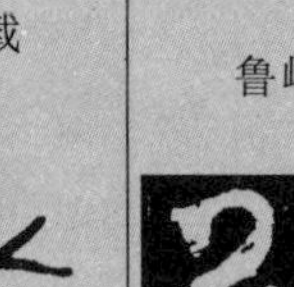
吴熙载

何绍基

赵之谦

俞樾

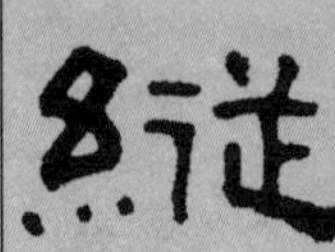
王禔

楼兰残纸

鲁峻碑

夏承碑

石门颂

封龙山颂

韩择木

缮　織　繈　繇　繆　繁

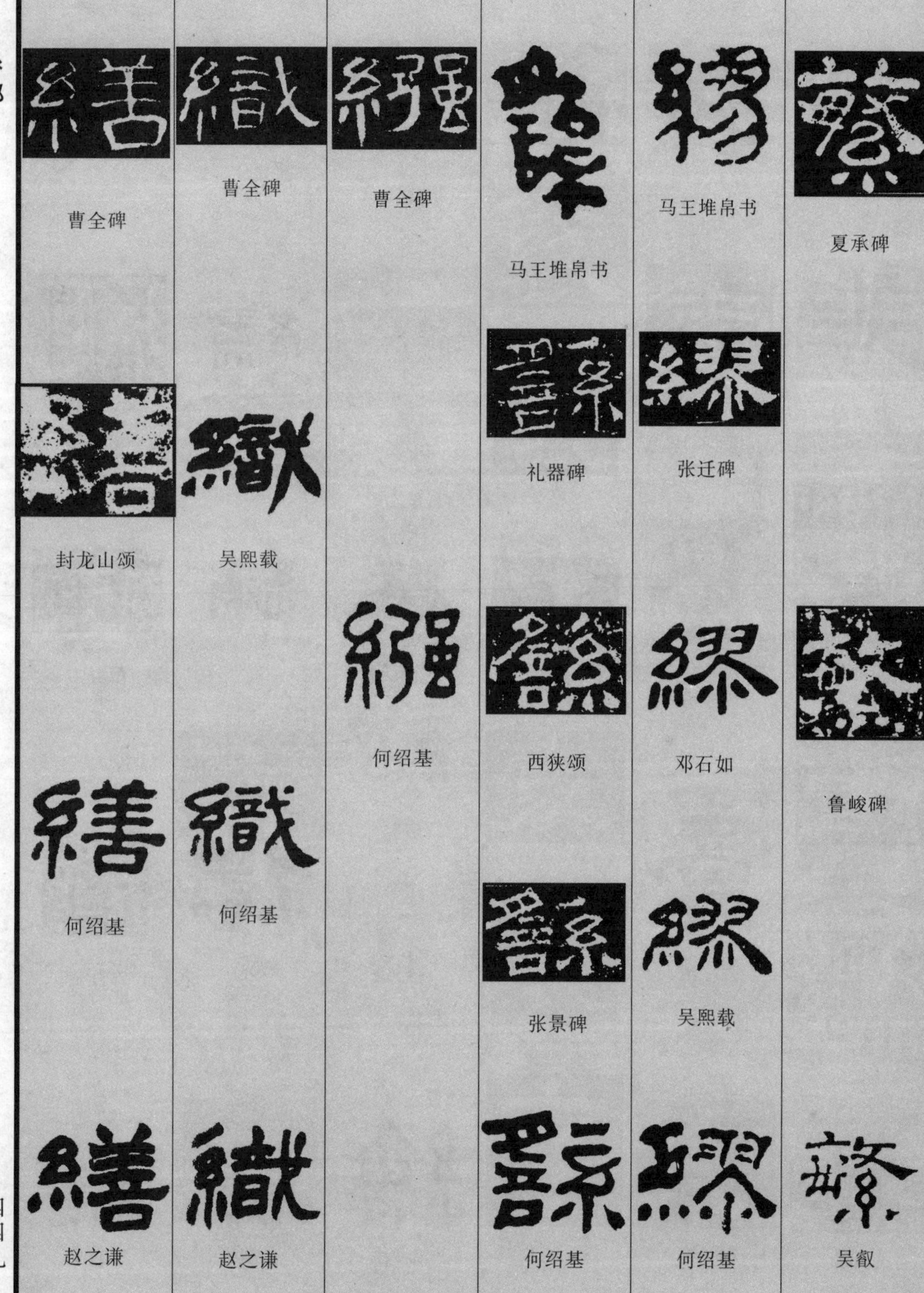

曹全碑
封龙山颂
何绍基
赵之谦
曹全碑
吴熙载
何绍基
赵之谦
曹全碑
何绍基
马王堆帛书
礼器碑
西狭颂
张景碑
何绍基
马王堆帛书
张迁碑
邓石如
吴熙载
何绍基
夏承碑
鲁峻碑
吴叡

## 繼

马王堆帛书

曹全碑

鲜于璜碑

尹宙碑

西狭颂

石门颂

## 繫

睡虎地秦简

郑簠

邓石如

何绍基

赵之谦

## 繵

张迁碑

何绍基

## 繪

石涛

邓石如

俞樾

## 繡

邓石如

桂馥

奚冈

郑簠

吴湖帆

## 繩

马王堆帛书

夏承碑

韩择木

华山碑

邓石如

# 米　纘　纓　續

何绍基

俞樾

来楚生

睡虎地秦简

马王堆帛书

居延汉简

武威医简

曹全碑

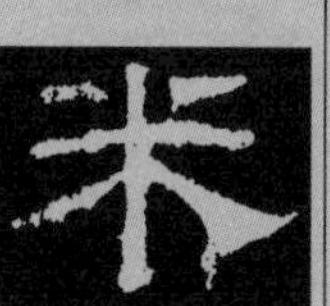
乙瑛碑

金农

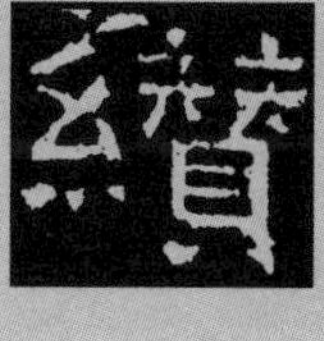
张迁碑

尹宙碑

邓石如

何绍基

翁同和

马王堆帛书

赵孟頫

文征明

黄葆戊

马王堆帛书

曹全碑

赵孟頫

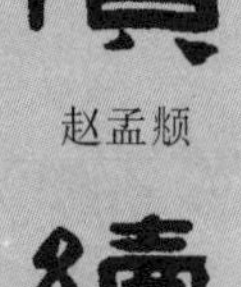
陈鸿寿

王澍

何绍基

吴湖帆

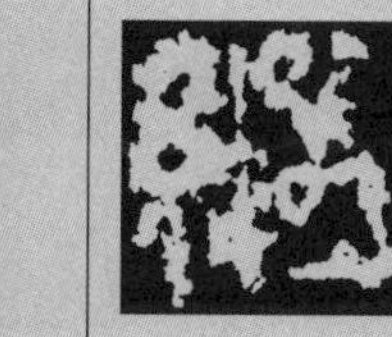
衡方碑

陈鸿寿

伊秉绶

邓石如

吴熙载

何绍基

赵之谦

## 精

睡虎地秦简

马王堆帛书

楼兰残纸

武威医简

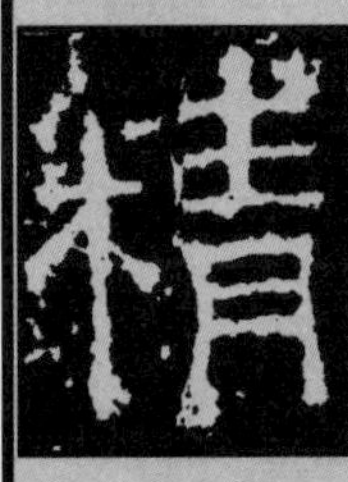

景君碑

华山碑

## 粱

马王堆帛书

银雀山汉简

居延汉简

## 粲

邓石如

丁佛言

## 粟

西狭颂

封龙山颂

何绍基

赵之谦

睡虎地秦简

马王堆帛书

居延汉简

楼兰残纸

武威医简

曹全碑

## 粉

伊立勋

米部　耒部

耒　糧　糟　粹

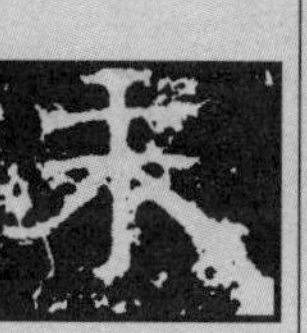
景君碑

张景碑

邓石如

杨沂孙

华山碑

礼器碑

赵孟頫

金农

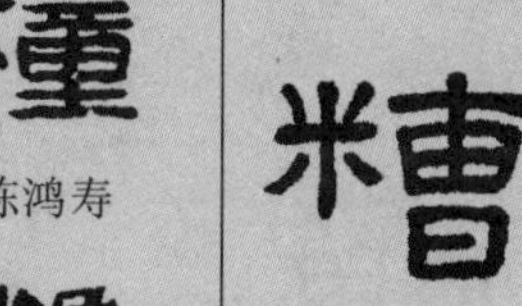
陈鸿寿

吴熙载

何绍基

俞樾

赵孟頫

文征明

王澍

陈鸿寿

吴叡

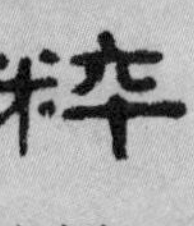
童大年

黄易

伊秉绶

吴熙载

何绍基

俞樾

赵之谦

来楚生

史晨碑

韩择木

赵孟頫

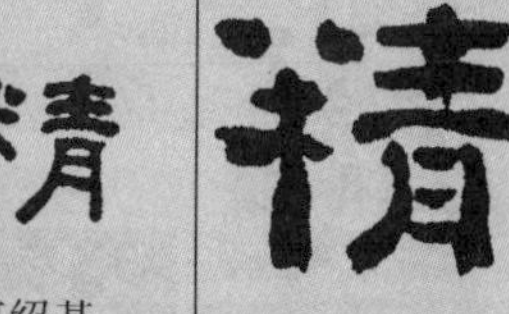
郑簠

金农

王澍

陈鸿寿

## 與

韩择木

黄易

郑簠

郑板桥

邓石如

陈鸿寿

金农

史晨碑

曹全碑

鲜于璜碑

封龙山颂

景君碑

熹平石经

睡虎地秦简

马王堆帛书

楼兰残纸

居延汉简

武威医简

尹宙碑

华山碑

## 舅

礼器碑

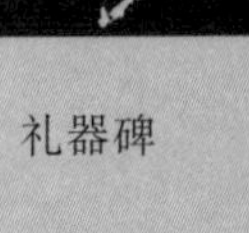

邓石如

吴熙载

何绍基

钱松

## 臾

马王堆帛书

莫友芝

来楚生

## 耕

邓石如

赵之谦

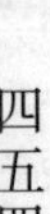
翁同和

舉 興

马王堆帛书
居延汉简
楼兰残纸
武威医简
曹全碑
华山碑
邓石如
伊秉绶
何绍基
何绍基
华山碑
礼器碑
韩择木
赵孟頫
黄易
桂馥
金农
乙瑛碑
张迁碑
衡方碑
石门颂
尹宙碑
景君碑
睡虎地秦简
马王堆帛书
楼兰残纸
居延汉简
武威医简
曹全碑
封龙山颂
何绍基
俞樾
杨岘
伊立勋
来楚生

尹宙碑

鲜于璜碑

乙瑛碑

孔宙碑

景君碑

韩择木

赵孟頫

金农

王澍

邓石如

陈鸿寿

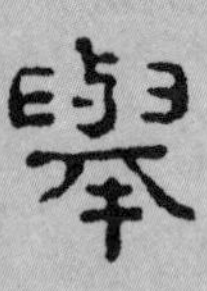
高翔

吴熙载

何绍基

俞樾

赵之谦

徐三庚

来楚生

# 舊

史晨碑

张迁碑

曹全碑

封龙山颂

礼器碑

鲜于璜碑

赵孟頫

邓石如

陈鸿寿

王澍

伊秉绶

吴熙载

何绍基

俞樾

吴昌硕

来楚生

吴湖帆

王禔

## 置

睡虎地秦简

马王堆帛书

武威医简

居延汉简

熹平石经

衡方碑

曹全碑

王澍

邓石如

何绍基

郑簠

## 罷

睡虎地秦简

马王堆帛书

居延汉简

楼兰残纸

史晨碑

乙瑛碑

赵孟頫

## 罔

鲜于璜碑

礼器碑

曹全碑

赵孟頫

王澍

## 罍

郑簠

## 缺

居延汉简

邓石如

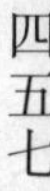

石门颂

乙瑛碑

邓石如

金农

何绍基

吴昌硕

## 罰

睡虎地秦简

马王堆帛书

居延汉简

熹平石经

## 署

武威医简

居延汉简

石门颂

陈鸿寿

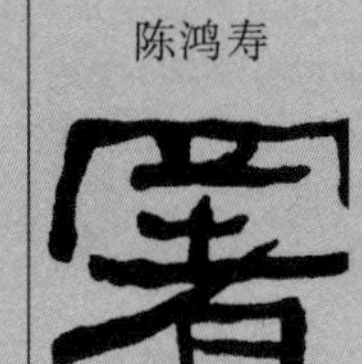
何绍基

俞樾

罗振玉

## 罷

王禔

来楚生

马王堆帛书

桂馥

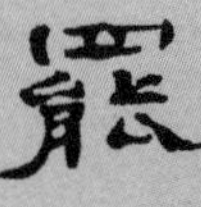
郑簠

杨岘

## 羅

楼兰残纸

泰山金刚经

赵孟頫

王澍

邓石如

吴大澂

伊立勋

## 羈

张迁碑

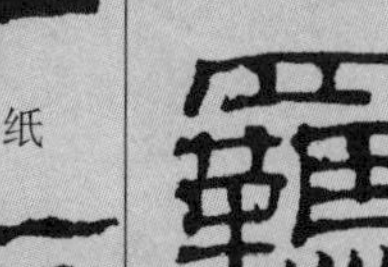
吴叡

伊秉绶

吴熙载

何绍基

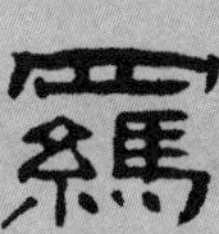
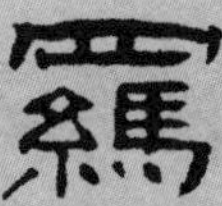
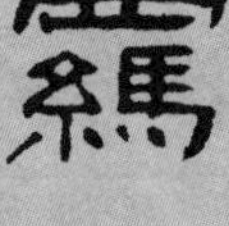
翁同和

杨岘

## 西

马王堆帛书

楼兰残纸

居延汉简

武威医简

张迁碑

华山碑

曹全碑

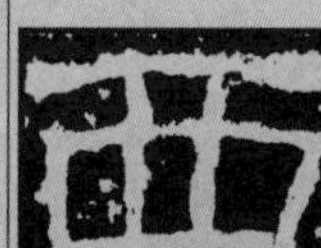
西狭颂

鲜于璜碑

石门颂

鲁峻碑

史晨碑

礼器碑

广武将军碑

泰山金刚经

赵孟頫

黄易

金农

郑簠

汪士慎

邓石如

郑板桥

伊秉绶

何绍基

王澍

俞樾

吴昌硕

来楚生

## 要

马王堆帛书

居延汉简

曹全碑

石门颂

赵孟頫

陈鸿寿

金农

行　覈　覆

邓石如

吴熙载

何绍基

居延汉简

武威医简

熹平石经

西狭颂

赵孟頫

王澍

邓石如

吴熙载

俞樾

何绍基

邓石如

睡虎地秦简

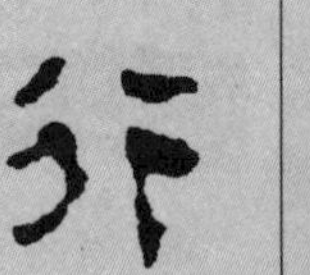
马王堆帛书

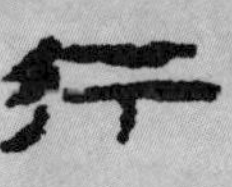
武威医简

楼兰残纸

居延汉简

石门颂

韩仁铭

孔宙碑

礼器碑

张迁碑

史晨碑

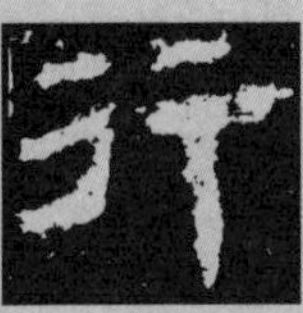
衡方碑

景君碑

夏承碑

鲜于璜碑

街　衖　術　衍

邓石如

鲁峻碑

吴叡

武威医简

武威医简

衡方碑

伊秉绶

郑簠

邓石如

何绍基

王禔

曹全碑

景君碑

熹平石经

陈鸿寿

杨守敬

陈鸿寿

王澍

吴熙载

何绍基

赵之谦

俞樾

李瑞清

来楚生

广武将军碑

赵孟頫

王铎

邓石如

黄易

伊秉绶

金农

衢　衡　衛　衙

郭泰碑

桂馥

赵孟頫

吴熙载

何绍基

睡虎地秦简

马王堆帛书

居延汉简

尹宙碑

华山庙碑

熹平石经

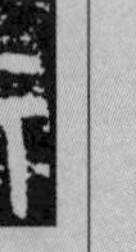
泰山金刚经

华山庙碑

郑簠

邓石如

伊秉绶

何绍基

睡虎地秦简

马王堆帛书

居延汉简

楼兰残纸

景君碑

鲜于璜碑

衡方碑

景君碑

石门颂

吴熙载

何绍基

杨沂孙

舝

吴叡

舞

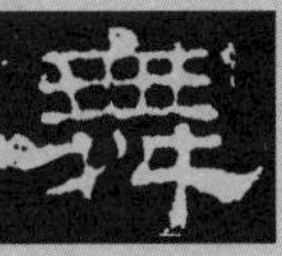

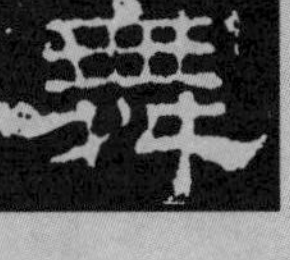
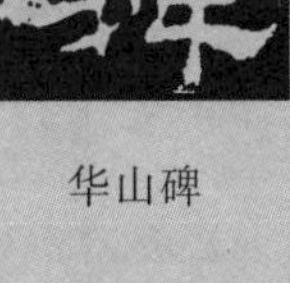
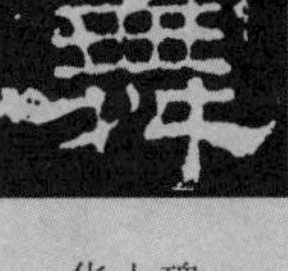
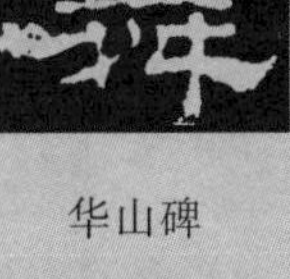
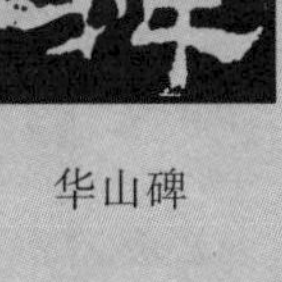
华山碑

黄易

金农

何绍基

来楚生

良

马王堆帛书

居延汉简

武威医简

景君碑

尹宙碑

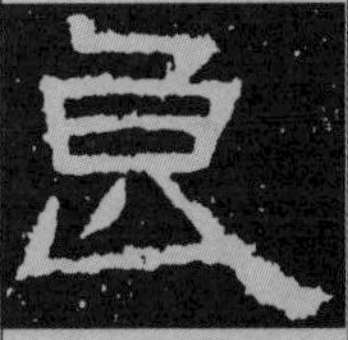
张迁碑

衡方碑

熹平石经

韩择木

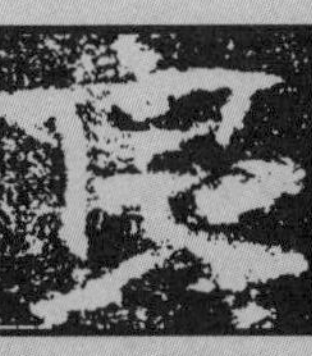
广武将军碑

赵孟頫

陈鸿寿

王澍

邓石如

丁敬

吴熙载

何绍基

赵之谦

来楚生

艱

石门颂

邓石如

陈鸿寿

吴熙载

何绍基

赵之谦

来楚生

聿

邓石如

肅

华山碑

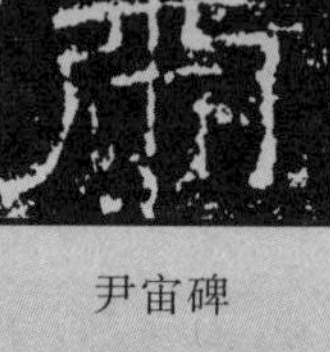
尹宙碑

衡方碑

夏承碑

史晨碑

西狭颂

鲁峻碑

华山庙碑

金农

黄易

桂馥

邓石如

伊秉绶

吴熙载

何绍基

邓散木

肆

武威医简

曹全碑

熹平石经

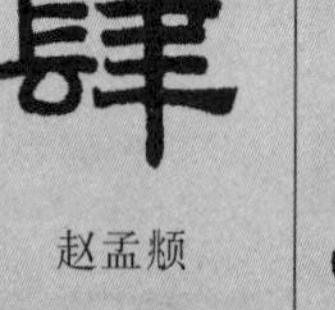
赵孟頫

王澍

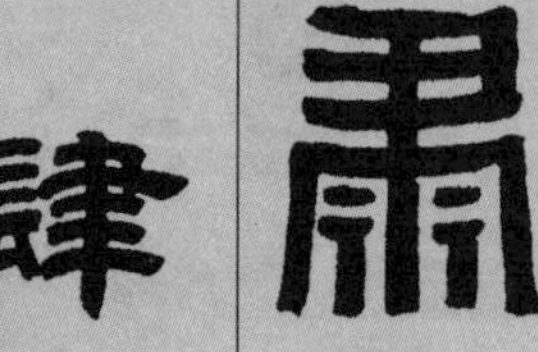
邓石如

肇

衡方碑

韩择木

华山庙碑

吴叡

何绍基

## 臨

马王堆帛书

居延汉简

武威医简

衡方碑

礼器碑

郙阁颂

石门颂

## 臧

睡虎地秦简

马王堆帛书

居延汉简

鲜于璜碑

熹平石经

曹全碑

邓石如

## 卧

马王堆帛书

居延汉简

武威医简

奚冈

伊秉绶

邓石如

吴熙载

## 臣

邓石如

王澍

金农

郑簠

伊秉绶

吴熙载

何绍基

景君碑

尹宙碑

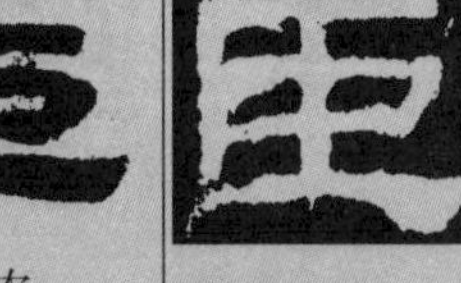
乙瑛碑

夏承碑

李隆基

华山庙碑

赵孟頫

睡虎地秦简

马王堆帛书

居延汉简

楼兰残纸

武威医简

曹全碑

史晨碑

衡方碑

西狭颂

景君碑

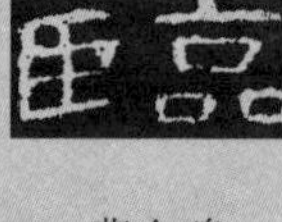
曹全碑

广武将军碑

韩择木

华山庙碑

赵孟頫

金农

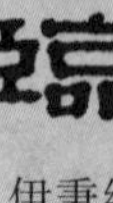
伊秉绶

邓石如

黄易

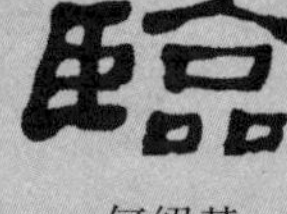
何绍基

吴熙载

王禔

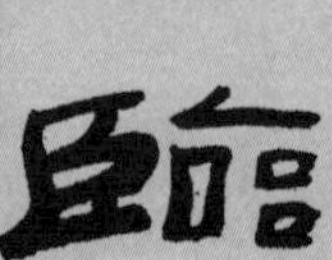
来楚生

# 至

睡虎地秦简

马王堆帛书

楼兰残纸

居延汉简

武威医简

景君碑

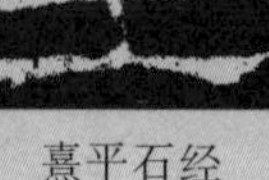
熹平石经

曹全碑

史晨碑

华山碑

鲜于璜碑

礼器碑

韩择木

华山碑

泰山金刚经

郑簠

金农

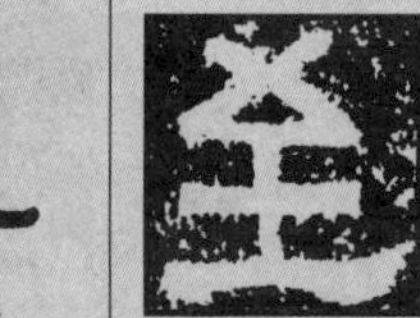
伊秉绶

邓石如

陈鸿寿

何绍基

高翔

俞樾

王禔

来楚生

黄葆戉

臻　　　　臺　　　　致

至部

樊敏碑

邓石如

何绍基

曹全碑

邓石如

来楚生

马王堆帛书

武威医简

景君碑

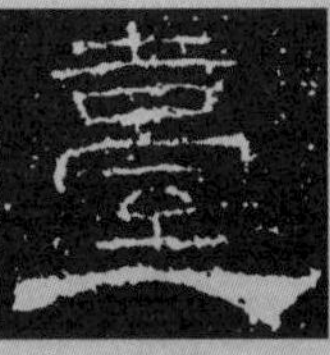
礼器碑

张迁碑

熹平石经

陈鸿寿

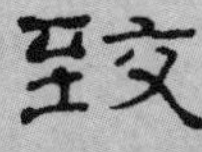
郑簠

伊秉绶

吴熙载

何绍基

俞樾

来楚生

西狭颂

熹平石经

韩择木

赵孟頫

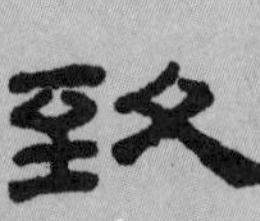
王澍

黄易

石涛

睡虎地秦简

马王堆帛书

居延汉简

武威医简

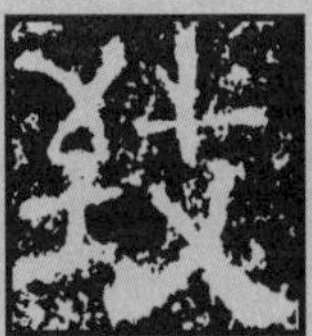
尹宙碑

华山碑

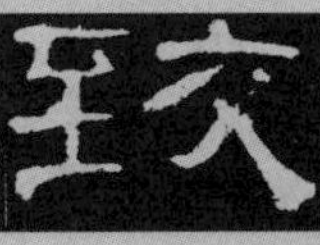
曹全碑

豕部　豸部

## 豕

武威医简

封龙山颂

邓石如

赵之谦

## 象

马王堆帛书

张迁碑

赵孟頫

邓石如

郑簠

王澍

吴熙载

## 豪

景君碑

曹全碑

丁敬

汪士慎

## 豫

曹全碑

熹平石经

石门颂

礼器碑

赵孟頫

邓石如

何绍基

陈鸿寿

来楚生

黄葆戉

## 豹

熹平石经

邓石如

来楚生

# 貌

赵孟頫

文征明

邓石如

王澍

# 貞

马王堆帛书

居延汉简

熹平石经

封龙山颂

尹宙碑

石门颂

韩择木

赵孟頫

郑簠

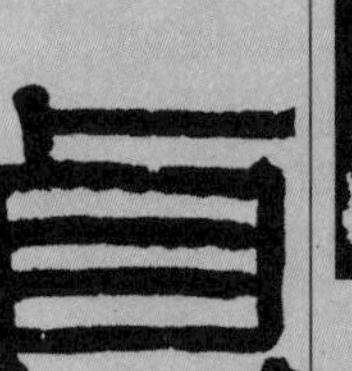
伊秉绶

黄易

王澍

# 負

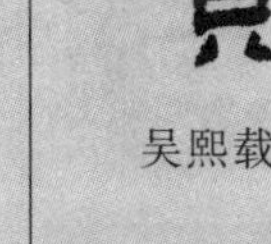
吴熙载

何绍基

伊立勋

马王堆帛书

武威医简

居延汉简

曹全碑

张迁碑

高翔

何绍基

史晨碑

陈鸿寿

王澍

貪 貧 貤 貢 財

曹全碑

鲜于璜碑

吴叡

睡虎地秦简

衡方碑

金农

陈鸿寿

张迁碑

曹全碑

赵孟頫

王澍

桂馥

黄易

何绍基

徐三庚

何绍基

马王堆帛书

居延汉简

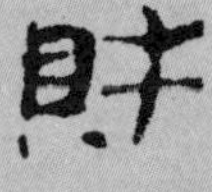

武威医简

西狭颂

乙瑛碑

邓石如

金农

| 貴 | 貰 | 貫 | 貳 | 責 | 貨 |
| --- | --- | --- | --- | --- | --- |
| <br>睡虎地秦简<br>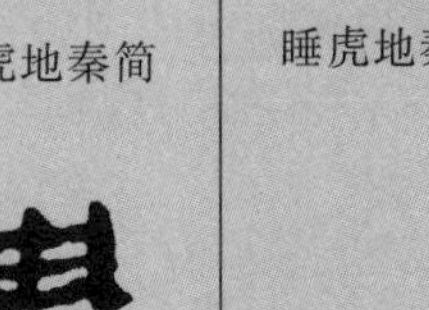<br>马王堆帛书<br>赵孟頫<br>陈鸿寿<br>伊秉绶<br>王澍 | 睡虎地秦简<br>邓石如<br>俞樾 | 居延汉简<br><br>曹全碑<br><br>吴熙载<br><br>何绍基 | <br>睡虎地秦简<br><br>马王堆帛书<br><br>武威医简<br>邓石如 | <br>睡虎地秦简<br><br>马王堆帛书<br><br>居延汉简<br><br>武威医简<br><br>邓石如<br><br>伊立勋 | <br>睡虎地秦简<br><br>马王堆帛书<br><br>武威医简<br><br>居延汉简<br><br>西狭颂<br><br>何绍基<br><br>徐三庚 |

貶 買 費

邓石如

俞樾

何绍基

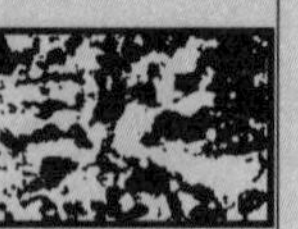
鲜于璜碑

石门颂

何绍基

郑孝胥

睡虎地秦简

居延汉简

史晨碑

广武将军碑

郑簠

金农

邓石如

陈鸿寿

何绍基

马王堆帛书

礼器碑

熹平石经

曹全碑

张景碑

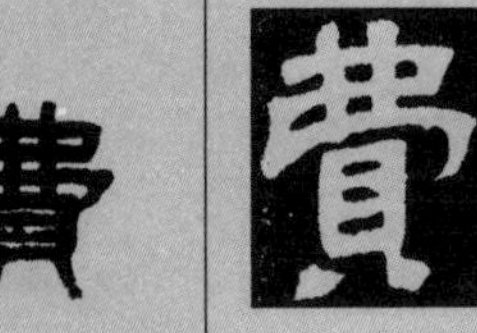
邓石如

何绍基

俞樾

吴大澂

## 賈

马王堆帛书

居延汉简

武威医简

礼器碑

何绍基

钱松

## 資

金农

邓石如

黄易

何绍基

杨岘

翁同和

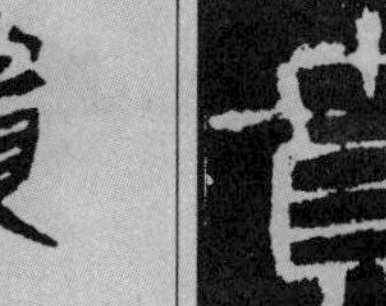
马王堆帛书

华山碑

鲜于璜碑

韩择木

赵孟頫

黄易

## 賁

曹全碑

熹平石经

## 貽

赵孟頫

文征明

伊秉绶

吴昌硕

伊立勋

## 賀

马王堆帛书

居延汉简

张迁碑

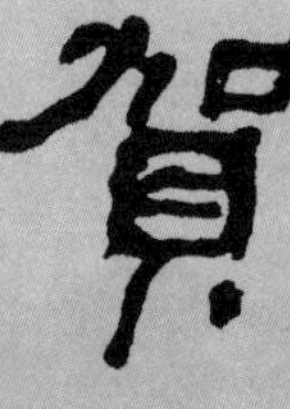
何绍基

翁同和

杨岘

## 賜

陈鸿寿

邓石如

郑簠

何绍基

杨岘

睡虎地秦简

马王堆帛书

楼兰残纸

居延汉简

武威医简

曹全碑

史晨碑

## 賓

文征明

邓石如

何绍基

钱松

马王堆帛书

居延汉简

武威医简

熹平石经

西狭颂

赵孟頫

## 賊

广武将军碑

赵孟頫

高凤翰

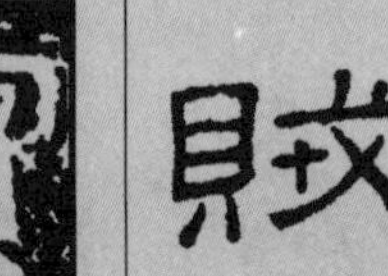
王澍

邓石如

吴熙载

何绍基

马王堆帛书

楼兰残纸

居延汉简

礼器碑

张景碑

景君碑

## 賞

睡虎地秦简

马王堆帛书

楼兰残纸

赵孟頫

王澍

邓石如

何绍基

杨岘

黄葆戊

## 賢

睡虎地秦简

马王堆帛书

楼兰残纸

居延汉简

曹全碑

尹宙碑

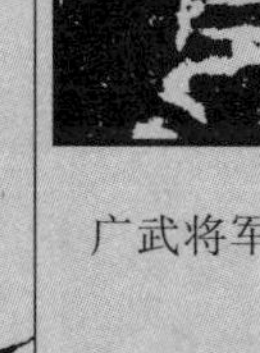
广武将军碑

金农

陈鸿寿

邓石如

桂馥

伊秉绶

何绍基

吴熙载

吴昌硕

马公愚

来楚生

## 賣

武威医简

金农

桂馥

質　賦　賤

睡虎地秦简

马王堆帛书

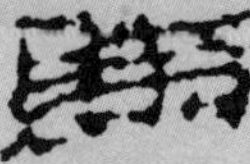
楼兰残纸

张迁碑

赵孟頫

王澍

邓石如

何绍基

翁同和

何震

居延汉简

张景碑

史晨碑

曹全碑

郑簠

伊秉绶

邓石如

金农

何绍基

马王堆帛书

楼兰残纸

景君碑

吴叡

桂馥

伊秉绶

邓石如

杨沂孙

俞樾

| 贊 | 贈 | 購 | 賻 | 賴 | 賭 |
|---|---|---|---|---|---|

## 贊

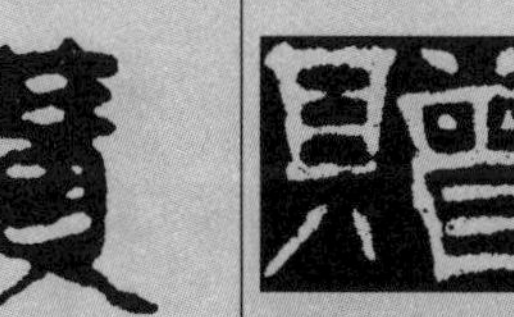

马王堆帛书

居延汉简

韩择木

华山庙碑

邓石如

陈鸿寿

## 贈

韩择木

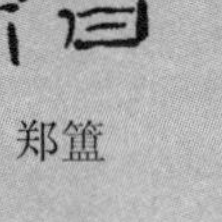

郑簠

伊秉绶

陈鸿寿

吴大澂

伊立勋

来楚生

## 購

睡虎地秦简

居延汉简

俞樾

杨岘

吴大澂

## 賻

衡方碑

何绍基

翁同和

罗振玉

## 賴

马王堆帛书

西狭颂

华山庙碑

赵孟頫

王澍

何绍基

## 賭

金农

吴湖帆

贛

鲜于璜碑

马王堆帛书

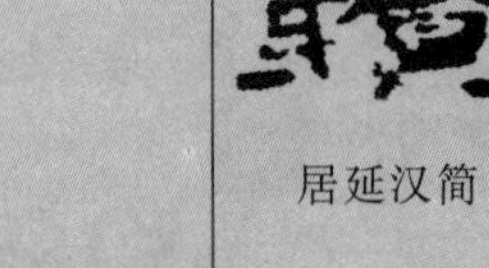
居延汉简

伊立勋

贏

睡虎地秦简

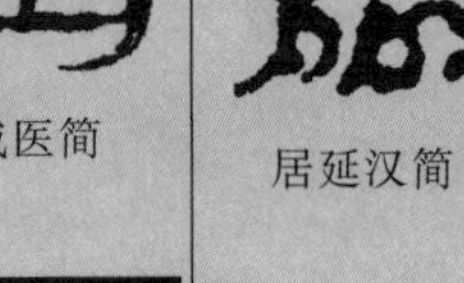
居延汉简

角

睡虎地秦简

马王堆帛书

楼兰残纸

武威医简

曹全碑

郑簠

桂馥

金农

邓石如

觚

礼器碑

吴熙载

何绍基

钱松

杨岘

童大年

解

马王堆帛书

居延汉简

武威医简

鲜于璜碑

礼器碑

熹平石经

石门颂

采　　　　觸　　　　觴



睡虎地秦简

马王堆帛书

居延汉简

武威医简

邓石如

邓石如

俞樾

吴大澂

邓石如

伊秉绶

何绍基

马王堆帛书

居延汉简

华山碑

史晨碑

泰山金刚经

黄易

金农

楼兰残纸

赵孟頫

陈鸿寿

王澍

吴熙载

何绍基

来楚生

吴熙载

伊秉绶

何绍基

来楚生

泰山金刚经

韩择木

赵孟頫

郑簠

金农

# 釋

熹平石经

石门颂

张迁碑

景君碑

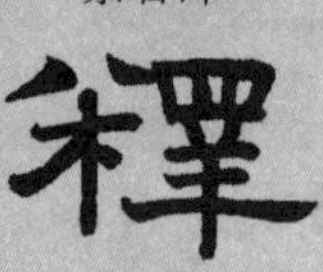
赵孟頫

陈鸿寿

王澍

吴熙载

何绍基

# 身

马王堆帛书

楼兰残纸

武威医简

衡方碑

曹全碑

尹宙碑

韩仁铭

韩择木

赵孟頫

丁敬

陈鸿寿

金农

邓石如

桂馥

吴熙载

何绍基

俞樾

来楚生

# 躬

熹平石经

石门颂

景君碑

赵孟頫

郑簠

伊秉绶

王澍

# 足 射

足

何绍基

杨岘

来楚生

石涛

金农

邓石如

郑簠

王澍

陈鸿寿

桂馥

睡虎地秦简

马王堆帛书

楼兰残纸

居延汉简

曹全碑

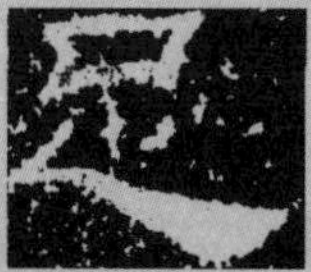

鲁峻碑

赵孟頫

射

华山庙碑

赵孟頫

金农

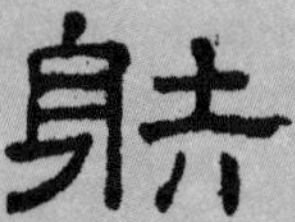

王澍

邓石如

何绍基

赵之谦

睡虎地秦简

马王堆帛书

楼兰残纸

居延汉简

武威医简

熹平石经

封龙山颂

鲜于璜碑

吴熙载

何绍基

杨沂孙

路　跪　距　跋　趾



## 路

景君碑

史晨碑

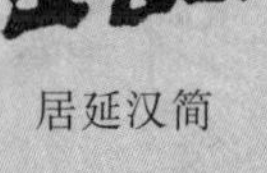
赵孟頫

石涛

汪士慎

邓石如

金农

何绍基

马王堆帛书

楼兰残纸

居延汉简

西狭颂

石门颂

夏承碑

张迁碑

鲁峻碑

## 跪

吴叡

## 距

石门颂

文征明

何绍基

## 跋

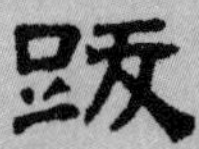
阮元

俞樾

## 趾

华山碑

金农

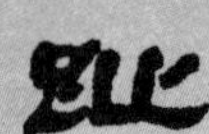
邓石如

何绍基

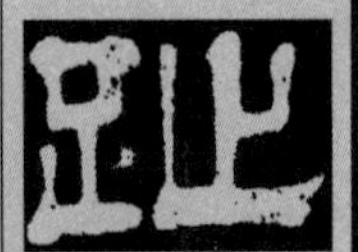
伊立勋

## 踏

邓石如

马公愚

## 踊

熹平石经

夏承碑

鲜于璜碑

吴熙载

杨岘

## 踵

吴叡

何绍基

翁同和

## 踐

西狭颂

熹平石经

赵孟頫

王澍

丁敬

邓石如

吴熙载

何绍基

伊立勋

## 蹈

鲜于璜碑

景君碑

黄易

杨沂孙

徐三庚

起 走 蹇 蹤 躍



## 起

熹平石经

张迁碑

张景碑

礼器碑

泰山金刚经

华山庙碑

马王堆帛书

居延汉简

武威医简

封龙山颂

衡方碑

鲜于璜碑

曹全碑

## 走

马王堆帛书

居延汉简

武威医简

华山庙碑

桂馥

邓石如

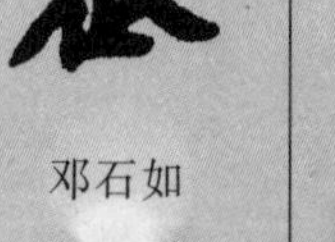

吴熙载

## 蹇

吴叡

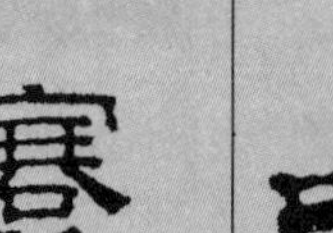
吴叡

邓石如

## 蹤

韩择木

来楚生

## 躍

熹平石经

华山庙碑

赵孟頫

王澍

来楚生

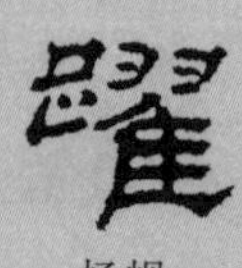
杨岘

走部

趙　越　超

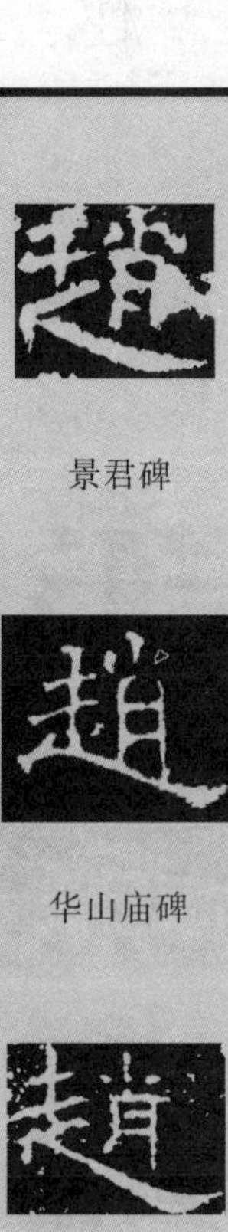

景君碑

华山庙碑

礼器碑

赵孟頫

邓石如

何绍基

马王堆帛书

楼兰残纸

居延汉简

武威医简

石门颂

封龙山颂

尹宙碑

何绍基

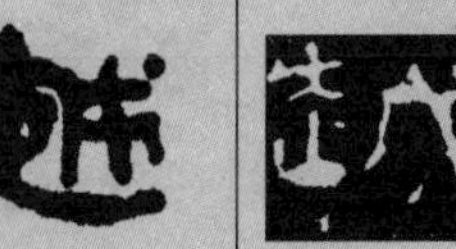

俞樾

来楚生

睡虎地秦简

马王堆帛书

居延汉简

韩择木

赵孟頫

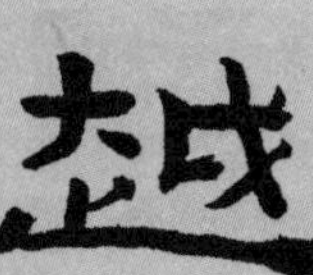

陈鸿寿

邓石如

华山庙碑

文征明

黄易

吴熙载

邓石如

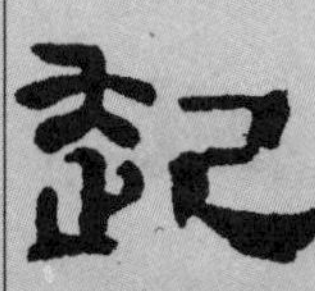

郑簠

金农

王澍

陈鸿寿

吴熙载

何绍基

迎　近　迄　趍　趣

居延汉简

武威医简

马王堆帛书

郙阁颂

金农

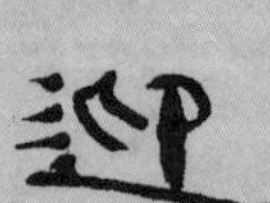
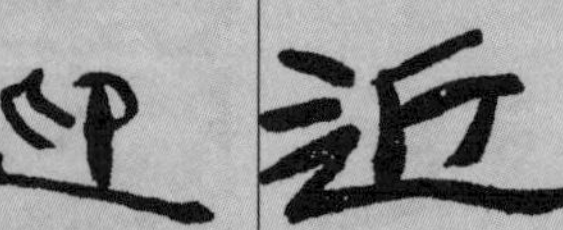
钱厓

李隆基

赵孟頫

郑簠

金农

何绍基

伊立勋

来楚生

睡虎地秦简

马王堆帛书

楼兰残纸

居延汉简

礼器碑

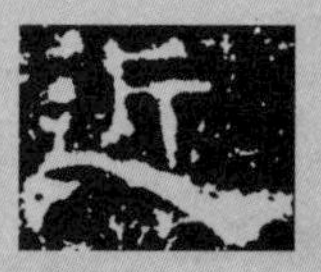
景君碑

张迁碑

尹宙碑

吴昌硕

吴隐

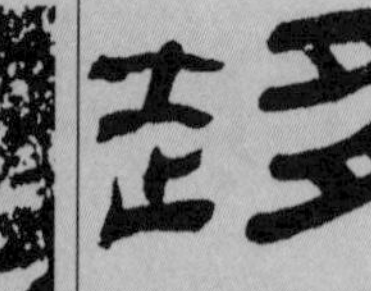
何绍基

楼兰残纸

居延汉简

史晨碑

伊秉绶

陈豫钟

何绍基

杨岘

## 述

郑簠

邓石如

武威医简

鲜于璜碑

孔宙碑

张迁碑

曹全碑

史晨碑

李隆基

## 迭

吴熙载

何绍基

## 迦

晋写经残卷

## 迫

西狭颂

吴叡

何绍基

## 返

邓石如

汪士慎

桂馥

俞樾

来楚生

退　迹　追　迷

马王堆帛书

武威医简

熹平石经

衡方碑

曹全碑

夏承碑

张迁碑

桂馥

何绍基

俞樾

翁同和

睡虎地秦简

马王堆帛书

居延汉简

楼兰残纸

西狭颂

韩择木

赵孟頫

伊秉绶

黄易

钱松

吴熙载

何绍基

睡虎地秦简

礼器碑

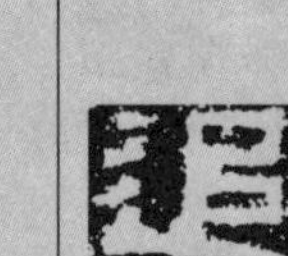

鲜于璜碑

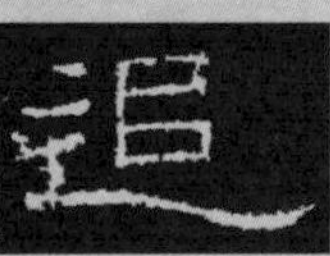
张景碑

鲁峻碑

景君碑

马王堆帛书

吴叡

徐三庚

吴湖帆

逋　迴　逆　逃　送

赵之谦

文征明

邓石如

何绍基

来楚生

马王堆帛书

武威医简

熹平石经

曹全碑

杨岘

来楚生

邓石如

马王堆帛书

居延汉简

邓石如

马王堆帛书

楼兰残纸

居延汉简

武威医简

张迁碑

何绍基

翁同和

杨岘

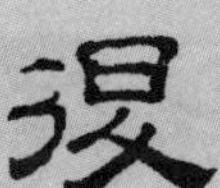
吴叡

邓石如

伊秉绶

何绍基

华山碑

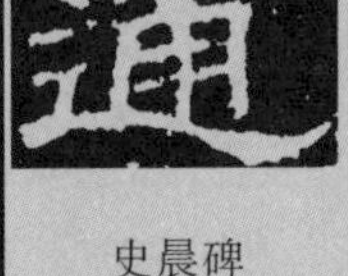
史晨碑

韩择木

华山碑

伊秉绶

汪士慎

邓石如

石门颂

熹平石经

张迁碑

鲜于璜碑

礼器碑

尹宙碑

乙瑛碑

睡虎地秦简

马王堆帛书

楼兰残纸

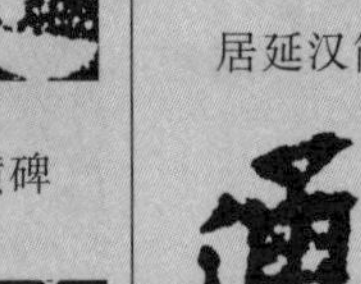
居延汉简

武威医简

鲁峻碑

封龙山颂

韩择木

何绍基

赵孟頫

黄葆戊

马王堆帛书

居延汉简

楼兰残纸

武威医简

熹平石经

赵孟頫

金农

来楚生

# 造 速 逝 逞

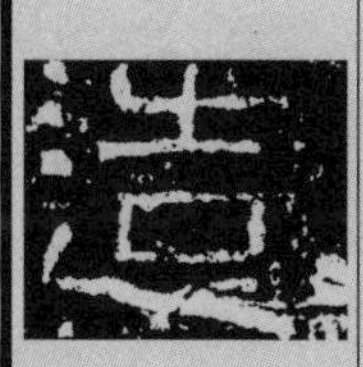

西狭颂

封龙山颂

礼器碑

华山碑

赵孟頫

陈鸿寿

睡虎地秦简

马王堆帛书

曹全碑

石门颂

鲜于璜碑

乙瑛碑

孔宙碑

衡方碑

邓石如

王澍

何绍基

熹平石经

吴叡

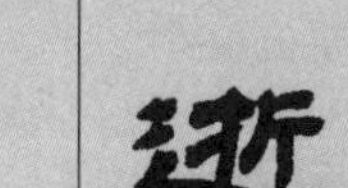
邓石如

伊立勋

郑簠

金农

王澍

奚冈

钱松

何绍基

徐三庚

赵之谦

来楚生

迸　連　逢　逡

居延汉简

曹全碑

何绍基

何绍基

来楚生

马王堆帛书

居延汉简

西狭颂

华山庙碑

赵孟頫

王澍

邓石如

武威医简

华山碑

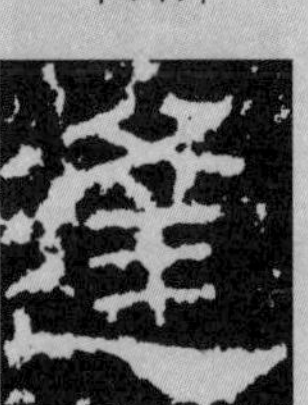
景君碑

吴叡

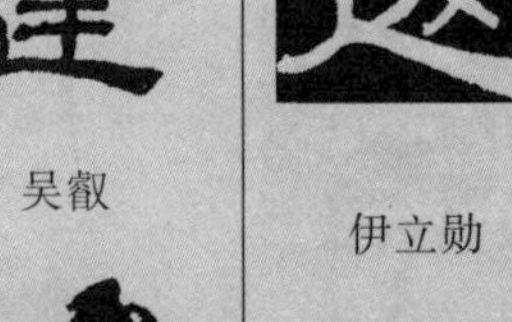
金农

郑簠

伊秉绶

辟雍碑

伊立勋

金农

邓石如

王澍

吴熙载

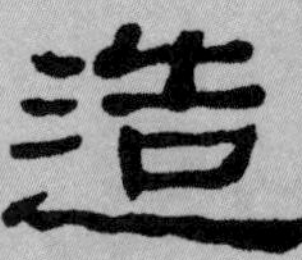
何绍基

马公愚

## 逴

礼器碑

吴熙载

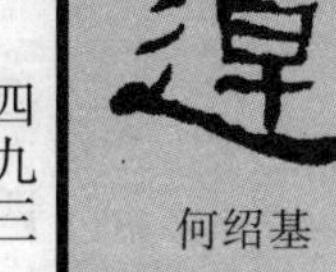
何绍基

## 逸

衡方碑

景君碑

广武将军碑

李隆基

邓石如

王澍

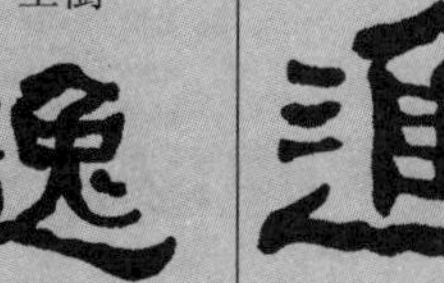
何绍基

## 進

晋写经残卷

陈鸿寿

邓石如

郑簠

吴熙载

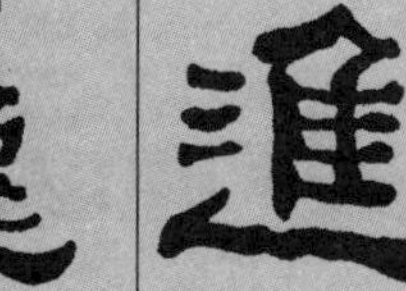
何绍基

张迁碑

景君碑

熹平石经

尹宙碑

广武将军碑

韩择木

马王堆帛书

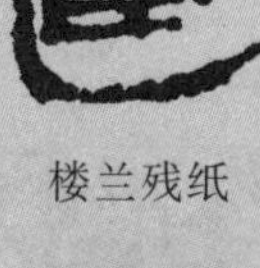
楼兰残纸

武威医简

居延汉简

西狭碑

夏承碑

礼器碑

## 逮

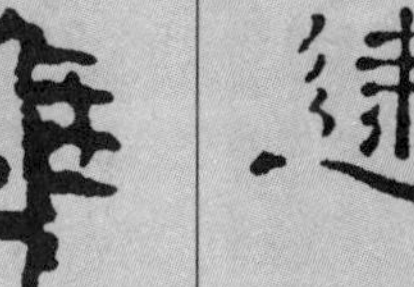
高翔

郑簠

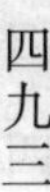

## 遊

赵孟頫

丁敬

邓石如

金农

何绍基

## 遇

马王堆帛书

熹平石经

曹全碑

金农

邓石如

桂馥

陈豫钟

何绍基

## 運

武威医简

韩择木

赵孟頫

王澍

陈鸿寿

何绍基

## 遁

马王堆帛书

李隆基

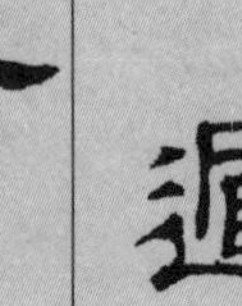
吴叡

钱泳

## 逼

赵孟頫

文征明

王澍

伊秉绶

## 逾

马王堆帛书

李隆基

辵部

## 遒

马王堆帛书

礼器碑

何绍基

## 違

吴叡

伊立勋

## 遐

景君碑

韩择木

赵孟頫

邓石如

伊立勋

## 遏

华山碑

黄易

金农

## 過

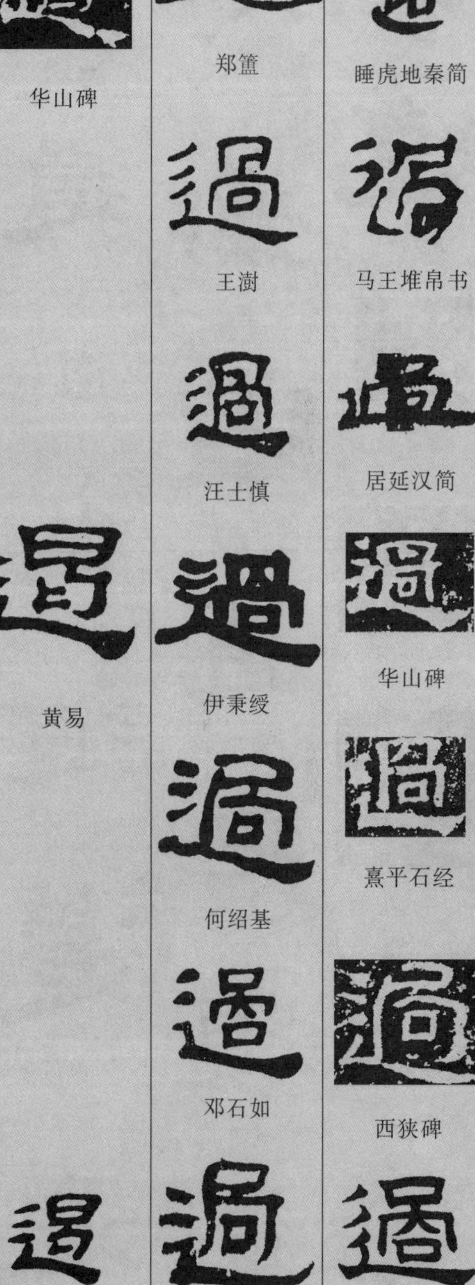

郑簠

王澍

汪士慎

伊秉绶

何绍基

邓石如

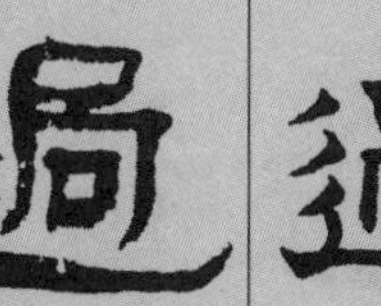
来楚生

睡虎地秦简

马王堆帛书

居延汉简

华山碑

熹平石经

西狭碑

赵孟頫

道

马王堆帛书

楼兰残纸

居延汉简

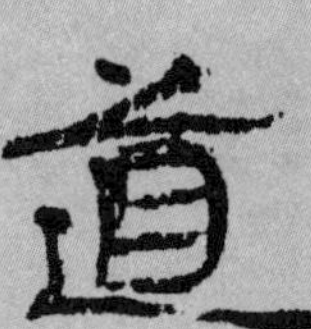
武威医简

西狭碑

韩仁铭

石门颂

熹平石经

景君碑

衡方碑

郙阁颂

鲜于璜碑

史晨碑

礼器碑

夏承碑

张迁碑

晋写经残卷

韩择木

华山碑

赵孟頫

桂馥

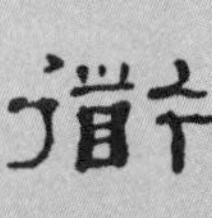
郑簠

丁敬

王澍

黄易

伊秉绶

石涛

金农

陈鸿寿

邓石如

吴熙载

何绍基

吴湖帆

達

马王堆帛书

居延汉简

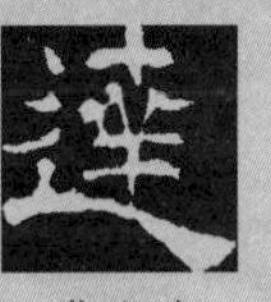
华山碑

礼器碑

曹全碑

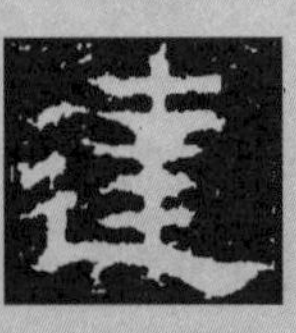
景君碑

高翔

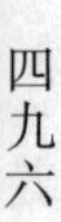

违　遍　遂



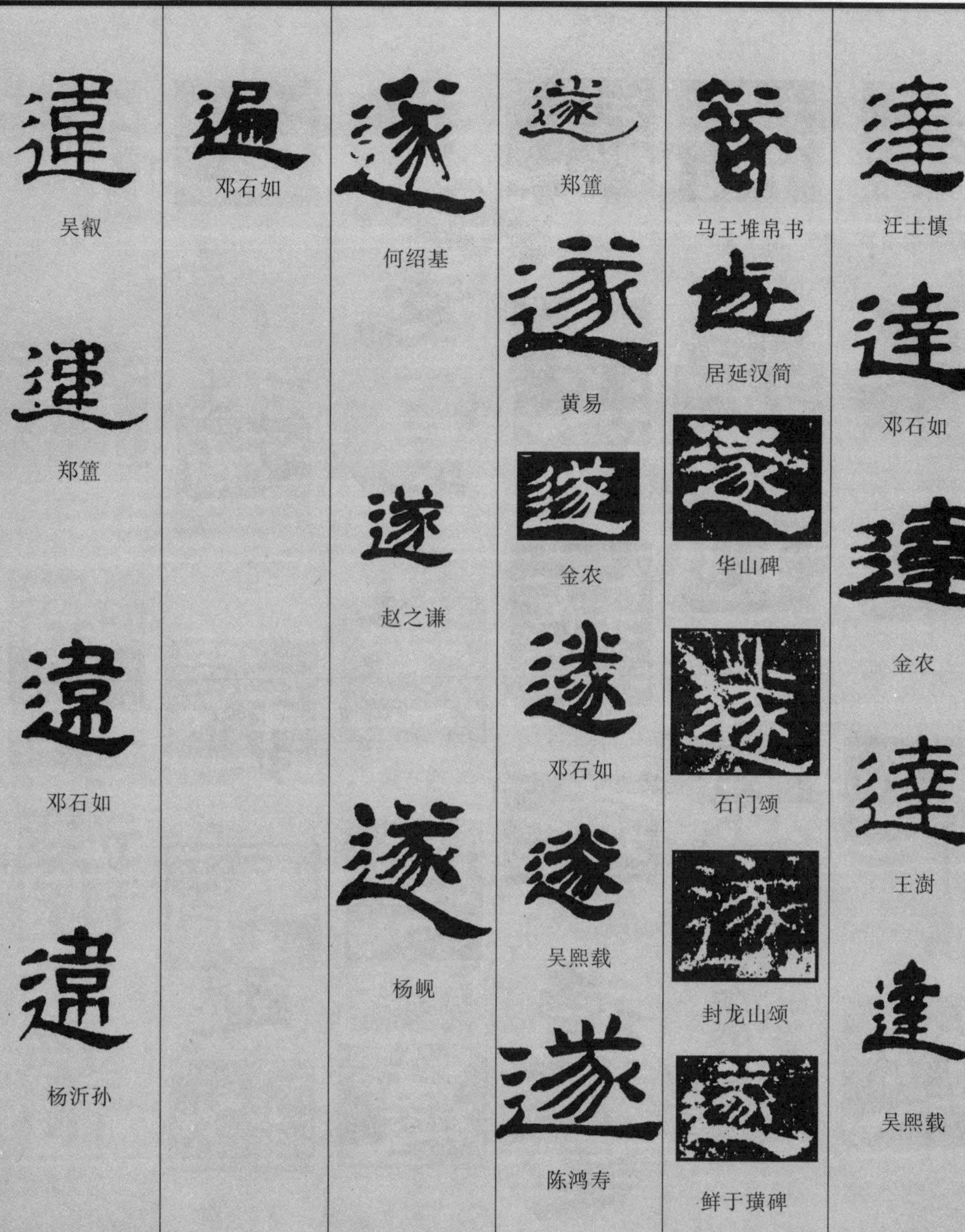
汪士慎
邓石如
金农
王澍
吴熙载
何绍基
马王堆帛书
居延汉简
华山碑
石门颂
封龙山颂
鲜于璜碑
华山碑
郑簠
黄易
金农
邓石如
吴熙载
陈鸿寿
伊秉绶
何绍基
赵之谦
杨岘
伊立勋
邓石如
吴叡
郑簠
邓石如
杨沂孙
伊立勋

辵部

遣

睡虎地秦简

居延汉简

武威医简

张景碑

华山碑

石门颂

遠

邓石如

金农

吴熙载

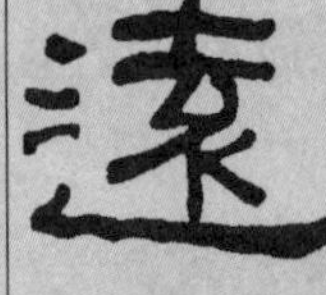
何绍基

赵之谦

徐三庚

曹全碑

景君碑

广武将军碑

李隆基

赵孟頫

丁敬

伊秉绶

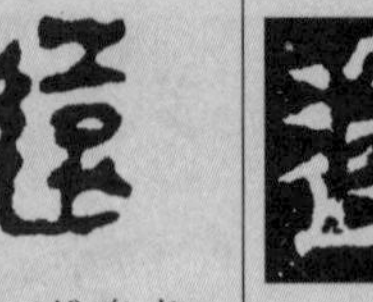
马王堆帛书

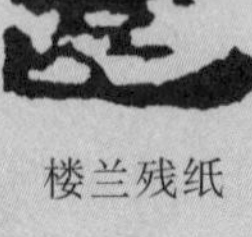
楼兰残纸

居延汉简

张迁碑

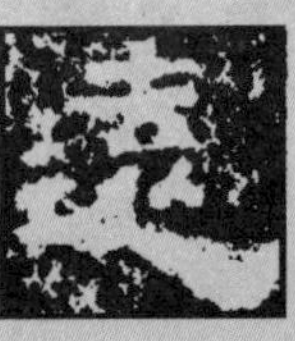
鲜于璜碑

史晨碑

西狭碑

遜

熹平石经

汪士慎

赵之谦

杨沂孙

吴熙载

遥

赵孟頫

文征明

来楚生

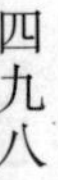

遷　遵　遭　適



遷

居延汉简

武威医简

张迁碑

衡方碑

韩仁铭

鲁峻碑

遵

华山碑

景君碑

赵孟頫

王澍

金农

何绍基

曹全碑

邓石如

吴熙载

何绍基

遭

史晨碑

鲜于璜碑

夏承碑

尹宙碑

孔宙碑

石门颂

適

马王堆帛书

居延汉简

武威医简

赵孟頫

郑簠

邓石如

杨岘

赵孟頫

郑簠

邓石如

王澍

桂馥

何绍基

# 遺 遹 遲 選

鲜于璜碑

韩仁铭

曹全碑

李隆基

陈鸿寿

郑簠

马王堆帛书

居延汉简

孔宙碑

尹宙碑

礼器碑

景君碑

邓石如

吴叡

金农

邓石如

伊秉绶

吴熙载

何绍基

钱松

武威医简

乙瑛碑

陈鸿寿

吴熙载

何绍基

景君碑

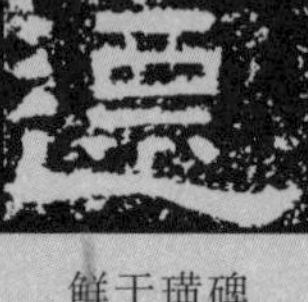
鲜于璜碑

曹全碑

熹平石经

金农

邓石如

何绍基

辵部

還 邁 避 邃 遼

楼兰残纸

居延汉简

曹全碑

熹平石经

郙阁颂

史晨碑

邓石如

文征明

何绍基

翁同和

睡虎地秦简

韩择木

俞樾

邓石如

韩择木

吴叡

吴隐

史晨碑

礼器碑

鲜于璜碑

石门颂

赵孟頫

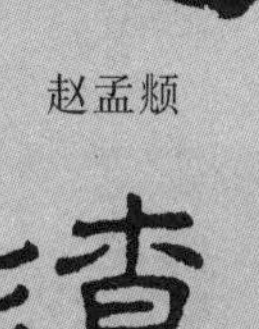
王澍

何绍基

邓石如

何绍基

来楚生

伊秉绶

金农

吴熙载

何绍基

俞樾

来楚生

赵孟頫

文征明

王澍

黄葆戊

鲁峻碑

赵孟頫

文征明

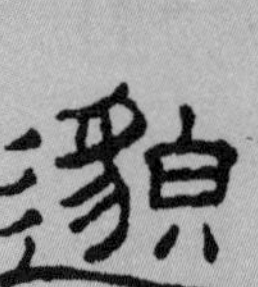
王澍

吴熙载

何绍基

邓散木

居延汉简

楼兰残纸

鲜于璜碑

泰山金刚经

邓石如

汪士慎

何绍基

睡虎地秦简

马王堆帛书

武威医简

居延汉简

张迁碑

韩仁铭

鲜于璜碑

石门颂

尹宙碑

衡方碑

乙瑛碑

张景碑

礼器碑

泰山金刚经

討　訊　計



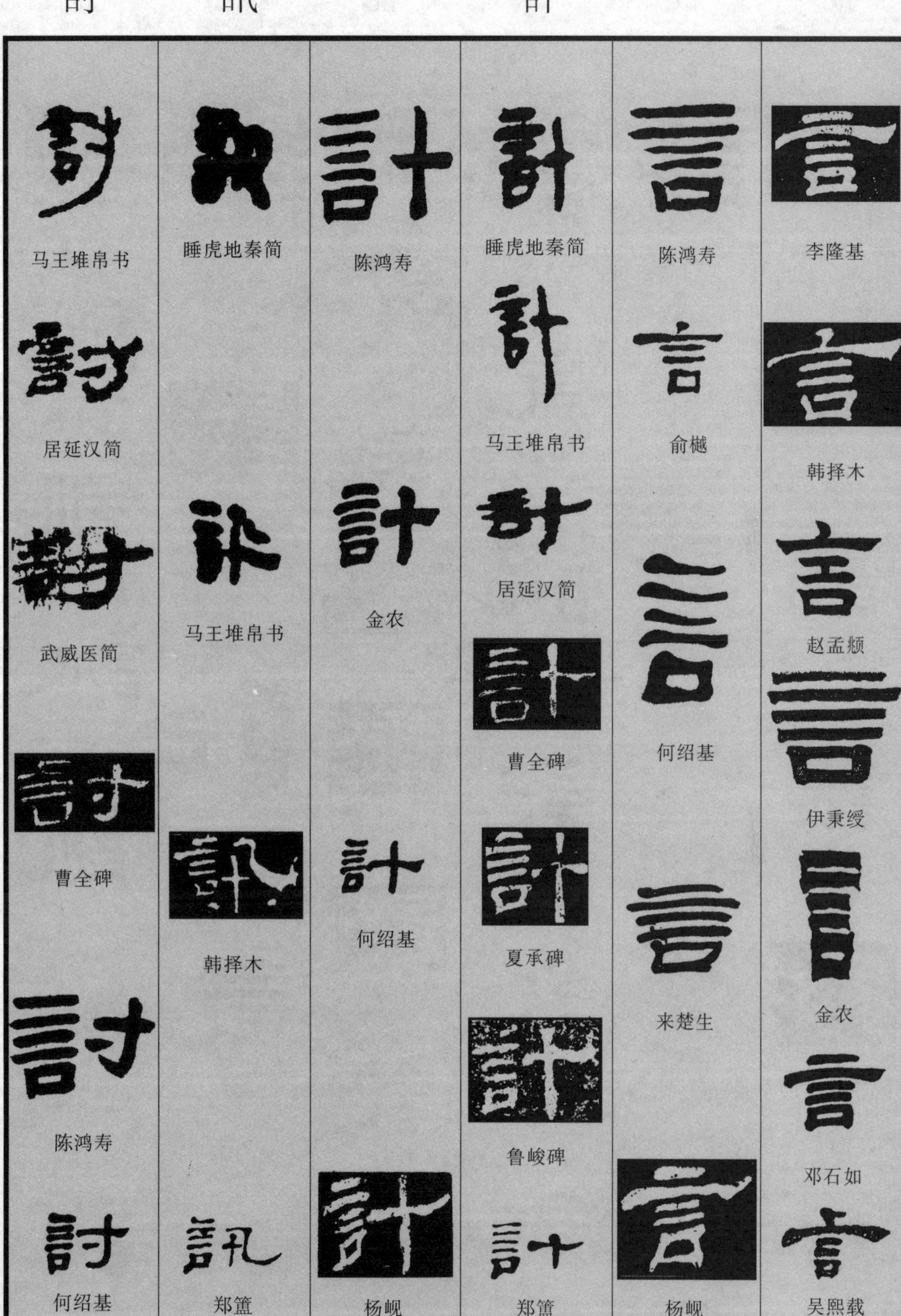

马王堆帛书
居延汉简
武威医简
曹全碑
陈鸿寿
何绍基
睡虎地秦简
马王堆帛书
韩择木
郑簠
陈鸿寿
金农
何绍基
杨岘
睡虎地秦简
马王堆帛书
居延汉简
曹全碑
夏承碑
鲁峻碑
郑簠
陈鸿寿
俞樾
何绍基
来楚生
杨岘
李隆基
韩择木
赵孟頫
伊秉绶
金农
邓石如
吴熙载

訪　訟　記　訖　訓



**訪**

曹全碑

礼器碑

桂馥

何绍基

杨岘

俞樾

**訟**

陈鸿寿

俞樾

何震

来楚生

**記**

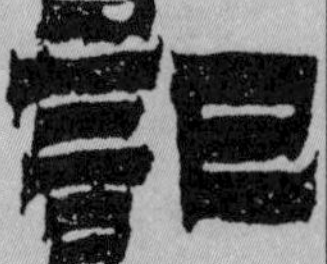

金农

伊秉绶

何绍基

俞樾

杨岘

来楚生

武威医简

楼兰残纸

居延汉简

张景碑

华山碑

石门颂

桂馥

邓石如

**訖**

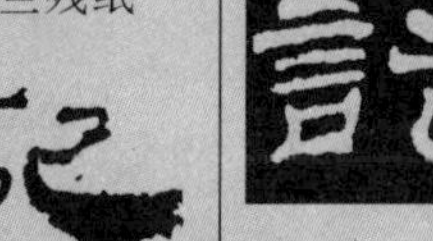

韩仁铭

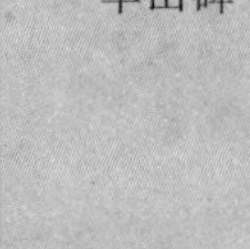

华山碑

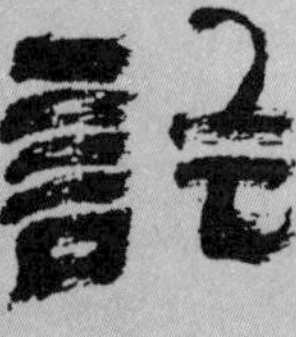

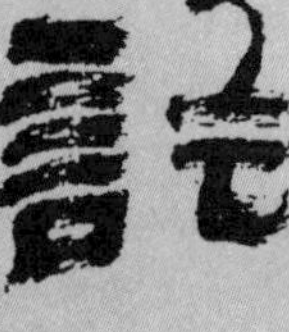

金农

伊秉绶

吴大澂

**訓**

广武将军碑

赵孟頫

桂馥

王澍

邓石如

赵之谦

王禔

詺　訶　詐　訢　許　設

言部

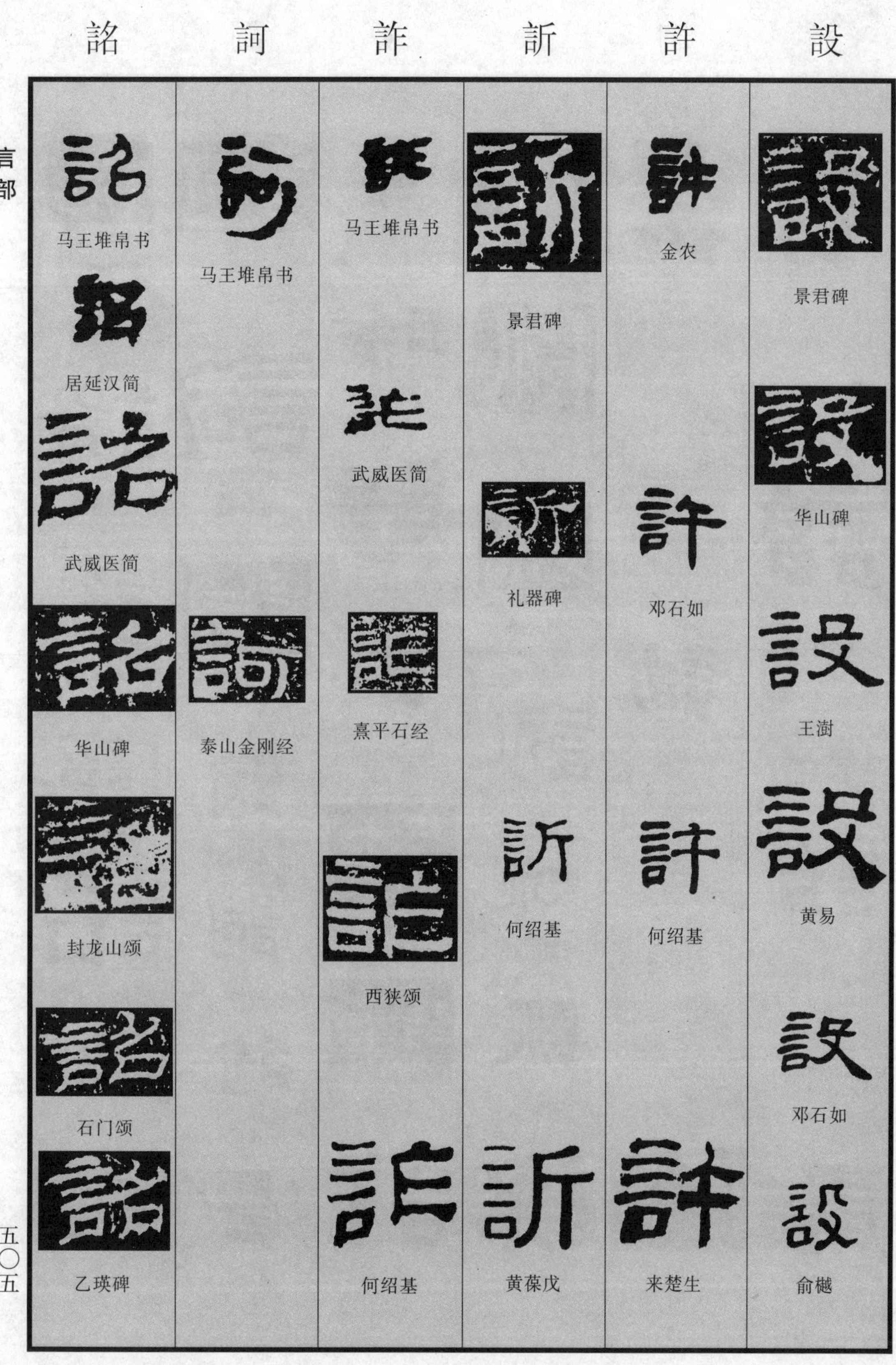

马王堆帛书
居延汉简
武威医简
华山碑
封龙山颂
石门颂
乙瑛碑
马王堆帛书
泰山金刚经
马王堆帛书
武威医简
熹平石经
西狭颂
何绍基
景君碑
礼器碑
何绍基
黄葆戊
金农
邓石如
何绍基
来楚生
景君碑
华山碑
王澍
黄易
邓石如
俞樾

## 詣

睡虎地秦简

居延汉简

钱泳

金农

## 詢

睡虎地秦简

金农

杨岘

## 詠

鲜于璜碑

景君碑

西狭颂

王澍

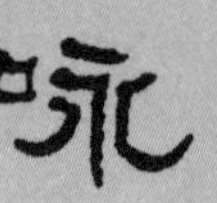
何绍基

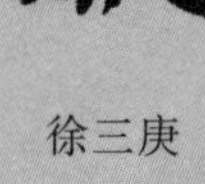
徐三庚

钱厓

## 許

睡虎地秦简

居延汉简

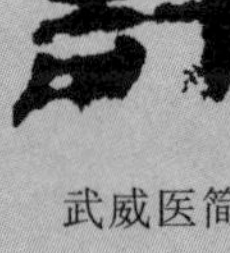
武威医简

马王堆帛书

封龙山颂

乙瑛碑

陈鸿寿

## 詞

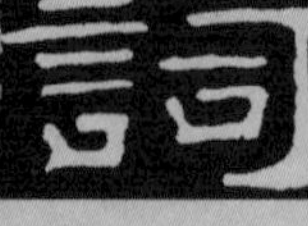
韩择木

伊秉绶

金农

吴熙载

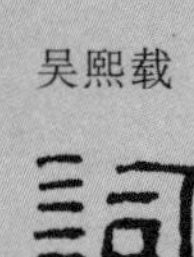
俞樾

杨岘

来楚生

## 詔

华山碑

桂馥

汪士慎

郑簠

伊秉绶

俞樾

赵之谦

| 詰 | 詫 | 詩 | | | 誕 |
|---|---|---|---|---|---|
|  居延汉简 |  武威医简 |  伊秉绶 |  西狭颂 |   马王堆帛书 |  衡方碑 |
| 邓石如 |  俞樾 | 汪士慎 | 鲁峻碑 |  武威医简 |  邓石如 |
| 金农 | | 陈鸿寿 | 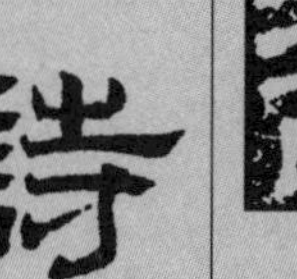 赵孟頫 |  景君碑 |  赵之谦 |
| 何绍基 | | 高翔 | 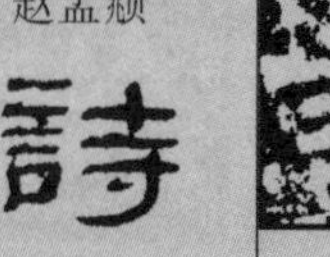 郑簠 | 尹宙碑 |  何绍基 |
| | | 金农 |  邓石如 |  夏承碑 |  徐三庚 |
| | | 何绍基 |  黄易 |  衡方碑 | 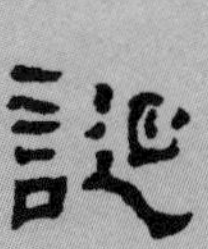 翁同和 |
| | | | 王澍 |  张迁碑 | |

## 試

马王堆帛书

居延汉简

熹平石经

陈鸿寿

邓石如

何绍基

杨岘

俞樾

## 該

衡方碑

吴叡

伊秉绶

何绍基

翁同和

## 詳

赵孟頫

文征明

王澍

钱泳

吴隐

黄葆戉

## 誅

马王堆帛书

赵孟頫

文征明

王澍

吴熙载

## 誄

景君碑

杨沂孙

## 誘

韩择木

邓石如

## 誨

邓石如

赵之谦

徐三庚

## 說

黄易

王澍

邓石如

桂馥

泰山金刚经

马王堆帛书

楼兰残纸

华山碑

熹平石经

赵孟頫

金农

## 誦

楼兰残纸

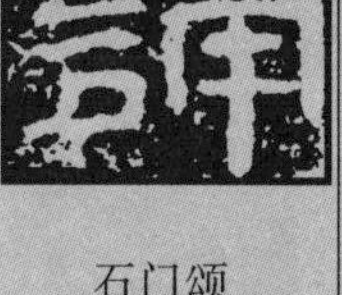

石门颂

鲜于璜碑

石门颂

何绍基

钱泳

## 誥

陈鸿寿

吴大澂

## 誣

睡虎地秦简

马王堆帛书

邓石如

钱泳

誧　誠　誠　語

史晨碑

何绍基

赵孟頫

俞樾

黄葆戊

赵孟頫

邓石如

金农

伊秉绶

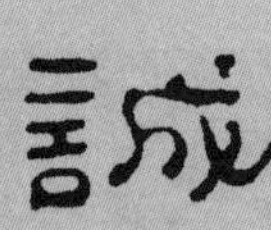
高翔

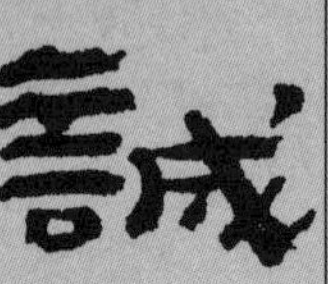
郑簠

何绍基

赵之谦

马王堆帛书

楼兰残纸

居延汉简

华山碑

礼器碑

石门颂

乙瑛碑

鲁峻碑

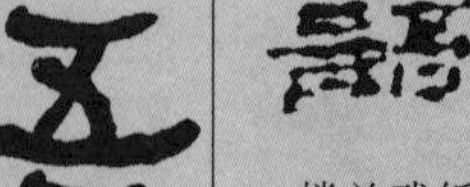
何绍基

俞樾

钱松

杨岘

楼兰残纸

礼器碑

赵孟頫

王澍

陈鸿寿

邓石如

郑簠

桂馥

## 請

华山碑

金农

郑簠

邓石如

陈鸿寿

桂馥

吴熙载

何绍基

马王堆帛书

居延汉简

武威医简

夏承碑

乙瑛碑

石门颂

华山碑

## 談

马王堆帛书

史晨碑

赵孟頫

邓石如

黄易

王澍

赵之谦

何绍基

## 調

居延汉简

张景碑

赵孟頫

郑簠

伊秉绶

何绍基

俞樾

## 課

睡虎地秦简

居延汉简

石门颂

邓石如

陈鸿寿

俞樾

## 誰

马王堆帛书

赵孟頫

金农

邓石如

陈鸿寿

王澍

汪士慎

来楚生

## 諫

邓石如

伊秉绶

## 諮

曹全碑

邓石如

何绍基

## 論

赵孟頫

桂馥

陈鸿寿

王澍

金农

伊秉绶

何绍基

睡虎地秦简

马王堆帛书

居延汉简

武威医简

尹宙碑

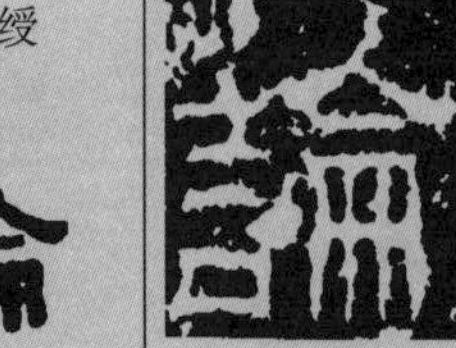

景君碑

## 諒

景君碑

吴叡

文征明

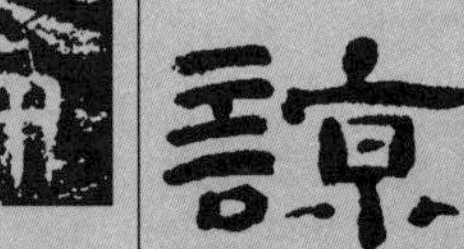
郑簠

杨沂孙

## 諏

曹全碑

何绍基

## 諶

马王堆帛书

孔彪碑

## 諳

金农

## 諱

广武将军碑

郑簠

陈鸿寿

伊秉绶

金农

吴熙载

何绍基

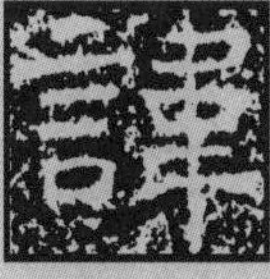
孔宙碑

尹宙碑

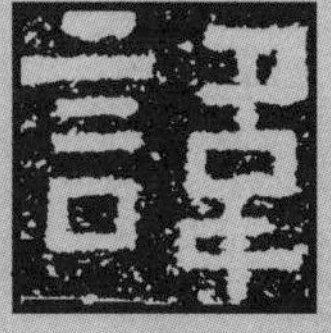
夏承碑

鲜于璜碑

华山碑

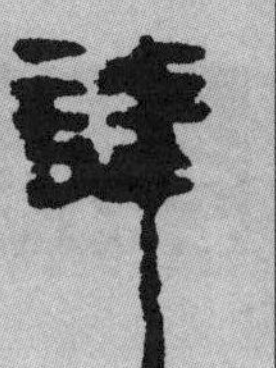
史晨碑

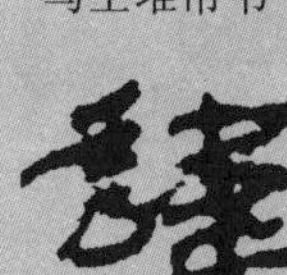
马王堆帛书

居延汉简

景君碑

衡方碑

西狭颂

张迁碑

## 諧

史晨碑

华山庙碑

金农

吴湖帆

## 諷

楼兰残纸

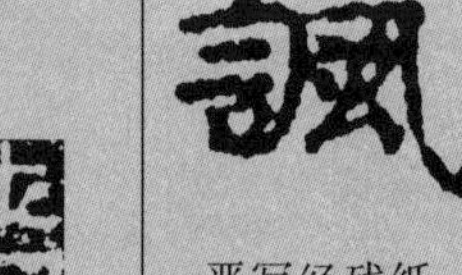
晋写经残纸

## 諸

马王堆帛书

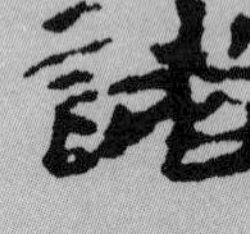
居延汉简

武威医简

景君碑

尹宙碑

衡方碑

曹全碑

华山碑

鲜于璜碑

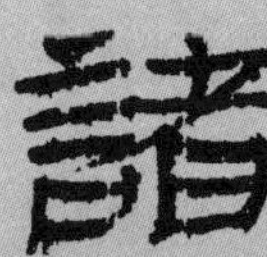
熹平石经

泰山金刚经

华山庙碑

桂馥

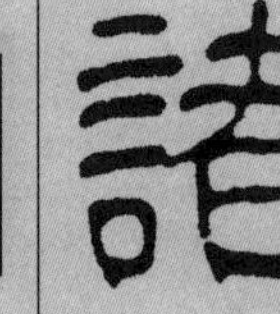
汪士慎

邓石如

伊秉绶

陈鸿寿

何绍基

赵之谦

伊立勋

## 諺

曹全碑

何绍基

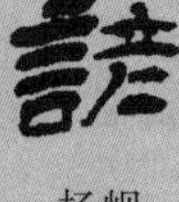
杨岘

## 諾

熹平石经

杨岘

黄葆戌

言部

## 謀

吴熙载

何绍基

杨岘

马王堆帛书

居延汉简

鲜于璜碑

曹全碑

熹平石经

伊秉绶

邓石如

## 謂

华山庙碑

郑簠

金农

邓石如

何绍基

睡虎地秦简

马王堆帛书

居延汉简

西狭颂

熹平石经

泰山金刚经

韩择木

## 謁

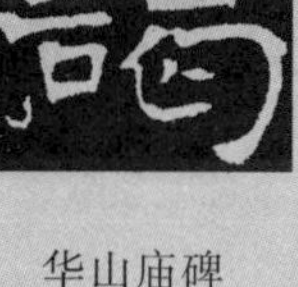

华山庙碑

邓石如

吴熙载

何绍基

杨岘

睡虎地秦简

楼兰残纸

武威医简

曹全碑

景君碑

鲜于璜碑

## 謝

居延汉简

礼器碑

赵孟頫

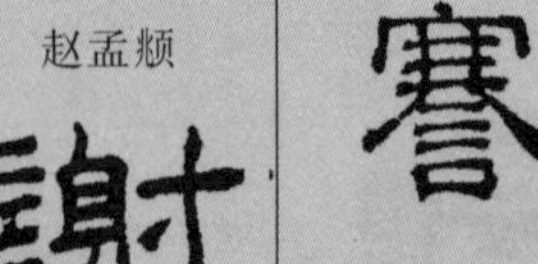
王澍

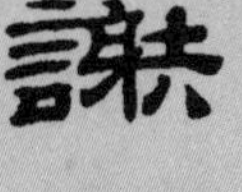
桂馥

邓石如

金农

## 諦

泰山金刚经

钱大昕

## 謇

张迁碑

衡方碑

吴叡

吴熙载

何绍基

## 謚

鲁峻碑

衡方碑

鲜于璜碑

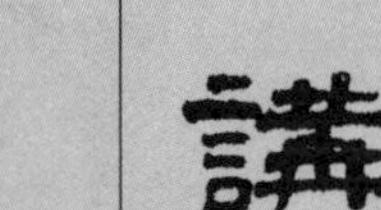
郑簠

何绍基

翁同和

## 講

马王堆帛书

华山庙碑

何绍基

翁同和

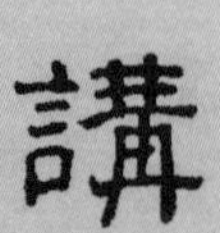
俞樾

## 謙

鲜于璜碑

史晨碑

礼器碑

赵孟頫

王澍

伊秉绶

何绍基

謹　謳　謨　謬　謠

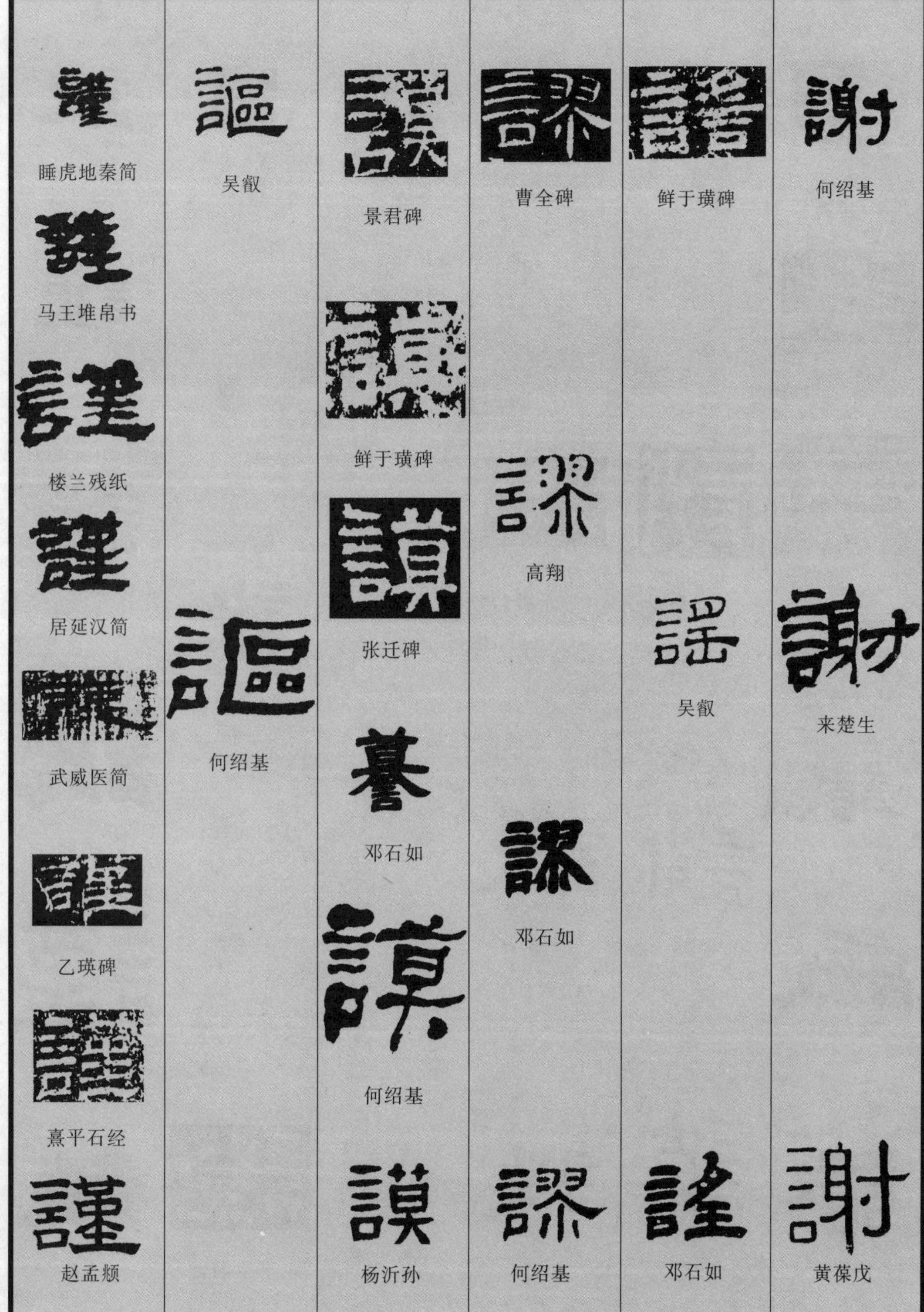
睡虎地秦简
马王堆帛书
楼兰残纸
居延汉简
武威医简
乙瑛碑
熹平石经
赵孟頫
吴叡
何绍基
景君碑
鲜于璜碑
张迁碑
邓石如
何绍基
杨沂孙
曹全碑
高翔
邓石如
何绍基
鲜于璜碑
吴叡
邓石如
何绍基
来楚生
黄葆戉

識　誚　譏　譔　證

華山碑

鲜于璜碑

石门颂

丁敬

石涛

金农

伊秉绶

赵孟頫

文征明

王澍

黄葆戊

赵孟頫

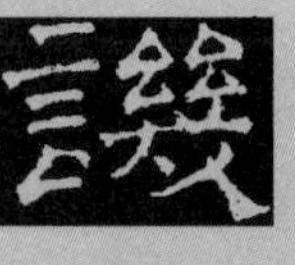

文征明

王澍

阮元

陈鸿寿

吴大澂

丁佛言

伊立勋

郑簠

桂馥

王澍

邓石如

何绍基

来楚生

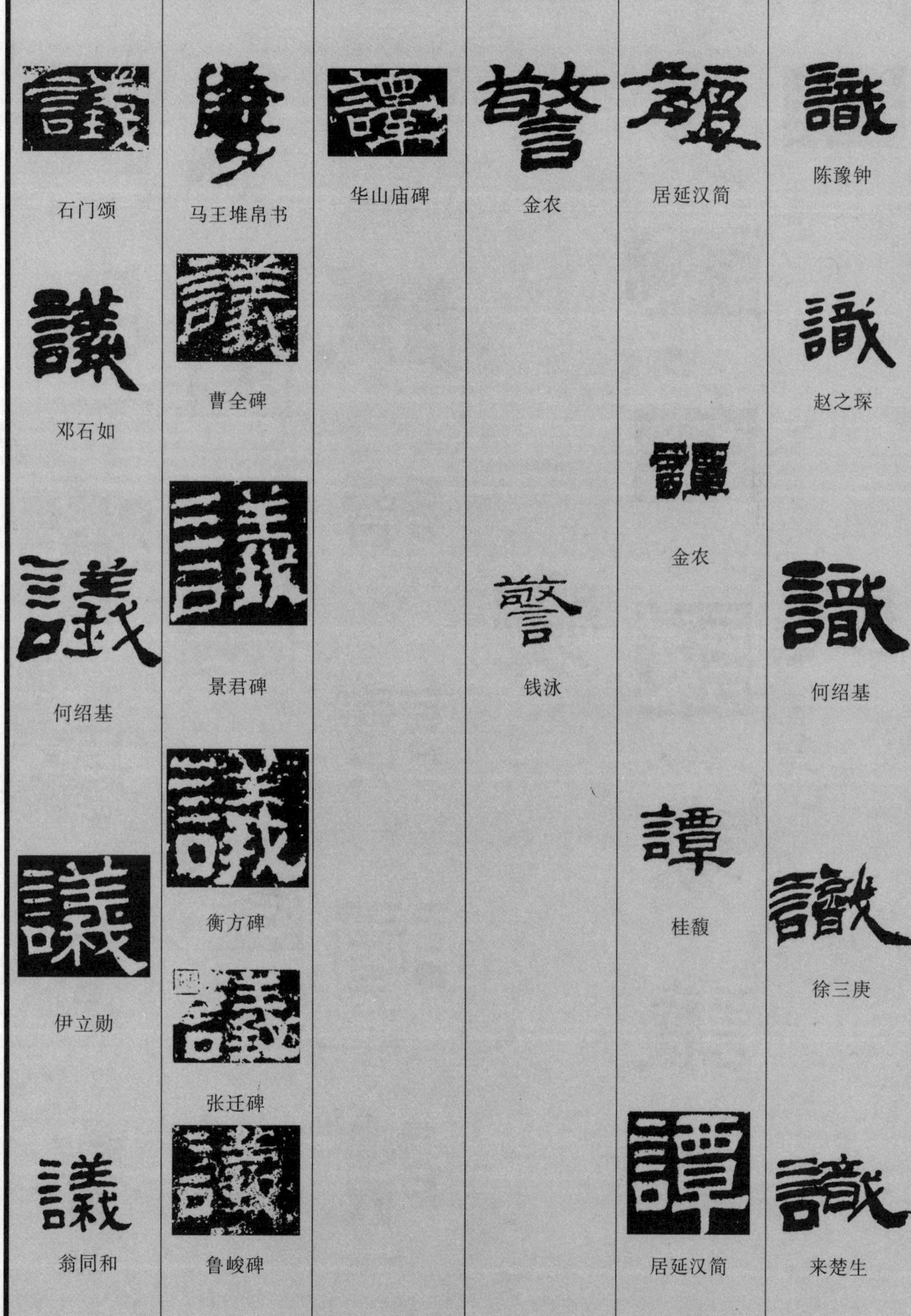
石门颂
邓石如
何绍基
伊立勋
翁同和
马王堆帛书
曹全碑
景君碑
衡方碑
张迁碑
鲁峻碑
华山庙碑
金农
钱泳
居延汉简
金农
桂馥
居延汉简
陈豫钟
赵之琛
何绍基
徐三庚
来楚生

識

礼器碑

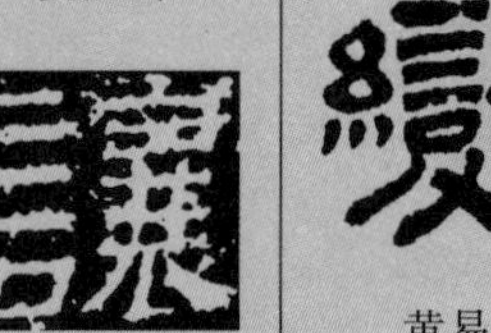
吴熙载

讓

睡虎地秦简

曹全碑

史晨碑

景君碑

赵孟頫

邓石如

吴熙载

變

吴叡

黄易

讀

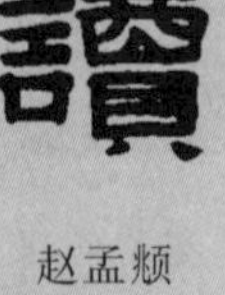
赵孟頫

金农

王澍

黄易

陈鸿寿

邓石如

護

居延汉简

景君碑

广武将军碑

泰山金刚经

郑簠

譽

鲜于璜碑

熹平石经

孔宙碑

赵孟頫

邓石如

王澍

讚　讙　讜　見

讚

张迁碑

史晨碑

赵孟頫

文征明

王澍

何绍基

讙

居延汉简

邓石如

讜

景君碑

石门颂

俞樾

見

睡虎地秦简

马王堆帛书

楼兰残纸

居延汉简

礼器碑

鲜于璜碑

熹平石经

史晨碑

泰山金刚经

华山庙碑

赵孟頫

金农

桂馥

郑簠

高翔

伊秉绶

吴熙载

何绍基

俞樾

杨岘

王禔

来楚生

# 親

景君碑

乙瑛碑

礼器碑

鲜于璜碑

华山庙碑

赵孟频

高翔

金农

睡虎地秦简

马王堆帛书

武威医简

曹全碑

熹平石经

尹宙碑

张迁碑

# 視

吴熙载

何绍基

马王堆帛书

楼兰残纸

武威医简

熹平石经

史晨碑

鲜于璜碑

金农

邓石如

# 規

王澍

何绍基

伊立勋

吴昌硕

马王堆帛书

曹全碑

景君碑

乙瑛碑

衡方碑

赵孟频

邓石如

觀　覿　覽　覺　覲

马王堆帛书

封龙山颂

史晨碑

李隆基

华山庙碑

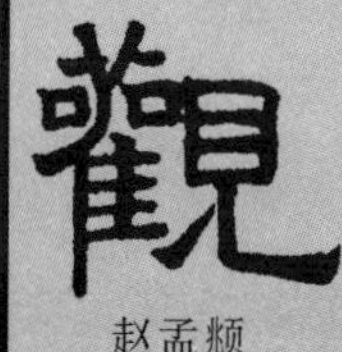
赵孟頫

熹平石经

张迁碑

何绍基

翁同和

夏承碑

张迁碑

邓石如

黄易

何绍基

吴昌硕

睡虎地秦简

桂馥

邓石如

吴熙载

赵之谦

杨岘

曹全碑

黄易

何绍基

邓石如

王澍

陈鸿寿

伊秉绶

吴熙载

何绍基

## 觀

金农

邓石如

伊秉绶

吴熙载

何绍基

徐三庚

吴昌硕

## 車

睡虎地秦简

马王堆帛书

居延汉简

武威医简

西狭颂

礼器碑

史晨碑

华山庙碑

赵孟頫

桂馥

邓石如

伊秉绶

王澍

高翔

陈鸿寿

吴熙载

何绍基

赵之谦

来楚生

## 軌

衡方碑

尹宙碑

夏承碑

郑簠

何绍基

俞樾

## 軍

睡虎地秦简

马王堆帛书

居延汉简

楼兰残纸

曹全碑

广武将军碑

軻　　較　　軫　　軒

赵孟頫

文征明

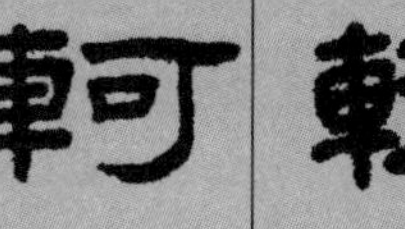
王澍

鲁峻碑

俞樾

丁佛言

马王堆帛书

衡方碑

何绍基

翁同和

伊立勋

马王堆帛书

熹平石经

韩择木

石涛

邓石如

伊秉绶

何绍基

赵之谦

李瑞清

来楚生

华山庙碑

赵孟頫

王澍

陈鸿寿

郑簠

桂馥

邓石如

## 載

睡虎地秦简

马王堆帛书

武威医简

曹全碑

张迁碑

尹宙碑

石门颂

华山碑

鲜于璜碑

礼器碑

赵孟頫

黄易

王澍

陈鸿寿

郑簠

金农

何绍基

赵之谦

来楚生

## 輒

楼兰残纸

居延汉简

华山碑

陈鸿寿

桂馥

伊秉绶

何绍基

俞樾

## 輔

马王堆帛书

居延汉简

曹全碑

石门颂

鲜于璜碑

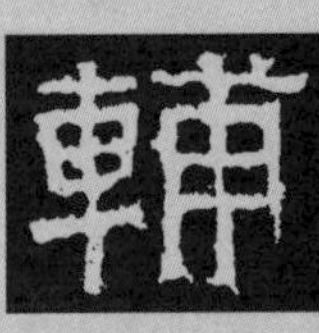
张迁碑

景君碑

尹宙碑

广武将军碑

郑簠

黄易

何绍基

俞樾

輶 輯 輪 輩 輕 輦

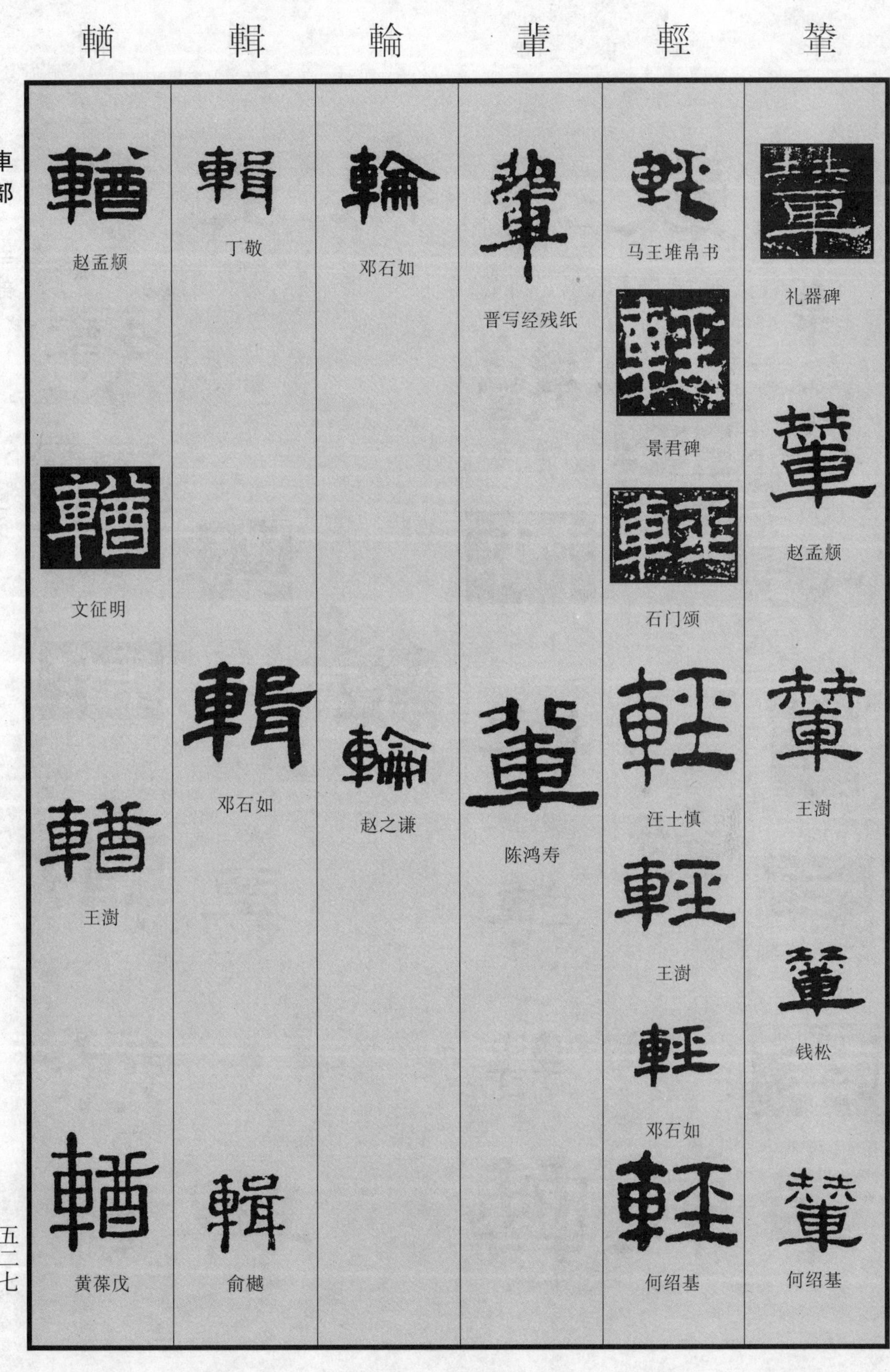
赵孟頫
文征明
王澍
黄葆戊
丁敬
邓石如
俞樾
邓石如
赵之谦
晋写经残纸
陈鸿寿
马王堆帛书
景君碑
石门颂
汪士慎
王澍
邓石如
何绍基
礼器碑
赵孟頫
王澍
钱松
何绍基

## 輸

睡虎地秦简

居延汉简

石门颂

金农

陈鸿寿

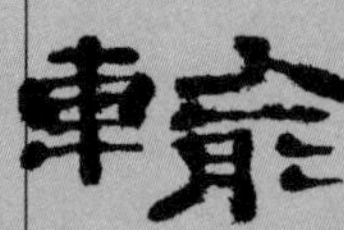
郑簠

何绍基

## 輿

马王堆帛书

熹平石经

吴叡

何绍基

## 轅

石涛

金农

## 轉

马王堆帛书

楼兰残纸

曹全碑

赵孟頫

吴叡

郑簠

伊秉绶

## 轂

赵孟頫

文征明

王澍

黄葆戊

## 辛

睡虎地秦简

马王堆帛书

居延汉简

武威医简

熹平石经

曹全碑

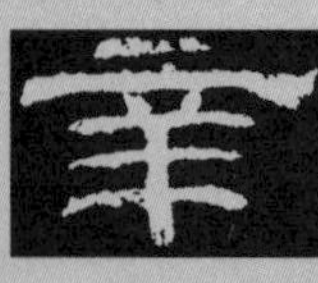
乙瑛碑

来楚生

## 辭

衡方碑

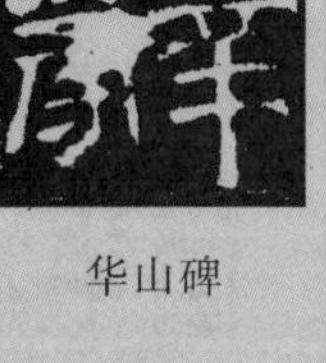
华山碑

华山庙碑

赵孟頫

邓石如

伊秉绶

马王堆帛书

武威医简

熹平石经

乙瑛碑

石门颂

封龙山颂

景君碑

## 辯

睡虎地秦简

马王堆帛书

熹平石经

吴叡

## 辨

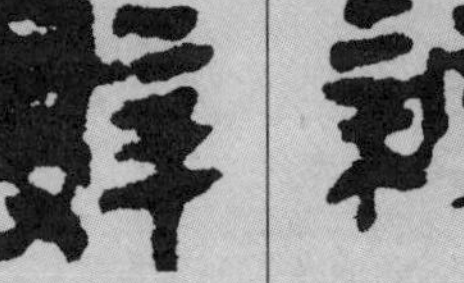
马王堆帛书

居延汉简

景君碑

赵孟頫

王澍

杨沂孙

## 辟

曹全碑

熹平石经

衡方碑

鲜于璜碑

石门颂

金农

何绍基

睡虎地秦简

马王堆帛书

楼兰残纸

居延汉简

武威医简

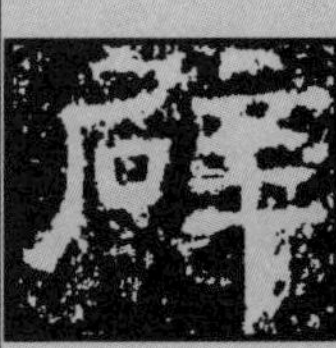
尹宙碑

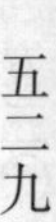

農　辱　辰

马王堆帛书

居延汉简

武威医简

封龙山颂

乙瑛碑

史晨碑

华山碑

邓石如

伊秉绶

阮元

马王堆帛书

居延汉简

武威医简

熹平石经

韩择木

赵孟頫

郑簠

王澍

陈鸿寿

邓石如

何绍基

钱松

居延汉简

楼兰残纸

武威医简

曹全碑

乙瑛碑

广武将军碑

赵孟頫

郑簠

何绍基

杨沂孙

吴昌硕

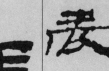

配　酌　酉

华山庙碑

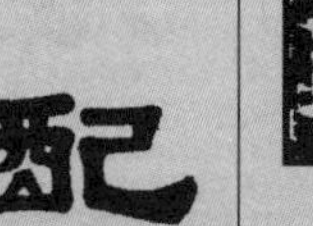
伊秉绶

陈鸿寿

何绍基

武威医简

熹平石经

邓石如

杨岘

乙瑛碑

丁敬

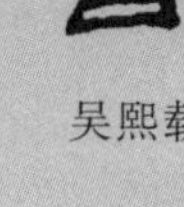
吴熙载

何绍基

杨岘

翁同和

睡虎地秦简

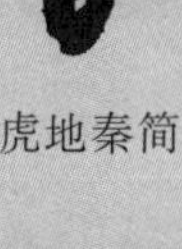
马王堆帛书

楼兰残纸

居延汉简

韩仁铭

鲜于璜碑

鲁峻碑

王澍

高翔

邓石如

郑簠

伊秉绶

吴熙载

何绍基

景君碑

曹全碑

赵孟頫

桂馥

黄易

金农

## 酷

鲁峻碑

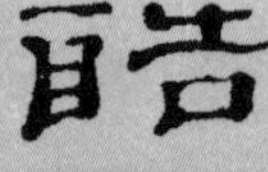
郑簠

## 酪

金农

王禔

## 酤

史晨碑

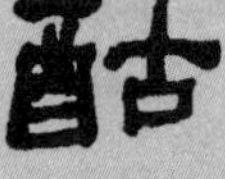
何绍基

杨守敬

## 酒

何绍基

杨岘

王禔

来楚生

赵孟頫

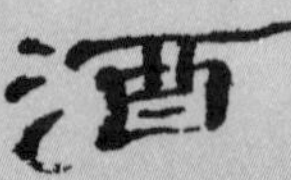
郑簠

金农

陈鸿寿

伊秉绶

桂馥

邓石如

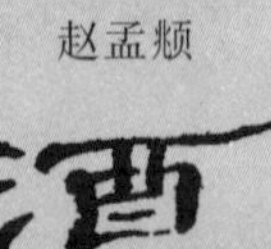
楼兰残纸

居延汉简

武威医简

曹全碑

史晨碑

乙瑛碑

韩择木

华山庙碑

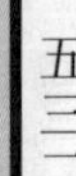

| 醫 | 醪 | 醒 | 醉 | 醇 | 酬 |
|---|---|---|---|---|---|
| 衡方碑 | 曹全碑 | 郑簠 | 熹平石经 | 鲜于璜碑 | 熹平石经 |
| 邓石如 | 何绍基 | 杨守敬 | 郑簠 | 高翔 | 孔宙碑 |
| 何绍基 | | | 金农 | | 邓石如 |
| 杨沂孙 | | | 邓石如 | | 徐三庚 |
| | | | 高翔 | | |
| | | | 徐三庚 | | |
| | | | 来楚生 | | |

何绍基

钱松

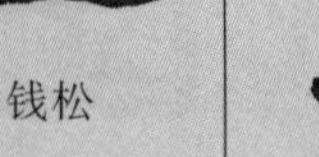
杨岘

来楚生

韩择木

邓石如

郑簠

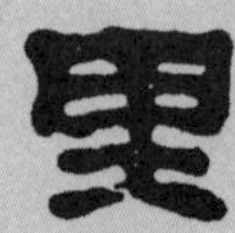
汪士慎

郑簠

陈鸿寿

吴熙载

韩仁铭

尹宙碑

景君碑

张迁碑

鲜于璜碑

史晨碑

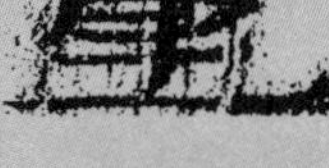
礼器碑

睡虎地秦简

马王堆帛书

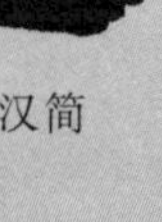
居延汉简

武威医简

夏承碑

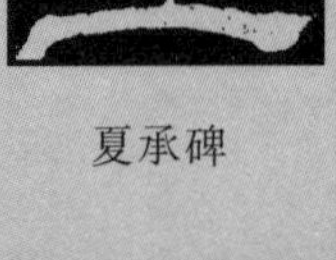
曹全碑

郙阁颂

华山庙碑

杨岘

武威医简

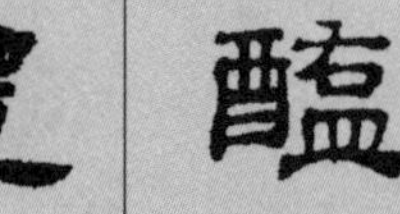
吴叡

重　野　量

里部

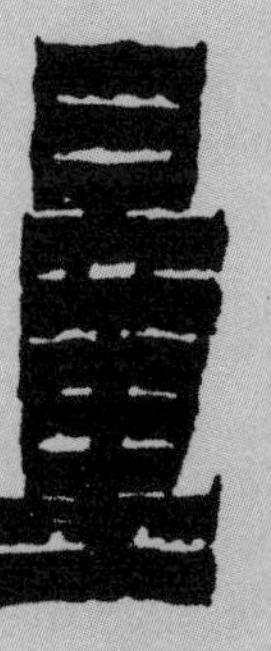
金农

伊秉绶

赵之谦

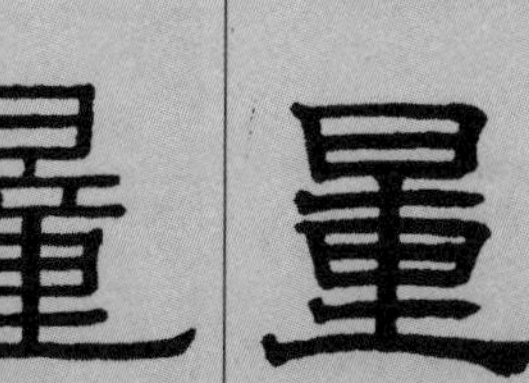
黄葆戊

睡虎地秦简

马王堆帛书

居延汉简

泰山金刚经

曹全碑

赵孟頫

陈鸿寿

桂馥

邓石如

何绍基

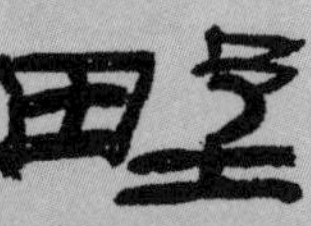
来楚生

郑簠

马王堆帛书

居延汉简

张迁碑

赵孟頫

郑簠

金农

张景碑

王澍

金农

邓石如

桂馥

何绍基

来楚生

马王堆帛书

楼兰残纸

居延汉简

曹全碑

礼器碑

张迁碑

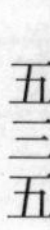

## 邑

睡虎地秦简

马王堆帛书

武威医简

居延汉简

熹平石经

礼器碑

鲁峻碑

赵孟頫

汪士慎

王澍

伊秉绶

邓石如

陈鸿寿

## 邦

睡虎地秦简

马王堆帛书

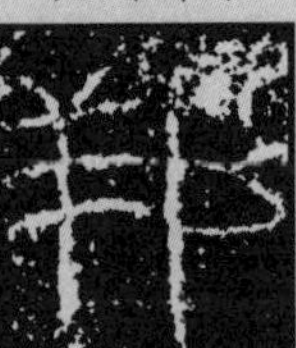

封龙山颂

鲜于璜碑

景君碑

韩择木

黄易

## 那

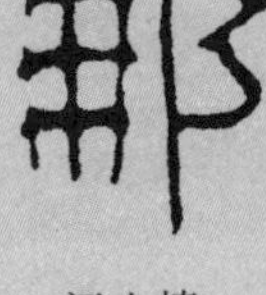

汪士慎

金农

杨沂孙

## 部

景君碑

石门颂

鲜于璜碑

张迁碑

衡方碑

李降基

## 郊

马王堆帛书

曹全碑

华山庙碑

邓石如

何绍基

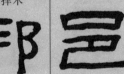

## 郡

赵孟頫

金农

伊秉绶

王澍

何绍基

来楚生

尹宙碑

景君碑

衡方碑

张迁碑

曹全碑

礼器碑

华山庙碑

居延汉简

武威医简

夏承碑

鲁峻碑

鲜于璜碑

西狭颂

韩仁铭

## 郎

陈鸿寿

邓石如

王澍

何绍基

赵之谦

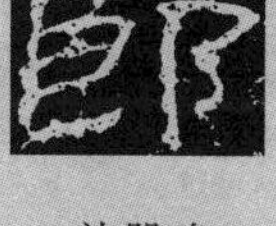

礼器碑

鲜于璜碑

礼器碑

衡方碑

熹平石经

景君碑

金农

睡虎地秦简

马王堆帛书

楼兰残纸

曹全碑

西狭颂

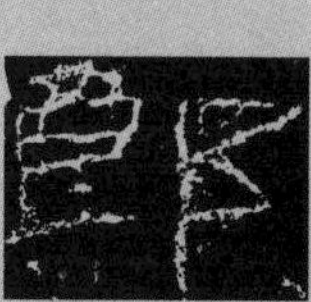

封龙山颂

张迁碑

都　郵　郭　部

睡虎地秦简

居延汉简

楼兰残纸

武威医简

西狭颂

孔宙碑

石门颂

曹全碑

礼器碑

何绍基

罗振玉

居延汉简

鲜于璜碑

夏承碑

尹宙碑

衡方碑

乙瑛碑

睡虎地秦简

马王堆帛书

居延汉简

曹全碑

乙瑛碑

何绍基

赵之谦

石门颂

伊秉绶

金农

陈鸿寿

邓石如

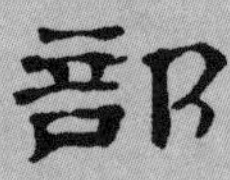
郑簠

何绍基

睡虎地秦简

居延汉简

楼兰残纸

史晨碑

曹全碑

鲜于璜碑

衡方碑

邑部

鄧　鄭　鄉

曹全碑

邓石如

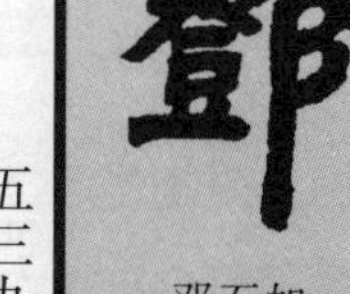

邓石如

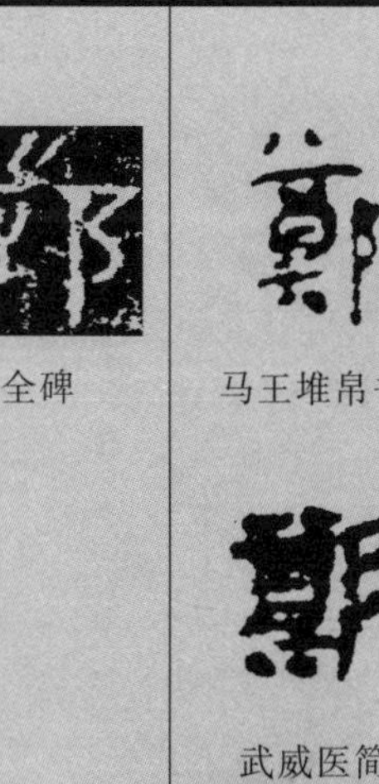

马王堆帛书

武威医简

礼器碑

石门颂

陈鸿寿

邓石如

何绍基

熹平石经

邓石如

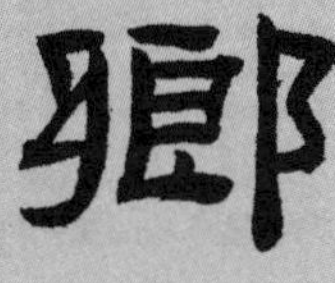

陈鸿寿

郑簠

何绍基

赵之谦

来楚生

马王堆帛书

楼兰残纸

张迁碑

景君碑

张景碑

尹宙碑

曹全碑

邓石如

吴熙载

何绍基

赵之谦

衡方碑

景君碑

曹全碑

华山碑

金农

伊秉绶

王澍

## 鄗

熹平石经

邓石如

## 鄲

居延汉简

礼器碑

华山碑

何绍基

## 鄰

睡虎地秦简

熹平石经

鲜于璜碑

礼器碑

邓石如

金农

吴熙载

## 谷

马王堆帛书

居延汉简

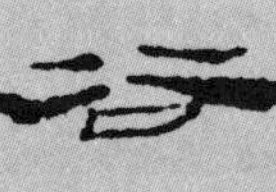
楼兰残纸

曹全碑

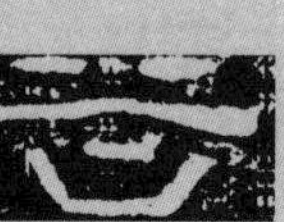
西狭颂

石门颂

广武将军碑

赵孟頫

邓石如

王澍

桂馥

伊秉绶

吴昌硕

何绍基

## 谿

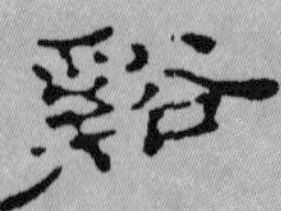
石涛

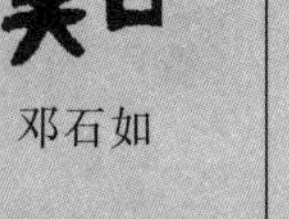
邓石如

金农

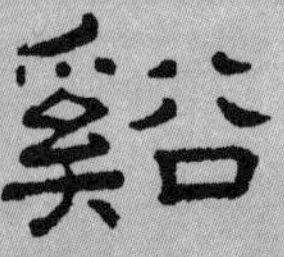
王澍

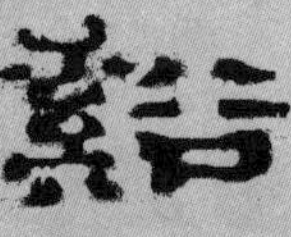
郑簠

何绍基

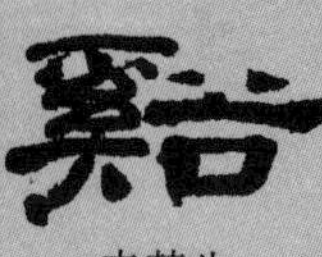
来楚生



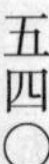

## 豆

睡虎地秦简

居延汉简

武威医简

石涛

邓石如

何绍基

徐三庚

## 豈

景君碑

华山庙碑

邓石如

金农

杨岘

何震

## 豐

楼兰残纸

武威医简

居延汉简

封龙山颂

曹全碑

夏承碑

史晨碑

西狭颂

华山碑

桂馥

郑板桥

陈鸿寿

吴熙载

何绍基

## 豎

马王堆帛书

居延汉简

韩仁铭

景君碑

张迁碑

吴熙载

赵之谦

## 赤

居延汉简

武威医简

史晨碑

韩择木

华山庙碑

邓石如

吴熙载

何绍基

## 赦

睡虎地秦简

居延汉简

熹平石经

郑簠

## 赫

楼兰残纸

礼器碑

乙瑛碑

封龙山颂

西狭颂

尹宙碑

广武将军碑

韩择木

华山庙碑

何绍基

钱松

## 金

睡虎地秦简

马王堆帛书

楼兰残纸

居延汉简

武威医简

夏承碑

尹宙碑

曹全碑

广武将军碑

郑簠

金农

伊秉绶

邓石如

黄易

桂馥

王澍

何绍基

杨岘

俞樾

金部

| 銀 | 鉏 | 鈎 | 鉅 | 鈞 | 釣 |
| --- | --- | --- | --- | --- | --- |
| 鲜于璜碑 | 邓石如 | 史晨碑 | 尹宙碑 | 马王堆帛书 | 赵孟𫖯 |
| 尹宙碑 | 桂馥 | 何绍基 | 礼器碑 | 武威医简 | 郑簠 |
| 赵孟𫖯 | 何绍基 | 赵之谦 | 赵孟𫖯 | 赵孟𫖯 | 王澍 |
| 文征明 | | | 文征明 | 文征明 | 邓石如 |
| 王澍 | | | 邓石如 | 王澍 | 黄葆戉 |
| 俞樾 | | | 王澍 | 黄葆戉 | |
| 杨岘 | | | 何绍基 | | |
| | | | 杨岘 | | |

錢

睡虎地秦简

居延汉简

武威医简

张景碑

张迁碑

史晨碑

封龙山颂

録

居延汉简

曹全碑

衡方碑

广武将军碑

邓石如

何绍基

俞樾

銜

伊立勋

銘

张迁碑

华山碑

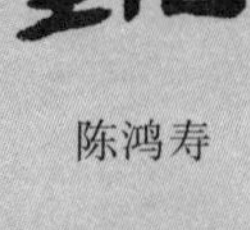

陈鸿寿

邓石如

伊秉绶

何绍基

赵之谦

鲜于璜碑

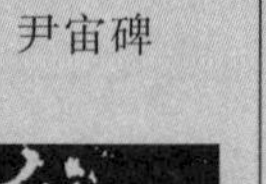

尹宙碑

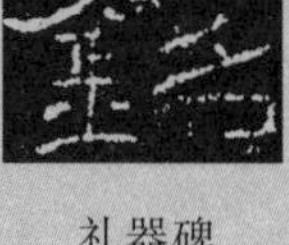

礼器碑

孔宙碑

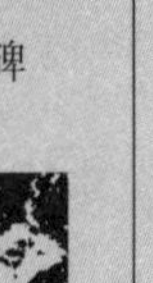

封龙山颂

夏承碑

史晨碑

銅

楼兰残纸

居延汉简

武威医简

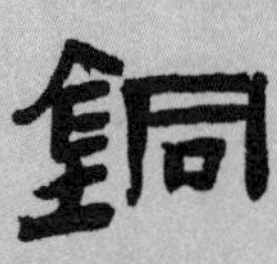

陈鸿寿

邓石如



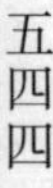

伊秉绶

邓石如

王禔

来楚生

马王堆帛书

景君碑

礼器碑

赵孟頫

王澍

武威医简

广武将军碑

俞樾

伊秉绶

徐三庚

吴熙载

何绍基

景君碑

熹平石经

邓石如

俞樾

来楚生

睡虎地秦简

郑簠

奚冈

阮元

曹全碑

西狭颂

陈鸿寿

吴熙载

金农

何绍基

赵之谦

## 鐙

何绍基

## 鐉

西狭颂

何绍基

## 鎖

邓石如

何震

## 鎮

衡方碑

华山庙碑

郑簠

何绍基

## 鏡

何绍基

徐三庚

吴昌硕

马王堆帛书

楼兰残纸

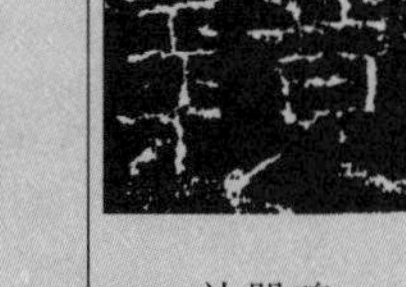

礼器碑

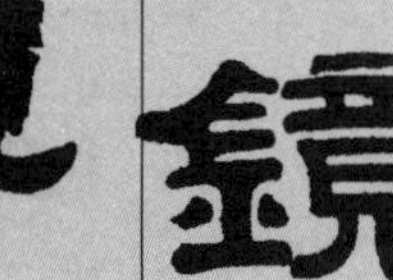

桂馥

邓石如

伊秉绶

吴熙载

鑠 鑒 鑽 鐸 鐫 鑄



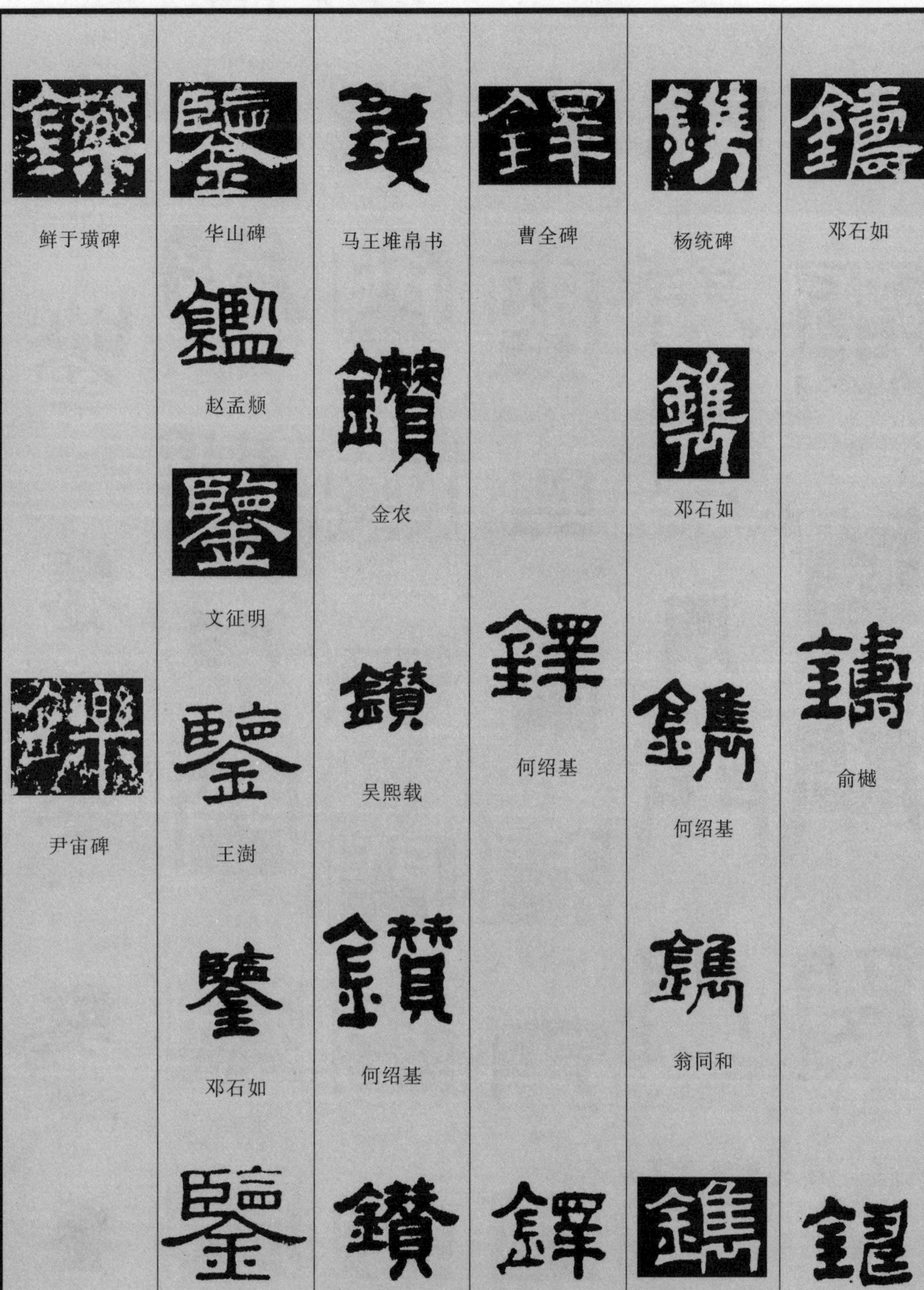

| 鑠 | 鑒 | 鑽 | 鐸 | 鐫 | 鑄 |
|---|---|---|---|---|---|
| 鲜于璜碑 | 华山碑 | 马王堆帛书 | 曹全碑 | 杨统碑 | 邓石如 |
| 尹宙碑 | 赵孟頫 | 金农 | 何绍基 | 邓石如 | 俞樾 |
| | 文征明 | 吴熙载 | 翁同和 | 何绍基 | 俞樾 |
| | 王澍 | 何绍基 | | 翁同和 | |
| | 邓石如 | 丁佛言 | | 伊立勋 | |
| | 黄葆戊 | | | | |

## 鑿

石门颂

郑簠

邓石如

吴熙载

何绍基

赵之谦

## 門

马王堆帛书

居延汉简

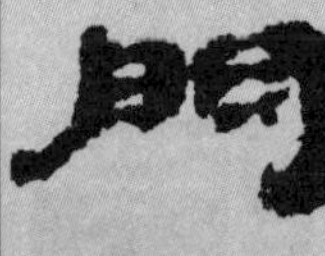
楼兰残纸

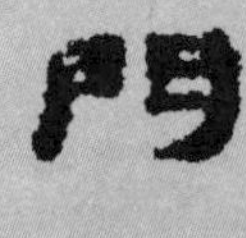
武威医简

景君碑

曹全碑

西狭颂

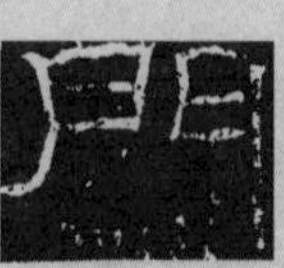
石门颂

衡方碑

封龙山颂

史晨碑

张迁碑

鲜于璜碑

张景碑

石门颂

鲁峻碑

曹全碑

广武将军碑

李隆基

金农

邓石如

陈鸿寿

桂馥

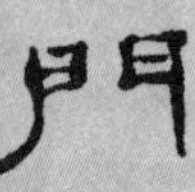
郑簠

伊秉绶

何绍基

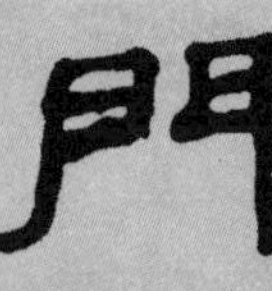
来楚生

李瑞清

## 閉

马王堆帛书

鲁峻碑

张迁碑

邓石如

何绍基

翁同和

開

马王堆帛书

曹全碑

开通褒斜道刻石

石门颂

李隆基

韩择木

华山庙碑

金农

郑簠

桂馥

邓石如

何绍基

来楚生

閏

居延汉简

张迁碑

赵孟頫

文征明

王澍

丁佛言

黄葆戊

閑

睡虎地秦简

马王堆帛书

武威医简

礼器碑

鲁峻碑

张景碑

礼器碑

韩择木

金农

金农

邓石如

邓石如

王澍

伊秉绶

郑簠

吴熙载

何绍基

何绍基

王禔

## 間

金农

邓石如

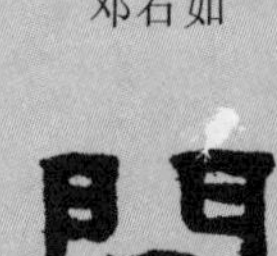
陈鸿寿

赵之谦

王禔

来楚生

## 閔

石门颂

金农

华山碑

金农

何绍基

## 閤

金农

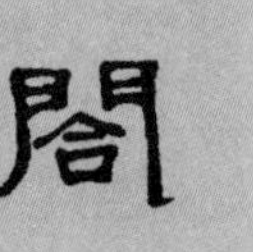
何绍基

## 閣

西狭颂

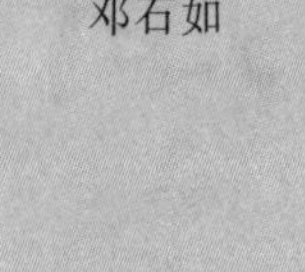
邓石如

何绍基

来楚生

杨守敬

## 閨

鲜于璜碑

吴叡

桂馥

何震

伊立勋

## 閬

景君碑

吴叡

闕 闋 闓 閭 闇

金农

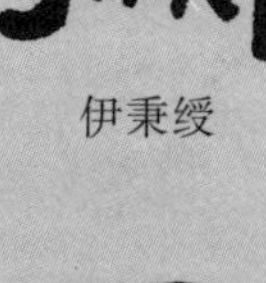
伊秉绶

桂馥

邓石如

王澍

何绍基

赵之谦

马王堆帛书

史晨碑

曹全碑

华山碑

封龙山颂

韩择木

鲜于璜碑

陈鸿寿

来楚生

礼器碑

景君碑

陈鸿寿

钱松

何绍基

樊敏碑

邓石如

伊立勋

景君碑

韩仁铭

金农

吴熙载

何绍基

杨沂孙

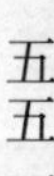

## 闟

马王堆帛书

居延汉简

武威医简

鲜于璜碑

桂馥

邓石如

郑簠

来楚生

## 雨

睡虎地秦简

马王堆帛书

封龙山颂

礼器碑

礼器碑

华山碑

汪士慎

黄易

金农

郑簠

伊秉绶

邓石如

吴熙载

何绍基

赵之谦

## 雪

马王堆帛书

熹平石经

张迁碑

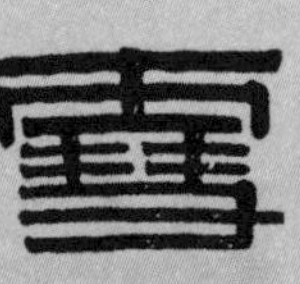
伊秉绶

金农

汪士慎

邓石如

丁敬

何绍基

翁同和

徐三庚

王禔

来楚生

## 雲

马王堆帛书

楼兰残纸

封龙山颂

张迁碑

华山碑

西狭颂

曹全碑

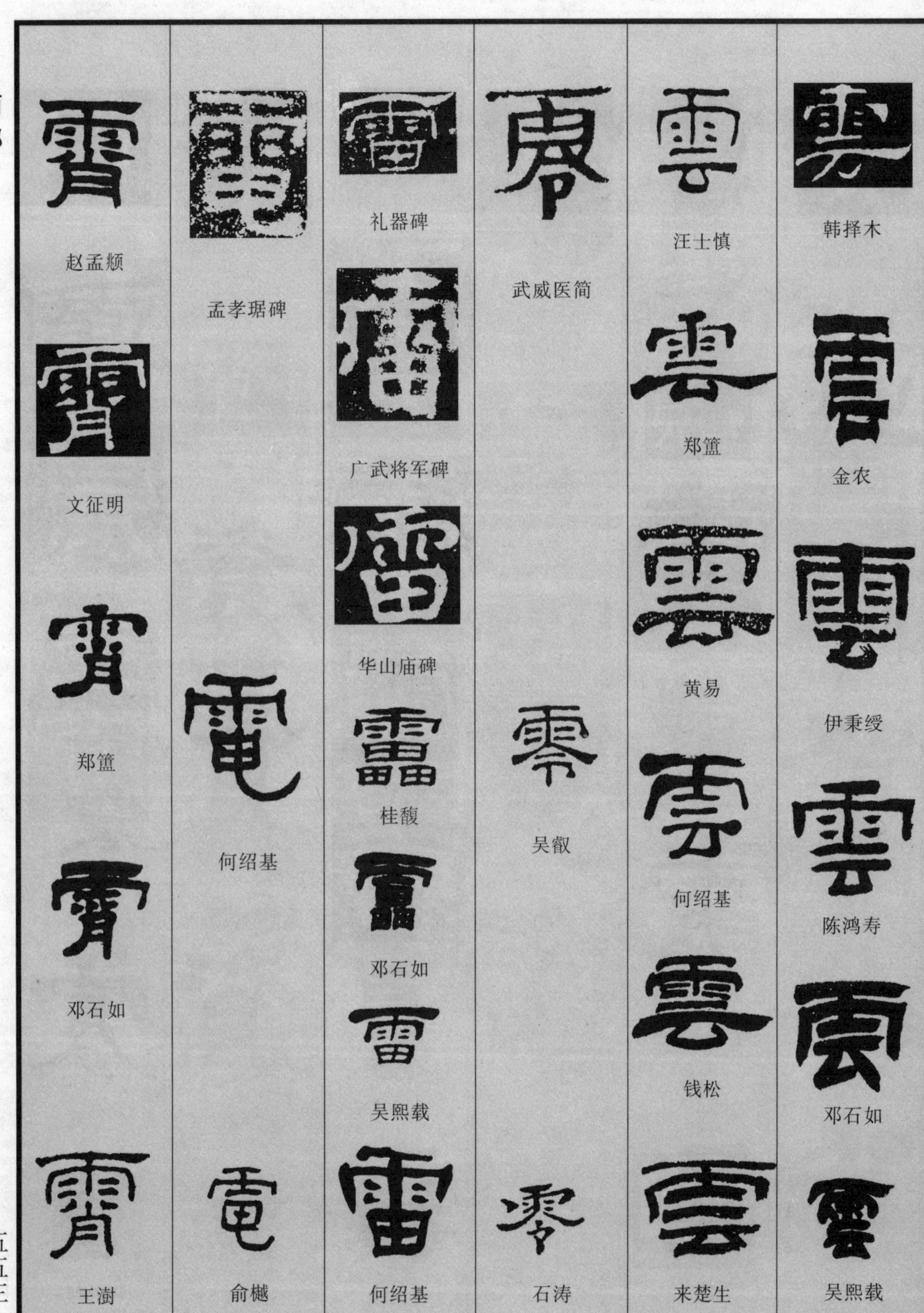
赵孟頫
文征明
郑簠
邓石如
王澍
孟孝琚碑
何绍基
俞樾
礼器碑
广武将军碑
华山庙碑
桂馥
邓石如
吴熙载
何绍基
武威医简
吴叡
石涛
汪士慎
郑簠
黄易
何绍基
钱松
来楚生
韩择木
金农
伊秉绶
陈鸿寿
邓石如
吴熙载

| 霣 | 霞 | 霏 | 霜 | 霓 | 震 |
|---|---|---|---|---|---|
|  景君碑 |  金农<br> 邓石如<br> 郑簠<br> 何绍基 |  郑簠 |  马王堆帛书<br> 衡方碑<br>石门颂<br> 礼器碑<br>邓石如<br> 吴熙载<br>何绍基 |  吴叡<br>杨岘 |  熹平石经<br>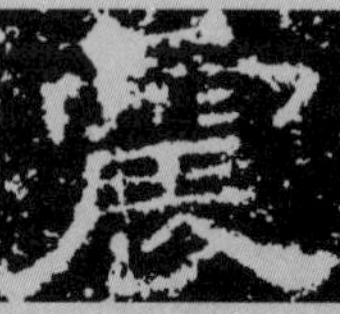 尹宙碑<br> 张迁碑<br> 石门颂<br> 郑簠<br> 何绍基<br> 伊立勋 |

## 靈

居延汉简

石门颂

封龙山顶

夏承碑

衡方碑

鲜于璜碑

## 霽

金农

邓石如

吴湖帆

## 霸

马王堆帛书

楼兰残纸

居延汉简

华山碑

桂馥

吴熙载

桂馥

## 露

吴熙载

何绍基

徐三庚

杨岘

王禔

西狭颂

赵孟頫

桂馥

邓石如

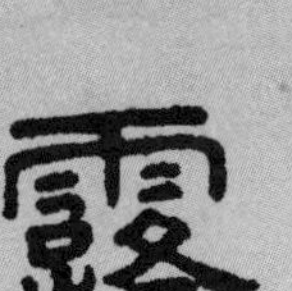
王澍

伊秉绶

金农

## 霧

华山庙碑

金农

吴熙载

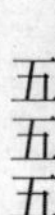

华山碑

礼器碑

史晨碑

韩择木

伊秉绶

金农

桂馥

黄易

郑簠

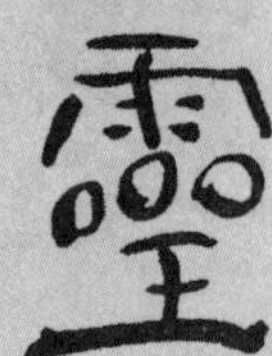
陈鸿寿

吴熙载

何绍基

赵之谦

睡虎地秦简

石门颂

夏承碑

金农

邓石如

陈鸿寿

何绍基

睡虎地秦简

马王堆帛书

楼兰残纸

居延汉简

武威医简

鲜于璜碑

张迁碑

孔宙碑

鲁峻碑

尹宙碑

曹全碑

华山碑

西狭颂

夏承碑

衡方碑

封龙山颂

张景碑

景君碑

礼器碑

史晨碑

長部　阜部

阿　阻　阮　阜

韩择木

金农

邓石如

伊秉绶

陈鸿寿

郑簠

王澍

汪士慎

吴熙载

何绍基

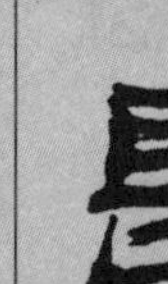
俞樾

来楚生

鲁峻碑

赵孟頫

金农

何绍基

赵孟頫

桂馥

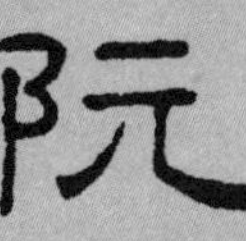
王澍

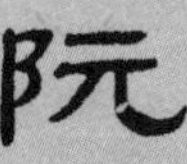
阮元

徐三庚

黄葆戊

西狭颂

何绍基

居延汉简

马王堆帛书

石门颂

衡方碑

西狭颂

泰山金刚经

华山庙碑

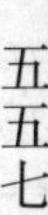

陛　　降　　附　　陋

武威医简

赵孟頫

文征明

王澍

杨岘

黄葆戊

泰山金刚经

韩择木

黄易

何绍基

钱松

王禔

马王堆帛书

武威医简

居延汉简

礼器碑

西狭颂

衡方碑

曹全碑

校官碑

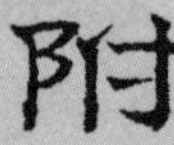
文征明

桂馥

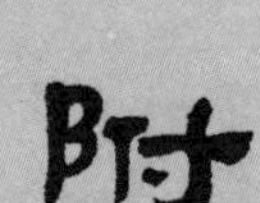
黄易

俞樾

赵孟頫

邓石如

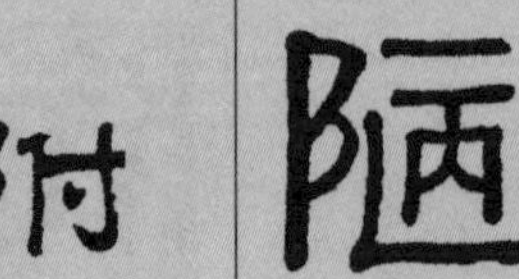
黄葆戊

赵孟頫

金农

王澍

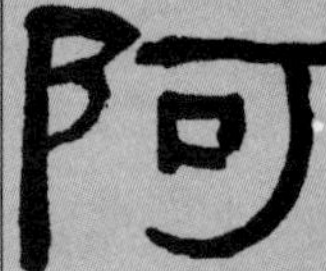
何绍基

黄葆戊

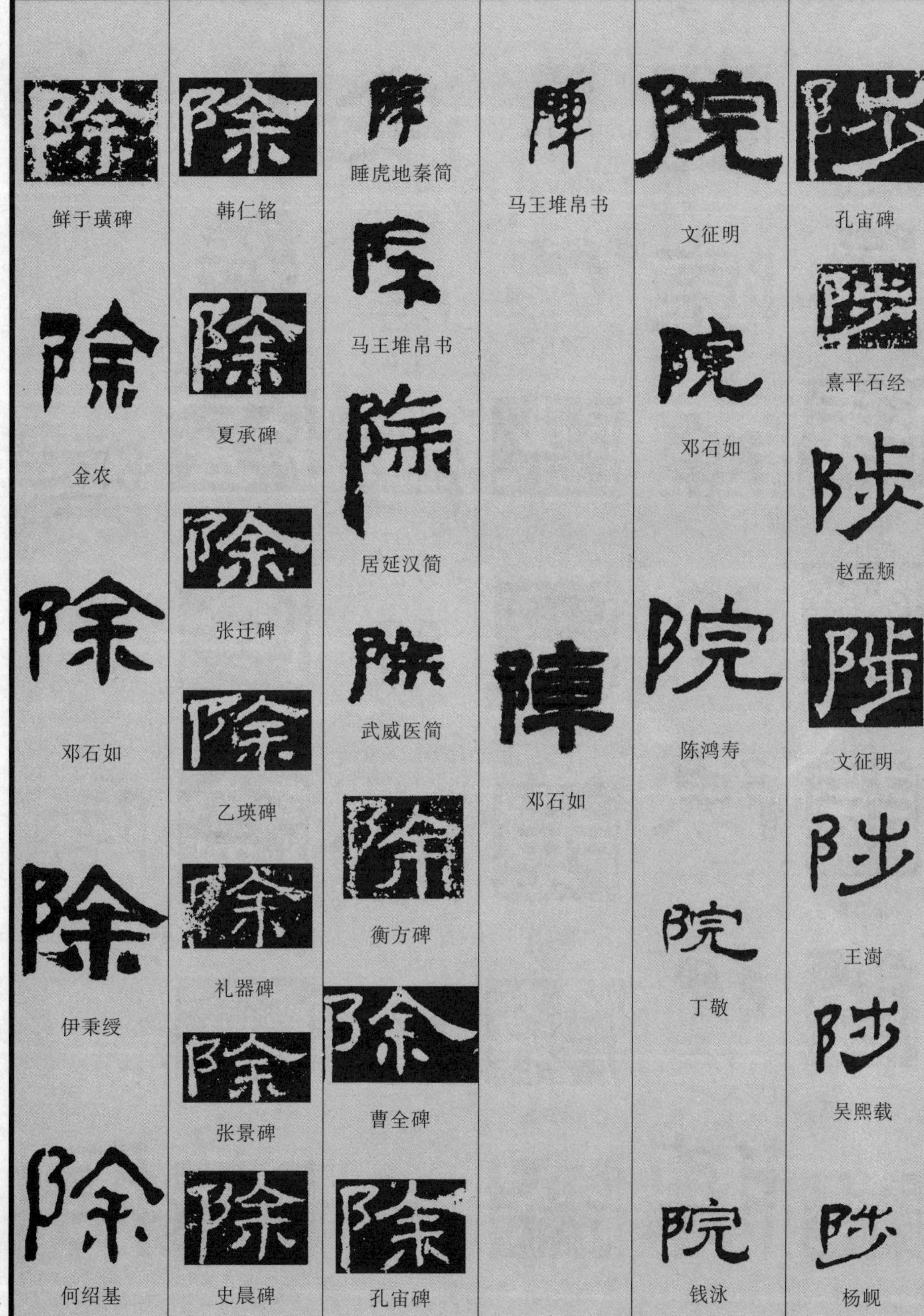
鲜于璜碑
金农
邓石如
伊秉绶
何绍基
韩仁铭
夏承碑
张迁碑
乙瑛碑
礼器碑
张景碑
史晨碑
睡虎地秦简
马王堆帛书
居延汉简
武威医简
衡方碑
曹全碑
孔宙碑
马王堆帛书
邓石如
文征明
邓石如
陈鸿寿
丁敬
钱泳
孔宙碑
熹平石经
赵孟頫
文征明
王澍
吴熙载
杨岘

陵　陳　陰　陪

马王堆帛书

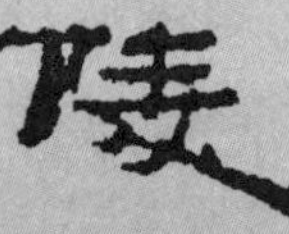
居延汉简

华山碑

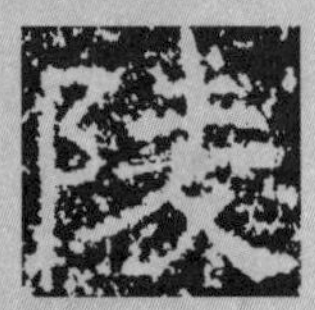
尹宙碑

景君碑

封龙山颂

礼器碑

鲁峻碑

陈鸿寿

金农

邓石如

王禔

吴熙载

何绍基

马王堆帛书

武威医简

曹全碑

封龙山颂

张迁碑

西狭颂

礼器碑

邓石如

桂馥

陈鸿寿

吴熙载

何绍基

赵之谦

吴昌硕

马王堆帛书

居延汉简

华山碑

张迁碑

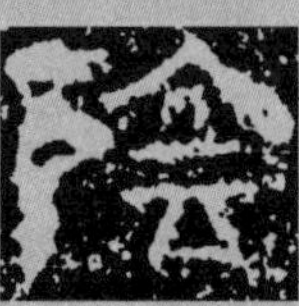
鲁峻碑

礼器碑

华山庙碑

樊敏碑

赵孟頫

王澍

黄葆戉

# 陽　陸　陶

石门颂

封龙山颂

礼器碑

鲁峻碑

史晨碑

衡方碑

马王堆帛书

居延汉简

楼兰残纸

武威医简

尹宙碑

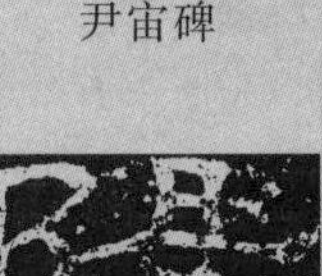

西狭颂

张迁碑

衡方碑

吴叡

桂馥

奚冈

何绍基

伊秉绶

何绍基

钱松

杨岘

来楚生

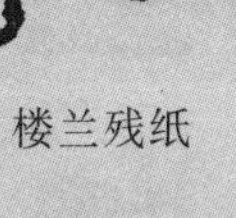
楼兰残纸

居延汉简

鲁峻碑

礼器碑

邓石如

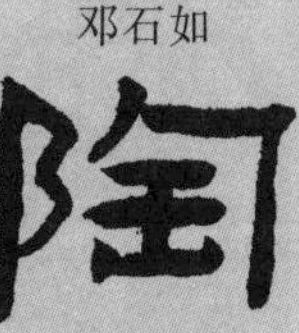
陈鸿寿

王澍

邓石如

伊秉绶

吴熙载

何绍基

赵之谦

来楚生

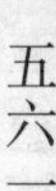

隋 隆 隃

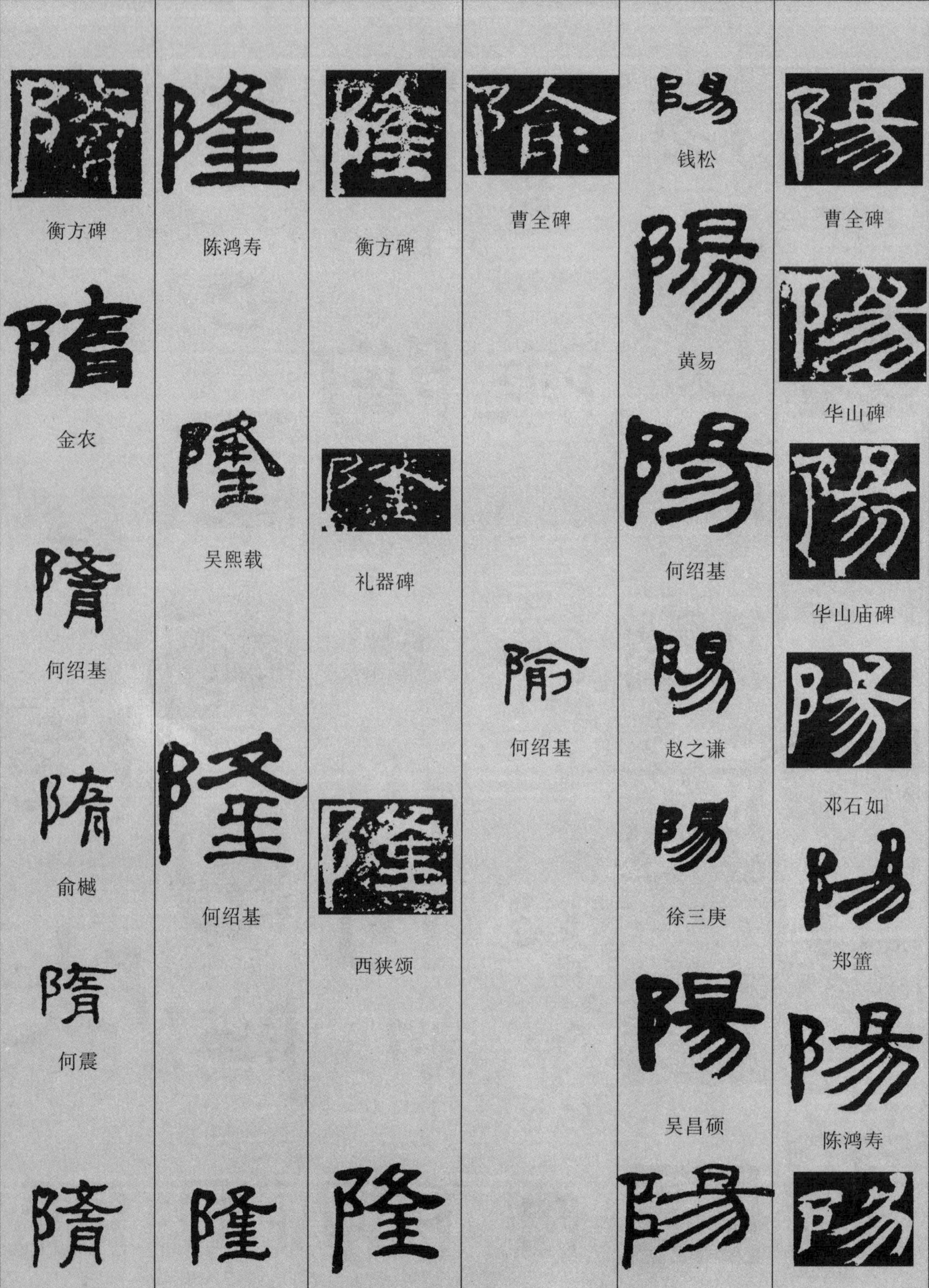

衡方碑
金农
何绍基
俞樾
何震
翁同和
陈鸿寿
吴熙载
何绍基
俞樾
衡方碑
礼器碑
西狭颂
邓石如
曹全碑
何绍基
钱松
黄易
何绍基
赵之谦
徐三庚
吴昌硕
来楚生
曹全碑
华山碑
华山庙碑
邓石如
郑簠
陈鸿寿
金农

隧　障　際　隕　隔　階

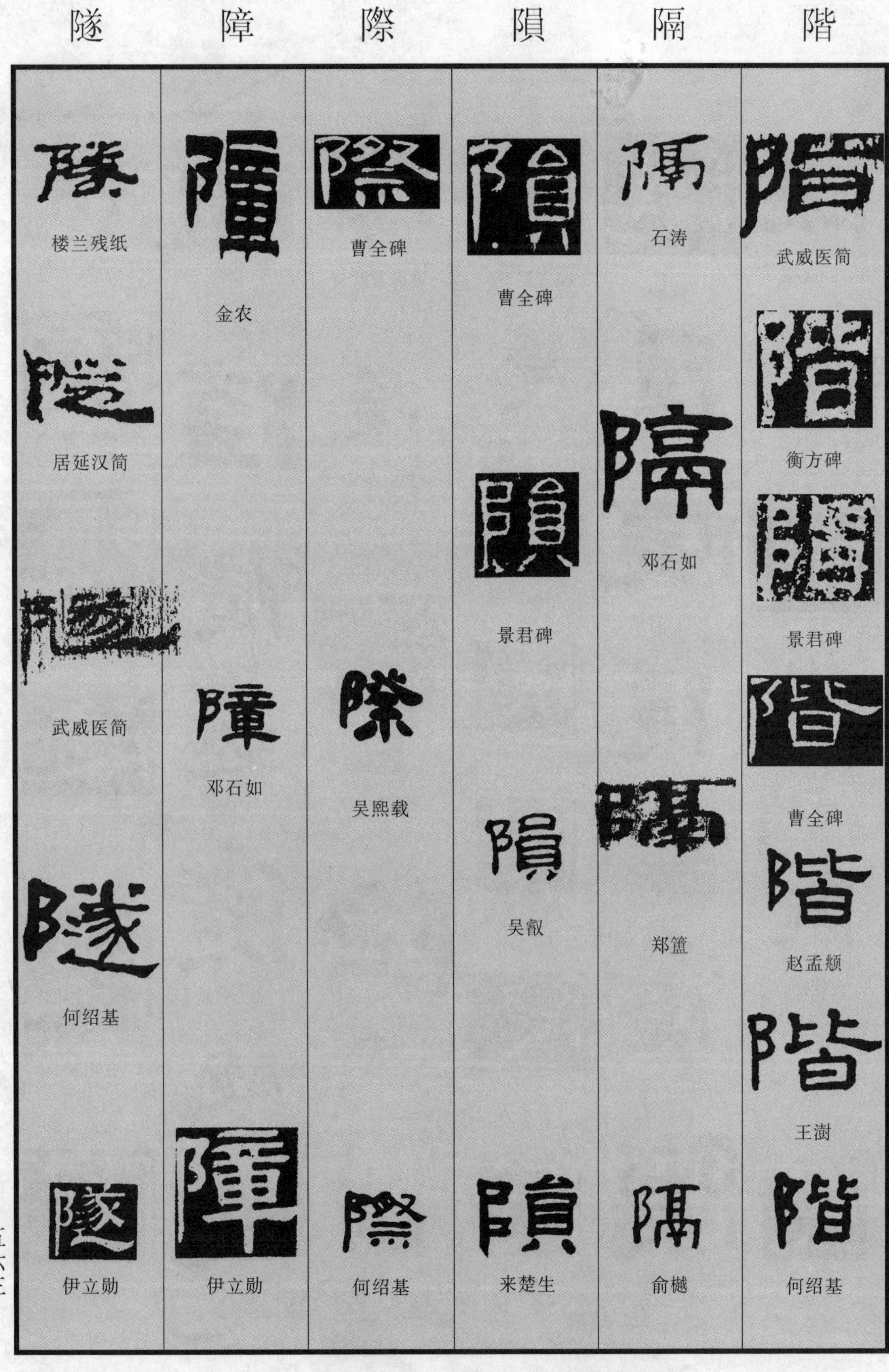
楼兰残纸
居延汉简
武威医简
何绍基
伊立勋
金农
邓石如
伊立勋
曹全碑
吴熙载
何绍基
曹全碑
景君碑
吴叡
来楚生
石涛
邓石如
郑簠
俞樾
武威医简
衡方碑
景君碑
曹全碑
赵孟頫
王澍
何绍基

## 隴

武威医简

曹全碑

何绍基

杨岘

## 隱

韩择木

邓石如

金农

郑簠

伊秉绶

吴熙载

何绍基

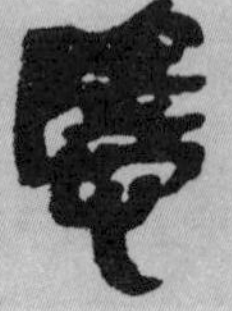
睡虎地秦简

马王堆帛书

武威医简

张迁碑

衡方碑

曹全碑

熹平石经

## 險

睡虎地秦简

武威医简

西狭颂

邓石如

何绍基

## 隨

金农

郑簠

邓石如

伊秉绶

何绍基

翁同和

来楚生

马王堆帛书

张迁碑

鲜于璜碑

石门颂

景君碑

尹宙碑

隹 隺 隻 雀 雄

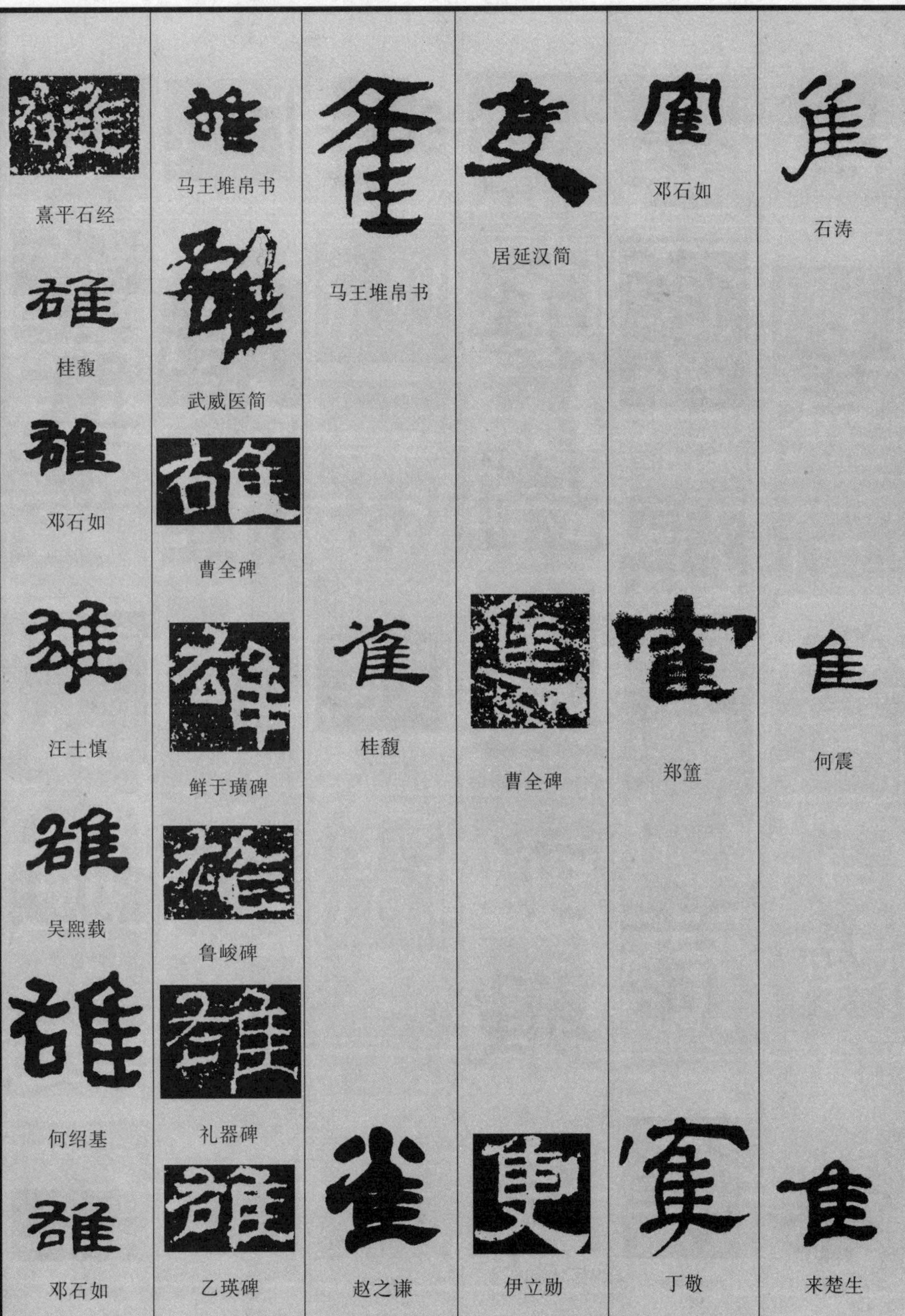
石涛
何震
来楚生
邓石如
郑簠
丁敬
居延汉简
曹全碑
伊立勋
马王堆帛书
桂馥
赵之谦
马王堆帛书
武威医简
曹全碑
鲜于璜碑
鲁峻碑
礼器碑
乙瑛碑
熹平石经
桂馥
邓石如
汪士慎
吴熙载
何绍基
邓石如

## 雅

睡虎地秦简

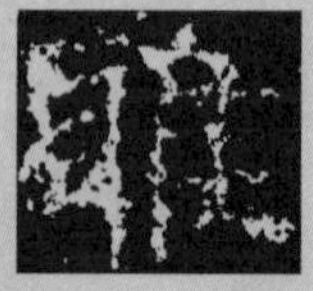
衡方碑

史晨碑

礼器碑

尹宙碑

张迁碑

韩择木

金农

郑簠

伊秉绶

邓石如

吴熙载

何绍基

吴昌硕

## 雉

马王堆帛书

熹平石经

奚冈

## 雍

马王堆帛书

武威医简

曹全碑

华山碑

邓石如

黄易

何绍基

## 集

居延汉简

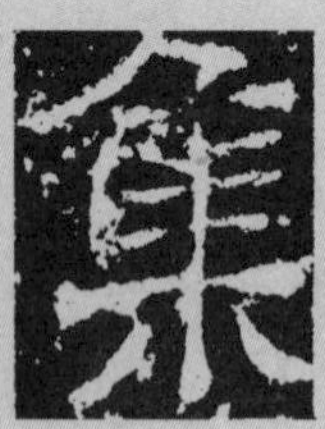
西狭颂

华山碑

华山庙碑

伊秉绶

金农

桂馥

何绍基

赵之谦

吴昌硕

杨岘

雜　雙　雖　雒

## 雜

睡虎地秦简

马王堆帛书

武威医简

居延汉简

邓石如

何绍基

## 雙

何绍基

黄易

邓石如

李瑞清

王禔

来楚生

马王堆帛书

武威医简

楼兰残纸

张迁碑

封龙山颂

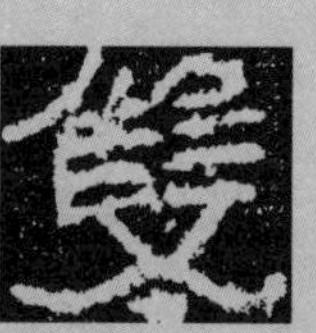
广武将军碑

## 雖

伊秉绶

金农

何绍基

杨岘

翁同和

何震

马王堆帛书

武威医简

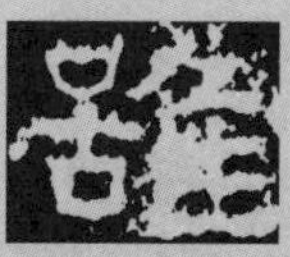
张迁碑

史晨碑

李隆基

高翔

邓石如

邓石如

## 雒

史晨碑

礼器碑

金农

王澍

何绍基

赵之廉

## 雞

马王堆帛书

武威医简

赵孟頫

邓石如

陈鸿寿

## 離

马王堆帛书

武威医简

尹宙碑

礼器碑

曹全碑

泰山金刚经

熹平石经

邓石如

郑簠

金农

吴熙载

何绍基

来楚生

## 難

马王堆帛书

楼兰残纸

石门颂

西狭颂

韩择木

赵孟頫

邓石如

黄易

金农

王澍

吴熙载

何绍基

来楚生

## 青

楼兰残纸

武威医简

居延汉简

礼器碑

邓石如

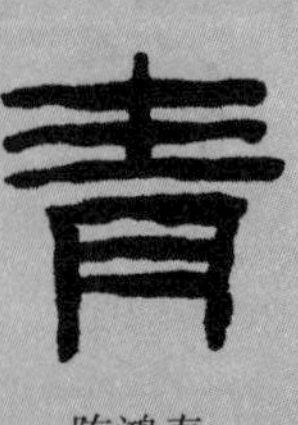
陈鸿寿

伊秉绶

非 静 靖

金农

石涛

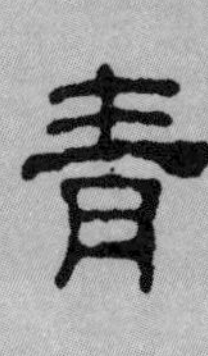
汪士慎

王澍

吴熙载

何绍基

衡方碑

曹全碑

马王堆帛书

礼器碑

衡方碑

西狭颂

石门颂

广武将军碑

郑簠

陈鸿寿

邓石如

黄易

汪士慎

伊秉绶

何绍基

来楚生

睡虎地秦简

马王堆帛书

楼兰残纸

居延汉简

鲜于璜碑

韩仁铭

泰山金刚经

华山庙碑

郑簠

金农

桂馥

邓石如

吴熙载

何绍基

首　面　靡



## 靡

楼兰残纸

居延汉简

封龙山颂

夏承碑

华山庙碑

熹平石经

金农

黄易

邓石如

赵之谦

伊立勋

梁启超

## 面

马王堆帛书

武威医简

居延汉简

曹全碑

熹平石经

西狭颂

赵孟頫

邓石如

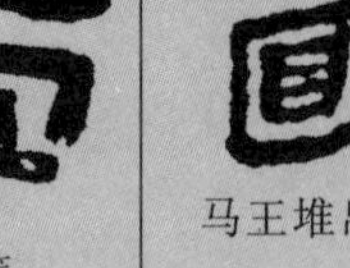

郑簠

伊秉绶

王澍

何绍基

吴湖帆

杨岘

## 首

马王堆帛书

武威医简

居延汉简

景君碑

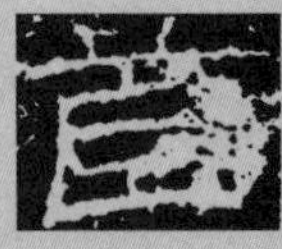

乙瑛碑

曹全碑

史晨碑

赵孟頫

邓石如

伊秉绶

王澍

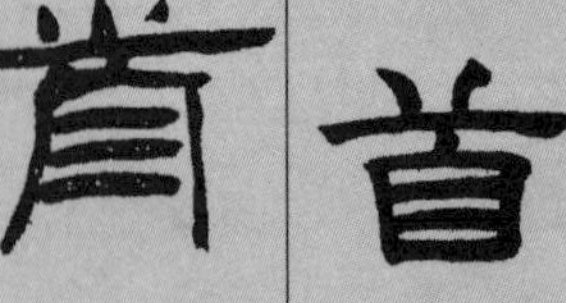

来楚生

頌　須　順　頁

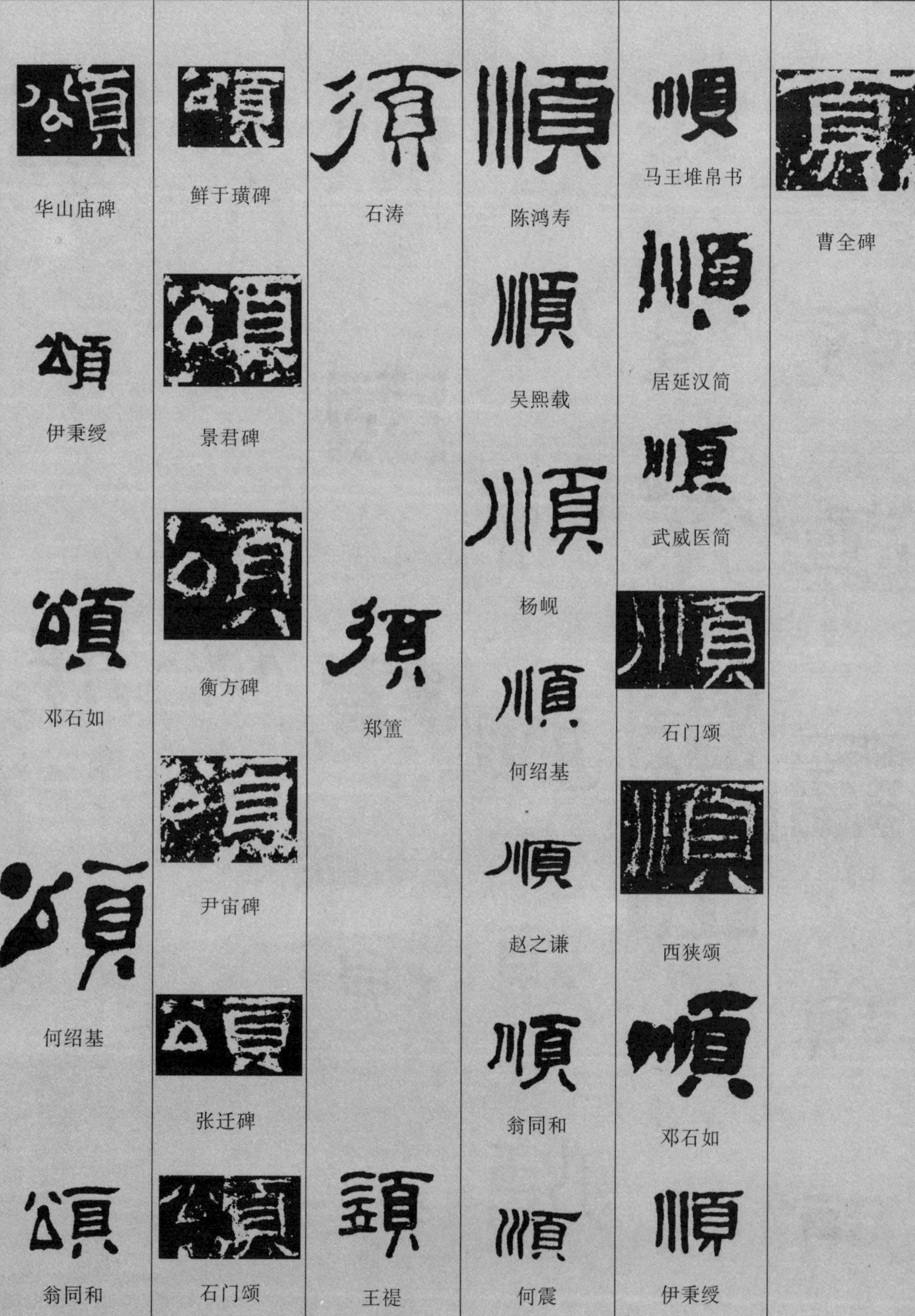
华山庙碑　伊秉绶　邓石如　何绍基　翁同和
鲜于璜碑　景君碑　衡方碑　尹宙碑　张迁碑　石门颂
石涛　郑簠　王禔
陈鸿寿　吴熙载　杨岘　何绍基　赵之谦　翁同和　何震
马王堆帛书　居延汉简　武威医简　石门颂　西狭颂　邓石如　伊秉绶
曹全碑

## 頎

礼器碑

何绍基

## 頑

邓石如

杨岘

罗振玉

## 頓

居延汉简

史晨碑

金农

王澍

何绍基

## 頗

赵孟頫

郑簠

王澍

俞樾

王禔

黄葆戊

## 領

马王堆帛书

楼兰残纸

居延汉简

鲜于璜碑

李隆基

伊秉绶

何绍基

## 頡

楼兰残纸

居延汉简

礼器碑

华山碑

何绍基

翁同和

## 顏

睡虎地秦简

马王堆帛书

衡方碑

景君碑

礼器碑

鲜于璜碑

史晨碑

## 穎

华山碑

尹宙碑

衡方碑

礼器碑

邓石如

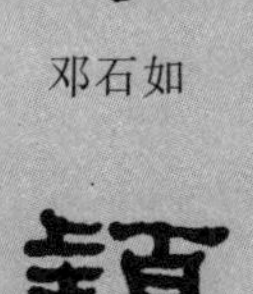

何绍基

## 頻

丁敬

何绍基

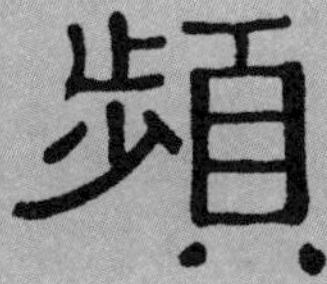

黄葆戊

## 頭

金农

石涛

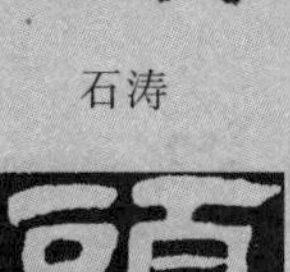

邓石如

陈鸿寿

桂馥

吴熙载

何绍基

来楚生

楼兰残纸

居延汉简

武威医简

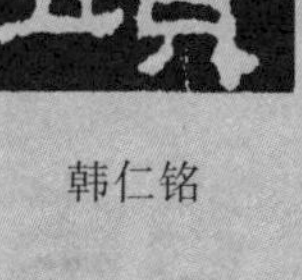

韩仁铭

乙瑛碑

礼器碑

广武将军碑

## 額

邓石如

陈鸿寿

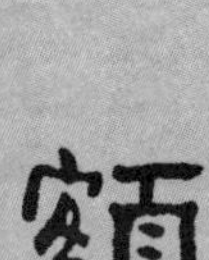

俞樾

杨守敬

類　顛　頛　願　[illegible]

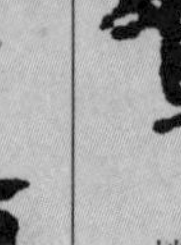

| | | | | | |
|---|---|---|---|---|---|
| 马王堆帛书 | 西狭颂 | 鲜于璜碑 | 马王堆帛书 | 曹全碑 | 石门颂 |
| 居延汉简 | 景君碑 | 赵孟頫 | 楼兰残纸 | 何绍基 | 伊秉绶 |
| 泰山金刚经 | 赵孟頫 | 文征明 | 夏承碑 | 伊立勋 | 吴熙载 |
| 邓石如 | 王澍 | 王澍 | 史晨碑 | | 何绍基 |
| | 邓石如 | 黄葆戊 | 桂馥 | | 翁同和 |
| | 何绍基 | | 何绍基 | | |

鞠　革　顯　顧

景君碑

赵孟頫

杨岘

文征明

黄葆戊

睡虎地秦简

马王堆帛书

熹平石经

金农

赵之谦

曹全碑

华山庙碑

邓石如

吴熙载

何绍基

翁同和

楼兰残纸

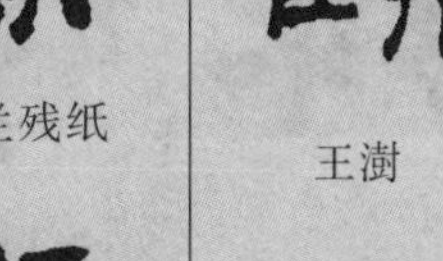
马王堆帛书

居延汉简

景君碑

石门颂

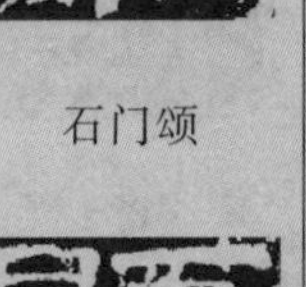
孔宙碑

衡方碑

王澍

金农

桂馥

杨岘

来楚生

马王堆帛书

居延汉简

武威医简

鲜于璜碑

赵孟頫

陈鸿寿

邓石如

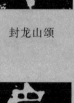

## 鞫

马王堆帛书

居延汉简

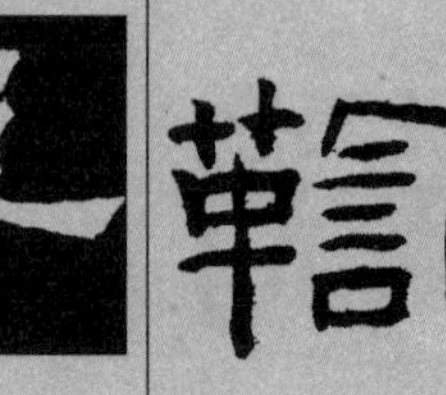
陈鸿寿

## 韋

马王堆帛书

礼器碑

张迁碑

封龙山颂

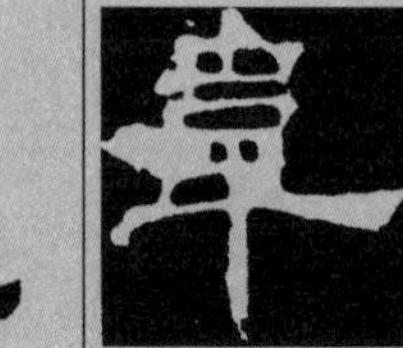
韩择木

伊秉绶

何绍基

邓石如

赵之谦

丁佛言

## 韓

马王堆帛书

礼器碑

石门颂

熹平石经

广武将军碑

赵孟頫

邓石如

伊秉绶

桂馥

王澍

吴熙载

何绍基

李瑞清

## 音

马王堆帛书

居延汉简

礼器碑

史晨碑

封龙山颂

邓石如

吴熙载

何绍基

## 韻

赵孟頫
文征明
邓石如
王澍

## 響

史晨碑
高翔
桂馥
邓石如
吴熙载
何绍基
王禔

## 香

史晨碑
衡方碑
广武将军碑
泰山金刚经
金农
郑簠

石涛
邓石如
桂馥
伊秉绶
吴熙载
何绍基
来楚生

## 馨

华山碑
黄易
金农
吴熙载
赵之谦
来楚生

## 風

睡虎地秦简
马王堆帛书
楼兰残纸
武威医简
华山碑
衡方碑
张迁碑

食　飛　飄　飆

睡虎地秦简

马王堆帛书

楼兰残纸

居延汉简

武威医简

封龙山颂

莱子侯刻石

邓石如

金农

桂馥

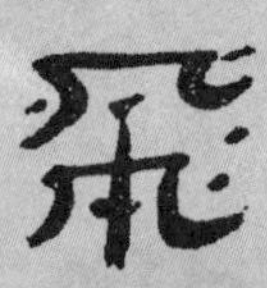
高凤翰

何绍基

来楚生

赵孟頫

吴叡

文征明

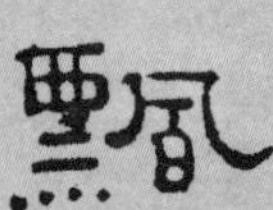
高翔

王澍

杨守敬

赵孟頫

文征明

王澍

黄葆戉

郑簠

邓石如

吴熙载

何绍基

赵之谦

徐三庚

曹全碑

尹宙碑

西狭颂

鲜于璜碑

金农

伊秉绶

陈鸿寿

飾　飯　飲　飫

飾

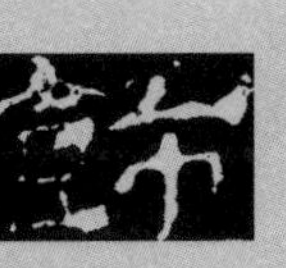
华山碑

礼器碑

金农

桂馥

吴熙载

何绍基

飯

武威医简

赵孟頫

邓石如

王澍

黄葆戌

飲

居延汉简

武威医简

景君碑

邓石如

伊秉绶

金农

何绍基

飫

赵孟頫

文征明

王澍

黄葆戌

吴熙载

何绍基

钱松

赵之谦

杨岘

礼器碑

金农

邓石如

伊秉绶

郑簠

陈鸿寿

王澍

## 飽 養 餘



武威医简

熹平石经

赵孟頫

邓石如

王澍

徐三庚

武威医简

马王堆帛书

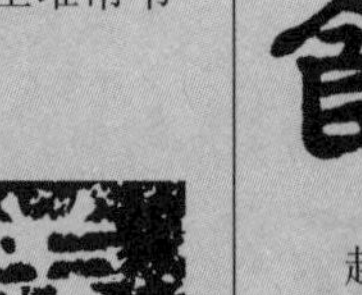
景君碑

熹平石经

曹全碑

孔宙碑

金农

伊秉绶

王澍

马王堆帛书

居延汉简

武威医简

史晨碑

曹全碑

西狭颂

华山庙碑

曹全碑

泰山金刚经

邓石如

曹全碑

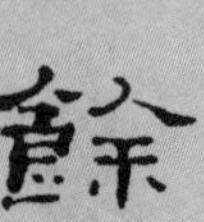
郑簠

曹全碑

伊秉绶

何绍基

俞樾

赵之谦

骸　骨　饗　饑　餧　館

食部　骨部

**館**

伊秉绶

邓石如

吴熙载

何绍基

俞樾

**餧**

石门颂

何绍基

**饑**

赵孟頫

邓石如

伊秉绶

金农

王澍

吴熙载

杨岘

**饗**

熹平石经

史晨碑

来楚生

**骨**

马王堆帛书

武威医简

华山庙碑

郑簠

桂馥

王禔

**骸**

赵孟頫

王澍

黄葆戊

體

武威医简

景君碑

尹宙碑

张迁碑

鲜于璜碑

邓石如

伊秉绶

黄易

桂馥

吴熙载

何绍基

赵之谦

髓

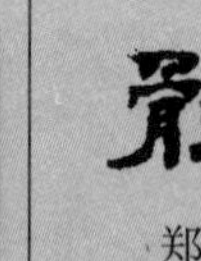
郑簠

王禔

髦

邓石如

陈鸿寿

桂馥

髮

华山庙碑

赵孟頫

邓石如

郑簠

金农

王澍

髴

史晨碑

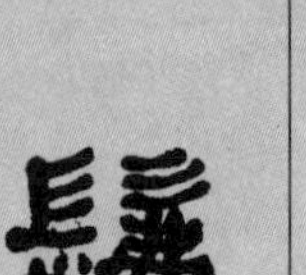
何绍基

吴湖帆

鬱 鬲 鬼 魂 魁 魄

鬱：赵孟頫　吴叡　王澍　吴熙载　黄葆戉

鬲：何绍基

鬼：睡虎地秦简　马王堆帛书　曹全碑　韩择木　伊秉绶　何绍基

魂：景君碑　夏承碑　郑簠

魁：石门颂　何绍基　郑孝胥

魄：赵孟頫　黄葆戉　来楚生

## 魏

马王堆帛书

楼兰残纸

居延汉简

武威医简

衡方碑

礼器碑

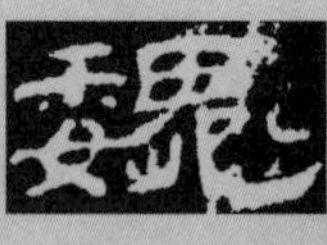
乙瑛碑

史晨碑

伊秉绶

邓石如

来楚生

## 馬

睡虎地秦简

马王堆帛书

居延汉简

楼兰残纸

武威医简

曹全碑

礼器碑

史晨碑

鲜于璜碑

广武将军碑

华山庙碑

金农

郑簠

来楚生

桂馥

伊秉绶

陈鸿寿

何绍基

俞樾

赵之谦

来楚生

## 馮

马王堆帛书

居延汉简

史晨碑

黄易

## 駝

赵孟頫

吴叡

## 駕

桂馥

陈鸿寿

王澍

何绍基

睡虎地秦简

武威医简

张景碑

鲜于璜碑

曹全碑

李隆基

## 駒

赵孟頫

文征明

王澍

黄葆戉

## 駐

楼兰残纸

西狭颂

郑簠

何绍基

## 馳

马王堆帛书

居延汉简

武威医简

王澍

高翔

何绍基

| 騁 | 騎 | | 駮 | 駭 | 駱 |
|---|---|---|---|---|---|
|  马王堆帛书 |  赵孟頫 |  居延汉简 |  石门颂 |  赵孟頫 |  武威医简 |
| | | 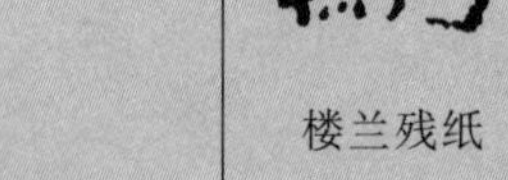 楼兰残纸 | | | |
| | 邓石如 |    景君碑 | | | |
| 李隆基 | |  史晨碑 |  何绍基 |  王澍 |  广武将军碑 |
| | 王澍 |  西狭颂 | | | |
| | | 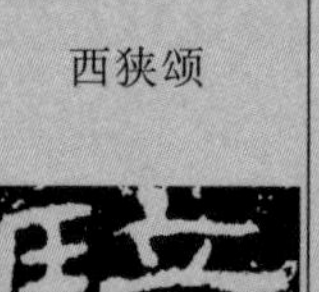 石门颂 | | | |
| 吴叡 | 何绍基 |  鲁峻碑 | 何绍基 | 黄葆戊 | 吴熙载 |

| 驗 | 驚 | 驅 | 騰 | 騷 | 騶 |
| --- | --- | --- | --- | --- | --- |
| 马王堆帛书 | 马王堆帛书 | 赵孟頫 | 马王堆帛书 | 居延汉简 | 睡虎地秦简 |
| 武威医简 | 居延汉简 | 吴叡 | 武威医简 | 曹全碑 | 桂馥 |
| 居延汉简 | 景君碑 | 王澍 | 景君碑 | 丁敬 | 张迁碑 |
| 何绍基 | 韩择木 | 赵之琛 | 尹宙碑 | 邓石如 | 礼器碑 |
| | 邓石如 | 何绍基 | 王澍 | 何绍基 | 何绍基 |
| | 陈鸿寿 | 钱松 | 王禔 | | |
| | 郑簠 | 黄葆戊 | | | |

桂馥

陈鸿寿

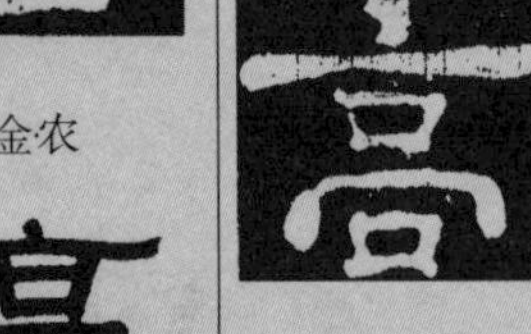
金农

伊秉绶

吴熙载

何绍基

邓石如

石门颂

西狭颂

夏承碑

封龙山颂

曹全碑

鲜于璜碑

睡虎地秦简

马王堆帛书

楼兰残纸

居延汉简

武威医简

尹宙碑

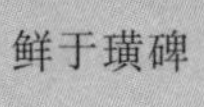
礼器碑

赵孟頫

文征明

王澍

邓石如

黄葆戊

赵孟頫

文征明

王澍

黄葆戊

居延汉简

吴熙载

吴大徵

## 鬬

俞樾

来楚生

## 魚

马王堆帛书

居延汉简

武威医简

曹全碑

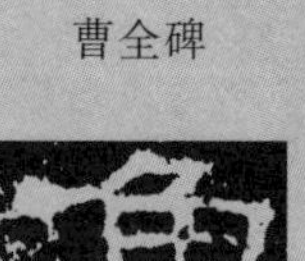
张迁碑

熹平石经

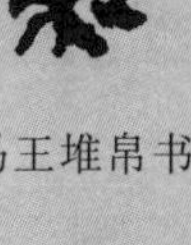
王澍

吴熙载

何绍基

赵之谦

## 鲁

马王堆帛书

居延汉简

武威医简

鲁峻碑

张迁碑

鲜于璜碑

乙瑛碑

礼器碑

史晨碑

郑簠

高翔

吴熙载

何绍基

## 鲂

鲜于璜碑

吴熙载

**鱗**

赵孟頫

邓石如

王澍

吴熙载

俞樾

**鰥**

曹全碑

景君碑

邓石如

何绍基

杨沂孙

**鯉**

马王堆帛书

邓石如

吴熙载

**鮮**

吴熙载

何绍基

徐三庚

马王堆帛书

居延汉简

石门颂

熹平石经

邓石如

石涛

何绍基

**鮑**

乙瑛碑

礼器碑

郑簠

邓石如

郑簠

莫友芝

鳥部

鳥　鳩　鳳　鴻　鳴　鵠

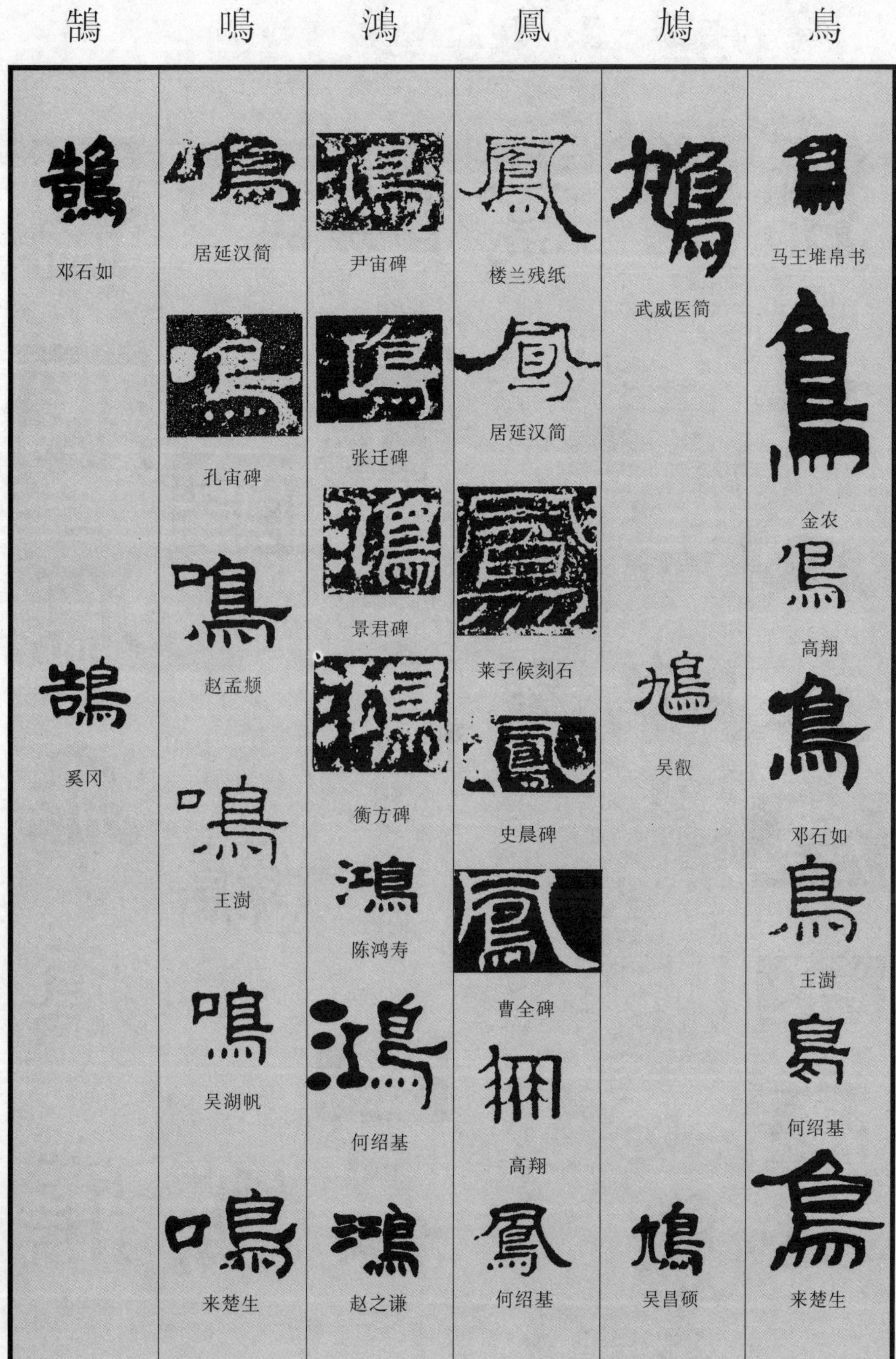

鳥：马王堆帛书　金农　高翔　邓石如　王澍　何绍基　来楚生

鳩：武威医简　吴叡　吴昌硕

鳳：楼兰残纸　居延汉简　莱子侯刻石　史晨碑　曹全碑　高翔　何绍基

鴻：尹宙碑　张迁碑　景君碑　衡方碑　陈鸿寿　何绍基　赵之谦

鳴：居延汉简　孔宙碑　赵孟頫　王澍　吴湖帆　来楚生

鵠：邓石如　奚冈

## 鷹

鲜于璜碑

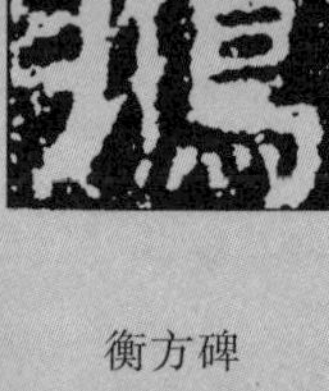
衡方碑

赵孟頫

邓石如

王澍

黄葆戊

## 鵾

赵孟頫

文征明

王澍

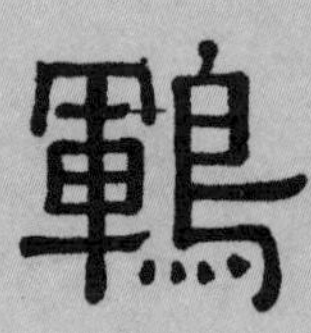
黄葆戊

## 鶴

马王堆帛书

金农

邓石如

丁敬

杨沂孙

杨岘

来楚生

## 鶯

郑簠

吴湖帆

## 鷗

邓石如

郑簠

奚冈

## 鹿

马王堆帛书

楼兰残纸

居延汉简

武威医简

礼器碑

孔宙碑

华山庙碑

伊秉绶

麥　麟　麗　麖



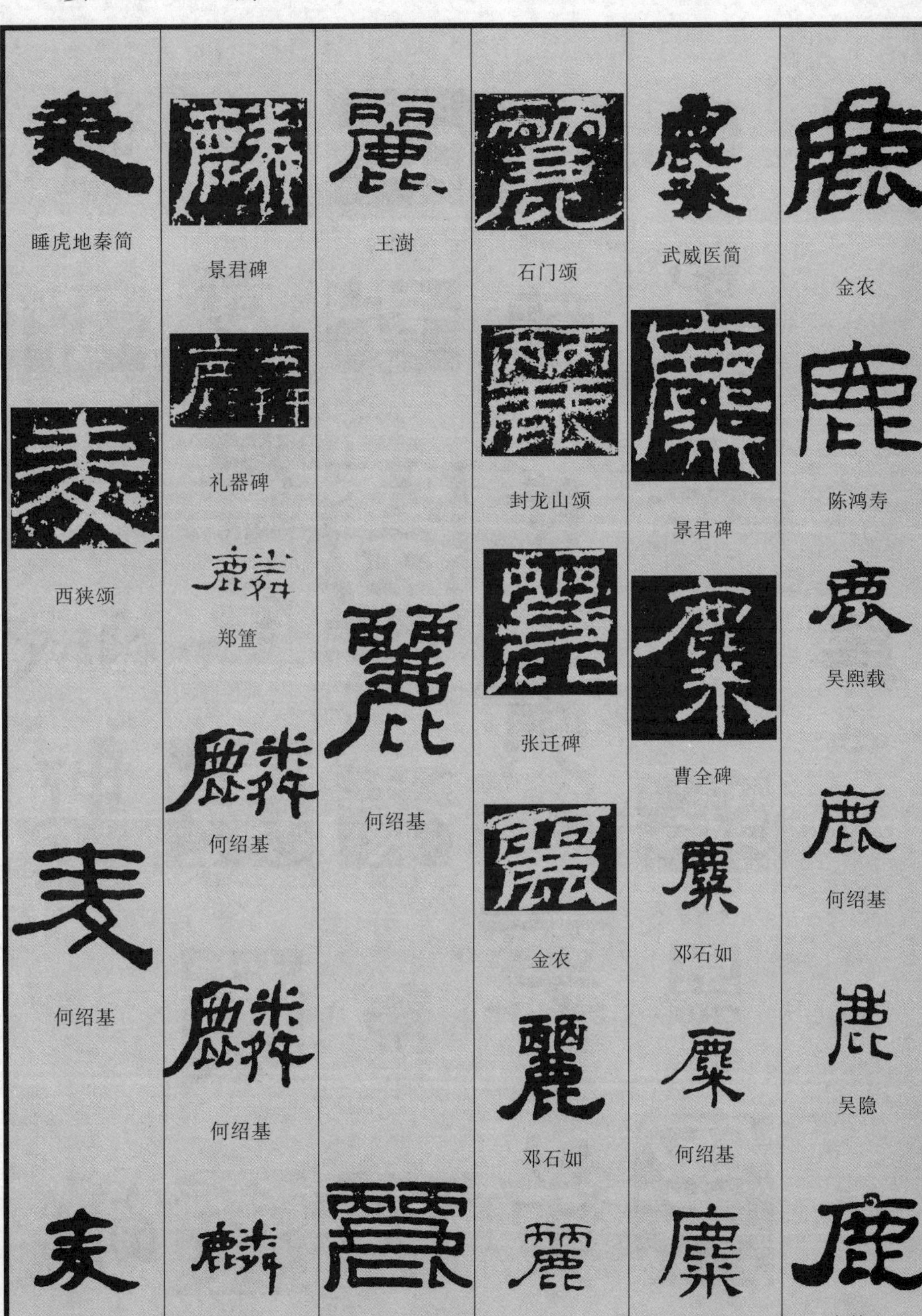

睡虎地秦简 西狭颂 何绍基 邓石如

景君碑 礼器碑 郑簠 何绍基 何绍基 钱松

王澍 何绍基 伊秉绶

石门颂 封龙山颂 张迁碑 金农 邓石如 丁敬

武威医简 景君碑 曹全碑 邓石如 何绍基 杨沂孙

金农 陈鸿寿 吴熙载 何绍基 吴隐 来楚生

## 鹹

赵孟頫

王澍

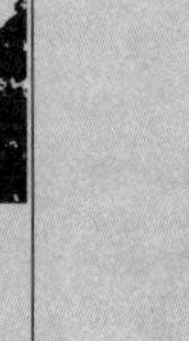

黄葆戉

## 黄

马王堆帛书

楼兰残纸

居延汉简

武威医简

西狭颂

景君碑

鲁峻碑

张迁碑

史晨碑

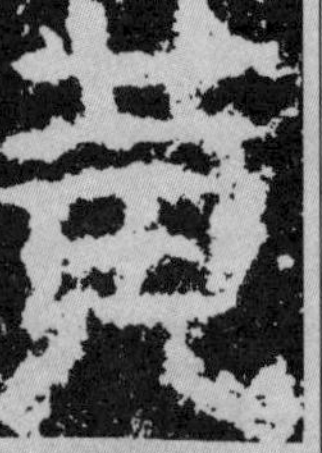

广武将军碑

华山庙碑

金农

郑簠

邓石如

伊秉绶

吴熙载

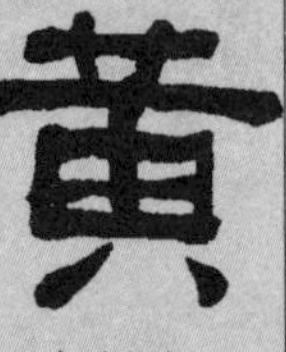

何绍基

来楚生

李瑞清

## 黑

马王堆帛书

楼兰残纸

居延汉简

武威医简

史晨碑

熹平石经

广武将军碑

金农

赵之谦

黨 黠 黜 默 黔

## 黨

广武将军碑

陈鸿寿

邓石如

杨岘

伊立勋

马王堆帛书

楼兰残纸

夏承碑

礼器碑

景君碑

乙瑛碑

## 黠

景君碑

杨岘

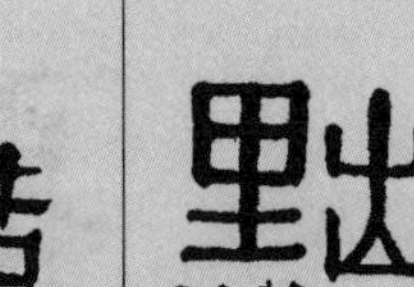
杨沂孙

## 黜

赵孟頫

文征明

王澍

黄葆戊

## 默

韩择木

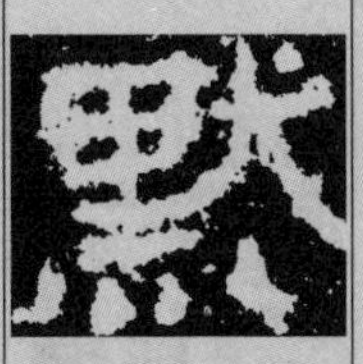
广武将军碑

赵孟頫

邓石如

王澍

王澍

赵之谦

## 黔

马王堆帛书

曹全碑

陈鸿寿

伊秉绶

何绍基

黑部 黍部 鼠部 鼎部 鼓部

## 墨

居延汉简

金农

桂馥

邓石如

伊秉绶

钱松

俞樾

## 黍

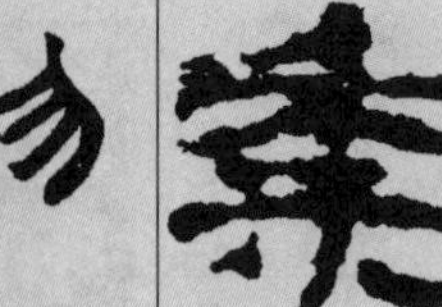
居延汉简

武威医简

何绍基

赵孟頫

邓石如

赵之谦

## 黎

赵孟頫

王澍

黄葆戊

## 鼠

马王堆帛书

邓石如

## 鼎

砖文

景君碑

曹全碑

鲜于璜碑

郑簠

邓石如

何绍基

## 鼓

马王堆帛书

礼器碑

张景碑

华山庙碑

何绍基

何绍基

钱松

## 鼻

马王堆帛书

武威医简

## 齊

马王堆帛书

张迁碑

曹全碑

礼器碑

景君碑

广武将军碑

熹平石经

金农

伊秉绶

桂馥

何绍基

赵之谦

俞樾

来楚生

## 齋

武威医简

文征明

金农

伊秉绶

邓石如

何绍基

吴昌硕

## 齒

马王堆帛书

居延汉简

武威医简

## 齔

曹全碑

鲜于璜碑

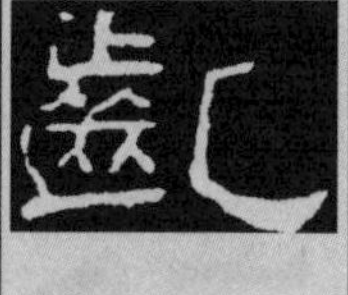
韩择木

吴熙载

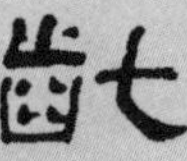
何绍基

翁同和

罗振玉

龢　龜　龍　齡

齡：鲁峻碑　陈鸿寿

龍：居延汉简　马王堆帛书　楼兰残纸

龍：黄易　金农　郑簠　陈鸿寿　邓石如　桂馥

龍：汪士慎　伊秉绶　吴熙载　何绍基　何绍基　徐三庚　来楚生

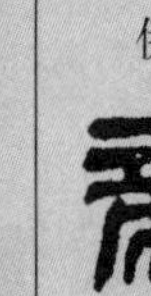

龜：尹宙碑　鲜于璜碑　熹平石经　邓石如　吴熙载

龢：陈鸿寿　吴熙载　何绍基

1画
〔一〕
一 1
〔乛〕
乙 8
2画
〔一〕
二 11
十 68
七 1
丁 1
〔丨〕
卜 72
〔丿〕
八 42
人 14
入 41
乂 7
儿(兒) 40
九 9
几(幾) 48
(172)
〔乛〕
乃 7
刀 50
力 57
又 74
3画
〔一〕
三 1
干(幹) 168
(170)
于 11
亏(虧) 397
士 166
土 157
工 170
才(才) 184
下 2
寸 142
丈 1
大 146
与(與) 4
(454)
万(萬) 1
(421)
〔丨〕
上 2
小 145
口 76
山 126
巾 133
〔丿〕
千 69
乞 9
川 183
亿(億) 34
个(箇) 408
久 7
勺 61
丸 6
夕 172
凡 48
及 74
〔丶〕
广(廣) 112
亡 12
门(門) 548
义(義) 399
之 8
〔乛〕
尸 100
已 103
巳 104
弓 104
己 103
卫(衛) 462
子 137
也 9
女 150
飞(飛) 578
刃 50
习(習) 402
马(馬) 584
乡(鄉) 539
4画
〔一〕
王 337
井 12
开(開) 549
夫 147
天 146
元 37
旡 227
无(無) 263
云(雲) 11
(552)
专(專) 143
廿 70
(136)
艺(藝) 429
木 298
五 12
支 251
不 3
太 146
犬 321
区(區) 63
历(歷) 327
友 74
尤 137
厄 64
匹 63
车(車) 524
巨 63
牙 219
屯 132
戈 258
比 228
切 50
瓦 347
〔丨〕
止 325
少 145
曰 240
日 229
中 6
内 41
水 269
冈 127
(457)
见(見) 521
〔丿〕
手 184
午 70
牛 318
毛 196
气(氣) 229
(229)
壬 166
升 69
夭 147
长(長) 556
仁 15
什 15
片 220
仆(僕) 35
化 61
仇 15
币(幣) 136
仍 16
斤 220
爪 218
反 74
兮 43
介 16
父 247
从(從) 178
仓(倉) 30
今 16
凶(兇) 38
分 50
公 42
月 243
氏 228
勿 61
风(風) 577
丹 6
乌(烏) 262
凤(鳳) 591
〔丶〕
卞 72
六 42
文 247
亢 13
方 225
火 261
为(為) 218
斗(鬭) 318
(589)
计(計) 503
户 221
讥(譏) 518
心 197
〔乛〕
尹 100
尺 100
引 105
弔 104
丑 4
巴 104
孔 138
辽(遼) 501
以 18
允 37
邓(鄧) 539
予 10
劝(勸) 61
双(雙) 567
书(書) 241
5画
〔一〕
玉 337
玊 338
刊 50
末 299
未 299
示 350
巧 170
正 325
功 57
去 73
甘 370
卌 70
世 4
艾 412
巨 170
古 76
节(節) 409
本 299
术(術) 461
札 300
可 77
丙 5
左 170
厉(厲) 66
丕 4
石 342
右 81
布 133
龙(龍) 598
戊 258
平 168
灭(滅) 291
东(東) 302
〔丨〕
北 62
占 73
卢(盧) 379
业(業) 312
旧(舊) 456
帅(帥) 134
归(歸) 328
目 371
旦 230
且 4
叶(葉) 421
甲 365
号(號) 78
(396)
电(電) 553
田 365
由 365
只(隻) 77
(565)
央 147
史 81
兄 38
叩 77
叹(嘆) 95
囚 97
四 96
〔丿〕
生 349
失 148
矢 348
禾 358
仕 16
丘 5
付 17
代 17
仙 17
仪(儀) 36
白 344
他 16
仞 17
丛(叢) 76

乎 8
令 17
用 370
印 66
乐(樂) 314
尔(爾) 247
句 77
册 46
卯 66
犯 321
外 172
处(處) 395
冬 47
鸟(鳥) 591
务(務) 59
饥(饑) 581
〔丶〕
主 7
市 133
立 334
冯(馮) 584
玄 336
兰(蘭) 430
半 70
汁 270
汇(匯) 64
头(頭) 573
汉(漢) 293
切 197
宁(寧) 125
穴 330
它 114
讨(討) 503
写(寫) 125
让(讓) 520
礼(禮) 357
讫(訖) 504
训(訓) 504
必 197
议(議) 519
讯(訊) 503
记(記) 504
永 269
〔乛〕
司 78
尼 100
民 228
弗 105
弘 105
出 49
辽(遼) 501
奴 151
加 58
召 77
皮 328
边(邊) 412
(502)
发(發) 330
(髮) (582)
圣(聖) 387
对(對) 144
弁 136
台(臺) 81
(467)
纠(糾) 434
母 246
幼 171
丝(絲) 442

6画

〔一〕
匡 62
耒 453
邦 536
玑(璣) 341
式 108
戎 258
刑 53
动(動) 59
圩 158
圭 158
寺 142
吉 79
考 393
老 392
执(執) 160
扫(掃) 190
地 158
扬(揚) 192
场(場) 161
耳 386
共 43
亚(亞) 12
芝 413
朽 300
朴(樸) 316
机(機) 317
权(權) 317
过(過) 495
臣 465
吏 80
再 46
协(協) 71
西 459
丗 70
压(壓) 165
厌(厭) 66
戌 258
在 157
百 345
有 244
存 139
而 385
页(頁) 571
匠 62
夺(奪) 150
达(達) 496
戍 258
列 51
死 223
成 258
夹(夾) 148
夷 148
轨(軌) 524
尧(堯) 162
划(劃) 56
迈(邁) 501
毕(畢) 367
至 466
〔丨〕
此 326
贞(貞) 469
师(師) 134
尘(塵) 163
当(當) 369
早 230
吐 82
虫 400
曲 240
同 79
吕 84
因 97
吸 85
岋 127
帆 133
岁(歲) 327
回 97
岂(豈) 129
(541)
则(則) 54
刚(剛) 55
肉 380
网(網) 445
〔丿〕
年 168
朱 300
先 38
廷 174
舌 391
竹 405
迁(遷) 499
乔(喬) 93
迄 486
休 21
伍 20
伎 21
伏 20
优(優) 37
伐 20
仲 19
任 19
伤(傷) 34
价(價) 36
伦(倫) 30
华(華) 420
仰 19
伪(偽) 35
自 390
伊 20
血 385
向(嚮) 82
(96)
似 26
后(後) 80
(176)
行 460
舟 430
全 41
会(會) 242
杀(殺) 257
合 78
兆 39
企 20
众(衆) 374
创(創) 56
肌 380
杂(雜) 567
夙 172
危 67
旬 230
旭 231
争(爭) 218
匈 61
各 78
名 79
多 172
争 218
色 392
〔丶〕
壮(壯) 166
旨 230
冲(衝) 47
冰 47
庄(莊) 419
庆(慶) 214
亦 13
刘(劉) 57
齐(齊) 597
交 13
次 248
衣 431
产(產) 350
充 38
决 272
亥 13
妄 152
闭(閉) 548
问(問) 90
羊 397
并 169
关(關) 552
米 451
灯(燈) 267
州 183
汙 270
江 271
汲 271
池 271
汝 270
汤(湯) 290
兴(興) 455
宇 114
守 114
宅 114
字 138
安 115
讲(講) 516
讳(諱) 513
讴(謳) 517
军(軍) 524
祁 351
许(許) 506
(505)
论(論) 512
讼(訟) 504
农(農) 530
讽(諷) 514
设(設) 505
访(訪) 504
〔乛〕
聿 464
寻(尋) 144
那 536
尽(盡) 379
导(導) 144
异(異) 368
阮 557
孙(孫) 141
阵(陣) 559
阳(陽) 561
收 251
阶(階) 563
阴(陰) 560
丞 5
如 151
妇(婦) 156
妃 152
好 151
羽 402
观(觀) 523
牟 319
买(買) 472

欢(歡) 251
(讙) 521
红(紅) 435
纨(紈) 435
约(約) 435
级(級) 437
纪(紀) 434
驰(馳) 585
纫(紉) 435
巡 183
负(負) 469

7画

〔一〕

寿(壽) 167
玕 338
弄(衖) 461
麦(麥) 593
形 181
进(進) 493
吞 83
远(遠) 498
违(違) 497
运(運) 494
扶 184
抚(撫) 194
坛(壇) 165
坏(壞) 166
扰(擾) 196
拒 186
走 484
贡(貢) 470
攻 252
赤 541
折 185
孝 139
均 158
抑 185
投 185
抗 185
护(護) 520
志 198
声(聲) 389
把 185
报(報) 162
拟(擬) 196
抒 185
却 67
芷 413
芥 413
苍(蒼) 424
芬 413
苍 413
芰 413
芳 414
严(嚴) 96
劳(勞) 59
克 39
苏(蘇) 430
杆 300
杜 301
材 301
杖 301
杓 301
巫 171
极(極) 313
李 300
杨(楊) 312
求 270
甫 370
匣 64
更 240
束 301
吾 84
豆 541
两(兩) 41
酉 531
丽(麗) 593
医(醫) 533
辰 530
戒 259
励(勵) 60
否 83
还(還) 501
豕 468
来(來) 25
连(連) 492
轩(軒) 525
欤(歟) 251

〔丨〕

步 326
坚(堅) 162
旱 231
呈 83
时(時) 235
吴 84
助 58
县(縣) 447
里(裏) 432
(534)
园(園) 99
旷(曠) 240
围(圍) 99
足 481
邮(郵) 538
男 365
困 98
员(員) 89
听(聽) 390
吟 83
吹 85
呜(嗚) 94
邑 536
别 52
帏(幃) 136
岐 127
帐(帳) 135
岑 127
财(財) 470
𧹖(貤) 470

〔丿〕

延 174
告 84
我 259
乱(亂) 10
利 52
每 247
兵 43
体(體) 582
何 22
佐 23
佑 22
攸 251
但 21
伸 26
作 24
伯 21
低 23
住 23
位 22
伴 26
身 480
佛 24
近 486
役 174
返 487
余(餘) 22
(580)
希 133
坐 158
谷 540
孚 139
妥 153
含 83
邻(鄰) 540
肠(腸) 383
龟(龜) 598
邰 536
免 40
狂 321
狄 321
角 478
删 51
鸠(鳩) 591
条(條) 310
卵 67
邹(鄒) 536
迎 486
饫(飫) 579
饭(飯) 579
饮(飲) 579
系 434
(係) (29)
(繫) (450)

〔丶〕

言 502
冻(凍) 48
亩(畝) 367
亨 13
床(牀) 219
库(庫) 110
应(應) 215
庐(廬) 113
冷 47
序 108
辛 528
弃(棄) 310
冶 47
忘 198
闰(閏) 549
间(間) 550
闲(閑) 549
闵 550
羌 397
判 52
灶(竈) 332
弟 105
汪 271
沅 272
沐 272
沛 273
沚 273
沙 273
沃 272
沧(滄) 292
汾 272
泛 277
沟(溝) 291
没 273
汶 271
沈 272
决 272
泐 276
怀(懷) 216
忧(憂) 214
怅(悵) 206
快 199
完 115
宋 115
宏 116
究 330
穷(窮) 331
灾(災) 261
良 463
证(證) 518
诃(訶) 505
启(啟) 87
补(補) 432
初 51
社 350
祀 351
礿 351
识(識) 518
诈(詐) 505
诉(訴) 505
词(詞) 506
诏(詔) 506
詠(詠) 506
译(譯) 519

〔乛〕

君 82
灵(靈) 555
即 67
层(層) 102
尾 100
迟(遲) 500
局 100
改 252
张(張) 106
忌 198
际(際) 563
陆(陸) 561
阿 557
陇(隴) 564
陈(陳) 560
阻 557
阼 134
附 558
坠(墜) 164
妍 155
妣 153
妙 152
妨 152
妒 152
劭 58
忍 198
矣 348
鸡(雞) 568
纬(緯) 446
驱(驅) 587
纯(純) 436
紘 437
纱(紗) 436
纲(綱) 444
纳(納) 436
纵(縱) 448
纷(紛) 437
纸(紙) 437
纺(紡) 438
驴(驢) 588
纽(紐) 436

8 画

〔一〕
奉 148
玩 338
玮(瑋) 340
环(環) 342
武 326
青 568
责(責) 471
现(現) 339
玥 245
表 431
忝 199
规(規) 522
卦 73
拓 186
拔 187
垆(壚) 164
坤 159
抽 186
拖 187
者 393
势(勢) 60
抱 186
幸 169
拂 186
拙 187
招 187
披 186
择(擇) 195
其 44
耶 386
取 75
苦 415
昔 233
苛 414
若 415
茂 416
苗 414
英 416
苻 416
苟 415
苑 414
苞 415
范(範) 410 (416)
直 372
茀 417
茎(莖) 419
苔 414
枉 303
林 303
枝 304
杯 304
枢(樞) 315
柜 305
枇 304
杳 302
枚 304
析 302
松 303
枪(槍) 314
构(構) 314
述 487
枕 303
杷 303
丧(喪) 93
或 259
画(畫) 367
卧 465
事 10
雨 552
厓 64
卖(賣) 475
郁(鬱) 583
奔 149
奇 149
奄 148
奋(奮) 150
态(態) 211
瓯(甌) 347
欧(歐) 250
殁 224
歾 224
妻 153
转(轉) 528
斩(斬) 220
轮(輪) 527
到 53
〔丨〕
非 569
叔 75
齿(齒) 597
卓 71
虎 394
虏(虜) 396
贤(賢) 475
尚 145
具 44
果 303
味 85
昆 231
呼 86
国(國) 98
昌 231
呵 86
明 232
易 232
昂 231
炅 261
典 45
固 98
忠 199
鸣(鳴) 591
岸 128
岩(巖) 132
帖 133
罗(羅) 458
岫 128
岭(嶺) 131
败(敗) 254
贬 472
购(購) 477
图(圖) 99
〔丿〕
钓(釣) 543
制(制) 53
知 348
迭 487
垂 159
牧 319
物 319
秊 358
和(龢) 86 (598) (358)
季 140
委 154
秉 358
佳 24 (565)
侍 25
岳 128
供 26
使 27
佰 24
例 25
侠(俠) 29
臾 454
岱 128
侧(側) 32
贷(貸) 471
侈 25
依 26
帛 134
卑 366
的 345
迫 487
阜 557
邮 385
质(質) 476
欣 249
征(徵) 175 (180)
往 175
彼 175
径(徑) 176
所 222
舍(捨) 391 (189)
金 542
刹 54
命 86
采 479
受 75
乳 9
贪(貪) 470
念 199
贫(貧) 470
肤(膚) 383
肱 382
朋 244
股 380
肥 380
服 244
周 85
迩(邇) 502
玺(璽) 165
鱼(魚) 589
兔 40
狐 321
忽 199
狗 322
备(備) 32
欤(歟) 250
饰(飾) 579
饱(飽) 580
〔丶〕
变(變) 520
京 14
享 13
庞(龐) 113
夜 173
庙(廟) 112
府 109
底 108
疠(癘) 334
卒 70
郊 536
[illegible] 335
兖 40
庚 109
废(廢) 112
妾 153
盲 371
放 252
刻 54
於 225
育 380
郑(鄭) 539
卷 67
並 5
单(單) 93
炜(煒) 264
炎 261
沬 273
浅(淺) 287
法 276
泄 275
沾 275
河 274
沽 275
沮 273
泪(淚) 285
油 274
泗 277
泊 276
泠 278
注 277
泣 278
沱 274
泌 276
泥 277
泯 277
沸 274
波 278
泽(澤) 296
泾(涇) 283
治 275
怙 200
怖 200
性 201
怕 200
怜(憐) 215
怪 201
怡 201
学(學) 141
宝(寶) 126
宗 116
定 117
宠(寵) 126
宜 117
审(審) 125
宙 117
官 116
空 331
穸 330
穹 330
宛 118
实(實) 124
诔(誄) 508
试(試) 508
郎 537
诗(詩) 507
诘(詰) 507
戾 222
肩 380
房 222
诫(誡) 510
祉 352
视(眎) 373

(視) (522)
祈 351
诛(誅) 508
诞(誕) 507
询(詢) 506
诣(詢) 506
该(該) 508
详(詳) 508
诧(詫) 507
𬣙(詺) 505

〔一〕

建 174
肃(肅) 464
隶(隸) 556
居 101
屈 101
弥(彌) 108
弦 106
承 184
孟 140
陋 558
孤 141
降 558
函 49
姑 154
姓 154
姉 154
始 153
弩 106
迦 487
驾(駕) 585
艰(艱) 463
参(參) 73
线(綫) 445
绂(紱) 438
练(練) 446
组(組) 440
绅(紳) 439
细(細) 439
织(織) 449
驹(駒) 585
终(終) 439
驺(騶) 587
驻(駐) 585
纻(紵) 440
驼(駝) 585
绌(絀) 439
绍(紹) 439
驿(驛) 588
经(經) 442
贯(貫) 471

9画

〔一〕

契 149
贰(貳) 471
奏 149
春 234
珍 338
封 142
拱 188
垣 159
城 160
挟(挾) 188
垤 160
政 252
赵(趙) 485
贲(賁) 473
哉 87
挺 189
垢 159
拾 188
指 188
垓 159
按 188
挥(揮) 192
甚 371
荆 418
革 575
荐(薦) 427
荚 419
巷 104
带(帶) 135
草(艸) 418
(412)
荀 417
荒 418
荡(蕩) 426
荣(榮) 314
荧(熒) 265
故 252
胡(胡) 382
荫(蔭) 425
茹 417
荔 417
南 71
药(藥) 429
柰 307
标(標) 315
柤 306
栉(櫛) 317
柯 306
相 305
柙 305
柏 306
柳 309
柱 307
树(樹) 316
勃 58
剌 54
要 459
咸(鹹) 87
(594)
威 155
研 343
厚 64
面 570
奎 149
鸥(鷗) 592
残(殘) 224
殆 224
轲(軻) 525
轸(軫) 525
轻(輕) 527
皆 233
(346)
毖 229

〔丨〕

背 381
战(戰) 260
肯 381
虐 394
临(臨) 465
览(覽) 523
竖(豎) 541
省 372
削 55
昧 234
是 234
眇 373
显(顯) 575
映 233
星 233
昨 234
曷 241
昭 234
畏 366
毗 229
胄 381
胃 381
贵(貴) 471
畋 368
界 366
虵 401
思 200
虽(雖) 567
品 88
勋(勛) 60
响(響) 577
咷 88
咳 88
峡(峽) 129
罚(罰) 458
迴 489
贱(賤) 476
贻(貽) 473
骨 581
幽 171

〔丿〕

钟(鍾) 545
钜 543
钦(欽) 249
钧(鈞) 543
钩(鉤) 543
拜 187
看 373
矩 348
矧 349
牲 320
选(選) 500
适(適) 499
香 577
种(種) 361
秋 359
科 359
重 535
复(復) 178
笃(篤) 410
便 28
顺(順) 571
修 29
保 28
俭(儉) 36
俗 28
信 28
皇 346
泉 276
侵 27
禹 328
侯 27
追 488
盾 372
待 175
衍 461
律 175
须(須) 571
叙(敍) 253
俞 28
剑(劍) 57
逃 489
俎 29
爰 218
食 578
胪(臚) 384
胜(勝) 59
胙 382
胸 245
胖 381
勉 59
狭(狹) 323
独(獨) 323
狩 323
怨 201
急 201

〔丶〕

将(將) 143
哀 88
亭 14
亮 14
度 109
奕 149
迹 488
庭 110
庾 111
斿 226
亩 400
咨 87
姿 155
亲(親) 522
音 576
彦 181
帝 134
施 226
闺(閨) 550
闻(聞) 388
间(間) 551
阎(閻) 551
阁(閣) 550
阁(閤) 550
养(養) 580
美 397
姜(薑) 428
迸 492
叛 75
送 489
类(類) 574
迷 488
娄(婁) 156
前 55
首 570
逆 489
兹 417
总(總) 448
炳 261
炽(熾) 267
烂(爛) 269
洁(潔) 294
洪 280
洒(灑) 298
浃(浹) 283
浇(澆) 296
浊(濁) 296
洞 279
测(測) 289
洙 279
洗 279
洿 281
洎 279
派 281
洽 280
染 306
洛 279

济(濟) 297
洲 280
浑(渾) 289
浓(濃) 297
津 279
浔(潯) 295
恃 202
恒 202
恢 203
恺(愷) 211
恻(惻) 209
恬 204
恤 203
恂 202
恪 204
恨 203
举(舉) 455
觉(覺) 523
宣 118
宦 119
室 118
宫 119
宪(憲) 215
窃(竊) 332
客 119
诫(誡) 510
冠 46
诬(誣) 509
语(語) 510
诵(誧) 510
扁 223
祜 353
祐 352
変 76
祕 353
祖 352
神 353
祝 353
祚 352
诮(誚) 518
祇 352
祠 354
诰(誥) 509
诱(誘) 508
诲(誨) 509
说(説) 509
诵(誦) 509

〔一〕
郡 537
退 488
既 227
屋 101
昼(晝) 236
昏 232
屏 101
弭 106
费(費) 472
逊(遜) 498
眉 372
陛 558
陟 559
陨(隕) 563
除 559
险(險) 564
院 559
姚 154
姦 155
怒 200
贺(賀) 473
盈 377
勇 58
癸 329
蚤 400
柔 305
矜 347
结(結) 440
绘(繪) 450
给(給) 441
绛(絳) 442
骆(駱) 586
绝(絶) 440
绞(絞) 436
骇(駭) 586
统(統) 442
駮(駮) 586

10画

〔一〕
耕 454
挈 188
泰 278
秦 360
珪 339
珠 338
班 338
珮 339
啬 93
素 437
匿 64
顽(頑) 572
匪 63
捕 189
振 189
载(載) 526
起 484
盐(鹽) 379
损(損) 193
袁 432
捛 189
都 538
哲 89
逝 491
耆 394
换 192
热(熱) 266
恐 202
壶(壺) 167
埃 160
耻 203
耿 387
耽 387
聂(聶) 389
恭 204
莽 420
莱(萊) 424
莫 419
荷 418
荼 418
蔺(藺) 426
获(獲) 324
晋 235
恶(惡) 208
莺(鶯) 592
真 373
桂 307
桔 309
桓 309
桢(楨) 312
桐 308
桥(橋) 316
桃 308
格 308
校 307
核 310
根 307
索 438
逋 489
速 491
鬲 583
贾(賈) 473
酌 531
配 531
辱 530
夏 173
砥 343
破 343
原 65
逐 490
烈 262
殊 224
顾(顧) 575
较(較) 525
顿(頓) 572
毙(斃) 256
致 467

〔丨〕
龀(齔) 597
虔 394
虑(慮) 213
监(監) 378
逍 490
党(黨) 595
赀(貲) 471
逞 491
眩 374
眠 373
晓(曉) 239
哺 89
剔 55
晏 236
晖(暉) 238
畔 366
圃 98
哭 89
恩 203
罢(罷) 458
峨 128
峪 128
峰 129
圆(圓) 99
峻 129
贼(賊) 474

〔丿〕
钱(錢) 544
钻(鑽) 547
钼(鉬) 543
铄(鑠) 547
铎(鐸) 547
缺 457
特 320
牺(犧) 321
造 491
乘 8
租 359
积(積) 364
秩 359
称(稱) 362
笔(筆) 406
笑 405
笋(筍) 406
债(債) 34
倚 31
倾(傾) 34
倒 30
俱 29
候 31
俾 30
俯 36
倍 30
倦 32
射 142
(481)
躬 480
徒 177
徐 176
殷 257
船 431
途 490
豹 468
奚 150
颂(頌) 571
翁 402
胶(膠) 383
朕 245
猃(獫) 324
狼 323
卿 68
逢 492
桀 308
留 368

〔丶〕
凌(淩) 48
(285)
清 48
衰 432
高 588
郭 538
席 135
座 110
病 333
疾 332
斋(齋) 597
疲 332
效 253
离(離) 568
唐 88
颃(頏) 572
资(資) 473
凉(涼) 285
剖 56
竞(競) 336
竝 335
部 538
旁 226
旅 226
旃 226
阆(閬) 550
羞 398
羔 398
粉 452
益 377
兼 45
郸(鄲) 540
烦(煩) 265
烧(燒) 267
烛(燭) 268
烙 261
烨(燁) 264
烟(煙) 265
烬(燼) 262
涛(濤) 297
浙 280

酒 532
涉 284
消 283
涅 284
浩 281
海 282
涂(塗) 163 (283)
浴 282
浮 282
涣 288
涤(滌) 291
流 281
润(潤) 295
涧(澗) 294
涕 284
浪 282
浸 283
涒 284
涌 284
浚 280
悚 205
悟 205
悝 205
悔 205
悦 204
害 119
宽(寬) 125
家 120
宵 120
宴 120
宾(賓) 474
容 120
宰 119
案 308
请(請) 511
朗 246
诸(諸) 514
诹(諏) 512
诺(諾) 514
读(讀) 520
扆 223
冢 47
扇 223
袖 353
寉 565
被 432
祥 354
课(課) 511
冥 46
谁(誰) 511
调(調) 511
谅(諒) 512
谈(談) 511

〔乛〕

剥 55
展 102
剧(劇) 56
弱 106
陵 560
陶 561
陪 560
烝 262
姬 155
娱 156
恕 202
娥 156
通 490
能 382
难(難) 568
逡 492
桑 308
骋(騁) 586
绣(繡) 450
验(驗) 587
绥(綏) 442
继(繼) 450

11画

〔一〕

琏(璉) 341
理 339
琅 339
域 160
掩 191
焉 262
赦 542
搯 191
推 191
堆 162
授 189
教 253
掬 191
掖 190
接 190
据(據) 195
埍 167
职(職) 390
基 161
聆 387
聊 387
著 422
勒 59
黄 594
菲 420
萌 425
菜 420
萃 423
菅 420
营(營) 268
乾 10
萧(蕭) 427
萨(薩) 427
械 310
彬 182
棲 311
梦(夢) 173
梧 310
梅 309
桷 310
救 254
匽 63
曹 241
敕 254
副 56
戚 260
硕(碩) 344
奢 150
爽 247
盛 378
雪 552
辄(輒) 526
辅(輔) 526

〔丨〕

逴 493
虚 395
雀 565
堂 161
常 135
啧(嘖) 95
晤 236
晨 236
眺 374
眼 374
眸 374
悬(懸) 217
野 535
晦 236
晚 236
冕 46
略 367
距 482
趾 482
跃(躍) 484
累 438
唱 90
患 205
唯 90
啸(嘯) 95
崖 130
崔 130
崐 130
帷 136
崩 130
崇 129
崛 130
婴(嬰) 157
圈 98

〔丿〕

铜(銅) 544
铭(銘) 544
银(銀) 543
矫(矯) 349
犁 320
秽(穢) 364
移 360
笺(牋) 220
笼(籠) 411
笙 405
符 408
笥 406
敏 254
舅 454
偃 31
悠 205
偶 32
售 89
停 31
偏 31
兜 40
假 31
徘 178
徙 177
得 177
衔(銜) 544
盘(盤) 379
斜 318
欷 249
敛(斂) 256
欲 249
彩(綵) 181 (444)
领(領) 572
脯 384
脱 383
象 468
逸 493
猜 322
彫 182
猎(獵) 324
猗 322
凰 49
猛 322
祭 354
𫗪(餧) 581
馆(館) 581

〔丶〕

减(減) 288
膏 383
孰 141
庶 110
庵 110
庼(廎) 112
疵 334
痊 333
痕 333
廊 111
康 110
庸 111
盗 378
竟 335
章 335
翊 402
商 90
旌 227
族 227
旋 226
望 245
率 337
盖(蓋) 377 (424)
眷 374
断(斷) 221
兽(獸) 325
清 287
渚 288
鸿(鴻) 591
渎(瀆) 298
涯 284
淹 287
渠 288
渐(漸) 294
淑 285
淮 286
渊(淵) 286
淫 285
渔(漁) 292
淳 286
淡 285
深 286
梁 309
情 206
惜 207
悼 206
惧(懼) 217
惕 207
惟 207
惊(驚) 587
悴 208
惮(憚) 215
惨(慘) 212
寇 122
寅 121
寄 121
寂 121
宿 121
密 122
谋(謀) 515
谌(諶) 513
谏(諫) 512
扈 223
谐(諧) 513

祷(禱) 357
祸(禍) 356
谒(謁) 515
谓(謂) 515
谙(諳) 513
谚(諺) 514
谛(諦) 516
谘(諮) 512

〔乛〕

逮 493
敢 254
尉 143
屠 102
弹(彈) 107
隋 562
随(隨) 564
隃 562
隆 562
隐(隱) 564
婢 156
媚 155
颇(頗) 572
惠 206
绩(績) 448
绪(緒) 445
续(續) 451
骑(騎) 586
绮(綺) 444
绰(綽) 445
绲(緄) 445
绳(繩) 450
维(維) 444
绵(緜) 445
绶(綬) 443
绸(綢) 443
综(綜) 443
绿(綠) 443
缀(綴) 444
巢 183

12画

〔一〕

琴 340
瑛 340
琦 340
琼(瓊) 342
斑 248
絜 441
辇(輦) 527
堪 162
坟(墳) 164
越 485
超 485
揽(攬) 196
提 192
揖 192
博 72
喆 89
颉(頡) 572
揭 192
喜 92
彭 182
煮 264
援 193
壹 167
握 192
揆 191
掾 193
斯 221
期 246
欺 249
联(聯) 389
散 255
葬 423
葳 423
董 422
敬 255
落 421
韩(韓) 576
朝 246
植 311
焚 263
椒 311
棹 311
惠 208
惑 206
逼 494
粟 452
酤 532
觌(覿) 523
厨 112
雁(鴈) 592
殖 224
雄 565
雅 566
[illegible] 213

〔丨〕

紫 438
辈(輩) 527
悲 206
凿(鑿) 548
敞 255
棠 311
赏(賞) 475
掌 190
晴 237
暑 238
最 242
量 535
鼎 596
戢 260
戟 260
喫 93
喋 92
晶 237
遇 494
遏 495
景 237
喈 91
畴(疇) 369
践(踐) 483
跋 482
尋 242
畮 367
遗(遺) 500
蛭 401
蛟 401
喟 92
喻 91
啼 91
嗟 94
喧 91
嶽 132
崿 131
嵬 131
嵯 131
嵋 131
赋(賦) 476
赌(賭) 477
赐(賜) 474
黑 594

〔丿〕

铸(鑄) 547
锁(鎖) 546
短 349
智 237
犊(犢) 320
鹄(鵠) 591
嵇 130
稍 361
程 361
黍 596
税 361
等 406
筑(築) 410
策 407
筵 407
答 407
傲 33
傅 33
皋 346
集 566
傍 32
遑 495
皖 347
奥 150
遁 494
街 461
惩(懲) 216
御 178
循 179
徧 178
舒 392
逾 494
臯 391
弑 108
翕 403
舜(舜) 463
鲁(魯) 589
鲂(魴) 589
猾 323
觞(觴) 479
觚 478
猶 322
然 263

〔丶〕

衰 433
装(裝) 433
就 137
敦 255
斌 248
痛 333
童 335
阕(闋) 551
善 91
翔 403
羡 398
尊 144
遒 495
道 496
遂 497
孳 141
曾 242
焙 264
焯(燀) 267
湛 290
滞(滯) 292
湖 289
湘 290
湿(濕) 297
温 290
渭 289
渡 288
游(遊) 289
(494)
滋 291
渥 288
愤(憤) 216
[illegible] 213
愘 210
惶 209
慨 212
割 56
寒 123
富 122
寓 122
窗 331
寐 122
谟(謨) 517
遍 497
祺 355
谠(讜) 521
禄 355
谢(謝) 516
谣(謠) 517
谥(謚) 516
谦(謙) 516

〔乛〕

遐 495
属(屬) 103
屡(屢) 102
弼 107
强(彊) 107
巽 104
疏 329
隔 563
絮 441
登 329
缅(緬) 446
缉(緝) 446
编(編) 446
缘(緣) 446
骚(騷) 587
飨(饗) 581

13画

〔一〕

瑟 340
瑞 341
瑕 340
魂 583
肆 464
摄(攝) 196
趁 486
鼓 596
摇 193
推 194
毂(轂) 528
聘 388
勤(懃) 60
(216)
蓝(藍) 429
墓 163
幕 136
蓬 425
蒿 424
蓄 424
蒙 423
蒸 423
献(獻) 325
禁 355
楚 313

想 209
愧 314
楼(樓) 315
楹 313
椽 312
赖(頼) 477
甄 347
酪 532
酬 533
感 210
碑 344
厭 66
雷 553
零 553
雾(霧) 555
辑(輯) 527
输(輸) 528
輶 527

〔丨〕

督 375
频(頻) 573
尝(甞) 371
龄(齡) 598
粲 452
虞 396
鉴(鑒) 547
睹 376
睦 376
睡 375
睨 376
豊 541
鄙 540
噬 95
愚 210
暖 238
盟 378
鹍(鵾) 592
暗(闇) 237
(551)
暇 238
跪 482
路 482
遣 498
嗣 94
署 458
置 457
罪 457
蜀 401
嵩 131
赙(賻) 477

〔丿〕

错(錯) 545
锡(錫) 545
锦(錦) 545
录(録) 544
释(釋) 480
辞(辭) 529
傳 33
揫 193
催 33
微 179
牒 220
腾(騰) 587
繇 449
鲍(鮑) 590
颖(穎) 573
触(觸) 479
解 478
雉 566
衙 462
遥 498
愈 209
愁 209
毁 257
腹 384
筠 407
简(簡) 411
筹(籌) 412
魁 583
鼠 596

〔丶〕

禀 361
廓 111
廉 111
裔 432
靖 569
新 221
廧 113
歆 249
意 210
雍 566
阙(闕) 551
粮(糧) 453
数(數) 256
煎 264
猷 323
慈 211
煨 265
煌 264
满(滿) 292
漠 293
源 290
滥(濫) 298
溪(谿) 292
(540)
溜 291
溺 291
粱 452
慎 211
慄 211
誉(譽) 520
塞 163
寞 123
寘 124
窥(窺) 332
寝(寢) 124
谨(謹) 517
禊 356
福 356
禋 356
谬(謬) 517

〔乛〕

群 398
愍 210
殿(壂) 257
辟 529
障 563
缙(縉) 447
缚(縛) 447
缟(縞) 447

14 画

〔一〕

静 569
碧 344
瑶 341
熬(獒) 266
慝 212
髦 582
墻 165
嘉 94
摧 194
赫 542
截 260
聚 388
慕 211
暮 238
蔑 425
蔡 425
斡 318
熙 265
兢 40
蓼 425
模 316
榜 311
歌 250
遭 499
酷 532
碣 344
愿(願) 574
臧 465
霁(霽) 555
辕(轅) 528

〔丨〕

睱 376
裳 433
瞨 375
踊 483
愳 217
暠 238
晼 369

〔丿〕

舞 463
箸 409
算 408
管 408
飙(飆) 578
與(輿) 528
僚 35
像 35
僧 35
鼻 597
魄 583
貌 469
鲜(鮮) 590
疑 329
雒 567

〔丶〕

褒 314
豪 468
瘦 333
廕 112
彰 182
竭 336
端 336
旗 227
褒 433
精 452
粹 453
弊 137
漆 293
漂 293
漏 294
慢 212
慷 214
憀 213
寡 123
察 123
寤 124
寥 124
谭(譚) 519
肇 464
褐 433

〔乛〕

暨 239
隧 563
翟 403
翠 403
熊 265
缨(纓) 451
缪(繆) 449

15 画

〔一〕

慧 212
瑾 341
璜 341
髭 582
趣 486
撮 194
播 194
穀 363
增 164
撰(譔) 195
(518)
聪(聰) 389
觐(覲) 523
蕙 427
蕃 426
蕊 426
横 317
楚 313
樊 315
敷 256
飘(飄) 578
醇 533
醉 533
震 554
霄 553
贾(賈) 534
蹔(蹔) 239

〔丨〕

暴 239
瞑 376
暹 239
戲 260
歔 251
影 182
踏 483
踪(蹤) 484
嘱(囑) 96
颛(顓) 574
墨 164
(596)
骸 581

〔丿〕

镇(鎮) 545
镌(鎸) 547
稽 363
稷(稯) 362
稻 362
黎 596
稿(稾) 362
(314)
稼 363
箱 409
篁 410
箭 408
篇 410
篆 410
牖 220
僑 37

儆 37
德(悳) 180
(208)
徵 180
徹 181
號 396
鯉(鯉) 590
〔、〕
熟 266
摩 194
麃 266
颜(顏) 573
毅 257
翦 403
遵 499
潜(潛) 295
澍 296
澂 295
潘 294
澄 295
憔 214
邃 501
额(額) 573
鹤(鶴) 592
〔→〕
遹 500
慰 213
履 102
豫 468
緺(緺) 449
缮(繕) 449
畿 369

16 画

〔一〕
操 195
熹(憙) 92
(266)
擅 195
磬 344
燕 268
薪 428
薄 427
颠(顛) 574
翰 404
蒒 428
薛 428
整 256
橐 316
融 401
醒 533
霏 554
霓 554
臻 467
〔丨〕
冀 45
叡 76
踵 483
器 95
赠(贈) 477
默 595
黔 595
〔丿〕
镜(鏡) 546
赞(讚) 477
(521)
穡(穡) 364
穆 363
勳 60
儒 36
翱 404
衡 462
歙 250
僉 35
膳 383
膈 384
〔、〕
廩 113
凝 48
辨 529
辩(辯) 529
羲 400
韻 577
燎 267
燔 267
澹 296
寰 126
〔→〕
壂 165
壁 164
避 501
屧 103
縉 450

17 画

〔一〕
瓛(瓛) 342
璿 342
擢 195
藉 429
鞠 575
藏 429
薰 428
幣 426
檄 317
檀 317
醢 534
翳 404
霜 554
霞 554
〔丨〕
壑 165
瞩(矚) 377
蹈 483
羁(羈) 459
嶷 132
黜 595
〔丿〕
镤(鏷) 546
镫(鐙) 546
魏 584
篡 411
繁 449
皤 347
徽 181
爵 219
邈 502
〔、〕
瘳 334
襄 433
縻 448
膺 384
麋 593
赢(贏) 478
糟 453
濡 297
濯 298
蹇 484
謇 516
羹 400
谶(讖) 520
〔→〕
臂 384
翼 404
颡(顙) 574

18 画

歎 250
鞫 576
藩 429
覆 460
醪 533
〔丨〕
瞻 376
曜 239
黠 595
〔丿〕
矱 349
簪 411
翻 404
鳏(鰥) 590
〔、〕
燿 268
襟 434
〔→〕
璧 342
彝 171

19 画

〔一〕
警 579
覈 460
〔丨〕
巅(巔) 132
〔丿〕
簾 412
簿 412
繇 449
〔、〕
靡 570
羸 400
〔→〕
疆 369
缵(纘) 451

20 画

〔一〕
攘 196
馨 577
蘜 430
醴 534
〔丨〕
耀 405
曦 240
巍 132
〔丿〕
籍 411
鳞(鱗) 590
〔、〕
灌 298
瘳 126
〔→〕
骧(驤) 588

21 画

〔一〕
蠢 401
霸 555
露 555
〔丨〕
罍 457
髓 582
〔、〕
赣(贛) 478
襪 358

22 画

〔一〕
懿 217
囊 96
〔丿〕
穰 364

23 画

〔、〕
麟 593

24 画

〔丿〕
衢 462

25 画

〔、〕
戆(戇) 217

責任編輯　朱艷萍
裝幀設計　劉　煒

**圖書在版編目(CIP)數據**

歷代名家隸書字典 / 怡齋選編. —杭州:浙江古籍出版社,1999.10(2007.3 重印)
ISBN 978-7-80518-513-2

Ⅰ.歷… Ⅱ.怡… Ⅲ.隸書－中國－古代－字典 Ⅳ.J292.32－61

中國版本圖書館 CIP 數據核字(2007)第 050275 號

**歷代名家隸書字典**

怡齋　選編

浙江古籍出版社出版發行
(杭州體育場路 347 號)
浙江印刷集團有限公司印刷
浙江省新華書店經銷

1999 年 10 月第 1 版　2007 年 3 月第 4 次印刷
開本 787×1092　1/16　印張 39
印數 7751—9780
ISBN 978-7-80518-513-2/J·40　定價:59 圓